“十三五”国家重点出版物出版规划项目

转型时代的中国财经战略论丛

控制权、融资约束与投资效率研究

——来自中国沪深股市的经验数据

张 涛 著

中国财经出版传媒集团
经济科学出版社
Economic Science Press

图书在版编目（CIP）数据

控制权、融资约束与投资效率研究：来自中国沪深股市的经验数据/张涛著．—北京：经济科学出版社，2020.1
（转型时代的中国财经战略论丛）
ISBN 978－7－5218－1264－0

Ⅰ．①控…　Ⅱ．①张…　Ⅲ．①上市公司－企业管理－研究－中国　Ⅳ．①F279.246

中国版本图书馆 CIP 数据核字（2020）第 022018 号

责任编辑：郎　晶
责任校对：郑淑艳
责任印制：李　鹏　范　艳

控制权、融资约束与投资效率研究
——来自中国沪深股市的经验数据
张　涛　著
经济科学出版社出版、发行　新华书店经销
社址：北京市海淀区阜成路甲 28 号　邮编：100142
总编部电话：010－88191217　发行部电话：010－88191522
网址：www.esp.com.cn
电子邮件：esp@esp.com.cn
天猫网店：经济科学出版社旗舰店
网址：http：//jjkxcbs.tmall.com
北京季蜂印刷有限公司印装
710×1000　16 开　22.25 印张　350000 字
2020 年 4 月第 1 版　2020 年 4 月第 1 次印刷
ISBN 978－7－5218－1264－0　定价：88.00 元

总　序

山东财经大学《转型时代的中国财经战略论丛》（以下简称《论丛》）系列学术专著是"'十三五'国家重点出版物出版规划项目"，是山东财经大学与经济科学出版社合作推出的系列学术专著。

山东财经大学是一所办学历史悠久、办学规模较大、办学特色鲜明，以经济学科和管理学科为主，兼有文学、法学、理学、工学、教育学、艺术学八大学科门类，在国内外具有较高声誉和知名度的财经类大学。学校于2011年7月4日由原山东经济学院和原山东财政学院合并组建而成，2012年6月9日正式揭牌。2012年8月23日，财政部、教育部、山东省人民政府在济南签署了共同建设山东财经大学的协议。2013年7月，经国务院学位委员会批准，学校获得博士学位授予权。2013年12月，学校入选山东省"省部共建人才培养特色名校立项建设单位"。

党的十九大以来，学校科研整体水平得到较大跃升，教师从事科学研究的能动性显著增强，科研体制机制改革更加深入。近三年来，全校共获批国家级项目103项，教育部及其他省部级课题311项。学校参与了国家级协同创新平台中国财政发展2011协同创新中心、中国会计发展2011协同创新中心，承担建设各类省部级以上平台29个。学校高度重视服务地方经济社会发展，立足山东、面向全国，主动对接"一带一路"、新旧动能转换、乡村振兴等国家及区域重大发展战略，建立和完善科研科技创新体系，通过政产学研用的创新合作，以政府、企业和区域经济发展需求为导向，采取多种形式，充分发挥专业学科和人才优势为政府和地方经济社会建设服务，每年签订横向委托项目100余项。学校的发展为教师从事科学研究提供了广阔的平台，创造了良好的学术生态。

习近平总书记在全国教育大会上的重要讲话，从党和国家事业发展全局的战略高度，对新时代教育工作进行了全面、系统、深入的阐述和部署，为我们的科研工作提供了根本遵循和行动指南。习近平总书记在庆祝改革开放40周年大会上的重要讲话，发出了新时代改革开放再出发的宣言书和动员令，更是对高校的发展提出了新的目标要求。在此背景下，《论丛》集中反映了我校学术前沿水平、体现相关领域高水准的创新成果，《论丛》的出版能够更好地服务我校一流学科建设，展现我校“特色名校工程”建设成效和进展。同时，《论丛》的出版也有助于鼓励我校广大教师潜心治学，扎实研究，充分发挥优秀成果和优秀人才的示范引领作用，推进学科体系、学术观点、科研方法创新，推动我校科学研究事业进一步繁荣发展。

伴随着中国经济改革和发展的进程，我们期待着山东财经大学有更多更好的学术成果问世。

山东财经大学校长

2018年12月28日

前　言

中国资本市场创始于1990年，迄今为止已经有30年。经过30年的飞速发展，中国资本市场从无到有，从小到大，现在已经成为世界重要的资本市场之一。中国资本市场作为我国改革开放的重要见证，从设立初期就经历市场经济的考验，经历了曲折的成长与壮大过程。以1990年深圳证券交易所、上海证券交易所成立为起始点，中国资本市场实现了零的突破；1992年国务院证券监督委员会的成立，标志着中国证券监管体制的初步形成；1999年《证券法》的颁布，标志着中国资本市场正式进入法制化发展的轨道。

2004年5月17日，经国务院批准，证监会正式发出批复，同意深交所在主板市场内设立中小企业板块。2004年5月27日，中小企业板块启动仪式在深圳举行。2005年4月启动的股权分置改革无疑是中国资本市场发展中具有里程碑意义的变革，从此，中国资本市场开始进入了全流通时代。

2009年3月31日，证监会正式发布《首次公开发行股票并在创业板上市管理暂行办法》，同年10月30日，中国创业板正式上市。2019年7月22日科创板开市，中国资本市场全面深化改革迈出最新一步，标志着中国科技企业和资本市场进入加速换挡的新周期。

30年间，虽然中国资本市场取得了令世人瞩目的成就，但在其发展成长过程中仍存在许多问题。众所周知，中国资本市场脱胎于经济改革的转型时期，由于改革措施的不匹配和制度设计的滞后性等原因，使得我国资本市场存在许多问题。从宏观上讲，例如投资者投机行为动机严重、上市公司治理结构不完善、市场机制不健全、市场化程度不高等，大大制约了市场功能的有效发挥。从微观上讲，存在上市公司股权结构分置、高管层激励机制缺失、信息披露不真实、融资成本过高、研发投入偏低、公司治理效率低下等问题。在当今经世界经济增速减缓、贸易冲突加剧、经营风险增加的新经济环境下，作为公众公司的上市公司应该如何面对竞争市场进行决策？如何解决公司发展中可能出现的各种财务问题？

本书基于中国经济发展新常态，从市场竞争和公司发展视角出发，以上市公司为研究主体，运用沪深上市公司样本数据，围绕公司控制权争夺、信息披露质量、融资结构优化、研发投入与产出等热点问题展开研究，为政府监管部门维护资本市场秩序、加强监管力度、拓宽公司融资渠道、提高公司市场核心竞争力提供数据支持。

本书采用实证研究方法，主要对以下公司财务热点问题进行了研究。

（1）控制权争夺与治理结构问题研究。公司治理结构的核心是控制权问题。控制权是公司利益相关者所关注的核心，对控制权的争夺实际反映了公司利益之争。随着我国市场经济法制化的建设，公司利益相关者越来越重视公司控制权。本书选择一本土案例，客观评述了公司各利益相关者股权争夺、利益分享、治理缺陷，并剖析了控制权争夺的理论根源和经济后果。

（2）信息披露质量与融资约束问题研究。公众公司对外披露信息是法定要求，而信息披露质量的高低对公司融资有着直接影响。本书以中国深市上市公司为研究对象，实证检验了信息披露质量对公司融资约束所产生的影响，并进一步引入市场风险因素检验其约束程度。

（3）终极控制权与融资结构优化问题研究。经济转型背景下的民营企业已经成为中国经济发展不可或缺的组成部分，而民营上市公司股权结构的特殊性又成为制约其发展的重要因素。本书选择沪深A股市场民营上市公司为研究对象，采用实证方法检验了终极控股股东对公司融资结构的影响，进而根据研究结论指出影响融资结构优化的相关因素。

（4）融资约束与研发（R&D）投资效率问题研究。上市公司融资会受到来自资本市场的监管和约束，而公司与政府等关系的处理直接影响企业R&D投资效率。本书以深交所中小板上市高新技术企业为研究对象，实证检验了融资约束对企业R&D投资所产生的影响，同时将政治关联作为调节变量来检验融资约束对R&D投资结果的影响程度。

（5）高管增减持行为与经济后果问题研究。上市公司高管增减持行为的根本动机源于实现自身利益最大化，但其行为结果会对整个资本市场产生重要影响。本书以沪深两市发生高管增减持性行为的A股上市公司为研究样本，检验了不同动机下高管增减持股票行为结果对市场产生的变动效应和对公司经营业绩所产生的影响。

（6）股权激励与非效率投资问题研究。公司相关者利益冲突直接影响公司的投资效率，为了减少代理冲突、解决不同利益相关者之间的代理矛盾，本书选择沪深两市A股上市公司作为研究对象，通过不同股权激励形式实证检验了股权激励对公司非效率投资的影响，进而结合产权性质验证股权激励对国有与非国有上市公司所产生的不同影响。

（7）高管薪酬契约与融资约束问题研究。薪酬契约制度设计直接关系到对管理层的激励效果和行为动机，进而会对公司融资行为和融资方式产生直接影响。本书以沪深两市A股上市公司为研究对象，运用描述性统计、多元回归等方法检验了高管薪酬契约制度与公司融资约束之间的内在关系，以及高管行为动机对融资结果的影响。

（8）混合所有制资本改革与治理效率问题研究。混合所有制改革是我国国有企业改革的主要方向。混合所有制经济是提高资本使用效率、优化资源配置的有效途径。本书以我国规模以上工业企业为研究对象，围绕改革进程中国有资本现状、问题及成因，比较评析了不同类型规模以上工业企业的财务绩效，并对下一步混合所有制改革的路径进行展望。

本书围绕中国资本市场的发展，客观评价了中国资本市场的制度性缺陷和特殊背景。以中国沪深股市上市公司数据为研究样本，采用描述性统计、多元回归分析、稳健性检验等实证方法，检验或者验证中国上市公司的一些财务热点问题，并依据检验结论，为政府监管部门及公司自身提出相应的政策建议。然而，由于中国资本市场建立时间短，加之制度建设的滞后性、公司股权结构的特殊性，以及资本市场发展的不完备性，致使本书的研究可能与实际存在偏差，对某些问题的看法或者结论不一致，对此，需要进行长期观察与持续跟踪研究。

本书在写作过程中参阅了中外大量参考文献，在此，向那些未曾谋面的学者、同仁一并表示感谢。

张　涛

2019年秋写于泉城济南

目　录

第1章　引　言

1.1　问题的提出

中国资本市场自1990年创立，迄今已进入而立之年。这跨世纪的30年间，中国资本市场从无到有，从弱到强，发展迅猛，取得了举世瞩目的成就。中国资本市场实现了从无到有的质变，上市公司在总体经济中已占到约1/3，成为世界最大的资本市场之一。截至2019年12月31日，沪深交易所上市公司总家数已经达到3777家，两市总市值达到59.29万亿元，其中流通市值48.35万亿元。[①] 中国资本市场作为我国改革开放的产物，自诞生之日就站立在市场经济的最前沿，经历了由试点试验到逐步推广，由不成熟到逐步完善的曲折过程。以1990年深圳证券交易所和上海证券交易所成立为标志，中国资本市场实现了零的突破，为今日中国经济的飞速发展奠定了基础。1992年证监会成立，初步形成了统一的证券监管体制，并逐步建立起一套相对完善的规则制度和监管体系。1999年《证券法》颁布，标志着中国资本市场正式步入法制化、规范化发展的轨道。至此，中国资本市场已基本形成以《公司法》《证券法》《证券投资基金法》等为核心，各类部门规章和规范性文件为配套的证券监管法规体系和自律规则体系。

2005年4月正式启动的股权分置改革无疑是中国资本市场发展中浓墨重彩的一笔，从此，中国资本市场开始进入了全流通时代，翻开了崭新的一页。股权分置改革使得上市公司治理结构得到不断优化，相关利益者的合法利益得到进一步保护，公司的市场价值得到全面提升。同时，

① 根据中国证券监督管理委员会网站有关数据资料计算整理。

逐步建立了核准制和保荐人制度，一批大盘蓝筹股纷纷登陆 A 股市场，改善了我国上市公司的整体素质，大幅度拓展了资本市场广度和深度。

同期，中国资本市场建设也取得了重大突破。2004 年 5 月 17 日，经国务院批准，中国证监会正式发出批复，同意深交所在主板市场内设立中小企业板块。2004 年 5 月 27 日，中小企业板块启动仪式在深圳举行。2009 年 3 月 31 日，中国证监会正式发布《首次公开发行股票并在创业板上市管理暂行办法》，同年 10 月 30 日，中国创业板正式开市。2019 年中国科创板设立并试点注册制。

与此同时，中国证券市场机构投资者队伍迅速壮大，目前形成了基金、券商、保险资金、社保基金、企业年金以及各类理财产品构成的多元化投资者队伍。随着规模的不断扩大，机构投资者在促进市场发展、引导投资理念转型、提高市场稳定性等方面的影响日益增强。经过 30 年快速成长的中国资本市场，已经成为推动我国经济快速发展的重要力量，作为市场经济的重要组成部分，中国资本市场在国有企业改革、转换企业经营机制、促进经济结构调整、推动投融资体制改革、优化资源配置、化解金融风险等领域都发挥了不可替代的作用。

尽管在短短的 30 年中，中国资本市场取得了巨大的成就，但是在发展中仍然存在许多问题或不足。由于中国资本市场脱胎于计划经济向市场经济转型时期，加之改革措施不配套和制度设计滞后等，使得我国资本市场还存在一些深层次问题。从宏观上讲，例如市场化程度有待提高、市场组织结构单一、投资者结构不合理、产品结构不完备、上市公司治理结构不健全、缺乏内在的稳定机制以及部分风险管理能力不足等制约了市场功能的有效发挥，这导致我国资本市场与境外成熟资本市场相比仍存在一定的差距。从微观上讲，存在上市公司股权结构不完善、高管激励机制不健全、信息披露不规范、融资结构不合理、研发投入不科学、投资效率低下、财务治理成本偏高等问题。在当今经世界经济处于复苏发展的环境下，作为公众公司的上市公司应该如何应对市场竞争？如何解决公司发展中所面临的财务问题？如何提升公司管理水平和市场竞争力？如何优化公司股权结构和治理结构？如何积极进行资本市场融资？等等。诸多问题都需要上市公司、投资者及社会公众考虑。本书正是基于以上现实问题，从当前中国市场经济发展实际出发，以上市公司为研究主体，运用沪深股市上市公司为研究样本数据，针对公司控制权争夺、产权性质、信息质量披露、融资约束、研发投入及投资效率等问题展开讨论与研究，分析其动因，总结其规律，寻找解决问题的途径与方法，为政府及相关部门规范资本市场秩序、完善公司治理结构、提升公司经营绩效提供决策参考。

1.2 中国资本市场实践：回顾与展望

1.2.1 资本市场变迁

截至 2018 年 12 月 31 日，在境内证券交易所上市的公司（A、B 股）已有3567 家，上市公司总市值已由1991 年的109 亿元增加到2018 年末的48.67 万亿元。上市公司总市值相当于 2018 年 GDP 的54%。[①] 上市公司在国民经济中占有举足轻重的地位。图 1 -1 揭示了中国资本市场的历史发展进程。

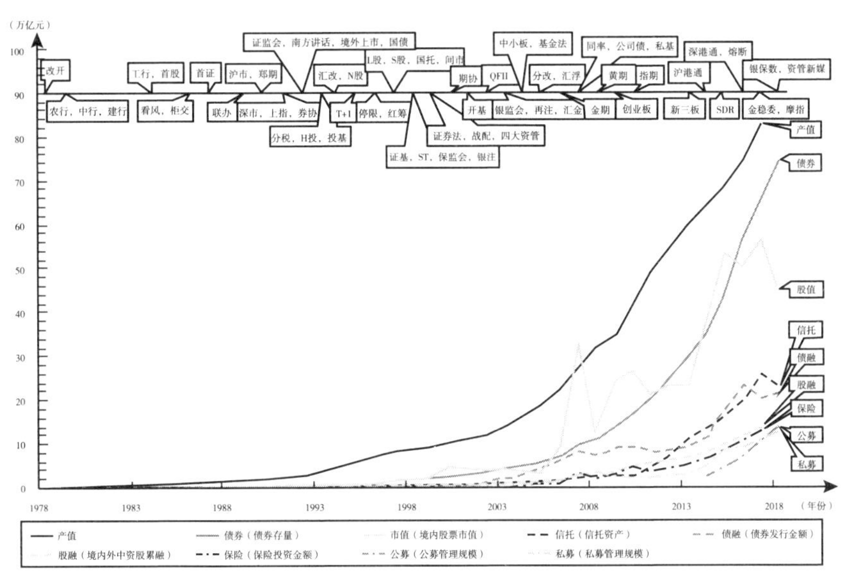

图 1 -1　中国资本市场历史发展进程

注：2018 年为截至12 月20 日值。
资料来源：根据历年《中国统计年鉴》整理。

① 根据中国证券监督管理委员会网站有关数据资料计算整理。

回首中国资本市场30年的变迁，其发展过程大致可以分为三个阶段。

1. 中国资本市场的萌生阶段（1978～1992年）

从1978年12月中国共产党十一届三中全会召开起，经济建设成为国家的基本任务，改革开放成为中国的基本国策。随着经济体制改革的不断推进，企业对资金的需求日益多样化，中国资本市场开始萌生。

20世纪80年代初，城市中的一些小型国有企业和集体企业开始进行了多种多样的股份制改革尝试，最原始的股票开始出现。这一时期股票一般按面值发行，大部分实行保本保息保分红、到期偿还，具有一定债券的特性；发行对象多为内部职工和地方公众；发行方式多为自办发行，没有承销商。

1981年7月，我国重新开始发行国债。1982年和1984年，我国最初的企业债和金融债开始出现。伴随着融资市场的初步形成，证券经营机构的雏形开始出现。1987年9月，中国第一家专业证券公司——深圳特区证券公司成立。1988年，为适应国库券转让在全国范围内的推广，中国人民银行下拨资金，在各省组建了33家证券公司，同时，财政系统也成立了一批证券公司。

1990年10月，郑州粮食批发市场开业并引入期货交易机制，这成为中国期货交易的开端。1992年10月，深圳有色金属交易所推出了中国第一个标准化期货合约——特级铝期货标准合同，实现了由远期合同向期货交易过渡。

随着证券发行的增多和投资者队伍的逐步扩大，证券流通的需求日益强烈，股票和债券的柜台交易陆续在全国各地出现，二级市场初步形成。1990年国家允许在有条件的大城市建立证券交易所，上海证券交易所、深圳证券交易所于1990年12月先后营业。当年，在上海证券交易所进行交易的股票仅有8只，在深圳证券交易所进行交易的股票仅有5只。

随着上海、深圳两个证券交易所的组建和股票筹资优势的逐渐体现，人们对股票市场的作用有了一些初步的感性认识，更多的人给予了股票市场积极的评价，党和国家领导人也多次莅临证券交易所视察工作，给新中国新诞生的证券市场以热情的激励。在这种背景下，人们逐渐把股票市场作为公有制企业融资的一条重要渠道。

总体上讲，股份制改革起步初期，股票发行缺乏全国统一的法律法规，也缺乏统一的监管，股票发行市场出现了混乱。同时，对资本市场的发展在认识上也产生了一定的分歧。

1992 年 1 ~2 月邓小平同志在南方视察时指出："证券、股市，这些东西究竟好不好，有没有危险，是不是资本主义独有的东西，社会主义能不能用，允许看，但要坚决地试。看对了，搞一两年，对了，放开；错了，纠正，关了就是了。关，也可以快关，也可以慢关，也可以留一点尾巴。怕什么，坚持这种态度就不要紧，就不会犯大错误。"① 邓小平同志南方谈话后，中国确立经济体制改革的目标是"建立社会主义市场经济体制"②，股份制成为国有企业改革的方向，更多的国有企业实行股份制改造并开始在资本市场发行上市。1993 年，股票发行试点正式由上海、深圳推广至全国，打开了资本市场进一步发展的空间。

在这个阶段，源于中国经济转轨过程中企业的内生需求，中国资本市场开始萌生。在发展初期，市场处于一种自我演进、缺乏规范和监管的状态，并且以区域性试点为主。深圳"8·10 事件"的爆发，是这种发展模式弊端的体现，标志着资本市场的发展迫切需要规范的管理和集中统一的监管。

2. 全国性资本市场的形成和初步发展阶段（1993 ~1998 年）

1992 年 10 月，国务院证券管理委员会和中国证券监督管理委员会（以下简称"国务院证券委"和"中国证监会"）成立，标志着中国资本市场开始逐步纳入全国统一监管框架，区域性试点推向全国，全国性市场由此开始发展。1997 年 11 月，中国金融体系进一步确定了银行业、证券业、保险业分业经营、分业管理的原则。1998 年 4 月，国务院证券委撤销，中国证监会成为全国证券期货市场的监管部门，建立了集中统一的证券期货市场监管体制。

中国证监会成立后，推动了《股票发行与交易管理暂行条例》《公开发行股票公司信息披露实施细则》《禁止证券欺诈行为暂行办法》《关于严禁操纵证券市场行为的通知》等一系列证券期货市场法规和规

---

① 《邓小平文选》第三卷，人民出版社 1993 年版，第 373 页。

② 1992 年 10 月召开的中国共产党第十四次全国代表大会决议。

章的建设，资本市场法规体系初步形成，使资本市场的发展走上规范化轨道，为相关制度的进一步完善奠定了基础。

在市场创建初期，国家采取了额度指标管理的股票发行审批制度，即将额度指标下达至省级政府或行业主管部门，由其在指标限度内推荐企业，再由中国证监会审批企业发行股票。在交易方式上，上海和深圳证券交易所都建立了无纸化电子交易平台。

随着市场的发展，上市公司数量、总市值和流通市值、股票发行筹资额、投资者开户数、交易量等都进入了一个较快发展的阶段。沪、深交易所交易品种逐步增加，由单纯的股票陆续增加了国债、权证、企业债、可转债、封闭式基金等。

伴随着全国性市场的形成和扩大，证券中介机构也随之增加。到 1998 年底，全国有证券公司 90 家，证券营业部 2412 家。从 1991 年开始，出现了一批投资于证券、期货、房地产等市场的基金（统称为“老基金”）。1997 年 11 月，《证券投资基金管理暂行办法》颁布，规范了证券投资基金的发展。同时，对外开放进一步扩大，推出了人民币特种股票（B 股），境内企业逐渐开始在香港、纽约、伦敦和新加坡等海外市场上市。期货市场也得到初步发展。

在这个阶段，统一监管体系的初步确立使中国资本市场从早期的区域性市场迅速走向全国性统一市场。随后，在监管部门的推动下，一系列相关的法律法规和规章制度出台，资本市场得到了较为快速的发展，同时，各种体制和机制缺陷带来的问题也在逐步积累，迫切需要进一步规范发展。

3. 资本市场的发展与提高阶段（1999～2005 年）

《证券法》于 1998 年 12 月颁布并于 1999 年 7 月实施，是中国第一部规范证券发行与交易行为的法律。它确认了资本市场的法律地位。2005 年 11 月，修订后的《证券法》颁布。《证券法》的实施及随后的修订标志着资本市场走向更高程度的规范发展，也对资本市场的法规体系建设产生了深远的影响。

1999 年 5 月 16 日，国务院正式批准了“搞活市场六项政策”。这一政策信息传递到市场后立即引起了市场的热烈追捧（5 月 19 日上证指数一改往日颓势，上涨 4.64%，虽然这单日涨幅并不足挂齿，但是它成为随后上证指数扶摇直上的起点)。本轮牛市历经几次调整,一直延续到2001年。从2001年开始,市场开始步入持续4年的调整阶段:股票指数大幅下挫;新股发行和上市公司融资难度加大、周期变长;证券公司遇到了严重的经营危机,直到2005年全行业连续4年总体亏损。上证综合指数从2001年6月14日的当时历史最高点2245.44点,到2005年6月6日最低998.23点,跌破1000点。而这次牛市止步的直接诱因,则触及中国股市天生的制度性缺陷——股权分置。

2004年1月31日,国务院发布《关于推进资本市场改革开放和稳定发展的若干意见》(以下简称"国九条"),充分肯定了中国资本市场取得的巨大成就,明确了资本市场发展的指导思想和任务,提出了支持资本市场发展的有关政策,将大力发展资本市场提升到前所未有的战略高度,这是中国资本市场极具里程碑意义的文献之一。"国九条"确立了尊重市场规律解决股权分置问题的基本原则,2005年4月29日,中国证监会发布了《关于上市公司股权分置改革试点有关问题的通知》,启动股权分置改革。2006年6月19日,"新老划断"后的全流通第一股——中工国际上市,标志着中国股市开始进入全流通时代。截至2008年10月底,沪深两市A股中共有1585家上市公司完成或者已进入股权分置改革程序,占应改革公司的98%(剩余33家公司未股改)。与此同时,证监会还大力推进交易结算资金第三方独立存管、对证券公司全面实行净资本管理,适时推出投资者保护基金、加快风险券商处置进度,基本完成了高风险券商处置工作,若干长期困扰中国资本市场发展的问题初步得到解决。

中国资本市场基础制度的改革带来了股市行情的巨大反转。2006年迎来自证券市场成立以来最壮观的牛市,沪、深两市市价总值为89403.9亿元,全年涨幅居全球第一。2007年10月16日上证综合指数冲高到6124.04点,与2005年6月6日的最低位相比,上涨了5倍多,所用时间仅仅2年4个月,成为中国证券市场上的奇迹。然而,短时间内的快速上涨使中国股市积累了大量的泡沫,而此时"大小非解禁"的威力显露出来,再加上愈演愈烈的美国次贷风波的影响,使经济衰退的预期动摇了投资者对股市的信心,上证指数开始持续下跌。2008年10月28日,沪综指创出了本轮的新低1664.93点,股指在1年的时间内暴跌70%多,中国股市暴涨暴跌的特点再次显露出来。

在进行股权分置改革的同时，中国资本市场推出了系列改革深化措施：2002 年 12 月，中国证监会颁布并施行《合格境外机构投资者境内证券投资管理暂行办法》，这标志着我国合格境外机构投资者（QFII）制度正式启动；2004 年 5 月，深交所在主板市场内设立中小企业板块，上海证券交易所和深圳证券交易所分别推出交易型开放式指数基金（ETF）和上市开放式基金（LOF）、权证等创新品种，交易机制、交易技术也不断完善；2004 年 6 月 1 日，酝酿已久的《中华人民共和国证券投资基金法》正式实施；2004 年 8 月和 2005 年 11 月，全国人大常委会对《证券法》进行了两次修订，进一步夯实了中国证券市场发展的法律基础；2006 年 9 月 8 日，经国务院同意，中国证监会批准上海期货交易所、郑州商品交易所、大连商品交易所、上海证券交易所和深圳证券交易所共同发起设立中国金融期货交易所，该交易所的成立有力推进了中国金融衍生产品的发展，对健全中国资本市场体系结构具有划时代的重大意义。

在本阶段，中国围绕完善社会主义市场经济体制和全面建设小康社会进行了持续改革。随着经济体制改革的深入，国有和非国有股份公司不断进入资本市场，2001 年 12 月，中国加入世界贸易组织，中国经济走向全面开放，金融改革不断深化，资本市场的深度和广度日益扩大。

自 1998 年建立了集中统一监管体制后，为适应市场发展的需要，证券期货监管体制不断完善，实施了“属地监管、职责明确、责任到人、相互配合”的辖区监管责任制，并初步建立了与地方政府协作的综合监管体系。与此同时，执法体系逐步完善。中国证监会在各证监局设立了稽查分支机构，2002 年增设了专司操纵市场和内幕交易查处的机构。2007 年，为适应市场发展的需要，证券执法体制又进行了重大改革，建立了集中统一指挥的稽查体制。

中国证监会不断加强稽查执法基础性工作，严格依法履行监管职责，集中力量查办了“琼民源”“银广夏”“中科创业”“德隆”“科龙”“南方证券”“闽发证券”等一批大案要案，坚决打击各类违法违规行为，切实保护广大投资者的合法权益，维护“公平、公正、公开”的市场秩序。

但是，资本市场发展过程中积累的遗留问题、制度性缺陷和结构性矛盾也逐步开始显现。这些问题产生的根源在于，中国资本市场是在向市场经济转轨的过程中由试点开始而逐步发展起来的新兴市场，早期制度设计存在很多局限，改革措施不配套。一些在市场发展初期并不突出的问题，随着市场的发展壮大，逐步演变成市场进一步发展的障碍，包括：上市公司改制不彻底、治理结构不完善；证券公司实力较弱、运作不规范；机构投资者规模小、类型少；市场产品结构不合理，缺乏适合大型资金投资的优质蓝筹股、固定收益类产品和金融衍生产品；交易制度单一，缺乏有利于机构投资者避险的交易制度等。

4. 资本市场进一步规范、稳定与完善阶段（2005年至今）

为了积极推进资本市场改革开放和稳定发展，国务院于2004年1月发布了《国务院关于推进资本市场改革开放和稳定发展的若干意见》（以下称《若干意见》），此后，中国资本市场进行了一系列的改革，完善了各项基础性制度，主要包括实施股权分置改革、提高上市公司质量、对证券公司综合治理、大力发展机构投资者、改革发行制度等。经过这些改革，投资者信心得到恢复，资本市场出现转折性变化。

这一时期，为充分发挥资本市场的功能，市场各方对多层次市场体系和产品结构的多样化进行了积极的探索。中小板市场的推出和代办股份转让系统的出现，是中国在建设多层次资本市场体系方面迈出的重要一步。可转换公司债券、银行信贷资产证券化产品、住房抵押贷款证券化产品、企业资产证券化产品、银行不良资产证券化产品、企业或证券公司发行的集合收益计划产品以及权证等新品种出现，丰富了资本市场交易品种。

同时，债券市场得到初步发展，中国债券市场规模有所增加，市场交易规则逐步完善，债券托管体系和交易系统等基础建设不断加快。期货市场开始恢复性增长。2007年3月，修订后的《期货交易管理条例》发布，将规范的内容由商品期货扩展到金融期货和期权交易。

随着2001年12月中国加入世界贸易组织，中国资本市场对外开放步伐明显加快。到2006年底，中国已经全部履行了加入世界贸易组织时有关证券市场对外开放的承诺。对外开放推进了中国资本市场的市场化、国际化进程，促进了市场的成熟和发展壮大。这一时期，合资证券期货经营机构大量设立；合格境外机构投资者（QFII）与合格境内机构投资者（QDII）机制相继建立；大型国有企业集团重组境外上市继续推进；外商投资股份公司开始在境内发行上市，外资也被允许对上市公司进行战略投资；证券监管国际合作进一步扩大，2006 年 6 月，中国证监会主席尚福林当选国际证监会组织执委会副主席。

在这一发展阶段，中国资本市场信息披露制度经过多年的不断修正，逐步趋于完善。1999 年 7 月 1 日，历时 5 年艰苦准备、起草的《证券法》开始实施，其中对一级市场信息披露制度和二级市场信息披露制度都进行了规定。《证券法》的实施意味着中国的证券市场有了专门的基本法，信息披露制度的立法层次从法规上升到了基本法律。《证券法》强化信息披露机制，有效遏制了内幕交易行为，减少了因信息不对称给投资者带来的损失。随后，为了更好地服务资本市场，《证券法》经历了四次修订：2004 年 8 月第一次修订；2005 年 10 月全面修订并重新公布；2013 年 6 月再次修订；2014 年 8 月第四次修订。在四次修订中，信息披露制度也有了重大发展。在 2005 年全面修订中，对信息披露中的重大事件增加了“公司涉嫌犯罪被司法机关立案调查”内容，完善了信息披露，保护了投资者利益。不仅如此，这次修订还明确了“一致行动人”概念。因为部分人与他人合谋，采取联合收购形式对上市公司进行收购，妄图通过个人收购未达法律规定最低持股比例，以此规避信息披露。“一致行动人”的确认有效制止了这种投机行为，保护了中小股东的利益。2014 年新修订的《证券法》对信息披露制度更是作出了详细的规定和解释，其中从六十三条到七十二条都对上市企业持续信息公开制度作出了明确的规定，同时更加明确了对利用内幕消息从事非法内幕交易行为的法律。除了《证券法》对信息披露制度有法律规定外，中国证监会还出台了相应的信息披露规定。例如，2010 年 1 月公布的《公开发行证券的公司信息披露编报规则第 15 号——财务报告的一般规定》、2014 年 3 月颁布的《公开发行证券的公司信息披露内容与格式准则第 1 号——招股说明书》等法规。这一系列法律法规的实施，不断完善了中国资本市场信息披露制度建设，规范了信息披露行为，保证了投资者的利益。

资本市场的形成与完善促进了中国经济和企业的发展。资本市场融资和资源配置功能逐步发挥，推动了企业的发展壮大和行业整合；上市公司的行业布局日趋丰富；资本市场促进了企业和资产价值的重新发现，引领了企业制度变革，促进了国有企业和国有资产管理模式的变革，促进了民营企业的发展。同时，资本市场还丰富了我国企业吸引国际资本的方式，有助于中国经济更好地融入国际经济体系。

另外，资本市场也促进了中国金融体系改革。资本市场推动了金融体系结构的转型，改善了商业银行的治理结构和金融机构的盈利模式，增强了金融体系的抗风险能力。

与此同时，中国资本市场在自身的建设和发展过程中，对社会发展的影响日益增强。资本市场的发展使居民的投资品种由早期单一的储蓄，扩展到股票、国债、企业债、可转换公司债、证券投资基金、权证、期货等多种形式，丰富了居民理财的方式，居民可通过投资于资本市场分享中国经济的成长。资本市场也带动了消费及相关服务业的发展，财富效应初步显现。

资本市场为保险公司、社保基金、企业年金等机构提供了资产保值增值的渠道，从而间接为社会保障体系的完善提供了有力支持。资本市场在中国的发展催生了证券公司、证券投资基金管理公司、期货公司等证券期货经营机构，并且推动了投资银行、证券经纪和销售、资产管理、证券分析、证券咨询等新职业的兴起，为中国金融业培养了大量专业人才。资本市场在其发展过程中不仅自身建立了相对完备的法规体系，同时还推动了其他相关法规的完善，推动了中国会计准则不断完善和标准化，特别是新会计、审计准则的实施，大大缩小了与国际标准间的差距。

经过30年的发展，中国资本市场的作用日益显现。“中国上市公司”（包含境内境外所有各类中资上市公司汇总）的各项财务指标占中国全部企业（即把中国所有公司、机构等各类主体看作一个整体）的比例不断上升，成为中国经济发展最重要的组成部分。以资产为例，占比在1991年几乎为零，1999年为5.3%，2000年升至10.1%，2017年进一步增至38.3%；利润占比从1991年的0.1%升至2017年的28.8%。总体说来，上市公司各要素占比经历了三个阶段的发展，1990~1999年间不足5%，2000~2005年大致为10%~15%，2006~2017年大致为20%~40%。上市公司总体以相对较少的资本，赢得了较高的收入和利润，支撑了相对更高的债务资源。总体来说，截至2017年，上市公司经济占比已达约1/3（见图1-2）。

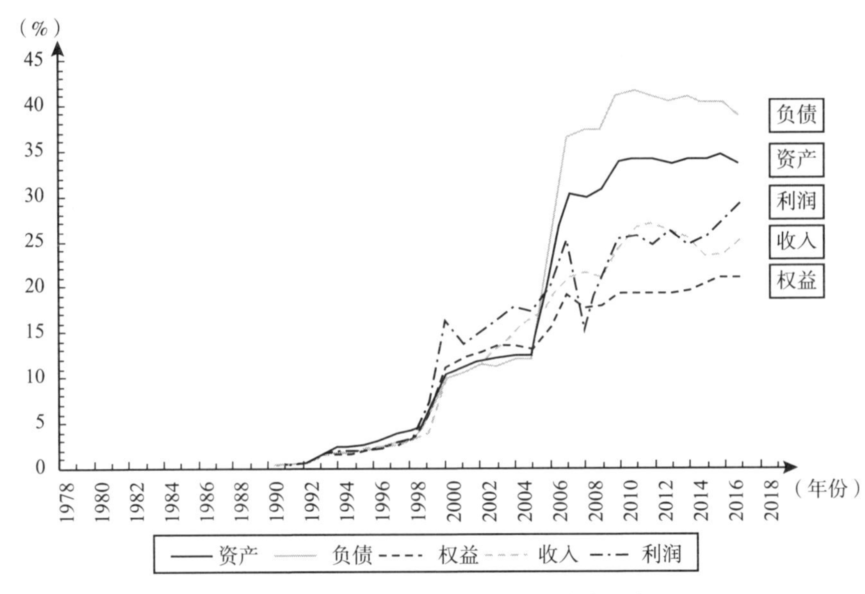

图 1-2　境内外上市公司财务指标的全国占比

资料来源：根据历年《中国统计年鉴》整理。

1.2.2　资本市场问题与成因

1. 资本市场问题分析

中国资本市场建立于计划经济向市场经济转轨的时期，带有相当大的行政主导色彩。因此，路径依赖极易导致产生所谓的“制度陷阱”，即低效甚至无效的制度安排一经确立，它会在历史进程中不断自我强化。随着市场经济的不断发展与深化，中国资本市场制度在设计、建设、运行、法律体系等方面暴露出了诸多问题。究其原因，主要是制度变迁的内生性缺陷以及变革机制僵化、权利错位等导致的。①

(1) 资本市场目标定位偏移。中国资本市场设立的起点是经济体制改革，即 20 世纪八九十年代原有的计划经济体制向市场经济体制转变，资本市场正是在这样的大背景下成立的。资本市场成立的初始目标

① 熊英：《转型经济背景下中国资本市场制度的建设与发展》，吉林大学硕士学位论文，2015 年。

主要是政府帮助国有企业改革、脱困、融资。所以，从资本市场制度设计开始，就考虑了资本市场如何能够更好地发挥融资功能，为政府的经济体制改革总目标服务。基于资本市场的设计目标，显然，中国资本市场及制度设计与完全市场化的本质发生冲突。这就导致通过资本市场率先取得利益的既得利益者，在面对资本市场发展所要求的变革制度时百般阻挠，这也使中国资本市场及其制度不可能从融资市场顺利地转为投资市场的制度安排。除了既得利益者想凭此获得巨额利益，后期进入资本市场的普通参与者也抱着一夜暴富的心理，希望通过投资行为，实现买卖差价赚取高额回报。尽管经过 30 多年的发展，但在面对转型经济的大趋势时，中国资本市场也不能一夜改变运行轨迹，回归市场经济的本色，否则强行改变市场制度安排可能会引发中国金融秩序的混乱甚至是社会危机。

（2）法律制度建设滞后。中国资本市场发展历史较短，带有明显的行政主导的强制性制度变迁特征，其法律制度体系是由政府主导建设的，而不是内生于资本市场的发展需求和资本市场，所以存在许多不完善的地方。这种不完善导致资本市场效率低下，交易成本偏高，无法满足市场需求，进而制约其功能的发挥。从欧美国家的资本市场发展经验来看，资本市场的发展基础依赖于完善的法律制度体系等软环境支撑。例如，美国既有《证券法》《证券交易法》《公司法》等基本法律，同时还有《投资公司法》《内幕人士交易制裁法》《投资顾问法》等其他相关法律法规的支持配合。完善而有效的法律体系成就了美国资本市场的全球霸主地位。目前，中国资本市场的基本法律——《证券法》先后经过四次修改，但相应配套的法律法规建设滞后且不完善，特别是缺少具体实施细则和配套法规。因此，在解决中国资本市场的实际问题时，现有法律制度体系暴露出了可操作性差、执法力度弱等缺陷，甚至发现了问题却无法可依。此外，现有法律制度之间的衔接性较差，甚至相互冲突。这种法律制度体系的不健全直接限制了中国资本市场法律监管功能在实践中的发挥与应用。

（3）行政主导色彩浓厚。中国资本市场是经济体制改革的产物，成立的初衷是帮助国有企业融资，以减轻改革带来的财政压力，从产生那时起就刻上了行政主导的烙印。这种行政烙印体现在市场制度的方方面面。首先，证券发行被行政垄断。在资本市场成立之初，证券的发行实行配额制，即由国务院证券管理部门根据各省的经济发展水平进行定额分配，而各省政府则依据省内的企业状况，选择什么企业使用分配名额。直到现在，中国资本市场虽然进行了一系列的制度改革，但是仍然没有完全摒除行政特色。其次，资本市场的制度建设和发展带有强制性变迁色彩。在中国，资本市场制度的规制与修订都是由证券监管部门主导的，市场机制发挥的反作用有限。市场无法发挥信息传导功能，市场竞争机制被压制，造成资本市场定价机制效用弱化。再者，中国资本市场制度变迁有着较强的路径依赖，这种路径依赖依附于政府的制度供给。

（4）监管制度模式僵化。1992 年中国证监会成立后，资本市场初步形成了集中控制、集中监管的局面，证券交易所也成为中央集中权力下的组成部分。由于中央对市场集中监管，市场变革和发展也是证监会在主导，证券交易所缺少市场竞争压力和自我创新的动力，从而容易出现无视市场规律和实际需求的行为，没有创新动力驱使，市场组织者与市场之间无法进行良性互动。作为中央监管机构，证监会被赋予更多的非经济目标和权力，稳定市场成为其主要监管目标。证券交易自然而然地承接了“稳定至上”的理念，无法响应市场创新的需求；这种独特的中央集中监管体制把国内市场与国际市场人为分割，致使国内市场无法真正在市场环境下成长。随着时间推移，沪深交易所步入了制度“稳定期”，基本上没有针对市场效率的交易制度改革与创新。

目前中国资本市场的发行制度是核准制。这种带有浓厚行政色彩的发行制度，在一定程度上违背了资本市场市场化的发展规律，造成了发行审核效率低下，已经不符合中国资本市场发展的需求。但是，对于高效率的注册制中国资本市场还处于研究观望态度阶段，虽然多次提出引入注册制，却没有实质性进展。另外，“T+1”的交易机制限制了证券的流动性。中国资本市场经过 30 年的发展，已经超越日本一跃成为仅次于美国的全球第二大资本市场。截至 2019 年末，境内上市公司数由成立之初的 8 家激增到 3777 家，股票总发行股本 5.74 万亿元，总市值达 59.29 万亿元。[①] 如此庞大的市场需要更为灵活的交易机制，长期固化的交易制度已经成为资本市场发展的主要障碍。

（5）运行机制不规范。中国资本市场经过 30 多年的建设与发展，

---

① 根据中国证券监督管理委员会网站有关数据资料计算整理。

法律法规及制度建设相对齐全，但是其运行机制不规范、执行不严格。主要表现在：第一，上市程序不规范。证券发行是由行政部门主导，通过分配额度等形式决定公司是否上市，而不是市场竞争进行。这种行政主导的发行机制没有体现出市场的需求，也无法满足投资者的要求，过多或过少的发行额度都容易对市场产生负面影响。第二，股权结构不合理。由于中国计划经济体制运行时间较长，企业股份制改革不彻底，国有控股上市公司份额较大，且股份公司的股票被分为国有股、法人股和个人股，各自认股价格不一致，股权不平等现象普遍存在。加上国家向国有股倾斜的制度安排，股份公司股权结构与治理结构畸形发展，这种畸形结构随着企业上市被带到资本市场。第三，中介组织运作不规范。出于自身利益考虑，上市公司不按上市场规程要求和市场要求进行经营、运作，甚至与中介组织（会计师事务所、律师事务所和证券公司）串通公布虚假信息，进行内幕交易，中介组织为了获得额外利益有时会默许违规操作。第四，监管行为不到位、不规范。我国证券市场监管行为不到位、不规范主要表现在：政策制定不透明、政策发布具有随机性。监管的有效性和执法效率急需提高。

2. 成因分析

（1）严重扭曲的市场机制。资本市场是市场经济的重要的核心组成部分，而市场化则是市场经济存在与运行的基本前提。成熟的资本市场必须具有自我调节、自主选择的功能，在运行过程中可以有效引导社会资本的流向，从而实现社会资源的优化配置。然而在中国，由于市场经济起步晚，机制不健全，使得资本市场的建立和发展都有行政干预的影子，市场的自主调节作用难以发挥。例如，证券何时发行、发行多少等都由行政部门审批决定，其结果导致企业的上市最终演变为对行政机构的“公关”攻坚。通过“公关”取得上市资格的多数企业，由于资质没有真正达到上市场资格要求的条件，整体质量较差，无法经受二级市场激烈的竞争，频繁出现“一年绩优、二年平庸、三年绩差、四年绩劣”的现象，最后面临被摘牌的危险。即便这样，在部分上市公司真正面临 PT、ST[①] 被摘牌时，作为企业上市主管部门的行政机构不得不对

① PT 是指为暂停上市股票提供流通渠道的“特别转让服务”；ST 是指证券交易所对存在股票终止上市风险的公司股票交易实行“警示存在终止上市风险的特别处理”。

当初的“保荐”行为负责，对其进行资产重组，重组过程中也出现一些不正当或虚假行为。这种严重的行政干预甚至是违规行为，让资本市场运行规律偏离了正常的轨道，致使资本市场无法形成真正的竞争环境和优胜劣汰的生存法则。再加上中国上市公司中国有企业占比较大，仅在 A 股市场就有 38.5%，市值超过 50%。[①] 无论是从保护国有资产出发还是从所谓的维护市场出发，中国资本市场运行中仍然带有“计划”标签，所呈现的弊病也越来越明显。

（2）失衡的权力寻租与腐败。中国资本市场由于监管权力的过度集中，从而为滋生腐败或权钱交易提供条件，种种权力寻租与腐败行为主要集中在证券发行与监管方面。证券公开发行并上市就意味着企业可以在短期内迅速获取巨额利润，因此在发审环节容易催生权力寻租等现象，导致市场不公平、不公正。由于目前新股发行成功与否的关键权力集中于证券监管机关，而具体各个环节（发审程序、发审人员、发审会投票情况等）的信息均未公开透明，造成企业为了获取上市资格，各显其能突击公关发行审核机构的相关负责人和审核人的情况出现，这种制度的缺陷极易导致权力寻租与腐败。监管环节和领域成为权力者寻租的温床，影响了市场的公平。监管部门会对资本市场和上市公司进行日常性监管，旨在发现问题、解决问题。而且还要对上市企业的信息披露进行严格的监审，保护投资者利益。这种监管的权力十分巨大，但也成为了腐败的重点区域。

（3）职能越位的监管机构。中国《证券法》第一百零二条规定“证券交易所是为证券集中交易提供场所和设施，组织和监督证券交易，实行自律管理的法人”；第一百一十三条规定“为组织公平的集中交易提供保障”；第一百一十八条规定“证券交易所依照证券法律、行政法规制定上市规则、交易规则、会员管理规则和其他有关规则，并报国务院证券监督管理机构 147 批准”。以上规定说明证券交易所是法定的制度规则制定者，拥有完全自主制度规则的权利。但在实际运作中，证券主管行政部门掌控交易所相关制度建设，成为事实上的规则制定者。以上交所为例，自成立 29 年以来其交易规则仅修订过五次：1990 年 11 月实施第一个交易规则《上海证券交易所市场业务试行规则》；1993 年 1

① 白天亮：《国有控股上市公司占 A 股市值过半　今年将探索分类推进国企改革》，载于《人民日报》2013 年 1 月 11 日。

月修订为《上海证券交易所市场业务规则》；2001 年 8 月，沪深两所在证监会的主导下共同修订《上海、深圳证券交易所交易规则》；2006 年 5 月修订为《上海证券交易所交易规则》和《深圳证券交易所交易规则》；2015 年又重新修订，自 2016 年 1 月 1 日开始实施。

由于法规制定者的种种原因，证券交易所的相关制度、规则修订和更新非常缓慢，跟不上市场发展的需求。证券交易所权力无法得到有效发挥，最终造成了最了解熟透市场运行、变化的主体却无法制定适应市场发展的制度，从而制约了资本市场的发展。

（4）配置失当的规制权力。规制权力配置失当主要表现在：①规制越位、错位。资本市场上的许多事务本来应采取自行管理或由市场去决定，然而证监会过多地集中在对证券市场的日常管理上。从监管程度上看，证监会的监管已深入到许多非常具体微观的领域，例如近乎苛刻的市场准入制度、人为过多地设定限售股等等。这种事无巨细的规制方式严重影响了证券市场的自主性与活跃性。②规制缺位。资本市场不能实现资源的最佳配置，这时就需要政府去引导，然而证监会在建立完善资本市场方面存在一定缺失。③监管部门缺乏独立性。独立性是对证券监管部门的基本要求。证券市场的监管主体远不止证监会一家，财政部、发改委等多个部门的政策和法律都经常对证券市场产生这样或那样的影响，导致了中国证监会缺乏权威性。

1.2.3 资本市场未来展望

1. 战略目标与原则

（1）正确处理政府与市场的关系，完善法律和监管体系，建设公正、透明、高效的市场。进一步简化行政审批，培育市场化发行和创新机制；完善法律体系，加大执法力度；加强监管队伍建设，提高监管效率；加强监管协调，防范金融风险。

（2）大力推进多层次股票市场体系建设，满足多元化的投融资需求。大力发展主板市场；继续推进中小企业板建设；加快推动创业板建设；构建统一监管下的全国性场外交易市场；建立适应不同层次市场的交易制度和转板机制；完善登记、托管和结算体系。

（3）推动债券市场的市场化改革，加快债券市场的发展。体现在完善监管体制，改革发行制度；建立健全债券市场主体的信用责任机制；建立统一互联的债券交易结算体制；丰富债券品种，完善债券投资者结构。

（4）积极稳妥地发展期货及衍生品市场。完善期货品种体系，稳步发展金融衍生品；健全衍生品交易机制；优化投资者结构。

（5）促进上市公司健康发展。加强公司信息披露；完善公司治理结构；推动并购重组市场规范发展；完善上市公司退市制度。

（6）促进公平和有效竞争格局的形成，建设有国际竞争力的证券期货业。进一步放松管制，营造有利于创新和公平竞争的环境；完善证券期货经营机构的治理结构；完善风险管理制度，拓宽业务范围，推动证券公司提高核心竞争力；继续大力发展机构投资者；培养资本市场专业人才。

（7）稳步推进对外开放，建设有国际竞争力的资本市场。坚持对外开放，把握好对外开放的节奏；在风险可控的前提下，有选择性地探索“走出去”的路径；加强国际监管合作。

（8）推进资本市场文化建设，营造有利于资本市场持续发展的生态环境。加强投资者教育；建设健康的股权文化和诚信环境。

2. 中国资本市场发展展望

经过30年的发展，中国资本市场成绩斐然。可以预期，中国资本市场具有广阔的发展前景。在服务于中国经济健康稳定和可持续发展的同时，中国资本市场也将不断发展壮大。

（1）中国资本市场的法律和监管体系将基本完善，中国资本市场将成为更公开、公平、公正的市场。资本市场的法律制度基本完备，证券执法体系基本健全，执法效率显著提高，从而有效规范资本市场的各类活动并保障市场的稳健运行。各种与资本市场相关的法律责任制度安排得到切实落实，相关的司法审判机制基本形成，多样化的非诉讼的替代性纠纷解决机制得到建立，证券违法犯罪行为受到严厉打击，资本市场的规范化程度显著提高，投资者的合法权益得到有效保护，金融安全得到有效保障。

合理、高效的监管体制逐步完善。以政府监管、行业自律、市场主体的自我约束和社会监督组成的立体、多层次的监管体系基本确立。监管重点实现了从行政审批为主向信息披露为主的转变，监管模式实现了从机构监管向功能监管的转变。政府职能定位实现了从管理者到监管者的转变，证券、期货业协会及交易所的自律监管作用得到较为充分的发挥。

（2）中国资本市场的深度和广度将大为拓展，成为一个高效、多层次和开放的市场。市场交易成本将大幅降低，市场效率较高；市场机制将充分发挥作用，资本市场的发行、定价、交易等环节将主要依靠市场机制的运行和自我调节；资本市场的进入成本相对较低；市场的流动性较高，冲击成本较低；风险监控和预警机制基本建立，系统性风险逐步降低；市场的深度和稳定性增强。

股票、债券、期货及金融衍生品市场全面发展，资本市场结构较为平衡与合理，金融产品更加丰富。股票市场规模不断扩大，代表中国经济主体的大部分企业在中国资本市场上市，特别是大盘蓝筹股和创新型企业借助资本市场获得较大发展；上市公司运作规范，公司治理水平大幅提高。

债券市场成为资本市场重要的组成部分，与股票市场形成有效的平衡；债券品种多样化，适应中国经济发展需求的各种固定收益类、结构性和资产证券化等产品将不断出现。商品期货和金融衍生品的品种更加丰富。市场参与主体基本成熟，投资者多元化，具有良好的投资理念和风险意识。市场交易活跃，具有较高的流动性。

多层次市场体系得以建立，交易机制比较完善，交易所的市场化运作水平较高。多层次市场逐步建立，形成交易所市场与场外交易市场有机联系、相互补充的市场体系。交易结算制度基本完善。交易所的运作机制和管理水平具有一定的国际竞争力。

中国资本市场将成为开放的市场，并具有一定的国际竞争力。与中国经济的国际化程度相适应，中国资本市场将成为一个开放度较高的国际性市场。更多的国际金融机构将在中国资本市场提供服务，并与本土的证券期货经营机构形成良性竞争格局；国际资本在中国资本市场的参与程度有较大提高；国际企业可以选择在中国资本市场发行上市。资本市场的基础设施达到国际先进水平，在市场的深度、广度、融资成本、流动性和效率等方面具有一定的国际竞争力。

(3) 中国资本市场将出现具有国际竞争力的证券期货经营机构，金融服务水平全面提高。证券公司的发展进入比较成熟的阶段，竞争力显著增强，出现具有国际竞争力的证券公司。证券公司的各项主要业务能力得到较大提高，形成依托于本土市场的较强的全球竞争力。证券公司的盈利模式更趋多元化，抗风险能力显著增强。

以基金管理公司为主的资产管理机构全面发展，中国资本市场成为以机构投资者为主的市场。中国基金业获得较大发展，规模大幅增加；基金类型及品种比较丰富；保险资金、社保基金和企业年金等长期资金更大程度地投资于资本市场。中国资本市场成为以机构投资者为主的市场，出现具有国际竞争力的资产管理机构。

其他证券期货服务机构获得较大发展。在资本市场不断发展壮大的背景下，会计师事务所、律师事务所、评估师事务所、评级公司等其他证券期货服务机构也获得较大发展。各类机构的数量增加、规模扩大，运营、管理更加规范，专业化程度和执业水平显著提高。

(4) 中国资本市场在国民经济和社会发展中的作用将不断显现，成为建设和谐社会的重要力量。直接融资为主的金融体系得以构建，金融结构得以优化，金融体系的弹性和稳定性增强。资本市场成为资源配置的主要场所，股权及债券融资等直接融资方式成为国民经济中主要的融资渠道，金融结构得以改善和优化，金融体系的弹性和稳定性增强。

资本市场为中国企业做大做强提供广阔的平台。随着中国资本市场效率的提升，并购和重组等市场筛选机制的逐步完善，资本市场将有力地推动中国企业做大做强。同时，多层次市场体系的完善使资本市场成为高科技和创新型企业的摇篮，大批高经济附加值、高成长性的企业在资本市场的推动下成长壮大，引领中国高科技产业的发展、产业结构的调整和自主创新体系的构建。

要想让资本市场的投资效用得以充分发挥，需要在制度与机构、治理与激约、自律与处罚等方面建立系统体系，提供制度保障。资本市场是活跃度很高、波动很大的市场，只有建立严格规范的市场运行制度，并能根据实际情况及时完善修正，才能确保市场有序运行。资本市场需要多种类型和不同角色的机构参与并提供服务，同时不同角色之间可能存在潜在利益冲突。通过建立较为完善的治理结构和必要的防火墙制度，可以减少不当利益冲突。同时应制定适宜的激励约束机制，鼓励证券从业人员自觉遵守规则，减少违规操作。考虑到资本市场快速多变，新生事物不断出现，难免存在一些模糊边界，有必要制定明确的自律规范，这样既可保留市场足够的灵活性，鼓励市场机构主动按原则进行判断，允许一定的试错空间，同时又有相应系统的监管处罚办法，确保能够及时纠正市场机构过度不当行为，引导资本市场向依法有序的方向发展。

有了高效有序的资本市场，投资者可以更好地预判收益、把控风险，最大化投资效用，最小化投资损失，这样的资本市场就能最大限度地发挥其投资促进和提升的效用，提高经济发展的质量和效率。

改革开放40多年，中国经济取得了长足发展。在中国现代化道路上我们仍需继续推动经济市场化，真正“使市场在资源配置中起决定性作用”，同时持续推动科技现代化，提高自己设计、自己制造的能力，真正掌握核心制造技术。资本市场30年的发展取得了令人鼓舞的成绩，进一步改革完善市场制度体系仍需一些时间，系统促进资本市场化可以提高经济和投资的效率，循序推进金融科技化可以提高资本市场效率。面向未来，我们仍然需要保持解放思想的态度，深刻审视资本市场的作用原理，客观研究未来的发展问题，继续持续不断地改革和提升。

1.3 研究方法与研究内容

1.3.1 研究方法

1. 文献研究法

本书根据控制权、融资约束及投资效率等研究内容，对相关研究领域的国内外文献进行搜集、鉴别、梳理，并对已有的研究成果和结论进行评述，了解目前在某一领域的研究现状，分析需要借鉴的成果并找出其存在的不足，从而确定研究方向和重点领域。

2. 归纳演绎法

本书采用归纳演绎法对现有的研究成果进行分析，按照研究结论将诸多观点进行分类，归纳出每类观点的共有特征，得出相应的一般性结论。另外，本书还从一般性的理论基础出发，将相关理论演绎至研究对象中，推理出针对研究对象的个别结论。

3. 描述性统计分析与多元线性回归分析

在相关理论支持下，本书主要采用实证研究的方法，研究信息质量与融资约束、民营控股股东与融资结构、融资约束与研发投入、高管增减持行为与市场经济后果、股权激励与非效率投资，以及混合所有制改革与治理效率等之间的内在联系，检验或者验证它们的内在规律。对每个研究热点问题，均在对相关文献进行梳理的基础上，提出研究假设并构建数学模型，进而利用沪深上市公司数据资料，采用包括描述性统计分析、多元回归分析、稳健性检验等统计方法进行验证，探究我国上市公司存在的问题或内在规律，为全面提升上市公司市场竞争力提供决策参考。

1.3.2 研究内容

本书从中国资本市场实践出发，以上市公司为研究主体，以市场经济为研究背景，在对财务理论进行梳理介绍的基础上，从中国市场经济环境出发，针对中国企业改革实践，重点对以下财务问题进行实证研究。

1. 财务目标选择与公司控制权争夺研究

公司治理结构的核心是控制权问题。股东、高管层和其他利益相关者（stakeholder）等对企业实际控制权的影响最终表现为对其利益实现程度的影响，而公司财务活动的结果直接影响企业价值的创造和决定各利益相关主体利益的分配。随着我国经济体制市场化程度的不断深化，利益相关主体对公司控制权越来越重视，从而发生了诸多控制权争夺事件。这些事件的背后实际上涉及企业未来发展规划与战略、财务目标的选择、公司治理结构调整及委托代理关系处理等。为此，本书以一家本土公司为典型案例，对从公司创立、成长和发展的过程，到利益相关者各方围绕股权而发生的融资纠纷、控制权争斗等问题进行剖析，进而揭示公司利益相关者之间的权力争夺、利益分配等现象背后所隐藏的深层原因。

2. 信息披露质量与企业融资约束问题研究

信息披露质量的高低对中小企业债务融资有直接影响，高质量的信息披露可以减轻中小企业和利益相关者之间的信息不对称程度，信息不对称程度的降低有利于中小企业融资，缓解中小企业融资难的问题。本书以2011～2014年深市中小企业板上市公司为研究样本，实证检验了信息披露质量对银行债务融资约束和商业信用融资约束的影响，并引入市场风险因素进一步探讨，研究发现：第一，提高信息披露质量能显著降低企业的债务融资约束，信息披露质量越高的公司越容易获得银行借款和商业信用。第二，相比面临市场风险小的企业而言，信息披露质量对市场风险大的企业债务融资约束影响更为显著。

3. 终极控制权与民营企业融资结构优化研究

经济转型背景下的民营经济已成为推动中国经济发展与技术创新的重要力量，我国民营上市公司普遍存在终极控股股东现象，为此，本书基于终极控股股东视角，选取2012～2014年沪深两市A股市场民营上市公司样本数据，实证检验了终极控股股东对民营上市公司融资结构的影响。研究发现终极控股股东拥有的终极控制权比例、现金流权比例与资产负债率负相关，两权分离度与资产负债率正相关，基于终极控制权框架下的股权制衡度与资产负债率负相关，管理层激励同样与债务融资负相关。

4. 融资约束对企业研发（R&D）投资影响研究

本书通过对融资约束、政治关联与企业R&D投资之间关系的微观机理解释，选取2011～2015年中小板上市高新技术企业研究样本，实证检验了融资约束对企业R&D投资的影响，以及政治关联对两者关系的作用。研究发现：融资约束对企业R&D投资具有显著的抑制作用，企业通过与政府建立政治关联缓解了融资约束对企业R&D投资的消极影响。进一步对政治关联分类发现，与较高层级的政治关联相比，企业政治关联层级越低，融资约束对R&D投资的消极影响的缓解作用越弱。

5. 高管增减持行为、市场效应与经济后果研究

高管增减持行为的根本动机在于通过二级市场的股票买卖交易行为获取自身利益最大化，由于高管本身具有信息优势，使得增减持行为受到外部投资者的普遍关注。为此，本书以 2013 ~2016 年所有发生高管增减持性行为的 A 股上市公司为样本数据，实证检验了不同动机下的高管增减持行为所带来的市场效应和对公司绩效的影响。研究发现高管减持会引起市场消极的反应，高管增持会引起市场积极的反应。本书进而采用多元回归方法，检验高管增减持行为对财务绩效变动影响的原因及因素。

6. 股权激励与非效率投资研究

所有者与经营者之间的利益冲突是影响上市公司投资效率的重要原因之一，为缓解所有者和经营者之间的委托代理问题，实施股权激励是解决两者矛盾的有效方法之一。为此，本书选取 2011 ~2015 年沪深两市 A 股上市公司作为研究样本，实证检验了股权激励对上市公司非效率投资的影响，并比较了限制性股票和股票期权的不同效果，同时考虑到国有上市公司的特殊性，结合股权性质检验了股权激励对国有上市公司和非国有上市公司影响的不同。研究表明股权激励能够有效缓解上市公司所有者与管理层间的委托代理问题，抑制上市公司的过度投资和投资不足，限制性股票激励的效果要优于股票期权激励，且这种效果在非国有上市公司中更加显著。

7. 高管薪酬契约与融资约束研究

高管薪酬契约设计与激励机制实施会对企业融资行为与方式产生直接影响。本书以 2012 ~2015 年沪深 A 股上市公司为研究样本，实证检验了高管薪酬契约机制对公司融资约束的影响以及这种影响能否使公司获得更多的资金支持。研究发现，高管薪酬契约激励机制有助于降低公司融资成本，缓解公司融资约束，降低银行信贷风险，使上市公司获得更多的银行信贷和商业信用。

8. 混合所有制改革与治理效率关系研究

混合所有制是我国经济制度改革与发展的重要实现形式，同时也是我国国有企业改革的主要方向。围绕混合所有制改革与企业治理效率，本书以 2010 ~ 2015 年我国规模以上工业企业为研究对象，重点比较不同类型规模以上工业企业的财务绩效，并对工业企业国有资本在混合所有制改革中的问题及原因进行全面评析。研究发现混合所有制企业在实现规模效应、提升财务绩效、优化资源配置等方面与其他性质的企业相比有一定的优势。

第2章　理论基础

2.1　产权理论

现代产权理论是新制度经济学框架之下的理论分支，其代表人物是科斯（Coase）、威廉姆森（Williamson）、斯蒂格勒（Stigler）、德姆塞茨（Demsetz）和张五常等。按照《新帕尔格雷夫经济学大辞典》的定义，“产权是一种通过社会强制实现的对某种经济物品的多种用途进行选择的权利”。阿尔钦（Alchian，1969）把产权定义为人们在资源稀缺的条件下使用资源的权利，或者说是人们使用资源的适当规则。德姆塞茨（Demsetz，1989）认为“产权是一种社会工具。它之所以有意义，就在于它使人们在与别人的交换中形成了合理的预期。产权的一个主要功能是为实现外部效应更大程度的内部化提供动力”。可见产权是用来界定人们在经济活动中如何受益、如何受损以及他们之间如何进行补偿的相关规则，是收益权和控制权相结合的有机体。

经济学的基本假定为资源是稀缺的，在这种条件下，谁得到什么、谁做什么是十分重要的，这种安排资源的规则就是产权契约。产权理论研究的是权利分配对效率的影响，对契约的研究是产权研究的核心。产权理论认为，企业的本质是一种契约关系，包括所有者与雇员、供应商、客户和贷款人等利益相关者之间的契约关系。

为确切表述产权的概念，产权理论引入了剩余收益权和剩余控制权的概念。其中剩余收益权是指在其他各方按合同获取他们的收益以后，剩余的收益由所有者索取。剩余收益权的产生与不完全合同有关。在完全合同下，每一种可能出现的财富分配方式都已在合同中有了规定，因此不存在任何未确定分配方案的收益。但是，在不完全合同中就会出现合同条款中未规定分配方式的收益，这种收益被称为剩余收益，而对这种收益进行处分的权利就被称为剩余收益权，也被称为剩余索取权。剩余控制权则是一种占有权，是允许所有者拒绝不支付所有者要求的价格的人使用它的资产，从而使所有者能够获得并保有资产的剩余收益。具体来说，剩余控制权的产生也是与合同的不完全性紧密相连的。由于在实际中，合同都是不完全的，即合同无法对所有可能出现的情况作出规定，那么在那些未被合同规定的所有者才有这个权力（当然，在存在内部人控制的情况下，内部人很可能利用信息优势滥用这种权力）。而由于这种权力是合同条款所遗漏或未加规定的，因而这种权力相对于合同已作规定的特定控制权来说，就被称为剩余控制权了。

产权理论对“产权”有三种定义：（1）产权是排他地使用资产并获取收益的权利。该定义强调的是产权的排他性，认为可通过产权明晰来解决“公共悲剧”中的“搭便车”问题。（2）产权就是剩余收益权，谁获取剩余，谁就拥有资产。该定义强调产权的激励作用，认为可通过产权安排来解决监督者的动力和偷懒问题。（3）产权是剩余控制权形式的资产使用权利。该定义强调剩余控制权与剩余收益权的统一。

由于个人的有限理性和机会主义行为，外在环境的复杂性、不确定性，信息的不完全性和不对称性，以及交易成本的存在，使得契约总是不完全的。在一个不确定的世界里，要在签约时预测到所有可能出现的状态几乎是不可能的；就算预测到了，准确地描述所有状态也是困难的；由于信息不对称，当实际状态出现时，当事人谋求对状态的一致意见的实际执行成本也可能会太高。因此，企业必然是一个不完备的契约，这意味着当不同类型的财产所有者作为参与者组成企业时，每个参与人的状态、收益并没有得到完全的说明。譬如合同规定了员工的上下班时间和工资，但并不能规定员工在什么时间干什么事；合同规定了加班有加班费，但不能决定什么时候需要加班。现实世界的不确定性决定企业必须随机应变。

企业契约是不完备的，所以企业经营存在不确定性和风险。人们不可能在合同中规定所有成员的确切收入，总要有人承担风险并相应获得剩余收益权，即最后获得扣除固定合同索取支付（如原材料成本、固定工资、利息等）后的剩余利润的要求权。

剩余收益权的一个重要特点是它与状态依存，即当企业无力偿还债务时，它增加的收入就必须先支付给贷款人，在这种情况下，贷款人就是剩余索取者；经理人是部分收益的剩余索取者；而随着企业收益增加，员工的工资、奖金、提拔机会和其他福利都会增加，这些都不是合同规定的，因此可以认为员工也得到了部分剩余收益权。

从风险的角度看，正是因为风险的存在，契约不能规定所有人都是“固定索取者”，必须有人最后承担风险并决定如何填补契约中的“漏洞”（包括紧急处置和改变契约关系），亦即剩余控制权。剩余控制权具有普遍性、排他性、可分割性和可让渡性，它和剩余收益权一样也是与状态依存的。例如在股份制企业中，企业由股东最终拥有，但一旦企业资不抵债，就转由债权人拥有。在当前的股份制公司中，所有权和经营权分离，可以将剩余控制权赋予经理人员。所以契约的不完备性意味着存在一系列剩余收益权和剩余控制权分配的分布。

剩余收益权能影响每个企业参与人事后讨价还价的既得利益状态。但不管剩余收益权的最终分配结果如何，现代产权理论与现代契约理论承认，人力资本与非人力资本所有者都有平等的权利索取剩余，这种可能性若要转化为现实，则要所有企业参与人之间显性或隐性的谈判，还要取决于谈判时的环境条件。企业参与人有权获得剩余，但并非一定能获得，剩余收益权的实现还要依赖相应的剩余控制权。剩余控制权包括监督权、投票权。剩余收益权和剩余控制权合称为企业所有权，企业所有权是产权内涵的延伸，剩余收益权与剩余控制权的对称性安排是现代产权的内在要求。

以上分析可以看出，产权交易的结果是“剩余收益权和剩余控制权”，也就是通常所说的“企业所有权”，企业剩余收益权和剩余控制权的分配就是企业所有权安排。产权和合约理论认为，企业所有权具有激励效应，这种激励效应的产生关键在于由所有权决定的剩余收益权和剩余控制权的结合，只有将这二者结合，才能为所有者维持和增加企业价值的努力提供强有力的激励。问题是什么样的剩余收益权和剩余控制权分配是最优的，即谁应该拥有企业所有权，这正是公司治理结构需要回答的问题。

2.2 利益相关者理论

利益相关者理论是20世纪60年代在美国、英国等长期奉行外部控制型公司治理模式的国家逐步发展起来的。其与传统的股东至上的企业理论的主要区别在于：认为任何一个公司的发展都离不开各种利益相关者的投入或参与，比如股东、债权人、雇员、消费者、供应商等，企业不仅要为股东利益服务，同时也要保护其他利益相关者的利益。

西方学者真正给出利益相关者的定义是在20世纪60年代。1963年，美国上演了一出名叫“股东”的戏。斯坦福大学研究小组受此启发，利用另外一个与之对应的词“利益相关者”来表示与企业有密切关系的所有人。他们给出的利益相关者的定义是：对企业来说存在这样一些利益群体，如果没有他们的支持，企业就无法生存。这个定义对利益相关者界定的依据是某一群体对企业的生存是否具有重要影响。虽然这种界定方法是从非常狭义的角度来看待利益相关者的，但是它毕竟使人们认识到，企业存在的目的并非仅为股东服务，在企业的周围还存在许多关乎企业生存的利益群体。

进入20世纪80年代以后，随着经济全球化的发展以及企业间竞争的日趋激烈，人们逐渐认识到经济学家早期从“是否影响企业生存”的角度界定利益相关者的方法有很大的局限性。弗里曼（Freeman）对利益相关者理论做了较为详细的研究。他认为“利益相关者是能够影响一个组织目标的实现或者能够被组织实现目标过程影响的人”（Freeman，1983）。这个定义不仅将影响企业目标的个人和群体视为利益相关者，同时还将受企业目标实现过程中所采取的行动影响的个人和群体也看作利益相关者，正式将当地社区、政府部门、环境保护主义者等实体纳入利益相关者管理的研究范畴，大大扩展了利益相关者的内涵。

然而，经济学家们发现，在采用弗里曼的界定方法进行利益相关者理论的实证研究和应用推广时几乎寸步难行，将所有广义的利益相关者看成一个整体进行研究也无法得出令人信服的结论。布莱尔（Blair）把利益相关者定义为：所有那些向企业贡献了专用性资产，以及作为既成结果已经处于风险投资状况的人或集团（Blair，1995）。布莱尔认为利益相关者是所有那些在公司真正有某种形式的投资并且处于风险之中的人。他在其《面向21世纪的公司治理探索所有权与控制》一书中指出，公司应该为所有利益相关者的利益服务，而不应该仅仅是为股东的利益服务，股东只拥有有限的责任，一部分剩余风险已经转移给了债权人和其他人。而且股东所承担的这种风险可以普遍通过投资的多样化来化解，因为他们可以将持有股票作为其总投资中一个组成部分。布莱尔对利益相关者的定义为利益相关者参与公司治理提供了可以参考的途径，因为利益相关者专用性资产的存在，利益相关者也就可以根据其资产的多少和它们所承担的风险来获得企业对其利益的保护，这样，利益相关者参与公司治理也就有了依据。

因此，利益相关者理论的发展是一个从利益相关者影响到利益相关者参与的过程，这其中经历了三个阶段：先是利益相关者影响企业生存；然后是利益相关者影响企业的经营活动或企业的经营活动能够影响他们；最后，从对企业的专用性资产的角度来考虑利益相关者，从而为利益相关者参与企业所有权分配提供了可参考的衡量方法。

2.3 委托代理理论

委托代理理论是建立在非对称信息博弈论的基础上的。委托代理理论是过去40多年里契约理论最重要的发展之一。它是因20世纪60年代末70年代初一些经济学家深入研究企业内部信息不对称和激励问题而发展起来的。委托代理理论的中心任务是研究在利益相冲突和信息不对称的环境下，委托人如何设计最优契约激励代理人。

当大部分交易费用理论把重点放在对市场和企业的选择上时，阿尔钦和德姆塞茨（Alchian & Demsetz）的团队生产理论更关心企业的内部结构。他们认为，企业实质上是一种“团队生产”方式，所有成员协作生产，任何一个成员的行为都将影响其他成员的生产效率，团队生产的结果具有不可分性，因而每个成员的个人贡献不可能精确地进行分解和观测，由于人的自利和机会主义动机，就有可能导致偷懒和“搭便车”行为。为了减少这类行为，必须让部分成员专门从事监督其他成员的工作，又为了使监督者具有监督的动力，就必须赋予监督者所有权和剩余索取权以保证其积极性。

企业中的委托代理理论是伴随着所有权和经营权的分离逐步发展起来的。现代公司的发展从“所有者控制”向“经营者控制”转变，必然会产生经理忽视股东利益的趋势，必然会产生代理成本。对这个问题最早进行深入研究的是美国制度经济学家伯利和米恩斯（Berle & Means），在他们的著作《现代股份公司与私有财产》中，他们论述了在现代股份公司制度中，公司的管理权将不可避免地从私人资产所有者（股东）手中转移到具有管理技术的人手中，股东权力的弱化通常不是表现在剩余索取权上，而是表现在剩余控制权上。虽然他们全面系统地论述了现代公司制之下所有权控制方式的革命性变化，但是对于两权分离后所有者如何约束、激励经营者，他们并没有论述。

詹森和麦克林（Jensen & Meckling）认为，代理成本是企业所有权结构的决定因素。代理成本来源于经理人员不是企业的完全所有者这样一个现实，在部分所有的情况下，一方面，当经理人员对工作尽了努力，他可能承担全部成本而仅获取一小部分利润；另一方面，当他消费额外收益时，他得到全部好处但只承担一小部分成本，何乐而不为呢？如果让他成为完全的所有者，当然可以规避这一问题，但是经理人员受到其自身资金实力的限制，不可能成为完全的所有者，因而代理成本不可避免，委托代理问题必然产生。

委托代理理论加深了经济学家对股东、管理者、员工之间内在关系的理解。委托代理理论的基本观点是：股东是公司的所有人和委托人，经理人员是代理人，经理应以股东的利润最大化为目标。但由于二者的利益不完全一致（追求自身效用最大化，如在职消费、优裕的生活、经理帝国、权力欲望等）和信息不对称（经营者拥有关于企业经营过程中各种收入和费用的真实信息，而委托人由于不参与实际经营，除非付出很高的成本，否则无法获得相应信息）、人的有限理性，可能出现代理人追求自己的利益而损害委托人利益的问题，产生代理成本。代理成本主要包括三部分：（1）委托人的监督成本，即委托人激励和监控代理人以使后者为前者利益尽力的成本；（2）代理人的抵押担保成本，即代理人用以保证不采取损害委托人行为的成本；（3）剩余损失，即委托人因代理人代行决策而产生的一种价值损失，等于代理人决策和在假定委托人具有和代理人相同的地位和能力的情况下自行作出的效用最大化决策之间的差异。代理成本的高低主要取决于两个因素：一是所有权与经营权分离的程度，而这又取决于股权结构和公司治理的安排；二是委托代理层级的多少和范围的大小，这也与企业制度和治理结构相关。当然，还有一个因素是市场环境。股权越是分散，所有权与经营权分离的程度就越大，或者委托代理层级越多、范围越大，所引起的代理成本越大。说明公司形式为什么和如何产生代理成本，就能引申出企业的所有权结构理论。因此，股权结构和公司治理合理安排对于公司代理成本的降低具有极大意义。

委托代理理论研究的是如何解决代理问题。委托者为达到控制代理者的目的，必须设计一项有意义的契约。这份契约要既能够给代理人以充分自由去管理好企业，又能确保他必须从股东利益出发。詹森和麦克林认为企业是一系列契约的结合。对于委托人而言，一方面，为了防止代理人的机会主义行为，他所订的契约必须极为详尽，因而产生的契约费用就较大；另一方面，如果委托人不愿承担如此高昂的契约费用（监督费用），那么不完备的契约所诱发的代理人的机会主义行为所产生的成本也较大。因此，委托人必须在二者之间找到一个均衡点，使交易费用最小化。

至于具体的解决途径，西方经济学界大体上有三条思路：一是从企业融资角度来降低代理成本，公司的融资应该使股票和债券的比率确定在两种融资的边际代理成本相等的点上；二是从经理报酬的结构入手，实行货币收入和非货币收入的结合，采取经理股票期权报酬制度；三是改进公司治理结构，充分利用某些制度安排的互补性质降低代理成本。

委托代理理论虽然考虑了不对称信息和激励问题，但是该理论建立在完全合同的基础上。因此，这种理论的暗含前提是：无论在什么产权结构下，无论交易发生在何处，都能设计出最优合同，都能一样好地解决问题与降低交易成本。而这个前提在现实生活中是很难被满足的。

2.4 激励理论

20 世纪 80 年代以来，经济学将动态博弈理论引入委托代理关系的研究之中，论证了在多次重复代理关系情况下，竞争、声誉等隐性激励机制能够发挥激励代理人的作用，充实了长期委托代理关系中激励理论的内容。由克瑞普斯等（Kreps et al.）提出的声誉模型解释了静态博弈中难以解释的“囚徒困境”问题。当参与人之间只进行一次性交易时，理性的参与人往往会采取机会主义行为，通过欺骗等手段追求自身效用最大化目标，其结果只能是非合作均衡。但当参与人之间重复多次交易时，为了获取长期利益，参与人通常需要建立自己的声誉，一定时期内的合作均衡能够实现。

法玛（Fama）的研究表明，在竞争性经理市场上，经理的市场价值取决于其过去的经营业绩。从长期来看，经理必须对自己的行为负完全的责任，因此，即使没有显性激励的合同，经理也会有积极性努力工作，因为这样做可以改进自己在经理市场上的声誉，从而提高未来的收入。霍姆斯特姆（Holmstrom）将上述思想模型化，形成了代理人声誉模型。这一机制的作用在于，经理工作的质量是其努力和能力的一种信号，表现差的经理难以得到人们对他的良好预期，不仅内部提升的可能性下降，而且被其他企业重用的几率也很弱。因此，外部压力的存在使该经理意识到偷懒可能有害于他未来事业的发展。同时这一机制也反映出有限的职业生涯限制了过去的业绩对未来持续影响的程度，随着声誉的未来贴现减少，其影响力也就随之下降。国有企业出现的“59岁现象”表明，声誉对即将退休的经理的激励效果下降，因为经理的努力在退休后获得的补偿很少。为发挥声誉的激励作用，应该使具有良好声誉的经理能终生从中获益，不一定要对有能力的经理实行强制退休制度。

20世纪80年代末，在格罗斯曼、哈特、哈里斯和雷维夫的工作基础上发展的证券设计理论，建立了有关投票权与剩余索取权相匹配的模型，认为证券是一种有效的公司控制手段。其主要观点是：投票权应该与剩余索取权正相关，而无风险的“廉价选票”不应该发行，即通过投票来选择管理者的权力必须由那些承受经营风险的人掌握。这种理论用到经理激励研究方面，其重要影响表现在：只要将选择经理的权力交给那些承受经营风险的投票人，经营业绩不好的经理将会因此而失去对企业的控制权。因此，这一选择机制会激励经理为获取企业控制权而努力经营，提高经营业绩。由此可见，经理激励的重要手段之一在于经理选择权的安排。把控制权与企业绩效相联系是激励有控制权欲望的经理提高经营业绩的重要条件。

20世纪90年代初的研究主要集中于研究经理报酬对经营业绩的敏感性，研究企业股本价值变动与总经理报酬变动之间的统计关系，并用前者衡量总经理生产率。这些研究表明：（1）平均而言，总经理报酬对企业业绩并不十分敏感；（2）在不同公司中，总经理报酬的敏感性变化相当大；（3）敏感性与行业特征有关，但也与企业特殊风险相关。对于总经理报酬与经营绩效之间这种非正向关系，德姆塞茨利用拉齐尔与罗森的比赛理论作出了进一步的解释——提出高层经理的高报酬如同比赛的高额奖金，能够给参与者提供激励。

2.5 融资理论

1. “MM”理论

莫迪利安尼和米勒（Modigliani & Miller，1958）提出了著名的“MM”理论，为现代资本结构理论的创立奠定了基础。早期的“MM”理论基于完美市场假设提出，认为在不考虑企业所得税的前提下，当企业资本结构不同而经营风险相同时，企业价值与其资本结构不相关，即其市场价值取决于按照预期收益率进行资本化所得到的预期收益水平。[①] 这些假设主要包括：市场完全竞争；无费用的资本市场；无个人所得税或对股利、利息和资本所得课税是平等的；借贷平等；每个人期望相同；无信息成本；企业和个人若出现财务危机或破产风险并不会产生相应成本（如企业重组、经营中断等费用）；等等。但由于这些假设条件颇为严苛特别是未考虑企业所得税影响，因此在实践中受到严重挑战与质疑。在此情形下，莫迪利安尼和米勒在1963年将企业所得税引入分析框架，重要修正后提出：基于所得税考虑，利息抵税作用使得企业价值与负债比重正相关，即当企业财务杠杆趋近于1时价值最大，然而此种资本结构与经营现状不符，并且修正后的“MM”理论仅仅考虑了债务抵税效益，未考虑其附带的财务风险及相关额外支出。

随后莫迪利安尼和米勒又进一步修正了“MM”理论应用的前提条

① Modigliani，Franeo，M. Miller. The Cost of Capital，Corporation Finance and the Theory of Investment. Journal of American Economic Review，1958（58）：261－297.

件，尤其放松了对无税收的要求，通过研究证明在企业所得税的影响下，企业价值与企业资本结构相关，并且随着债权比例的上升而上升，以此为基础形成了权衡理论。该理论认为企业风险与负债比重正相关，增加企业财务困境或破产风险、额外成本并降低企业价值。综上，资本结构最优化是指负债比重和节税收益与财务困境和破产成本间的平衡。[①]

2. 优序融资理论

罗斯（Ross，1997）率先将信息不对称理论系统性与企业资本结构进行融合，据此创立了信号传递理论：融资方式的选择可以作为一种信号对外向投资者传达公司运营状况。在均衡状态下，公司经营业绩与负债比重正相关，源于稳定的公司运营能够为高负债带的高风险提供保障，债券融资意味着公司管理层对未来运营状况存在良好预期。但是当公司运营状况不太乐观时，负债融资则会带来较高的破产成本，这使得许多经营质量不佳的公司管理层不敢贸然增加负债以降低破产风险。在此基础上，梅叶斯和梅吉拉夫（Myers & Majluf，1984）考察了信号的负效应并提出了著名的优序融资理论，也称为啄序理论，该理论认为企业主要基于负债的税盾效应和破产风险之间的权衡进行选择。后又当公司资本存在缺口时，首先考虑利用内源融资，如果该途径不能满足资金需求，则进一步通过债券发行而非股票进行筹资。企业偏好发行债券进行筹资主要是因为债券的发行不会向投资者传达股票价格下降的逆向信号。二者通过研究表明，当股价被过高估计时，管理层会运用内部资源和信息进行新股发行，基于信息不对称效应，此时的新股发行行为会促使投资者对新发股票估值较低乃至影响原发股票的估价与预期，进而导致公司整体价值的降低。但内部筹资主要使用公司盈余积累后形成的现金流，不用与投资者签订相应协议以及进行相关费用的支付，限制较少。其次风险较低债务的信息不对称成本可忽略不计，最后则因高债务风险促使公司选择股权融资，形成优序融资的一般顺序，帮助管理者选择并建立适合企业当前发展状况的融资结构，传递真实情况的同时增强其正面效应，以促进企业发展。

---

① Myers，Mailuf. Corporate Financing and Investment Decisions When Firms Have Information That Investor Do Not Have. Journal of Financial，1984（13）：187－221.

2.6 信息不对称理论

信息不对称理论早在20世纪70年代就受到斯蒂格利茨（Stiglitz）、阿克尔洛夫（Akerlof）和斯宾斯（Spence）三位美国经济学家的关注和研究，并且到20世纪90年代，信息不对称理论成为经济学家们争相研究的领域，因而市场经济也有了一个新的研究视角。在早期，西方经济学家们主要是在金融市场的决策分析中用到信息不对称理论，其在信贷市场上的应用尤为普遍，这就使得这一理论得以发挥其作用。

所谓信息不对称现象，就是说市场上不同的参与主体掌握信息的差异性。我们都知道，市场上存在许多主体，而市场上真实的信息往往掌握在少数主体手中，其中大部分的参与者掌握着非常少的信息，甚至有的参与者无法掌握信息。即使是掌握信息的参与者，其所掌握的信息在数量、质量或者是时间上也会存在差异。也正是因为这种现象的存在，资本市场在处理信息的过程中不可能完全公平，掌握着真实信息的那部分市场参与者就会有信息优势，他们会利用他们所掌握的信息来谋求利益，与此同时没有信息优势的一方就会在这个过程中失去利益，也正是因为这样，资本市场原本的功能也不能够有效地发挥，从而导致资源配置效率低下，进而会导致市场失灵。这种后果在资本市场上主要表现在道德风险和逆向选择两个方面。

道德风险是指信息优势方可能为了自身的利益作出种种道德败坏的行为，从而损害信息劣势方的利益，因为信息劣势方无法有效地监督信息优势方的行为，这时候信息劣势方为了保护自身的利益不受侵害，就会通过在债务契约中加入约束信息优势方条款的方法来对其进行约束，若是这种方法也无法防止自身的利益受到侵害，信息劣势方就会选择不再与信息优势方合作。因此，道德风险的存在使市场的功能不能有效发挥。银行、供应商与融资方之间的道德风险主要产生于资金发放和收回的时候。当债权人和融资方签订债务契约后，银行或供应商等债权人就是契约关系的委托人，他们对融资企业真实的经营情况和财务状况不是完全了解，也不参与企业的日常经营管理，只是提供资金给债务人。而融资企业作为关系中的代理人完全掌握企业的信息，对企业的盈亏状况、经营状况、投资决策等了解得非常清楚，在日常经营中也扮演着管理者的角色。由于双方掌握信息渠道不同，银行或者供应商与融资方就会产生信息不对称。对于银行和供应商来说，这种信息不对称现象的存在就会使他们无法对融资企业进行有效的监督。而融资方有时为了追求自身更多的利益，就会将获得的资金投资于高风险的项目，或者是将这些资金进行不正当的经营，在这个过程中，融资企业有可能获得高额的利润，但是同时也会承担巨大的风险，而若是企业能够获得利润，这部分利润就会仅仅属于企业，而这个过程中的巨大风险却由债权人承担。正是由于这种风险的存在，并且银行和供应商等债权人无法对融资企业实施有效的监督，所以他们就会选择对融资企业设定更多的限制来维护自身的权益，或者放弃对融资企业的资金支持。因为债权人提供资金的目的是为了获得固定的利息或收益，但是如果融资企业不能按照当初的契约承诺履行自己的职责——在不损害债权人利益的基础上利用获得的资金，将资金投资高风险项目，这就会给银行或供应商带来极大的损失。若是融资企业有这种损害债权人利益的有失道德的行为，那么此时债权人就会考虑到自身的利益，实施逆向选择，也就是由于这种行为的产生，市场更加无法实施有效的资源配置。

逆向选择是由信息不对称导致道德风险而引起的。梅耶斯（Meyers）认为逆向选择是市场参与者的一方报告不真实或者完全错误的信息引起的，在双方交易之前，信息优势方为了自身的利益尽可能对信息劣势方隐瞒真实信息，由于信息劣势方不能直接掌握另一方的真实情况，就会对信息优势方的信息进行猜测。考虑到各种使自己受到损失的可能，信息劣势方就会倾向于作出不利于另一方的决策，提高交易成本或者放弃交易，导致交易失败。因而在逆向选择的这个过程中，往往存在一方可以获得信息，但是另一方却无法获得真实而有效的信息，在这样信息不对称的情况下，双发也就无法作出正确的决策。

在信贷市场上，银行、供应商等债权人和融资企业双方在获取信息和掌握信息方面所处的地位不同，就会出现信息不对称，银行或供应商在提供资金之前就会产生逆向选择问题。

对于企业来说，其能够充分了解自身的经营和财务信息，因此企业在信息获取上是优势方。但是银行和供应商由于并不直接参与到企业管理中，因此不能有效地获取企业真实的信息。那么这时候，融资企业为了能够较好地获得融资，就会提供更加有利于企业自身的信息，隐瞒一些不利于其获得融资的信息，有的企业甚至会向融资方提供虚假的财务信息。

正是因为存在这样的可能性，银行和供应商在获取信息方面处于劣势地位，所以在收到企业的融资申请时，他们首先就会预测企业为了能够使自身更好地获取融资而提供一些不真实的信息，进而损害融资供应方的利益。市场上的企业的情况各不相同，对于银行和供应商来说，向不同资质的企业提供贷款将会承担不同的风险。银行在对企业提供贷款之前会尽可能多地了解企业的财务状况，并对提供资金带来的风险进行预估，但是若是银行或是供应商在这个过程中不能很好地了解企业状况，不能对风险进行预估，或是所估风险较高时，他们就会在对企业提供融资的过程中制定更加严格的契约条件，如提高贷款利率、缩短企业的还款期限、减少企业的贷款额等，有的甚至直接放弃贷款给企业。这就会出现我们所说的逆向选择问题，这种问题的存在将会使市场的资源配置效率大大降低，一些真正有融资需要的企业会受到融资约束，不能获得资金，进而影响企业的发展。

由于信息不对称现象的存在，企业想要顺利获得融资资金，就必须通过提高信息披露水平缓解信贷双方的信息不对称问题。信息不对称产生的道德风险和逆向选择都需要上市公司进行高质量的信息披露，保证真实、准确和完整的信息，这样才能提高市场运行效率，使市场有效地进行资源配置。

第3章　有效资本市场：理论框架

3.1　市场效率与财务决策

3.1.1　资本市场与市场效率

1. 资本市场有效基本假设

一个有效的资本市场，意味着证券的价格能够随着新信息的注入迅速进行调整和及时反应，因此，当前的证券价格全面反映所有可获得的信息。更确切地说，有效市场即指信息有效市场（informationally efficient market）。尽管有效资本市场这一概念是相对直观的，但是人们却很少考虑资本市场为什么应该是有效的。

有效资本市场所隐含的假设包括：

（1）市场存在大量竞争的、追求利润最大化的投资者，他们对证券的分析和评价是相互独立、互不影响的。

（2）证券的新信息以随机方式进入市场，而且信息公布的时间通常是相互独立的。

（3）相互竞争的投资者试图迅速调整证券价格以反映新信息的影响程度。

上述假设共同作用的结果是：人们预期价格变化将是独立和随机的。这种价格调整过程要求有大量的投资者跟踪证券价格运动，分析新信息对证券价格的影响，并买入或卖出证券直到证券价格调整到足以反映新信息为止。这意味着：（1）信息有效市场对分析新信息并进行交易的竞争投资者的数量有最小要求；（2）大量竞争的投资者所进行的更多的交易应该会使价格调整更加迅速，从而使市场更加有效。

因为证券价格根据所有的新信息进行调整，所以这些证券价格应该反映任何时候可公开获得的所有信息。这样，在任何时候通行的证券价格应该无偏差地反映所有当前可获得的信息，包括持有证券的风险。因此，在一个有效市场中，当前证券价格中隐含着的预期收益能反映该证券的风险。

2. 市场效率

对于证券市场效率的认识要把握两点：一是要正确认识各种证券市场效率的经济内涵；二是要正确认识并理解各种证券市场的相互关系。这样才能较为科学地解释实证研究结论。

证券市场效率一般是指证券市场调节和分配资金的效率，即证券市场能否将资金分配到最能有效使用资金的企业。威斯特和惕尼克（West & Tinic，1976）将证券市场效率划分为两类：一是“外在效率”；二是“内在效率”。

（1）外在效率是指证券市场的资金分配效率，即市场上证券的价格是否能根据有关的信息作出及时、快速的反应。它反映了证券市场调节和分配资金的效率。一个富有效率的证券市场，证券的价格能充分地反映所有的有关信息，并根据新的信息作出迅速的调整，因此，证券的市场价格成为证券交易的准确信号；反之，可以说证券市场的外在效率低。

实际上，有两个衡量证券市场是否具有外在效率的直接标志：一是价格是否能自由地根据有关信息而变动；二是证券的有关信息是否能充分地披露和均匀地分布，使每个投资者在同一时间内得到等量等质的信息。显然，价格的变动方式和信息的完整性、时效性影响着证券市场的资金调节和分配效率。若证券价格被人为地操纵和控制，或证券的有关信息没有充分地披露和均匀地分布，或二者兼有，则证券市场就会误导资金流向，阻碍资金流向最急需资金且资金使用效益最好的企业。

（2）内在效率是指证券市场的交易营运效率，即证券市场能否在最短时间内以最低的交易费用为交易者完成一笔交易。它反映了证券市场的组织功能和服务功能的效率。若证券市场的内在效率高，则买卖双方能在最短的时间内完成交易，并支付最低的交易费用；反之，可以说证券市场的内在效率不高。

由此可见，实际上有两个主要的显著标志可衡量证券市场内在效率的高低：一是每笔交易所需要的时间；二是每笔交易所需要的费用。显然，交易时间和交易费用决定了证券的市场流动性。若每笔交易所需时间太长或所需费用较高，或二者兼有，则证券在市场上的流动（交易次数、量和速度）就会受阻，从而影响到投资者根据市场信息改变投资组合的速度和能力，进而影响到市场的外在效率。

有效市场对投资者和企业而言具有重要的意义。

第一，因为信息能够立即反映在价格中，投资者应该只能预期获得正常的回报率。掌握已经发布的信息并不会使投资者从中受益，因为在投资者交易之前股价就已经作出了调整。

第二，企业应该预期其出售的证券只能获得公允价值。公允价值是企业发行证券所收到的价格等于现值。因此，在有效资本市场中，通过愚弄投资者来获得有价值的融资机会是不可能的。

图3－1展示了几种可能的股票价格调整。

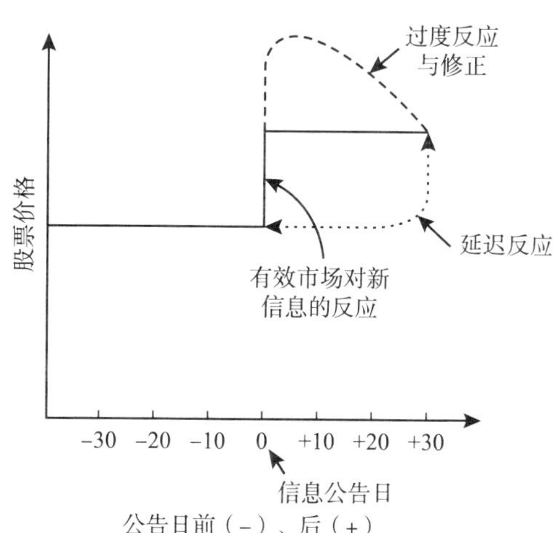

图3－1　有效市场和无效市场中股价对新信息的反应

注：有效市场反应：价格对新信息立即作出调整并完全反映；随后还会有上升或下降的趋势。延迟的反应：价格对新信息作出缓慢的调整；30天后价格才完全反映了新信息。过度的反应：价格对新信息作出过度的调整；价格出现泡沫。

图 3-1 中的实线表示在一个有效市场中股价变动的路径。在这种情况下，股价会根据新信息立即作出调整，此后价格保持不变。点线描述了一种延迟反应。在这里，市场花了 30 天时间来充分消化信息。最后，虚线说明了一种过度反应以及随后向真实价格的修正。虚线和点线显示的是无效市场中股价变动可能的路径。如果股票价格需要多日才能作出调整，那么投资者适时买卖股票即可获得交易利润。①

3.1.2 有效市场假说

美国芝加哥大学著名教授法玛（Fama，1965）指出有关证券市场效率研究的两个关键问题：一是关于信息和证券价格之间的关系，即信息的变化如何引起价格的变动；二是与证券价格相关的信息的种类，即不同的信息对证券价格的影响程度不同。

第一，在证券市场上，信息和价格关系如何呢？理论上，大家设想一个证券市场上投资者的行为。市场上的投资者总是不断地搜集有关证券的信息，包括国内外的政治形势、经济动态、行业发展状况、公司的经营和财务状况及发展前景等。紧接着，投资者将采用各种各样的方法迅速地处理这些信息，从而比较准确地判断有关证券的价位、收益率和风险程度。虽然不同的投资者可能采用不同的分析方法处理信息，对同样的信息也可能存在不同的意见，从而作出不同的投资决策，有人高估价位，有人低估价位，但是，由于任何人都不能操纵市场，所以如果所有投资者都是理性的，他们的信息处理方法和分析意见的差异就不可能影响证券价格的系统性发展趋势，而只能引起证券价格的随机波动。所以，在一个有效的证券市场上，由于信息对每个投资者都是均等的，因此任何投资者都不可能通过信息处理获取超额收益。

第二，在证券市场上，不同的信息对价格的影响程度不同，从而反映了证券市场效率的程度因信息种类不同而异。为此，法玛将证券的有

① 现在，你应该会理解下面这个简短故事了。一名学生与他的财务学教授走过大厅时，同时看到了地上有一张 20 元的钞票。当学生弯下腰把它捡起来时，教授满脸失望地摇了摇头，耐心地对学生说："别麻烦了，如果 20 元真的在那里，别人早把它捡走了。"这个故事的寓意反映了有效市场假说的逻辑：如果你认为已经找到了股票价格的运行模式或者成为赢家的简单策略，那么你很可能一无所获。如果真有这样一种简单的方法来赚钱，别人可能早就发现了。此外，如果人们试图利用这些信息，他们的努力终将弄巧成拙，因为规律将会消失。

关信息分为三类：一是“历史信息”；二是“公开信息”；三是“内部信息”，从而定义了三种不同程度的市场效率。

（1）弱式效率市场。弱式效率是证券市场效率的最低程度。如果有关证券的历史资料（如价格、交易量等）对证券的价格变动没有任何影响，则证券市场达到弱式效率。反之，如果有关证券的历史资料对证券的价格变动仍有影响，则证券市场尚未达到弱式效率。原因在于：如果有关证券的历史信息与现在和未来的证券价格或收益无关，说明这些历史信息的价值已经在过去为投资者所用，从而说明有关证券的历史信息已经被充分披露、均匀分布和完全使用，任何投资者都不可能通过使用任何方法来分析这些历史信息以获取超额收益。

需要指出的是，在一个达到弱式效率的证券市场上，并不意味着投资者不能获取一定的收益，而是表明，平均而言，任何利用历史信息的投资策略所获取的收益都不可能获得超过“简单的购买—持有”策略所获取的收益。

（2）半强式效率市场。半强式效率是证券市场效率的中等程度。如果有关证券公开发布的资料（如企业公布盈利报告或投资专业机构公开发布资料等）对证券的价格变动没有任何影响，或者说，证券价格已经充分、及时地反映了公开发表的资料，则证券市场达到半强式效率。反之，如果有关证券的公开发布的信息对证券的价格变动仍有影响，说明证券价格对公开发布的资料尚未作出及时、充分的反映，则证券市场尚未达到半强式效率。不难理解，在一个完全自由竞争的市场上，价格的调整取决于供需关系的变化。在新的资料尚未公布前，证券价格基本上处于均衡状态。一旦新的信息出现，价格将根据新的信息而变化。公开信息的速度越快、越均匀，证券价格调整越迅速；反之越慢。如果每个投资者都同时掌握和使用有关公开信息进行投资决策，则任何投资者都不可能通过使用任何方法来分析这些公开信息以获取超额收益。

（3）强式效率市场。强式效率是证券市场效率的最高程度。如果有关证券的所有相关信息（包括公开发布的资料和内部信息）对证券的价格变动没有任何影响，即证券价格已经充分、及时地反映了所有有关的公开和内部信息，则证券市场达到强式效率。在证券市场上，总是有少数人（如公司高管理层）掌握未公开发布的信息。如果有人利用内部信息买卖证券而获利，则说明证券市场尚未达到强式效率。

3.1.3 理性预期和市场有效

显然，在不同类型的有效市场中，信息对于不同的决策者具有不同的价值，这主要取决于获得信息的人是否可以根据这条信息采取行动，以及从他们的行动中可以获取多少收益（效用的利用）。需要指出的是，信息的价值是由其成本大小决定的，这一成本内容包括执行某行为过程的成本以及传递和评估信息的成本。在证券市场中的成本包括交易成本，如经纪人费用、买卖价差、寻求最优价格的成本、税收以及数据成本和分析师费用等。资本市场的有效性与既定的信息采集密切相关，该信息的采集必须考虑获取信息的成本以及依据一个特定的信息结构所采取行动的成本。

信息效用价值包括三个部分：（1）当行为既定时的支付效应；（2）当获得的消息一定时的最优行为；（3）消息所产生的各种自然状态的概率。人们尤其关心的是在获得信息时个人的决策过程是如何反映在资产的市场价格中的。这是一个难以解决的问题，因为人们很难观测信息的数量和质量，或者现实生活中获得该信息的时限。学者们对投资者所使用的信息内容更是各持己见。例如，福辛思等（Forsythe et al.，1982）提出了四种不同的假设。每个假设均假定投资者十分明确地获悉自己在整个期间内的支付情况，但是他们也明白，因为每个人的偏好不同，所以不同的个人会支付不同的价格。

第一个假设认为，资产的价格是任意的，其价格与它们未来的支付数量和各种不支付的概率不相关，所以第一个假设尤其不具有任何意义（这一假设被称为幼稚假设）。而人们通常将第二个假设称为投机均衡假设。凯恩斯（Keynes，1936）指出，职业投资就像目前报业的竞争一样，在报业竞争中，竞争者总是不得不从上百张照片中挑选出具有最好的长相的6张，那些被选择的最接近于整体竞争者的平均偏好的竞争者将最终获得奖励；因此，每位竞争者不得不选择那些不是自己认为最佳效果的照片，而是那些他认为其他竞争者认可的最喜欢的照片，所有的竞争者均采用相同的看法对待这一问题。其实，人们并不是依据个人自身判断选择最漂亮的照片，也不是选择平均一致认同的最佳照片。人们实际上是在做第三层次的判断，即人们运用大脑的智力去预测大家对众人观点的预期。从而我们相信，还有人在做第四层次、第五层次甚至更高层次的判断。尽管人们对凯恩斯上述论断的实际含义有所争论，但是有一种观点认为，所有投资者完全根据他们对其他投资者行为的预测所作出的投资决策，其实与资产期望可以获得的实际支付没有任何必然的联系。第三个假设是指资产的价格很有规律地与未来支出相关，被称为内在价值假设。它是指资产的价格由每一个人在不考虑资产再出售给其他个人时所估计的资产支付额所决定。第四个假设被称为理性预期假设。该假设预测出价格的形成是以资产的未来支付的期望值为基础的，该资产的期望值包括再出售给第三方的价值。因此，理性预期市场是一个有效市场，因为在该市场中，价格可以反映所有的信息。

人们很难了解到现实的资本市场是完全信息集还是仅为一种平均状况。然而，充分综合市场与法玛（1970）所定义的强式市场有效是一致的。在充分综合市场中，即便是内部人员已拥有了非公开的信息也无法从中获利。格罗斯曼和斯蒂格利茨（Grossman & Stiglitz，1976）以及格罗斯曼（Grossman，1976）曾对综合机制进行过解释。在一个具有“获得信息”和“没有获得信息”的两类交易者的市场中，获得信息的交易者将会更好地估计未来自然状态，从而基于这条信息进行交易。当所有获得信息的交易者都这样做时，则当前的市场价格会遭受影响。没有获得信息的交易者从未在收集信息上投资任何资金，但是他们可以通过观察价格的变动情况推测出获得信息的交易者所拥有的信息。因此，市场价格可以综合信息，从而使所有交易者（包括获得信息的和没有获得信息的）均获得信息。

3.2　有效市场假说：检验及结果

3.2.1　弱式有效市场假说：检验及结果

有关弱式有效市场假说，研究者进行了两类检验：一类是对一定时期证券的投资报酬率之间的独立性进行统计检验；另一类是对两种类型交易规则的检验。

1. 投资报酬率独立性统计检验

有效市场假说认为，新信息随机地、独立地进入市场，并且证券价格应对这一新信息调整迅速，因此，一定时期的报酬率应独立于另一个阶段的证券报酬率。一般可用两种统计方法检验这一独立性。

（1）自相关检验。独立性的自相关检验衡量不同时期报酬率（如第 t 天的报酬率与第 t－1 天、第 t－2 天的报酬率）正相关或负相关的显著性。支持有效市场的学者期望所有这些组合的相关性不显著。

研究者检验了股票报酬率在几个相对短的时间范围内（包括 1 天、5 天、10 天和 15 天）的序列相关性。这些研究结果大多证明了各个期间股票报酬率的相关性不显著。一些考虑由不同市场价值（规模）公司的股票构成的投资组合的研究证明：小公司股票构成的投资组合的自相关性更强。

因此，虽然多数研究的结果倾向于支持有效市场假说，但是也有部分研究因为小公司的股票组合而对这一假设产生了怀疑。

（2）游程检验。所谓游程，是指若干个具有相同特征的股价变动连在一起的观察值序列。这里所说的股价变动有三种情况：正的（股价上涨）、负的（股价下跌）和零（股价不变）。考虑这一系列的价格变化，如果价格上升，就用“＋”代表这一价格变化；如果价格下降，就用“－”代表这一价格变化；如果价格不变，就用“0”表示。当两个连续的变化相同的时候，一个游程就发生了；两个或者更多的连续的正价格变化或者负价格变化构成了一个游程。当价格往不同的方向发生变化时，如一个负的价格变化后随之而来的是正的价格变化时，该游程就结束了，并且一个新的游程可能就开始了。为了检验独立性，应该将某一给定序列游程的数目与在一个随机序列中应该发生的游程数目期望表中的数目进行比较。

序列自相关系数值容易受一些异常值或者极端值的影响，因此研究各期股价变化是否相关时，通常要消除异常值的影响。游程检验的最大好处是不考虑观察值的数值大小，而仅对观察值的正负号趋势进行检验。游程检验是一种研究一个序列中非随机趋势常用的统计工具，它要求观察值服从正态分布。

游程检验的研究证明了在一定期间股票价格变化的独立性，股票价格序列中游程的实际数目一致地落在随机期望范围内。

短期的股票报酬率一般支持弱式有效市场假说。美国一些对纽约证券交易所每项交易的价格变化检验的研究发现股票报酬率存在显著的序列相关。各项交易报酬率的显著相关性可能是因为专业人员的造市活动。但是如果考虑到交易规则巨大的交易成本，投资者可能无法利用这一小市场的不完善来获得超额利润。

2. 交易规则检验

有些研究者认为，由于以往独立性统计检验太僵化，以至于无法识别技术分析师所诊断的复杂的价格模式。为了对此作出反应，他们开发了第二组检验弱式有效市场假说的检验方法。技术分析师不是将一套正向或者反向价格变化作为价格移向新市场均衡的信号——他们通常在寻找一段期间价格和交易量趋势中普遍的一致性。这一趋势可能同时包括正的或者负的变化。正因如此，技术分析师认为，他们的交易规则是如此复杂和老练，以至于用僵化的统计检验无法模拟。

为了对这一异议作出反应，研究者试图通过模拟来检验不同的交易技术规则。有效市场的支持者假设：投资者利用任何仅仅依赖于有关诸如价格、交易量、零星交易或者专业人员活动的过去的市场信息建立的交易规则不能获得超过购入并持有策略所获得的回报，即不能获得超额回报。

最流行的交易规则之一是“过滤”规则，即当股票价格的变化超过了为其设置的“过滤价值”时，投资者就买进或者卖出股票。例如，对于一个使用5%过滤规则的投资者来说，如果股票将从某某基准上涨5%，投资者将预想一个正的突破，暗示该股票的价格将继续上升，技术人员将购入该股票以利用期望继续上升的机会；反之，如果股票从某一顶峰价格下跌5%，将被认为是一个下降的突破，技术人员将期望价格会进一步下降，投资者将出售所持有的股票，甚至可能卖空股票。

对这一交易规则的研究使用了5%～50%的过滤范围。研究结果表明：小幅度的过滤范围在考虑交易佣金前能够获得高于平均利润水平的回报；然而，小幅度的过滤范围产生了大量的交易，因此导致了巨额的交易成本，而在考虑交易成本后，所有的交易利润变成了损失。另一种情况是，较大幅度的过滤范围不产生高于简单的购买并持有交易政策下的收益。

研究者除了使用股票价格外，还使用了过去的市场数据来模拟其他交易规则。如果采用零星交易数据、卖空和专业人员的活动来设计交易规则，这些模拟测试产生了混合的结果。大多数早期的研究表明：在调整风险和考虑了佣金之后，这些交易规则与购买并持有策略相比业绩相对较差，这些研究支持了弱式市场假说。然而，另外一些研究表明，特定交易规则能够获得超额报酬率。

3.2.2 半强式有效市场假说：检验及结果

1. 研究类型

法玛将半强式有效市场假说有效检验分为两类。

第一类研究除了使用诸如价格和交易量等单纯的市场信息外，还使用可获得的公开信息预测未来报酬率。这些研究可能涉及各只股票投资报酬率的时间序列分析、报酬率的典型分布或者是各只股票的其他特征（如市盈率、市净率等）。支持有效市场假说的研究者认为，利用过去的报酬率不可能预测未来回报率的分布。

第二类研究是事件研究，即检验股票价格对特定重大经济事件反映调整的迅速程度。方法是检验重大事件公告后投入某一证券是否能获得显著的非正常报酬率。有效市场假说的支持者期望证券价格作出非常迅速的调整，以至于在任何重大信息公告后，投资者在扣除正常的交易成本后，不可能获得超过风险的报酬率的回报。

20 世纪 70 年代以前，研究者普遍认识到根据市场运动调整的必要性。他们认为，单只股票应当获得与整个股票市场相同的回报。这一假设意味着市场调整的过程仅仅需要从各只证券报酬率中扣除市场报酬率，来获得它的非正常报酬率。即：

$$AR_{it} = R_{it} - R_{mt} \tag{3-1}$$

其中，AR_{it}为证券 i 在期间 t 的非正常报酬率；R_{it}为证券 i 在期间 t 的实际报酬率；R_{mt}为在期间内市场指数的报酬率。

20 世纪 70 年代后，研究者逐渐意识到，各只股票价格的变动不会与整个股票市场一样发生相同幅度的变动。也就是说，可以通过计算该只股票的实际报酬率和它的期望报酬率之间的差异来确定非正常报酬率。即：

$$AR_{it} = R_{it} - \overline{R_{it}} \quad (3-2)$$

其中，$\overline{R_{it}}$为根据市场报酬率和系统风险 β 为股票 i 在期间 t 的期望报酬率。

因此，两类半强式有效市场假说的检验方法可表述为：

在第一类检验中，研究者利用的股利收益或者相对于债券的风险溢价等公开信息试图预测各只股票或者整个市场，或者投资分析师寻找有关各只股票的公开信息，以便使他们能够预测风险调整报酬率的典型分布。例如，检验是否有可能使用市盈率、市场价值规模、市净率或者股利收益率等信息预测哪些股票的报酬率会高于还是低于风险调整报酬率。

在第二类检验（事件研究）中，研究者检验重大经济事件公告后短暂时期内的非正常报酬率，从而来确定在公开信息释放后即刻进行投资能否获得超过平均风险调整报酬率的收益。

2. 报酬率预测研究

（1）对长期报酬率与短期报酬率预测研究。时间序列检验假设在有效市场中未来报酬率的最好估计是长期的历史报酬率。检验的目标是确定是否存在任何公开的信息能够对短期（1～6个月）或者长期（1～5年）的报酬率作出超水平的估计。研究结果表明：在预测短期报酬率方面成功的可能性是有限的，但在分析长期报酬率方面是十分成功的，股票价格不一定随机游走。

某些研究考虑了股利收益率和两个与利率的期限结构相关的变量：①违约风险溢价，即低等级和 AAA 级长期公司债券收益之间的差异；②期限结构或期限利差，它是指长期 AAA 级债券的收益与1个月政府债券收益之差。这些研究发现这些变量能被用于预测股票报酬率和债券报酬率，甚至发现其在预测普通股报酬率方面也是有用的。这些实证研究结果的推理是：当这两个最重要的变量（股利报酬率和违约利差）较高时，意味着投资者期望或要求一个高的股票报酬率和债券报酬率。当经济环境不好时，这种情形就发生了，而经济不景气反映在产出的增长率上。这种不景气的经济环境表明财富水平较低，在这种环境中，投资者会设想较高的投资风险，这意味着投资和将当前消费转向未来消费的投资者会要求一个较高的报酬率。

帕思安和特瑞曼（Pesaran & Timmermann，1995）的一项研究考虑了许多商业周期变量，发现与股票报酬率变化相关联的各种经济因素的预测能力随着时间的变化而变化，并且随着报酬率的易变程度而不同。特别是在20世纪60年代市场比较平静的时期，报酬率的预测能力较低；在70年代易变的市场中，即使考虑交易成本，也能比较成功地进行预测。

（2）季度盈余研究。根据公开获得的季度盈余报告能够预测股票的未来报酬率吗？相关研究表明，季度盈余报告中所包含的有利信息（例如，正的未预期盈余）不能立即反映到股票价格中，并表明未预期盈余大小与公告后股价变动幅度之间存在显著的关系。

鲍尔（Ball，1968）发现，公告后风险调整非正常报酬率一致性地表现为正，这与市场有效性不一致。鲍尔认为这些非正常报酬率是因为用于导出期望报酬率的资本资产定价模型存在问题，而不是市场无效。

研究结果表明，市场没有像半强式有效市场假说预期的那样迅速地调整股票价格来反映季节性未预期盈余。因此，似乎未预期盈余可以用于预测各种股票的报酬率。

（3）“日历研究”。有学者试图对预测报酬率进行研究（“日历研究”）。这类研究提出以下问题：在日历年度报酬率中是否存在规律，使得投资者可以预测股票的报酬率？这些研究包括大量的有关“1月异常现象”和考虑各种其他周和日规律的研究。

①1月份的异常现象。本·布伦奇（Ben Brench，1977）研究发现，在长时期内投资者都可预见到从12月末到1月初股价倾向于上涨。近年来，这个所谓的“1月效应”对于大公司的股票而言不再显著，但对于小公司的股票仍时有出现。

许多财务学家把“1月效应”归因为税收因素，因为在年底许多投资者都极力为规避税收负担去出售股票实现资本损失，而当新年度（1月）开始时，又重新购回这些股票，造成股价上涨，从而形成不正常的高回报。虽然这一解释有一定的说服力，但它却不能说明为什么那些没有所得税负担的机构投资者不去利用这一机会获取1月的超额利润。如果存在这种现象，则在12月买进股票，迫使其价格上升，则1月的超额利润就会自然而然地消失了。

②其他日历效应。弗伦奇（French，1980）发现周一的平均回报率在5年的子期间和整个期间内显著为负；与此相对照，其他4天的报酬率为正。吉本斯和汉斯（Gibbons & Hess，1981）得出与弗伦奇相一致的结果——各只股票和政府债券在周一的报酬率为负。

对当日效应的研究表明：在周一上午价格倾向于下降；在其他工作日的上午，价格倾向于上升；一天中最后一笔交易的价格倾向于上升。

（4）预测典型的截面回报。假设在一个有效的市场中，所有的证券应该落在证券市场线上，证券市场线将证券的期望报酬率与适当的风险指标相联系。也就是说，所有证券应该拥有相等的风险调整报酬率，因为证券价格应当反映所有公开信息，而这些信息将影响证券的风险。因此，这种类型的研究试图确定是否有可能预测风险调整报酬率的未来分布。

①市盈率和报酬率。巴苏（Basu，1977，1983）的研究表明，低市盈率公司股票的业绩将优于高市盈率股票的业绩。因为尽管成长性公司具有高市盈率，但市场倾向于高估潜在的增长能力，因此会高估这些成长型公司的价值，而低估那些低市盈率、低成长性公司的价值。历史市盈率与随后的风险调整市场业绩之间的关系构成了反对半强式有效市场假说的证据，因为它意味着投资者可以利用公开可获得的市盈率来预测未来的非正常回报。

②规模效应。巴兹（Banz，1981）研究考察了公司规模（以市价总值来衡量）对风险调整报酬率的影响。研究表明，与大公司相比，小公司会获得更明显的、更高的风险调整报酬率。

美国1925～1997年的资本市场统计资料表明，投资小公司股票的平均年收益为17.7%，标准差为33.9%；投资大公司股票的平均年收益为13.3%，标准差为20.3%。

要注意的是，这些有关市场有效性的研究是关于有效市场假说和资本资产定价模型的联合检验。非正常报酬率可能因为市场是无效的而产生，也可能因资本资产定价模型没有正确估计期望报酬率而产生。雷因格纳姆（Reinganum，1981）认为非正常报酬率是这一简单的单期资本资产定价模型的结果，在描述现实世界的资本市场方面是不适当的。

③账面价值/市场价值比率。罗森伯格等（Rosenberg et al.，1985）

最早建议将公司权益的账面价值和公司权益的市场价值相关的比率作为公司股票报酬率的预测因素。研究发现，在账面价值/市场价值比率与股票未来报酬率之间存在显著的正向关系，并且认为这一关系是违反有效市场假说的证据。

法玛和弗伦奇（Fama & French，1993）提供了该比率重要性的最强的支持证据，他们评价了市场 β、公司规模、每股盈利/每股市价比率、杠杆度和权益的市场价值/账面价值比率对纽约证券交易所、美国股票交易所和纳斯达克典型的平均报酬率的联合影响。他们还分析了市场 β 和期望报酬率之间假想的正向关系。

法玛和弗伦奇还发现了市净率与平均报酬率之间存在显著的正向关系，而且当包括其他变量时，这一关系仍存在。尤其重要的是，当将公司规模和市净率包括在一起时，公司规模和市净率都是显著的，它们优于其他比率（这就是法玛和弗伦奇三因素模型）。特别指出的是，尽管财务杠杆和市盈率与平均报酬率之间的关系是显著的，并且当与公司规模一起考虑时也是显著的，但是当与公司规模和市净率一起考虑时就变得不显著了。

法玛和弗伦奇的研究结果对资本资产定价模型和市场 β 的使用产生了怀疑，但以市净率作为回报率的指示器得到显著的支持。

综上所述，对利用公开可获得的比率能否预测典型的股票期望报酬率的检验已经提供了与半强式有效市场假说相冲突的重要证据。对市盈率、市值规模、被忽视的公司、财务杠杆和市净率的检验获得了重大的结果。大量研究表明最优的结合是公司规模和市净率。

3. 事件研究的结果

事件研究考察非正常报酬率如何对重大经济信息作出反应。那些赞成有效市场假说的学者们认为，期望报酬率会对新信息的公布作出迅速调整，因此在公告后再进行交易的投资者不可能获得正的非正常报酬率。

大量的研究已经考察了价格对诸如股票分割、在交易所上市和盈余公告等特定事件的反应。

（1）股票分割研究。有效市场假说的支持者认为，股票分割不应该有显著的价格变化，因为公司仅仅发行了额外的股票，并没有发生影响公司价值的基本事件。

但有研究者认为，由于股票分割后，每一股份的价格相应下降，这样增加了对股票的需求，进而会使得股票分割公司的股票总市值上升。

还有一些研究者认为，股票分割后，公司通常会提高它们的股利。股利的变化具有信号传递效应，即它表明管理层相信公司将具有更高的盈利水平，这些是支付更高股利的理由。因此，这类研究认为，伴随股利增长而产生的任何价格上升不是由股票分割自身造成的，而是由它所传递的期望盈余的信息导致的。

法玛等（Fama et al.，1969）进行了一项著名的研究，他们为每一只股票导出了一个相对于市场的特定参数，并计算了分割前20个月和分割后20个月的非正常报酬率。该分析的目的是确定在股票分割前或后是否会发生正的效应。该项研究将整个样本分成两组：第一组进行了股票分割并提高了它们的股利；第二组进行了分割但没有提高它们的股利。在股票分割前两组都经历了正的非正常价格变化。进行了股票分割但没有提高它们股利的那一组在分割后经历了非正常价格下跌，并在12个月内失去了它们所有的累积非正常利得。与此相对照，进行了股票分割并提高了它们股利的那一组在分割后没有获得非正常回报。

多数研究结果表明：股票分割对证券报酬率既不会产生短期正的效应，也不会产生长期影响，从而支持了半强式有效市场假说。

（2）交易所上市。与公司在交易所（如上海证券交易所、纽约证券交易所）上市相关的有两大问题：一是到证券交易所上市是否能提高公司股票的流动性并永久性地提高公司的价值；二是投资者在新上市公告时或在实际上市前后投资于该股票能否获得超额回报。

有关在交易所上市的研究表明，关于对流动性的影响意见不一致，基本的看法是在证券交易所上市不会引起公司长期价值的永久性变化。有关上市前后超额报酬率的研究结果是混合的。一般认为股价在任何上市公告前后都上升，并且在实际上市后股价一致性地下跌，但是对公司价值和风险没有长期影响。这些研究获得了通过公开信息获取短期获利机会的证据，不支持半强式有效市场假说。

（3）增发新股（SEO）和首次新股发行（IPO）。斯科尔斯（Scholes，1972）的研究发现，增发新股将导致股票价格暂时性下跌，与有效市场假设相逆。洛克伦和里特（Loughran & Ritter，1995）的研究发现，在实施 IPO 之后的 5 年期间，公司的年平均收益与没有实施 IPO 的同类市场资本化规模的公司相比，大约低 7%。

（4）未预期的世界性事件和经济新闻。证券价格对世界性事件或经济新闻反应的几项研究结果支持了半强式有效市场假说。瑞利（Reilly，2009）等人考察了证券价格对未预期世界事件的反应，发现证券价格在新闻公告后市场开盘前或在市场重开盘前已对新闻做了调整。

皮尔斯和罗力（Pearce & Roley，1983）考察了价格对有关货币供给、通货膨胀、实际经济活动和折现率等公告的反应，发现这些公告对股票价格没有影响或影响不会超出公告日。

杰恩（Jain，1988）分析了小时股票报酬率和交易量对有关货币供给、价格、行业生产和失业率等令人吃惊的公告的反应，发现货币供给和价格有影响，但约在 1 小时内就作出了反应。

（5）会计政策变更。在有效的资本市场上，一项影响企业经济价值的会计政策变更的公告应当引起股价的迅速变化；对报告盈余有影响但不具有经济价值的会计政策变更，不应该影响股票价格。

大量的研究分析了会计政策变更公告对股价的影响。一项研究分析了当企业将折旧方法由加速折旧法变更为直线折旧法的会计政策变更公告前后股票价格的变动，发现这项会计政策变更提高了报告盈利，没有正的价格变动，但有一些负面影响，因为人们一般认为企业做这一会计政策变更是因为企业业绩较差。研究结果支持有效市场假说。

在高通货膨胀时期，许多企业将存货计价方法由先进先出法改为后进先出法，这一会计政策变更导致报告盈余的减少，但会使企业获益，因为它减少了应税利润，因此减少了所得税。有效市场的支持者期望因节税将带来正的价格变动，研究结果证实了这一期望。

因此，这些研究表明证券市场会对会计变更作出十分迅速的反应，并以真实价值为基础将价格调整到预期的水平。

（6）企业事件。企业事件重点分析诸如合并与收购、重组、各种证券发行（普通股与可转换债券）等财务事件。

有关企业事件的市场反应，其答案几乎是一致的：价格根据企业事件的基本经济影响像有效市场理论支持者所期望的那样作出反应。例如，对企业并购的反应，其中被收购企业股价的上涨与收购企业提供的溢价相一致；而典型的是收购企业股价会下跌或不变，因为一般收购企业对目标企业采取溢价支付方式。

关于反应速度问题，数据表明调整速度相当快，大多数研究发现价格调整约在3天内就完成了。

3.2.3　强式有效市场假说：检验及结果

强式有效市场假说认为股票价格充分反映了全部的信息，即所有公开的和内幕的信息。这意味着没有投资者可获得内幕信息（private information），而这些内幕信息可使投资者持续获得超过平均水平的收益率。这种非常苛刻的假设不仅要求股票价格必须对新的公开信息作出迅速调整，而且要求没有一个投资者可以获得内幕信息。

强式有效市场假说的检验分析了一段时期内不同组别投资者的收益率，以确定是否有一组投资者能够持续获得超过平均水平的风险调整收益率。为了持续获得正的异常收益率，这一组投资者必须要持续获得重要的内幕信息，或者有能力持续地在其他投资者之前根据公开信息采取行动。这样的结果将意味着证券价格没有对所有的新信息进行迅速调整。

有效市场假说的研究者分析了四组主要投资者的业绩。第一组研究分析了公司内幕人员从他们的股票交易中获得的收益率。第二组研究分析了股票交易所专家经纪人（stock exchange specialists）可获得的收益率。第三组检验分析了证券分析师（secunty analysts）或价值线咨询公司对股票的评级和推荐。最后一组研究分析了专业基金经理（professional money managers）的整体业绩。

1. 公司内幕交易

公司内幕人员必须每月向美国证券交易委员会（SEC）报告他们作为内幕人员对公司股票进行交易的情况（买入或卖出）。内幕人员包括公司的高层、董事会成员和拥有公司任何类型权益10%以上的股东。大约在报告期后6个星期，SEC将内幕人员的交易信息公布于众。这些内幕人员的交易数据被用来确认公司内幕人员如何进行交易，并以此判断他们是否在股价上涨之前买进，在下跌之前卖出。研究结果通常表明，这些内幕人员一致地获取超过平均水平的利润，尤其是在购买交易方面。

贾菲（Jaffe，1977）发现那些根据公开的内幕交易信息而与内幕人员保持同步交易的投资者也会获得超额的风险调整收益率（扣除交易费用后）。努恩等（Nunn et al.，1983）认为投资者应该考虑哪一类的内幕人员（董事会主席、公司高层、董事或其他内幕人员）在买入和卖出。塞伊洪（Seyhun，1990）也认为在考虑了总交易成本后，那些试图根据内幕交易报告采取行动的投资者所获得的实际收益率并不是正的。佩蒂特和文卡特斯赫（Pettit & Venkatesh，1995）的研究结果表明内幕交易和证券的长期表现之间存在着一种显著的关系。

显然，这些分析结果与有效市场假说的观点并不一致。尽管有些研究结果表明内幕人员有能力获得超常的利润，但是多数研究结果表明非内幕人员利用这种信息不可能获得超常收益率。

2. 股票交易所专家经纪人

有关分析股票交易所专家经纪人功能的研究表明，专家经纪人有垄断的渠道来获得有关未执行的限价指令的重要信息，由此可以预计专家经纪人将会从这些信息中获得超额收益率。分析数据常常也会证实该预测。专家经纪人总是获得超常收益，因为通常他们卖出股票的价格总要高于其买入股票的价格。

在20世纪70年代早期，SEC进行的一项研究分析了专家经纪人的资本收益率，结果表明，他们的资本收益率显著高于正常水平的收益率。而这与强式有效市场假说相悖。确切地说，目前的专家经纪人面临的投资环境与20世纪70年代早期的投资环境相比已有很大差别。更多研究结果表明，在引入竞争性的费率和其他降低专家经纪人收费标准的交易措施后，专家经纪人的收益率已大为降低。

3. 证券分析师评级和推荐

证券分析师评级和推荐的研究最早可追溯到高林（Gowles，1933）。但直到20世纪60年代，证券分析师行业才真正形成，这一领域才重新引起学者们的重视。由于当时现代金融理论尚在形成过程中，因此，早期的研究一般是以市场指数收益率作为股票收益率的衡量基准，尚未引入风险收益的概念。其中，科尔克（Colker，1963）发现华尔街日报

“市场观察”（market views）荐股信息在公布后会产生超常收益；迪芬巴赫（Diefenbach，1972）、罗格和塔特尔（Logue & Tuttle，1973）对特定券商分析师报告的研究则显示，分析师的推荐信息在公布后总体上没有产生超常收益。

在分析师股票评级长期效应的早期研究中，对“价值线”（value line）公司推荐股票的研究占了相当比重。价值线投资调查（Value Line Investment Survey）对1700家以上的上市公司进行跟踪，并发布投资评级和盈余预测，是20世纪80年代美国最有影响的证券信息来源。“价值线”公开的宣传——推荐股票信息公布后的一段时期，推荐的股票仍存在显著优于市场的超常收益率，这是对有效市场理论的直接抵触，其被称为“价值线之谜”，引起了学者们的兴趣。布莱克（Black，1973）、卡普兰和威尔（Kaplan & Weil，1973）对“价值线”推荐股票的研究得出了一正一反的不同结论，但他们的局限在于样本数据的有限性以及未来未引入收益率风险调整。比德韦尔（Bidwell，1977）首次引入贝塔系数衡量股票的期望收益率，他对11家业内领先的证券经纪人1970～1973年间分析师报告的市场反应进行了研究，同样发现分析师的推荐信息公布后总体上没有优于市场。格路斯等（Groth et al.，1979）也发现，在分析师推荐后的12个月中，股票的月超常收益率没有显著异于0。此后，霍洛韦（Holloway，1981）进一步采用1974～1977年的“价值线”股票评级信息作为样本，从实际交易角度研究了“价值线”推荐股票的盈利性问题。他根据“价值线”最高评级“1”的股票建立了两种组合投资策略：每年调整一次的买入并持有策略和每周调整一次的积极策略。结果发现：不考虑交易成本时，根据“价值线”推荐股票进行操作可以获得超常收益；考虑交易成本后，相应操作则未能获得超常收益。然而，卡普兰和梅耶斯（Copeland & Mayers，1982）改进了霍洛韦（1981）的研究方法后发现：“价值线”所推荐股票具有显著的超常收益率，但是其效果逐年递减：买入最高评级的股票并卖出最低评级的股票（每半年调整一次）能获得6.8%的年超常收益率；但是实际交易策略的盈利性将受交易费用和信息获取成本的影响。

从20世纪80年代中期开始，由于数据可获得性的提高，学者们越来越多地借用来自多家券商的分析师股票评级和推荐信息作为研究样本，以避免单一样本来源导致的选择性偏差问题。埃尔顿等（Elton et al.，1986）对34家券商的分析师报告进行的研究显示，在股票评级发布月之后的第1个月和第2个月，评级调高至“1”或“2”（买入）的公司相对于调低至“4”或“5”（卖出）的公司，仍分别具有1.86%和0.37%的超常收益率，并且在统计上显著。施蒂克（Stickel，1995）则发现，分析师“买入”和“卖出”推荐的市场效应延续到了分析师报告发布后的30个交易日。其中，对于“买入”推荐，（+11，+20）、（+21，+30）的平均超常收益率分别为0.30%和0.25%，并在统计上显著，而“卖出”的推荐在同样的时段，平均超常收益率分别为-0.25%和-0.15%，但在统计上不显著。沃玛克（Wormack，1996）以14家美国领先券商的分析师股票评级数据为样本，进一步证实了分析师股票评级长期效应，即所称的“事后漂移”的存在。沃玛克发现，对于更新为“买入”的推荐，从分析师评级信息发布的第3天开始，平均漂移是2.4%，并且持续1个月左右，对于更新为“卖出”的推荐，平均漂移是-9.1%，并且漂移时间长达6个月。沃玛克还进行了详细的稳健性分析，使得这一至今有待于解释的现象更加引人注目。

巴伯等（Barber et al.，2001）将霍洛韦（1981）从投资者的角度检验分析师股票推荐盈利性的研究推进到以“日”为时间间隔，结果发现：根据分析师一致推荐的评级每日调整投资组合，买入（卖空）最高（低）评级的股票，可以获得4.13%（4.91%）的年超常毛收益率；降低调整频率会导致收益率下降，但是对于卖空最低评级股票的组合而言，超常收益率仍然显著；虽然考虑交易成本后的组合无法获利（说明交易成本阻碍了套利），但是分析师报告对于考虑买入（卖出）股票的投资者仍然具有价值。

4. 专业基金经理的业绩

正如前面所说的，专业基金经理的研究比公司内幕人员和股票交易所专家经纪人的分析更具现实意义和广泛的实用性，因为基金经理通常没有垄断的渠道来获得重要的新信息。然而他们是受过专业训练的全职投资经理，因此，如果有一组“普通”的投资者有可能获得超过平均水平的收益率，那么基金经理就是这一组投资者。而且如果有非内幕人员会获得内幕信息，那么也应是基金经理，因为他们从事全面的投资管理咨询工作。

大部分关于基金经理业绩的研究都对共同基金的业绩进行了分析，因为共同基金业绩数据是可随时获得的。而获取银行信托部门、保险公司和投资顾问公司的业绩数据有一定难度。有关对共同基金的研究表明，大部分基金的业绩不能与采取买入并持有策略所产生的业绩相称。当不考虑佣金成本来分析风险调整业绩时，只有稍超半数的基金经理的业绩好于整个市场的业绩。当考虑经纪人佣金、申购费用和管理成本时，约有2/3的共同基金的业绩不如整个市场的业绩。拉维·舒克拉和查尔斯·崔辛卡（Ravi Shukla & Charles Trzcinka，1992）的研究表明基金的业绩不具有持续性。事实上，他们发现只有比较差的业绩才具有持续性。

亨里克森等（Henriksson et al.，1984）关于业绩的研究提供了与上述类似的结果。相比之下，伊波利托（Ippolito，1989）的研究发现，在考虑了研究成本和交易成本之后，基金在1965～1984年间业绩要好于整个市场的业绩。大量对基金经理业绩的研究得到的结果表明，共同基金经理的业绩通常不能超过采取买入并持有策略投资者所获得的业绩，这就支持了有效市场假说。

3.3 有效市场假说：来自行为学的挑战

3.3.1 有效市场假说与公司财务

有效市场假说是建立现代企业财务原则的基础和前提，如果资本市场是有效的，企业的市场价值就是企业未来净现金流量的现值，它使企业财务人员能够明确：企业的财务目标就是要实现企业价值最大化。有效市场假说是企业进行投资决策、融资决策的理论基础。如果市场是无效的，那么很多财务理论和理财方法都无法建立。但是，有效市场假说仅仅是一种理论假设，而不是已通过验证的定律。因此，当投资者运用上述理论和方法时，不能将其当作放之四海而皆准的基本规律。

现在大家考虑一个问题：市场效率与公司财务有关系吗？答案是肯定的，下面从市场效率角度进行分析。

1. 会计选择、财务选择与市场有效性

实践中，企业财务报告的会计政策具有很大的灵活性。例如，企业可以选择后进先出法（LIFO）或者先进先出法（FIFO）来估计存货价值；可以采用完工百分比法或者完成合同法来处理建设项目；也可以使用直线折旧法或者加速折旧法来折旧实物资产。

管理层无疑希望股价高一点而不是低一点。那么管理者应该利用会计选择上的灵活性来尽可能报告最高利润吗？未必，如果市场是有效的。也就是说，如果以下两个条件成立，会计选择应该不会影响股票价格：第一，在年报中必须提供充分的信息使得财务分析师能够计算在可选择会计方法下的盈利。对于许多会计选择而言似乎是这样的，虽然未必是全部。第二，市场必须是半强式有效的。换言之，市场必须合适地利用了所有这些会计信息来确定股票的市场价格。

当然，会计选择是否影响股票价格终究是一个实证问题。已有大量的学术文献对此进行了研究，研究结果并没有表明管理者能够通过会计实务来抬高股票价格。换句话说，市场似乎足够有效而能看穿不同的会计选择。

需要注意的是，讨论明确地假设“财务分析师能够计算在可选会计方法下的盈利”。然而，近年来像安然、世通、施乐以及银广夏、科龙电器、东方电子、康美药业等国内外公司报告了欺诈性的数字。因为不清楚这些公司所报告的数字是如何得出的，财务分析师无法计算其他可能的盈利数字。所以，这些股票的价格最初上涨到远远超过其真实价值就不足为奇了。

投资者希望从一个有效市场中看到什么呢？大家来考虑一下股票分割和股票股利。假定目前东方股份公司已发行在外的股票数量为 100 万股，而且报告了 1000 万元的盈利。为了提高股价，公司首席财务官（CFO）向董事会建议，公司按 1∶2 的比例进行股票分割。也就是说，一个在分割前有 100 股的股东，在分割后将会有 200 股的股票。这位 CFO 认为，每个投资者在股票分割后都会觉得自己变得更富有了，因为他拥有了更多的股票。

然而，这种想法与市场有效性是背道而驰的。一个理性的投资者知道，他在股票分割前后拥有同样比例的公司股份。例如，一个在分割前拥有 100 股股票的投资者拥有 1/10000（100/1000000）的公司股票。他的盈余份额将是 1000 元（10000000/10000）。而他在分割后将拥有

200 股股票，现在发行在外的股票则会有 200 万股。因此，他仍将拥有公司股份的 1/10000。他的盈余份额还是 1000 元，因为股票分割并不会影响整个公司的盈利。

2. 择机决策

假设一家公司的管理者正在考虑发行股票的时机，这个决策通常被称为择机（timing）决策。如果管理者认为他们的股票价格被高估了，那么他们很可能会立即发行股票。此时，他们为现有股东创造了价值，因为他们出售股票的价格高于其真实价值。相反，如果管理者认为他们的股票价格被低估了，那么他们更有可能选择等待，希望股票价格最终会上升到其真实价值。

然而，如果市场是有效的，那么证券总是会被准确地定价。因为有效性意味着股票是按其真实价值出售，此时择机决策变得毫无意义。图 3 -2 显示了发行新的股票可能出现的三种股票价格调整。

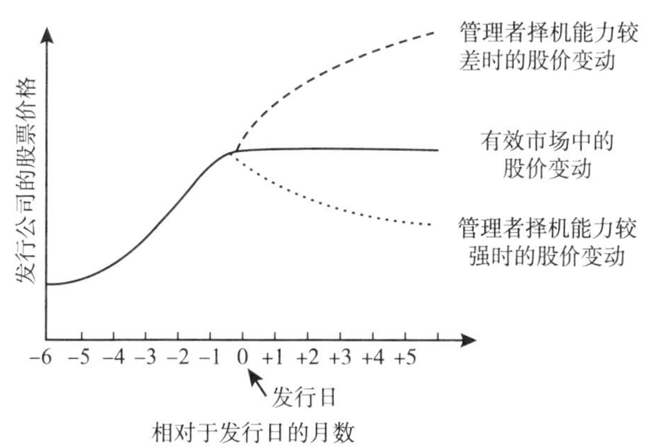

图 3 -2　发行新股后有三种股票价格调整

研究表明，股票更有可能是在股价上升后发行。这个结果不能推断出市场的有效性。相反，市场有效性意味着：在发行股票后，发行公司的股价平均而言既不会上涨也不会下跌（相对于股票市场指数）。

当然，市场有效性归根到底还是一个实证问题。但部分研究对市场有效性提出了质疑。里特（Ritter，2003）提供的证据显示，IPO 的公司在发行之后的 5 年中，其股票年报酬率要比具有类似账面市值比而没有发行股票的公司大约低2%。而股权再融资（SEO）的公司在发行之后的5年中，其股票年报酬率要比可比的未增发公司低3%~4%。

里特的研究表明，当公司股价被高估时，公司管理者会增发新股。换句话说，管理层似乎成功地实现了市场择机。该证据也显示，管理层对于IPO的择机没有那么成功，因为新股上市之后的报酬率与其控制组的报酬率较为接近。

公司管理层在证券价格被高估时增发新股的能力是否表明市场并不是半强式有效或强式有效的呢？实际情况复杂得多。一方面，管理层可能拥有其他人所没有的特殊信息，表明市场只是非强式有效的。另一方面，如果市场真的是半强式有效的，那么一旦宣布增发的消息股价将会立即下跌并且调整到位。也即，理性的投资者会意识到新股的发行，是因为公司管理层掌握了股价被高估的特殊信息。

如果公司能够选择普通股发行的时机，或许其也能够选择股票回购的时机。在这里，若股票价值被低估公司将愿意回购股票。伊肯伯里等（Ikenberry et al.，1995）发现，回购股票的公司在股票回购之后的两年中获得了异常高的报酬率，这表明择机在这里是有效的。

3. 投机与有效市场

一般认为个人和金融机构是金融市场中的主要投机者。然而，企业也会进行投机。例如，许多公司会对利率的未来预期下赌注。如果一家公司的管理者认为利率可能会上升，那么他们就有动机去借款，因为负债的现值会随着利率的上升而下降。此外，这些管理者将有动机借入长期的而不是短期的借款，从而在较长时期内锁定一个低利率。假设长期利率已经比短期利率高，管理者可能认为这种差异反映了利率将会上升的市场观点。然而，或许他们预期利率上升的幅度甚至要大于市场的预期，正如向上倾斜的期限结构所隐含的含义。同样，管理者会选择长期借款而不是短期借款。

企业也会对外币进行投机。假设一个总部设在中国的跨国公司的财务总监认为美元相对于人民币将会下跌，他可能会发行以美元计价而不是以人民币计价的债券，因为他预计国外的负债会降低。相反，如果他认为外币相对于人民币将会升值，那么他就会在国内发行债券。然而，问题的关键是，市场有效性与上述行为有关系吗？如果市场是有效的，管理者就不应该浪费时间企图预测利率以及外汇的变动，因为他们的预测可能并不比碰运气强多少。而且，他们还将付出宝贵的管理时间。但是，这并不是说公司应该以随机的方式轻率地选择债券的到期时间或者计量单位。公司必须谨慎地选择这些参数。但是，这种选择必须基于其他的理由，而不是试图战胜市场。

同样的思维方式也适用于收购。许多企业收购其他企业是因为其认为这些目标企业的价格被低估了。遗憾的是，实证证据显示，市场是如此有效以至于这类投机行为无利可图。而且，收购方从来都不是按当前的市场价格出价的，竞标企业必须支付高于市场价的溢价来诱导目标企业的大多数股东出售他们的股份。然而，这并不是说企业不能收购。相反，如果收购是有利可图的，也即合并存在协同效应，收购方就应该考虑收购。市场营销的完善、生产的节约、无效管理层的更换甚至税负的减少都是典型的协同效应，这些协同效应与被收购企业价格被低估是迥然不同的概念。

需要注意的是，企业利用股价被高估的时机选择增发新股是有道理的，因为管理者有可能比市场更了解他们自己的企业。不过，管理者可能拥有关于他们自己企业非常特别的信息，但他们不太可能拥有关于利率、汇率以及其他企业的特别信息。这些市场中有太多的参与者，他们中有很多人把所有时间都花费在预测上了。管理者通常将大部分时间用于经营他们的企业上，只花少量时间来研究金融市场。

3.3.2　行为理论对市场有效性的挑战

图3-2描述了有效市场的效果。但是，导致市场有效是有一定条件的。安德里·什利弗（Andrei Shleifer，2000）认为有效市场有三个条件，任何一个条件都会导致市场的有效性：（1）理性；（2）独立的理性偏差；（3）套利。然而，在现实世界中这三个条件很可能都不成立，这种观点主要是基于行为金融理论的解释。

1. 理性

人们真的是理性的吗？显然并不总是。只要去看看那些赌博的人你就知道了，有时赌注还很大。赌场的盈利意味着赌徒的预期报酬率为负。

此外，在轮盘赌中当连续出现多次黑色时，赌徒通常会认为黑色还会继续出现，因此他们会赌黑色。但这种策略是错误的，因为轮盘并没有记忆。

当然，对财务学而言，赌博只是一个次要问题。那么投资者在金融市场中也会看到非理性吗？答案是肯定的。许多投资者并没有达到他们应该达到的多样化投资程度。而另一些人频繁交易，导致要支付很多佣金和税收。事实上，通过卖出业绩差的股票并持有业绩优良的股票可以实现税负的优化处理。尽管有些投资者心里想实现投资的税负最小化，但是他们中有很多人的做法却正好相反。许多投资者更有可能会卖出市场表现好的股票而非表现差的股票，而这是一种导致高税负的策略。行为学的观点认为，并不是所有的投资者都是非理性的，而是有一些或者很多投资者是非理性的。

2. 独立的理性偏差

理性偏差通常是随机的，因此可能在整个投资者群体中相互抵消吗？恰恰相反，心理学家一直主张，人们偏离理性是与一些基本原则一致的。虽然并非所有的原则都可以应用到金融和市场有效性中，但至少有两个似乎是适用的。

第一个原则称为代表性（representativeness），它可以用上述那个赌博的例子来解释。相信之前开出一连串黑色而将继续开黑的赌徒是错误的，因为转到黑色的概率只有约 50%。有这种行为的赌徒表现出了代表性的心理特性，也即，他们根据少量的数据得出结论。换言之，赌徒相信他们观察到的小样本要比总体更具有代表性。

这与金融有什么关系呢？也许市场就是被代表性主导而导致了泡沫。于是，人们看到了市场的一部分，例如，网络股拥有短期内高收益增长的历史，就推断这种增长会永远持续。当这种增长不可避免地陷入停滞时，股价只能下跌。

第二个原则就是保守性（conservatism），它意味着人们根据新信息来调整他们的信念的速度过于迟缓。假设你从童年时开始的志向就是成为一名牙医，或许因为你出身于一个牙医世家，或许是你喜欢这份职业的安定以及相对较高的收入。现在的情况是，你可以期待一个长期而卓有成效的牙医职业生涯。然而，假设有一种新药问世可以预防蛀牙。这种新药可能会明显减少甚至是消除人们对牙医的需求。你需要多久来消化这个消息呢？如果你很眷恋牙医这份工作，你可能会很缓慢地调整你的信念。家人和朋友可能会劝你换掉大学牙科预科的课程，但你可能在心理上还没有准备好这样做。相反，你可能会坚持你的看法，认为牙医业的未来是乐观的。

或许这和金融是有关系的。例如，很多研究报告指出，价格对于盈余公告中包含的信息会作出缓慢调整。是否可能因为保守性，投资者面对新信息时才缓慢调整自己的信念？

3. 套利

一般认为，当专业投资者知道股票被错误定价时，会买入那些价格被低估的股票而卖出正确定价（甚至是价格被高估）的替代性股票。这可能会消除感性的业余投资者所导致的任何错误定价问题。

然而，这类交易可能存在更大的风险。假设专业投资者普遍认为同方股份的股价被低估了，那他们可能会买进该股票而卖掉他们持有的比如海尔股份的股票。然而，如果业余投资者持有相反的头寸，那么只有当业余投资者持有的头寸相对小于专业投资者持有的头寸时，股价才会调整到正确的水平。而在业余投资者众多的现实世界中，一些专业投资者为了使得价格一致，不得不持有大量的头寸，或许甚至还会大量参与股票卖空。大量购买一只股票并大量卖空另一只股票的风险非常大，即使这两只股票属于同一行业。此时，关于同方股票的非预期的坏消息或者关于其他股票的非预期的好消息都会导致专业投资者损失惨重。

此外，如果业余投资者现在对同方股份股票错误定价了，那什么才能防止该股票在未来被进一步错误地定价呢？这种未来错误定价的风险，即便在没有出现任何新信息的情况下，也会导致专业投资者削减他们套利的头寸。例如，假设有一个精明的专业投资者认为在 2018 年网络股价格被高估了。如果他当时赌股价会下跌，那么短期内他会出现亏损，因为股价一直涨到 2019 年。不过，他最终是会赚钱的，因为之后股价就开始下跌了。然而，短期风险可能会减少套利策略的规模。

显然，安德里·什利弗（2000）提出的有效市场三个条件的有效资本市场假说的理论基础在现实中可能是不成立的。也就是说，投资者可能是非理性的，不同投资者之间的非理性可能是相互关联而非相互抵消的，套利策略由于涉及的风险太大以至于不能保证市场效率。

第4章　公司治理、控制权争夺与经济后果[①]

——以山水水泥为例

4.1　控制权争夺：起因与过程

4.1.1　山水水泥股权结构与控制权

1972年山东水泥厂（山水水泥的前身）成立，1977年投产运行。然而由于管理不善、营销不利，加之企业产能低、能耗高等多种原因，致使山东水泥厂的发展一直不尽如人意。

1990年，张才奎担任山东水泥厂党委书记兼厂长。上任初始，张才奎面对一个困难重重、即将破产的企业进行了全方位改革，通过加强成本管理和控制、实施生产责任制等一系列措施，强化经营管理，提升生产效率。山东水泥厂当年实现盈利，市场迅速得到拓展。

1997年，山东水泥厂变更为山东山水。2001年，济南创新投资管理有限公司成立（其前身为山水投资）。创投公司的资金来源主要是张才奎、李延民等9名山东山水高管和2000多名公司职工的现金集资款。

2004年10月，以济南创新投资管理有限公司为平台，通过与济南市政府签署国有股权转让协议，同时引入美国摩根士丹利、国际金融公司、鼎辉投资公司资本，成为中国第一家引进国际财务资本的水泥企

① 本章内容主要根据《济南时报》《财会信报》和公司年报等信息整理。

业。2006年，张才奎等山东山水管理层在开曼群岛注册成立中国山水水泥集团有限公司（简称“山水水泥”），张才奎担任董事长。

2008年7月4日，山水水泥在港交所挂牌上市，成为第一家在香港红筹股上市的中国水泥企业。山水全部公司中，山水投资作为控股平台，持有山水水泥股份的32.27%，是山水水泥第一大股东（控股股东）。根据香港法律规定，股份公司股东人数应在50人以下，因此在山水投资的成立过程中，采用了酌情信托的方式，为此分别成立张氏信托和李氏信托，代3939名员工持有股份。张才奎为张氏信托的委托人，另一高管李延民为李氏信托的委托人。这时，山水投资的股权结构为：张氏信托占65.55%（张才奎13.18%，职工52.37%），李氏信托占16.19%（李延民6.79%，职工9.4%），其他7名高管占18.26%。

随后几年公司对股权结构进行了调整。山水水泥控股关系如图4-1所示。

2011年1月，李氏信托下的所有股份全部转至张氏信托。至此，除18.26%的股份由7名高管持有外，张氏信托持有山水投资81.74%的股份（其中13.18%属于张才奎个人，其他则为代管的职工股份）。作为员工股权信托的代理人，虽然实际出资占比只有山水投资总股份的13.18%，但张才奎成为山水投资的实际控制人，张才奎对山水水泥的控制地位得到进一步加强。

4.1.2 控制权争夺与利益冲突

1. 山水投资股权之争

（1）酌情信托诱发控制权争斗。2001年，山东山水前身济南山水集团的张才奎、李延民等9名高管与2518名职工（由于股权转让，2005年人数达到3947人）现金集资入股成立济南创新投资管理有限公司。2004年，济南创新投资管理有限公司收购济南山水集团全部国有资产，并将济南山水集团更名为现今的山东山水。

2005年，为配合公司上市，山东山水在香港注册成立山水投资（前身为济南创新投资管理有限公司），发行100万股份。股东组成为张才奎、李延民、于玉川等9名高管，以及3939名山东山水职工；按照

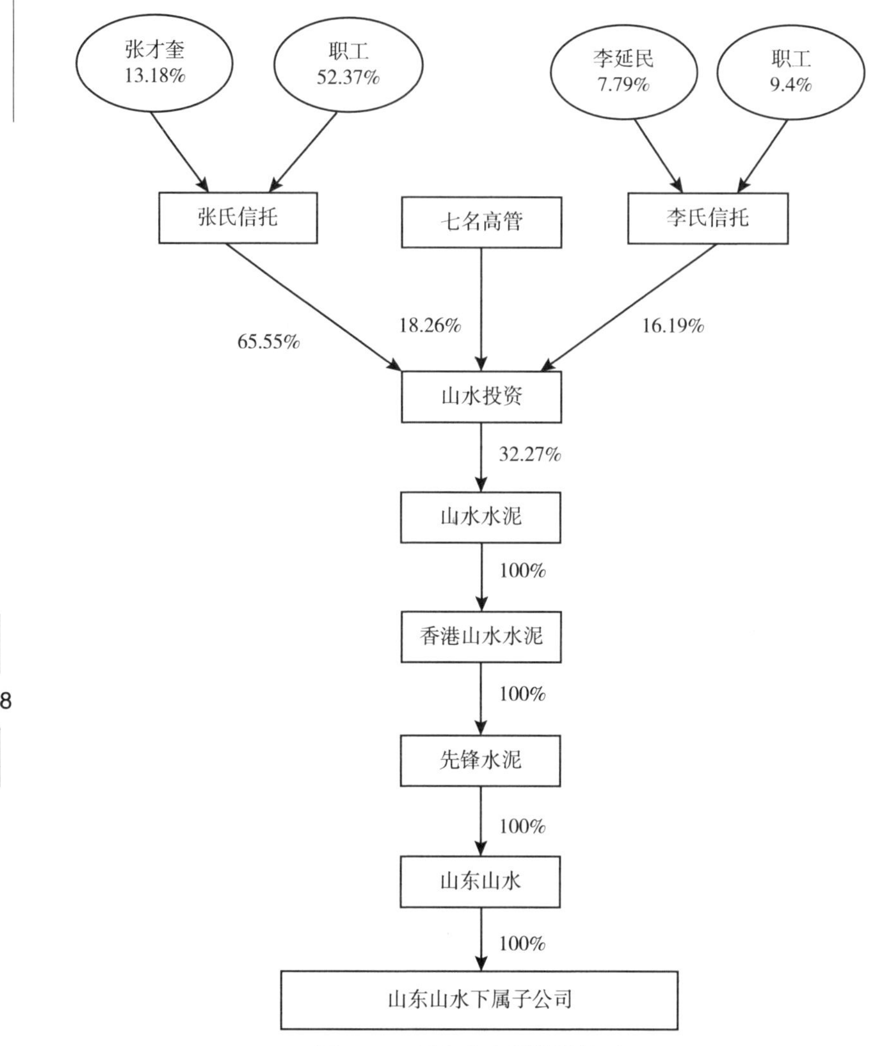

图4－1　原山水水泥控股关系

资料来源：根据山水水泥上市公告及年报资料整理。

香港法律规定，股份公司股东人数不能超过50人，3939名山东山水职工股份分别注入以张才奎为委托人的张氏信托和以李延民为委托人的李氏信托。这时，张氏信托共有股权65.55%（张才奎13.18%，职工52.37%），李氏信托共有股权16.19%（李延民7.79%，职工9.4%），其余7名高管共有各自出资股权18.26%。

职工与张氏信托、李氏信托签署的是酌情信托，根据信托协议，张氏、李氏拥有绝对自行决定权。2011 年 1 月，李氏信托下的所有股份全部转至张氏信托。这样，张才奎通过张氏信托控制了山水投资 81.74%的股份，而于玉川等 7 名显名小股东一共控制了剩余 18.26%的股份。张才奎个人实际出资占比只有 13.18%，却通过张氏信托绝对控制山水投资，成为山水投资董事长。

（2）股份回购触发争端。2013 年 11 月 12 日，山水投资向 7 名高管与 3939 名职工发出两份文件——《山水投资股份回购方案》和《境外信托退出性收益分配方案》。按照文件内容，高管和员工在山水投资中的股份将被回购，回购资金来源于山水投资从上市公司山水水泥获得的分红，回购资金将在 30 年内发放完毕。方案若得到顺利执行，张才奎将实现对山水投资的完全控股。

这一回购方案的不合理性引起了前高管和员工股东的强烈不满和集体维权。在前高管的带领下，员工一方面向香港法院发出申请，要求解除与张才奎的股权信托关系，张才奎将不再担任员工在山水投资的代理人并归还每个员工的个人股权。另一方面员工向法院申请了托管令和禁止令，托管令的内容为在案件审判之前，员工股份将交由第三方机构管理和行使相关权利；禁止令的内容为张才奎只有在得到山水投资所有股东的同意后才可以作为股东的代理人在山水水泥行使投票权。

（3）收购与反收购。由股权回购引发的山水水泥员工集体维权事件发生后，张才奎为了掌握公司的控制权，策划引进外部战略投资者。于是选择中国建筑材料集团有限公司（以下简称“中国建材”）为战略合作伙伴。双方协商，由中国建材出资完成对山水投资部分职工股份的收购。出于对这一收购方案的不合理性和对自身利益的保护，员工股东再次向香港高等法院提起诉讼，要求法院禁止中国建材的这一行动。由于员工股东的强烈反对，最终这一“反收购”诉讼让张才奎的收购方案没有实现。

引入外部战略投资者的计划失败后，张才奎将目标转向上市公司山水水泥的控制权，他策划由中国建材出资直接购买山水水泥的股票，稀释山水投资在山水水泥的股权，从而绕开山水投资去掌控山水水泥。2014 年 10 月 27 日，中国建材以每股 2.77 港元的价格认购了山水水泥对其定向增发的 5.631 亿股。这样，中国建材在山水水泥的持股比例达到了16.67%的，成为山水水泥第二大股东；而第一大股东山水投资在山水水泥的股比由原来的30.11%降至25.09%。

（4）控制权争斗结果。2015年5月20日，香港高等法院针对解除张氏信托一案作出判决：山水投资的职工股持有者所持股份由张氏信托代持转至第三方安永会计师事务所。随后，随着更多职工股东加入，安永会计师事务所代持股份达到45.63%，而张才奎控制的股份则降至36.11%。张才奎对山水投资的控制权被严重削弱。

随即安永向山水投资派出3名董事，并在此后又提名通过2名独立董事，张才奎父子在山水只有2名董事名额，从而彻底失去了对山水投资的控制权。山水投资的控股关系也由此发生的重要变化（见图4-2）。

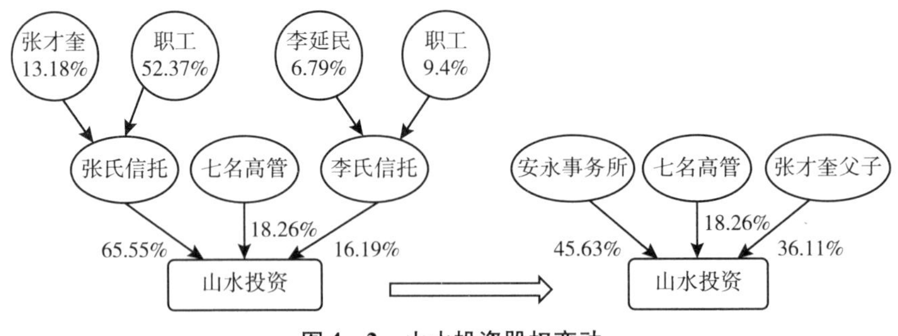

图4-2　山水投资股权变动

资料来源：根据山水水泥上市公告及年报资料整理。

2. 山水水泥股权之争

（1）战略投资者引进。首次引入外部战略投资者（中国建材）失败后，张才奎等为了巩固对山水水泥的控制，采取引入“白衣骑士”策略。2014年10月，张氏父子的“白衣骑士”中国建材以每股2.77港元认购了山水水泥16.67%的股份。

张氏父子通过引入中国建材在很大程度上巩固了自己在山水水泥的控制权，同时他们还计划协调中国建材帮助收购山水投资的职工股，以进一步帮助自己巩固在山水投资的控制权。然而，他们忽视的是山水投资在山水水泥的持股比例被严重稀释，由原来的30.11%降至25.09%，这就意味着其他投资者可在不达到法律规定30%要约比例的前提下，超越山水投资成为山水水泥的第一大股东。

在张氏父子引入中国建材之前，山水水泥的股东除了第一大股东山水投资以外，还有第二大股东亚洲水泥股份有限公司（以下简称“亚洲水泥”）。大股东山水投资内部纷争导致的山水水泥股权稀释，对于任何一个资本巨头而言都是一个巨大的诱惑；亚洲水泥的目的不仅仅是第二大股东的身份，更何况中国建材的引入已经令其沦落第三。

2014年11月，亚洲水泥在二级市场上斥资9.05亿港元进行大量股份收购，至2014年12月1日，亚洲水泥购买了山水水泥2.2794亿的股份，持股比例由原来的13.42%飙升至20.90%，超越中国建材重夺第二大股东地位，并直逼山水投资的25.09%。

同属中国水泥行业巨头的天瑞集团股份有限公司（以下简称“天瑞集团”）早就看上了山水水泥的销售市场。其旗下的天瑞水泥制造产业是河南省最大的水泥企业。山水水泥在资产规模和销售收入上略胜天瑞水泥，同时牢牢控制着山东水泥产业的头把交椅。山水水泥此次大股东内部纷争，加上股权被严重稀释，为天瑞集团提供了难得的良机。如果其能够通过股权收购而控制山水水泥，便可以轻轻松松达到整合扩大的目的。于是，进入2015年，天瑞集团在二级市场进行股份收购。截止到4月15日，天瑞集团斥资超过50亿港元收购了山水水泥28.16%的股权，成功超越山水投资成为第一大股东。

（2）董事会重组。天瑞集团成为第一大股东后，为了实现对山水水泥的控制，开始积极运作，力图通过召开股东大会对山水水泥董事会进行重组。但是由于张氏父子的不配合，天瑞集团的两次提请都未成功，天瑞集团势力没能进入山水水泥董事会。

2015年6月18日，天瑞集团再次要求召开股东大会，这次山水水泥第二大股东山水投资站在了天瑞集团一方。在股东大会上，天瑞集团提名的董事会候选人并没有得到通过。这是因为香港高等法院认为，作为员工股份托管方，安永会计师事务所不应该加入山水水泥董事会席位的争夺中去。天瑞集团改组董事会的目的再次未达成。

2015年10月13日，在天瑞集团的要求下，山水水泥第二次股东大会召开。在股东大会召开之前，山水投资便以董事会议案的形式作出了在股东大会上支持天瑞集团的决定。但在股东大会上，山水水泥第三大股东亚洲水泥对山水投资的决定提出了异议，来自中国建材的大会主席以此为由判定山水投资在此次股东大会上无投票权。天瑞集团改组董事会的计划再次失利。同年10月30日，天瑞集团再次提出召开股东大会的要求。面对天瑞集团的步步紧逼，张才奎父子决定孤注一掷。他们未知会其他股东，通过山水水泥擅自发布公告，称公司一笔巨额境内债将无法按期偿还，这将形成违约，因而向开曼法院提交申请要求对山水水泥进行破产清盘操作。面对张才奎父子的破产计划，山水水泥大股东天瑞集团紧急向法院澄清，请求对这一申请进行否决。而后清盘申请被撤销，张才奎父子不顾后果的破产计划未能实现。

12月1日，山水水泥第三次股东大会在香港地区召开。此次股东大会上，大会主席由香港高等法院委任独立人士担任，而中国建材、亚洲水泥均缺席会议，天瑞集团、山水水泥取得压倒性优势。山水水泥新任董事长为天瑞集团董事长李留法，执行董事均来自天瑞集团、山水投资。至此，经过三次股东大会，天瑞集团成功控制山水水泥，成为真正意义上的第一大股东。

（3）控制权争斗结果。此前，山水水泥的主要股东是山水投资、亚洲水泥。其中山水投资是公司第一大股东，占有股份30.11%，亚洲水泥是公司第二大股东，拥有股份13.42%。山水水泥股权之争后，山水投资的第一大股东地位旁落，由天瑞集团取代，自己变为第二大股东；亚洲水泥则从第二的位置落至第三，在山水水泥的话语权进一步降低；中国建材成为山水水泥第四大股东。山水水泥由最初的两大股东控制变成为现在的四大股东控制，山水水泥的控股关系也由此发生的重要变化（见图4-3）。

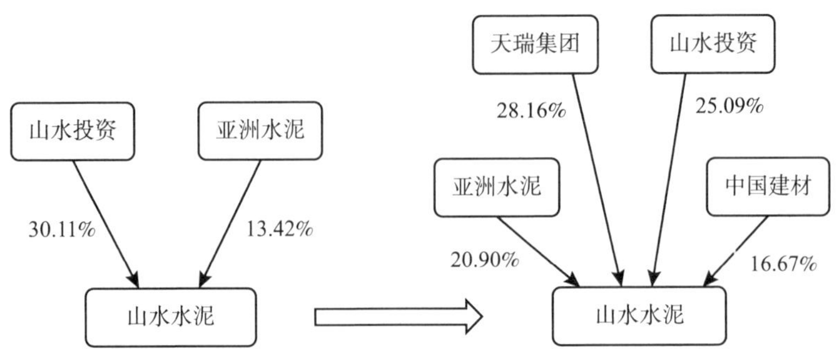

图4-3　山水水泥控股关系变动

资料来源：根据山水水泥上市公告及年报资料整理。

3. 山东山水控制权之争

（1）修改公司章程。由于山水的企业结构分为多级，自上而下由山水投资控股山水水泥，山水水泥通过控股香港山水水泥、先锋水泥控制山东山水，山东山水下面是 100 多家子公司。这样的一种分级结构，为山水水泥控制山东山水带来了困难，其中之一就是山东山水的章程修改可以不必考虑山水水泥。

2015 年 10 月 13 日，天瑞集团发起的第二次股东大会上，张斌虽然保住了山水水泥董事长一职，但他也深知大势已去。为了能够持续控制山水水泥的主体公司山东山水，10 月 14 日张斌利用其暂时控制的先锋水泥，修改了山东山水的公司章程。

根据公司分级结构，山东山水的直接股东是先锋水泥，而山水水泥没有直接控制山东山水。所以，山东山水的公司章程修改原则上只要经过直接股东先锋水泥的批准即可，不必通知山水水泥；虽然张氏父子在山水水泥的控制权有所削弱，但当时先锋水泥的控制人正是张氏父子，因此山东山水修改章程其实只要经过先锋水泥张氏父子同意即可。

随后，公司章程被修改为：董事任期 3 年，未经当届董事会决议通过，不得修订公司章程改变董事会组成方式或董事人数；在董事任期内，除非发生《公司法》“第一百四十六条”规定的不得担任董事的情形，股东不得解除其职务。章程的修改直接导致 3 年内股东无权变更山东山水的董事会，使得张氏父子可以持续控制山东山水。

同年 12 月 1 日，天瑞集团、山水投资控制了山水水泥后，相继又控制了香港山水水泥、先锋水泥，但是在对山东山水的控制上却受到了阻碍。

（2）司法对决。2015 年 12 月 3 日，先锋水泥发布公告，罢免张才奎、张斌父子山东山水董事职务，同时终止其在山东山水的一切职务。与此同时，先锋水泥立即着手恢复山东山水公司章程，以便顺利接管。

但对于先锋水泥的公告，张才奎、张斌暂时控制的山东山水董事会拒不承认，并在官网发布针对性公告，指责上市公司山水水泥的公告为虚假不法公告，因天瑞集团及关联人士向山水投资小股东支付超过 5 亿元款项而涉嫌违反香港及其他地区的法律法规，“山东山水董事、监事、高级管理人员将持续履行职责”。山东山水甚至以几名维权高管侵权为由，将其诉至济南中院。

为了有效完成对山东山水的接管，山水水泥、香港山水水泥、先锋水泥（以下共称为“三公司”）将山东山水董事会诉讼至香港高等法院。

2016 年 1 月 8 日、1 月 13 日，香港高等法院对张才奎、张斌作出禁止令与判决：要求张才奎、张斌将担任三公司董事或其他高级管理人员期间取得的关于三公司的电子形式及非电子形式的物品、记录等资料归还予三公司；限制张才奎、张斌或任何雇员代理、协助其中一人或两人执行 2015 年 10 月 14 日被非法篡改的山东山水章程修正案；限制张才奎、张斌或任何雇员代理、协助其中一人或两人挪用山东山水或附属公司的任何资产；要求张才奎、张斌纠正（恢复）非法修订的山东山水章程。

香港高等法院的宣判给了山水水泥新董事会巨大的司法支持，尽管如此，新董事会仍然忧心忡忡。山东山水的注册地是在山东济南，如果张才奎、张斌拒不履行香港高院的判决，那么这一判决似乎就无“用武之地”了。事实上，山水水泥的担心不无道理。

山水水泥失去对山东山水的控制后积极寻求司法程序的支持，但对于面临紧急债务问题的山东山水却是需要分秒必争的；因此，山水水泥必须寻找能够更快接管山东山水的途径。既然山东山水不再服从山水水泥，那么就可以通过“釜底抽薪”控制山东山水旗下子公司的策略，孤立架空山东山水，从而迫其就范。

2016 年 1 月 26 日，香港高等法院判决最后执行期限到期。山水水泥九省 2000 名员工聚集在山东山水总部门口，要求山东山水归还公章。政府工作组也随即作出安排，将联合济南中院强制执行香港高院对张氏父子的判决，使其交出公章等重要印鉴资料，交出违法侵占的集团原总部和企业。1 月 30 日，政府协调工作取得成功。至此，山水水泥对山东山水的强制接管工作取得阶段性胜利。

（3）再起争端。在山水水泥控制权争夺中，天瑞集团联合山水投资改组了山水水泥董事会，在董事会中占据了大部分席位，后续又取得了对山东山水的实际控制权。但是天瑞集团取得山水水泥控制权后，并未实际参与运营管理，而是任命宓敬田为集团副董事长，带领一批原山东山水高管主持山东山水的实际运营工作。根据规定，公众在上市公司的持股比必须在25%以上，在首次控制权争夺中，山水水泥的公众持股比已降至不足10%。此外，由于控制权争夺过程中的管理混乱，山水水泥有46亿元债务违约。在多个要素的共同作用下，山水水泥于2015年4月16日被迫停牌。

2016年6月，山水水泥董事会计划通过“一配四”的方式恢复公众持股量，即每一股现有股份可认购四股新的公司股份。这一计划因遭到山水投资反对而未能实行，山水投资认为配售新股将严重损害山水投资特别是员工股东的权益。9月3日，山水水泥董事会再次提出股票配售计划。计划内容为向不少于6名独立承配人配售9.1亿股以上的山水水泥股票，配售价格不低于0.5港元。山水水泥董事会希望通过这一方案实现山水水泥的复盘。宓敬田等高管再次反对这一计划。他们认为配股价格过低，不能真实反映山水水泥价值，这将损害员工股东的利益。同时，山水投资全体被托管人要求廖耀强必须反对该配售方案，否则他们将坚决要求香港法院更换托管人。

2016年12月，宓敬田通过媒体向公众宣称在新董事会的领导下，山水集团2016年已经走出了亏损，实现了盈利，公司债务问题也将得到有效解决。山水水泥董事会称宓敬田的行为属于泄露公司机密信息，损害了公司利益，并以此为理由对宓敬田展开调查。

2017年1月12日，山水水泥对外公告，免除宓敬田包括山东山水副董事长在内的一切职务。宓敬田对这一决定表示反对。对立形成后，山水水泥与山东山水之间的矛盾不断加剧。在山水集团2017年初举行的年度工作会议上，宓敬田仍以公司主要领导人的身份做了报告。他多次通过媒体对外表示，除非更换接管人并重组山水投资和山水水泥的董事会，否则山东山水将不承认任何山水水泥指示的有效性。

2017年3月13日，山水水泥再次对外发布公告，免除宓敬田等6人在山东山水担任的职务。同年4月6日，宓敬田以山东山水集团党委、董事会和经营班子的名义召开媒体通气会。他在会议上宣传山水水泥年报中的亏损是为了低价增发股票，是对员工股东利益的损害。他同时宣称山水水泥的经营正在改善，公司将有能力解决债务问题。山东山水下属100多家分子公司的管理人员在场外收听了会议情况。次日，山水水泥就公司近期控制权争夺及债务问题召开新闻发布会。在新闻发布会上，山水水泥高管李和平宣称，关于控制权的争斗已经影响了山水水泥对债务的偿付能力，目前已经将原山东山水副董事长宓敬田诉讼至山东省高院。

2017年8月8日山水水泥披露，济南市政府正协助公司重组山东山水的董事会及管理层，以解决山东山水前高级管理层非法占领山东山水总部的问题，并要求公司各方股东以负责任的态度解决股权纠纷，以保证公司的正常运营。

4.2 控制权争夺：矛盾根源与理论分析

4.2.1 公司控制权争夺：矛盾冲突

1. 实际控制人与员工股东的矛盾冲突

员工持股计划（ESOP）又称员工持股制度，是员工所有权的一种实现形式，是企业所有者与员工分享企业所有权和未来收益权的一种制度安排。实行员工持股，使职工不仅有按劳分配获取劳动报酬的权利，还能获得资本增值所带来的利益，同时可以加强职工的主人公意识，提升企业核心竞争力。员工持股制度作为完善公司治理结构、增强员工的劳动积极性和企业的凝聚力的一种手段，越来越受到政府及企业界的关注。

山水水泥是由国企改制而来的。在国转民过程中，员工期望通过这种模式能有效弥补投资主体缺位所带来的监督弱化、“内部人”控制严重等问题，以便在公司的未来发展中保护自身利益。然而，虽然山水水泥整体上发展良好，市场地位不断提高，业务规模不断扩大，但员工股东并没有在这期间获得相应的股利收益。与之形成鲜明对比的是张才奎等人每年都享有高额的薪酬。更加不合理的是，作为公司管理人员的张才奎除了每年从公司领取巨额薪酬之外，还从山水投资获得了巨额酌情花红（如2010年和2011年的金额分别高达人民币3058.9万元和1.4387亿元）。

在山水水泥上市之前，张才奎以山水投资为主体向建银国际

（CCBI）进行了债务融资，山水投资 2008 ~ 2012 年从山水水泥得到的分红大部分被用作对这笔融资的偿还。在山水水泥上市前的股权发售中，通过融资得到的资金全部以资本投资的形式进入山水水泥，从而巩固了山水投资在山水水泥第一大股东的地位，使其控制权更加稳固。对山水投资所得分红的不合理使用之所以能够实现，是因为员工股东与张才奎之间签订的是酌情信托。

员工股东虽然也是山水水泥的所有者，但他们是通过山水投资间接持有的山水水泥股权，这决定了他们没有办法通过出售股票获得收益，因而分红便是他们作为股东的唯一经济回报方式。由于酌情信托的存在和张才奎的控制权私有收益行为，员工股东虽然持有股份，但未因此获得任何经济收益，从而侵犯了员工股东的合法利益，也为日后张才奎与员工股东之间的冲突埋下了隐患。

2013 年 11 月，张才奎通过山水投资向员工发出通知，提出购买员工手中持有的山水投资股权，试图通过这一方式使自己成为山水投资真正的所有者，巩固自己在山水投资的控制地位，但是由于其所提方案具有极大的不合理性，严重损害员工经济利益，引起了员工的强烈反对。

根据张才奎所提方案，在签署文件之后，员工股东将不再从山水投资取得分红；购买员工股份的资金来自山水投资从山水水泥获得的股利分配；回购分三期进行，每期 10 年，回购价格与上市公司山水水泥股票价格相关联，回购期间若山水水泥市值大幅增长，张才奎有权对总价款进行调整。按照该方案，对员工股权的收购价格与山水水泥的股票价格相关联，而若山水水泥市值大幅增长，张才奎有权对收购总价款进行调整，这是显然的“买低不买高”，这让张才奎在收购中“立于不败之地”，而员工股东则要承担公司经营不佳等风险。这一方案对员工股东极不公平，严重侵害了员工的切身利益。

回购方案中最大的不合理之处是资金来源。按照方案内容，将全部使用山水投资的自有资金回购员工股份，来源主要是从山水水泥获得的股利分红。山水投资之前从山水水泥获得的股利分红被用于归还之前的债务融资，一直持续到 2012 年，其间员工未得到任何分红。在方案发布时，山水投资并无自有资金，张才奎承诺用于回购员工股份的资金为山水水泥日后对山水投资的股利分红。员工股东作为山水投资的所有者，本来就享有山水投资的分红权，张才奎此举相当于“用员工的钱购买员工的股份”。回顾整个信托计划，员工作为当年山水投资的出资人，所出资金用于收购国有资产、增投山水水泥股票，而自身从始至终都没有获得任何收益，这显然是对员工利益的极大侵害。

2. 实际控制人与高管层的矛盾冲突

张才奎作为山水水泥的实际控制人，谋求“父位子接”的转移方式，以实现权力的传递移交。张才奎之子张斌2006年进入山东山水后随即从事企业经营管理工作，且后职位一路高升。2008年任山东山水总经理的张斌谋划在山水集团内部收权，主要方式是将财务和采购等权力由片区收归总部，进行统一管理，这便威胁到了时任山东山水高管的宓敬田等人的权力，让这些高管走向了张氏父子的对立面，并在后期的控制权争夺中成为员工的代言人。

在山水水泥的发展过程中，张才奎和高管层都为企业作出了巨大贡献，在员工中也具有很高的影响力。然而，张氏父子在控制权移交过程中，忽略了为公司作出巨大贡献的高管层的心理感受和利益获取，造成了他们和高管层之间的对立，这些高管在后期山水水泥的控制权争夺中利用自身对员工的影响力，极大地影响了山水水泥控制权争夺的结果。

3. 大股东控制权之间矛盾冲突

在山水水泥的控制权争夺过程中，中国建材、亚洲水泥、天瑞集团均有介入，它们基于各自的利益诉求与山水水泥内部势力互相结盟，在山水水泥控制权争夺过程中扮演了很重要的角色。这些外部投资者通过对山水水泥股份的购买，均成为山水水泥的前五大股东，它们之间的冲突也是山水水泥控制权争夺的重要原因。

以在控制权争夺中最终获得山水水泥控制权的天瑞集团为例，在山水水泥控制权争夺最为激烈的时候，天瑞集团通过二级市场举牌的方式介入争夺，并迅速成为山水水泥第一大股东，对山水水泥的股权结构影响巨大。

天瑞集团进入山水水泥时，山水水泥内部的矛盾最为激化，股权结构最不稳定。天瑞集团的进入方式为二级市场购买流通股份，而未对山水水泥内部进行任何知会。无论是进入时机还是进入方式，天瑞集团都没有表示出对山水水泥原股东的尊重，反而显得充满恶意，这必然导致原股东的强烈抵制。在天瑞集团进入的过程中和进入之后，都没有和山水水泥原控制人进行有效的沟通，这导致双方的长时间对立。

天瑞集团旗下的天瑞水泥是河南最大的水泥企业，和山水水泥在多个地区存在激烈的竞争，二者之间早已存在矛盾。此外，天瑞集团之前在对其他企业收购之后曾有过掏空被收购企业的行为，这导致山水水泥其他股东对天瑞集团收购动机的怀疑，担心自身在天瑞集团的股份受到损失。因此，在天瑞集团进入山水水泥，试图通过改组董事会和张才奎争夺控制权时，其他大股东中国建材和亚洲水泥都站在了天瑞集团的对立面，天瑞集团虽然已经是山水水泥的第一大股东且有山水投资支持，却迟迟未能进入山水水泥董事会。

山水水泥各个大股东的利益诉求存在差异，且各自追求自身目标互不妥协，这加剧了冲突。原始大股东张才奎希望维持控制权，掌握经营决策的话语权，对于企业未来的发展期望是持续经营、增强竞争力。而外部大股东天瑞集团的利益诉求则是通过夺取山水集团控制权，扩展其自身集团的市场份额，削弱竞争者力量，对于山水集团的未来发展并未明确考虑。原始大股东和外部大股东利益诉求存在巨大差异，并且各自追求自身目标，未能进行理性谈判达成一致，互不妥协退让，双方冲突自然加剧。

4. 外来大股东与管理层的矛盾冲突

在山水水泥控制权争夺中，天瑞水泥通过在二级市场收购股票的方式，将自身拥有的山水水泥股票增持至9.51亿股，占山水水泥已经发行股份的28.16%，成为山水水泥第一大股东，并和山水投资联手改组了山水水泥董事会，由此形成了天瑞集团和山水投资托管人在上市公司山水水泥股东大会和董事会层面行使控制权，山水集团原高管宓敬田等主持山东山水日常经营的格局。

可以说在山水水泥控制权争夺中，天瑞集团和以宓敬田为首的原山水水泥高管团队为盟友关系，并在取得控制权争夺胜利后共同控制了山水集团。然而山水水泥董事会通过配股实现复牌的决定对以宓敬田为首的山水集团高管团队构成了利益威胁，并导致了其反抗。其后便发生了上市公司山水水泥与山东山水集团之间激烈的控制权争夺事件，最严重时发生了2017年4月8日山水集团总部的冲突事件。

山水水泥的控制权争夺表现为外来大股东与管理层的博弈。在此种博弈中，虽然外来大股东具有股权上的优势，但是其对公司的实际掌控往往并不顺利，特别是在公司管理层大范围保持不变的情况下，其对公司的掌控往往是无力的。这主要是由以下两个原因导致的：

原因之一：公司原管理层对员工具有更强的号召力和影响力。由于原管理层在公司的工作时间更久，影响更深，在一定程度上与公司员工形成了利益共同体，从而可以在自身利益受到威胁的时候在员工中发挥影响，利用员工反抗董事会的决定。在山水水泥控制权争夺中，以宓敬田为首的山水集团高管团队便是通过这种方式争夺控制权的。

原因之二：山水水泥是由国企改制而来的，员工往往通过股份等形式和企业产生超出雇佣关系的更深层的利益关系，这就导致在执行法院决定和政府命令时要考虑更多的社会因素，因而导致了董事会决定失效等事件的发生。

4.2.2 公司控制权争夺：治理缺陷

1. 控制权配置缺陷

在山水水泥控制权争夺中，山水投资扮演了非常重要的角色，其特殊的员工酌情信托模式是导致山水水泥控制权争夺发生的重要原因。这种信托模式给了受托人张才奎相当大的自主权，因而导致他对员工股东利益的极大侵害，导致了员工股东与张才奎的对立，这是山水水泥控制权争夺的开端，也给了其他外部投资者进入的机会。可以说，酌情信托一开始就不符合山水水泥的实际情况，造成了山水水泥控制权配置的极大缺陷，并决定了日后山水水泥在控制权结构问题上的不稳定性。

酌情信托中，受托人有很大的自主权，可以按照自己认为合适的方式对信托资产和所得收益进行支配。在张才奎和员工股东签订的酌情信托中，张才奎除了可以决定收益分配，还全权代表员工行使建议权和其他权力。在英美法系下，信托的内容非常灵活，只要当事人同意，符合“公序良俗”，任何条款都可以写到信托当中。在张氏信托中，张才奎就具有很大的权力，但信托中却对其义务缺少规定，也无相应的监督和制约条款。因此当张才奎出现道德风险，将受托财产用于为个人谋取利益等不正当的目的时，处于信息劣势的委托人难以实施有效的监控。

这种酌情信托显然对员工具有很高的风险性，其之所以能够存在，有其历史背景。一方面，张才奎对山水水泥的发展作出的巨大贡献让其在山水水泥极具个人威信。在他将山东水泥厂从一家亏损多年的国企发展成为香港上市的山水水泥集团过程中，张才奎在企业内部的威信也不断强化，获取了职工的充分信任，从而为其受托管理员工股份提供了条件。另一方面，作为股权的所有者和信托关系中的委托人，在设立股权信托时，员工股东们对于信托的运作方式缺乏基本了解，没有有效参与信托条款的设计，很多员工甚至是在股权回购方案推出后才知道信托安排。员工股东对于信托设计的不了解和基于张才奎长期领导权威下形成的信任使得作为受托人的张才奎在信托设计上有了很大的自由，也为日后的控制权争夺埋下了隐患。

从山水水泥层面考虑，这种信托安排让其失去了大股东对管理层的有效监督。从理论上讲，当股权相对集中后，大股东会出于自身利益对管理层的行为实施有效的监督，这可以减少管理层谋取私利的发生。在山水水泥案例中，其股权一直以来都相对集中，山水投资牢牢占据山水水泥控股股东的地位，并一直保持30%以上的相对控股水平。山水水泥实际控制人为张才奎，而张才奎通过张氏信托控制着大股东山水投资，这使大股东的监督作用完全失效，反而为张才奎固守管理层职位提供了股权层面的保障。此外，张才奎作为山水投资的实际控制人，却在山水投资中只占有13.18%的现金流权，这导致张才奎与山水投资利益的非一致性，即山水水泥管理层与大股东也非一致利益人。

在大股东对管理层制约失效的背景下，山水水泥历年的第二大股东至第五大股东的持股比例均未超过10%，在此情况下，单个股东无法对控股股东发挥有效的制衡作用，无法突破大股东对管理层的保护。同时，由于不同股东之间的目标利益并非完全相同，股东之间的联合需要的沟通和协调成本很高。在管理层未严重侵害广大股东利益的情况下，主要股东联合对抗管理层的可能性很小。

综上原因，山水水泥的所有者（持股人）无法对管理层形成有效的制约和监督，其委托代理关系具有极高的不稳定隐患，其控制权配置存在严重缺陷。

2. 酌情信托下的两权分离

酌情信托还导致了严重的控制权和现金流权的分离，张才奎在山水投资和山水水泥均具有很高的控制权，但就所有权来看其应享有的现金流权却很低，这是张才奎侵犯员工利益、谋取私利并不合理收购员工股权的原因。

张氏信托的内容导致了严重的两权分离。作为实际控制人的张才奎，其控制权和现金流权严重分离。由于张才奎并不具有员工信托股份的所有权，不能获得相关股利，因此其在山水投资的现金流权应为13.18%。而由于采取酌情信托的方式，在不解除信托关系的情况，张才奎对张氏信托有完全的控制权，进而对山水投资有几乎完全的控制权。在这种状况下，张才奎在山水投资的控制权与现金流权严重偏离。在山水水泥的层面来看，山水投资作为山水水泥的大股东，在其他股东持股分散的情况下，在山水水泥具有举足轻重的影响力，因而张才奎通过张氏信托和山水投资，间接控制了山水水泥，尽管他在山水水泥的现金流权仅有3.97%（30.11%×13.18%）。

相关研究表明控制权私利水平与两权分离度正相关，张才奎自身持股过低、控制权过大导致了两权分离下其谋取私利的问题，触犯了持股员工的核心利益。并且在张才奎追求更为稳固的控制权和更为合理的现金流权时，与员工爆发了激烈的冲突。也正是山水水泥内部矛盾的激化，才给了其他投资方进入，进而争夺控制权的机会。

张才奎在山水水泥的发展过程中确实是作出了贡献的，员工最初对他也是信任的。作为托管人，他本应该坚持维护员工的利益，切实履行自己托管人的相应责任，在山水水泥的经营和山水投资的分红中做到公正、公平，然而，监督和制约的缺失却让他屡屡侵害员工经济利益。投资者应该意识到，道德风险是的确存在的，制度上的约束远比道德上的期望更有保障。

3. 不同利益集团之间需求冲突

在山水水泥控制权争夺中，实际控制人张氏父子与员工之间的矛盾可以归结为双方对山水水泥股权收益分配的争夺，正是因为张氏父子对员工股权收益无休止的不合理索取激起了员工的强烈不满，从而使得员工股东在控制权争夺中站在了山水水泥发展的功臣张才奎的对立面上。而张氏父子与原高管团队之间的矛盾则主要表现为在企业权力移交过程中，企业接班人为更有力地控制企业，对企业管理架构进行了调整，在企业内部收权，从而严重威胁到了原高管团队的利益。山水水泥两大股东张氏父子与天瑞集团之间的矛盾也主要表现在利益冲突方面，原始大股东张才奎希望在山水水泥维持并扩大自己的控制权，通过科学的经营方式将山水水泥发展好，在这里张才奎自身的利益和山水水泥的发展壮大是一致的；外来大股东天瑞集团追求的目标则是通过夺取山水集团控制权，将其自身的市场占有率扩大，并削弱竞争对手的实力，天瑞集团的利益诉求与山水集团的健康发展并不是一致的。

在山东山水控制权争夺中，天瑞集团主导的山水水泥董事会所推行的每一股现有股份可认购四股新的公司股份的决定将使天瑞集团绝对控股山水水泥，而其下一步的目的便是让山水水泥的发展服从于与山水水泥存在竞争关系的天瑞集团的发展目标，而扎根山水水泥的宓敬田则是天瑞集团实现这一目标的阻碍，同时这一计划也必将严重损害山东山水职工的切身利益。因而宓敬田便成为山东山水职工的利益代言人，和山水水泥双方围绕山东山水的实际经营管理权展开了一系列的控制权争夺战。

可见，每次控制权争夺中，利益需求冲突都是参与争夺的各方最为根本的动因。

4. 特殊的历史背景与法律环境

在山水水泥控制权争夺中，出现了法院判决无法得到贯彻执行，冲突各方采取违法手段、暴力手段争夺控制权等乱象，这也是山水水泥控制权争夺社会影响大、引起关注程度高的原因。而这种种控制权争夺中出现的不合理手段，是因为山水水泥特殊的历史背景和法律环境。

在山水水泥控制权争夺中，职工股东是重要的参与方，但他们也是整个控制权争夺事件中最为被动、受到伤害最深的一方。在山水水泥的发展和上市过程中，职工股东通过股权信托的方式将自身利益与山水水泥的发展紧紧捆绑在一起，作为中小股东且股份无法在市场有效流通，山水水泥的发展状况对其利益影响最大。而因为山水水泥的历史背景，这些职工普遍文化程度不高，作为股东，对自己的权利不了解，对法律制度不了解，容易被人利用，无法有效维护自身利益，无法发挥中小股东的应有监督制衡作用。因此在控制权争夺之前，张才奎一直对职工股东的分红权进行侵犯，甚至想通过“用职工股东的钱买职工股东的股份”这一不合理手段来实现对山水水泥的更大程度的掌控。在控制权争夺中，职工股东一方面将在山水投资的权力委托给安永，另一方面在宓敬田的鼓动下与山水水泥董事会激烈对抗，却不知参与冲突的各方均在追求自身利益，无人在乎山水水泥的发展前景，也就无人在乎这些中小股东的最核心利益。而职工股东的盲目参与也是事态不断扩大、各方有机可乘的重要原因。

我国现行法律制度中缺少限制大股东权力、对中小股东利益加以保护的条文，因而在发生控制权争夺时往往缺少切实可以依据的法律制度，不能有效控制控制权争夺的规模，减少负面影响。此外，由于山水水泥在香港上市，其实际经营主体山东山水在山东，因而在控制权争夺中，香港法院的多次判决无法在山东山水得到有效执行。

4.2.3 公司控制权争夺：理论根源

1. 委托代理危机

委托代理理论是公司治理理论的重要基础理论，也是契约理论的重要组成部分。它以信息不对称性为假设，研究所有权和控制权分离下公司治理中的控制权收益等问题。委托代理问题主要有两类：第一类是股东和公司经理人之间的委托代理问题；第二类是大股东和中小股东之间的委托代理问题。在山水水泥控制权争夺中，这两种问题都有发生。

委托代理问题的产生主要有两个原因：一是委托代理关系存在委托人与代理人的利益目标不一致的矛盾；二是委托人和代理人之间存在信息不对称，委托人和代理人各自都拥有另外一方不拥有的信息。在山水水泥控制权争夺案例中，这两个方面都得到了体现。无论是控制权争夺中张才奎与职工股东之间的利益目标的不一致还是宓敬田与山水水泥董事会之间的利益目标的不一致都是这种委托代理问题的体现。

如果委托人能够有效监督代理人的行为，就可以防止代理人的偷懒和机会主义等背离委托人目标的行为。实际情况是，委托人和代理人之间存在信息不对称的不可协调性，委托人没有什么办法在其利益边际内对代理人进行监督并予以控制。在控制权争夺中，员工股东自身能力的局限性决定了他们没有条件对张才奎的行为进行有效监督控制，以新进入的大股东天瑞集团为代表的山水水泥董事会更是无法对在山东山水经营多年的宓敬田形成有效的制约。

利益需求冲突和信息不对称导致的委托代理危机是山水水泥公司治理中存在的最核心问题。

2. 董事会中心主义危机

公司治理结构的主要模式有两种：即“股东大会中心主义”和“董事会中心主义”。“股东大会中心主义”的特点是公司的所有权力都集中在股东大会手上，股东大会决定企业的绝大部分事项。“董事会中心主义”是将董事会置于公司运营的核心，其拥有业务执行权、经营决策权和公司的对外代表权等独立的权力。

在“董事会中心主义”模式下，董事会拥有管理公司事务的广泛权力。现代公司法的发展趋势是将公司权力重心从“股东大会中心主义”向“董事会中心主义”转移，因为后者更能满足公司规模扩大和资本市场发展所提出的专业化和效率化的需求。其缺点就是董事会成员如果有滥用权力就会最终损害股东的利益，无法解决因所有权与经营权的分离而产生的代理问题。

2008～2012年，山水水泥董事会成员中，张才奎、李延民、张斌、董承田、于玉川均是担任经理职务的内部董事，山水水泥的管理经营被他们掌控，而他们之间存在密切的联系。李延民、董承田、于玉川自山东水泥厂时期开始长期在张才奎的领导下工作，经历了山东水泥厂、山东山水、山水水泥各个发展阶段时期。在长期的领导关系和工作环境中，李延民、董承田、于玉川与张才奎构成了一个以张才奎为核心的利益主体。而2010年加入董事会的张斌与张才奎则是父子关系。根据上述事实，有理由认为张才奎实际控制了上述董事在董事会中的投票权。孙弘和焦树阁均来自投资机构，他们更关注通过减持获得投资回报而非参与公司的治理，因而在董事会中发挥的作用十分有限。剩余董事孙建国、王燕谋、王坚均是独立董事，他们在董事会中发挥的作用也是有限的。所以，以张才奎为核心的山水水泥董事会完全有条件、有动机在任职期间为自身谋取私利，而损害中小股东的利益，从而引发中小股东与管理层之间的对立。

由此可知，山水水泥控制权争夺事件的根源之一就在于，山水水泥的公司治理奉行的是“董事会中心主义”，而缺失了配套的对股东的保护制度。通常认为“董事会中心主义”提高了公司的治理效率，但是在缺乏配套的法律制度下，“董事会中心主义”却可能降低公司的治理效率。山水水泥的控制权争夺使得公司的大量资源耗费在内斗中，使得山水水泥运营效率下降，组织成本提高。在我国现行法律制度、社会环境下，现阶段大部分在中国运营的公司还是应该以“股东大会中心主义”为重，但股东大会可以根据公司自身治理的具体情况适当授权董事会。

“董事会中心主义”是一把双刃剑，用好了，可以提高公司运营效率和降低公司组织运行成本，避免“股东大会中心主义”由于决策效率低下不能适应未来市场竞争的风险，如果用不好，不但不能提高公司运营效率，同时也不能降低公司组织运行成本，而且其状况还会恶化。要实现合理有效的“董事会中心主义”的公司治理，就需要股东有足够的能力监督董事和职业经理人，而反过来也要求董事和职业经理人要忠实于股东的委托。就我国目前的情况来看，这种情况并不容易实现。

4.3 控制权争夺：财务后果评析

4.3.1 公司成长性影响分析

山水水泥首次控制权争夺始于2013年，在2014年逐渐升温，于2015年达到争夺的顶峰，后于2016年又开始了二次控制权争夺，控制权争夺期间，公司经营出现了很多的问题，公司运转甚至一度停滞，公司的经营业务受到很大影响，致使公司业绩严重下滑（如表4－1、图4－4、图4－5所示）。

从表4－1、图4－4、图4－5中可以看到，山水水泥的营业收入于2014年开始负增长，在2015年其营业收入下滑最为剧烈，2016年下滑得到缓解，而后呈连续增长趋势。结合前述山水水泥控制权争夺过程的各时间节点可以看出，山水水泥营业收入下滑的剧烈程度和其控制权争夺的激烈程度密切相关，这就说明了控制权争夺给山水水泥的成长与发展带来了很大的阻碍，使其发展陷于停滞并不断下滑。

从山水水泥有关成长性财务指标分析可以看出，2013～2015年，与山水水泥控制权争夺事件同步的是其净利润的逐年加速下滑，其净利

表4-1　山水水泥成长指标

指标	2012年	2013年	2014年	2015年	2016年	2017年	2018年
营业收入（亿元）	161.61	165.35	155.96	111.66	112.84	147.74	176.38
营业收入增长率（%）	—	2.31	-5.68	-28.40	1.06	30.93	19.39
净利润（亿元）	16.04	10.75	3.09	-66.94	-9.79	6.96	21.69
净利润增长率（%）	—	-32.98	-71.26	-2266.34	85.37	171.09	211.64
净资产（亿元）	93.97	99.67	113.66	44.93	32.56	42.46	95.86
净资产增长率（%）	—	6.07	14.04	-60.47	-27.53	30.41	125.77
总资产（亿元）	280.33	322.36	336.96	270.14	259.20	252.70	260.73
总资产增长率（%）	—	14.99	4.53	-19.83	-4.05	-2.51	3.18

资料来源：根据山水水泥年报有关资料计算整理。

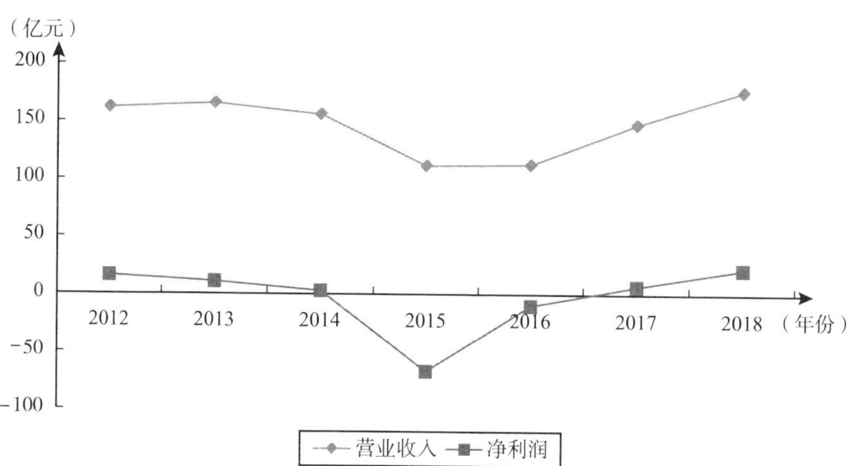

图4-4　山水水泥营业收入和净利润变动

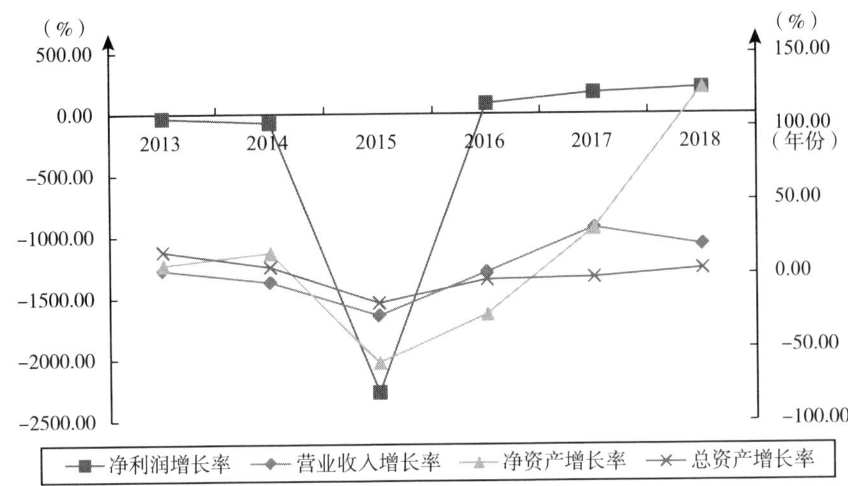

图 4－5　山水水泥成长性指标变动

润于 2015 年达到历史最低点，这一年也正是山水水泥控制权争夺最为激烈的一年。2016 年山水水泥净利润虽有反弹，但仍为负值（－9.79 亿元），直到 2017 年才开始实现盈利。

在山水水泥控制权争夺过程中，无论是上市公司山水水泥董事会还是实际运营主体山东山水的高管层，都将精力放在对公司控制权的争夺上，无人对山水水泥的未来发展进行规划，更无人将精力用于山水水泥的日常经营管理，这是山水水泥在这几年间发展停滞、经济效益不断下降的根本原因。

4.3.2　公司盈利能力影响分析

表 4－2、图 4－6、图 4－7 反映了山水水泥 2012～2018 年间公司的盈利变化。

从表 4－2、图 4－6、图 4－7 中可以看出，2014 年山水水泥的净利润较 2013 年相比暴跌了 71.2%，净资产收益率与资产报酬率更是分别跌至 2.72%、5.43%。2015 年山水水泥各项盈利能力财务指标达到历史最低点（净资产收益率与资产报酬率分别为－148.99%、－18.13%，销售利润率也跌至－58.18%），其净利润首次降为负值（－66.94 亿元），产生巨额亏损。随后的 1 年（2016 年）公司的净资产收益率和销售利润率均为负值，资产报酬率不到1%，公司盈利水平不正常，直到2017年公司经营才出现转机，收益能力恢复到正常状态。

公开资料显示，在山水水泥首次控制权争夺中，张才奎父子为了维持自身对公司的控制权，采取了一系列措施延缓新任董事和管理层对公司的管控，这些措施对山水水泥日常经营活动产生了恶劣的影响。在取

表4-2 山水水泥盈利能力指标

指标	2012年	2013年	2014年	2015年	2016年	2017年	2018年
营业收入（亿元）	161.61	165.35	155.96	111.66	112.84	147.74	176.38
利润总额（亿元）	22.05	16.14	6.90	-64.96	-8.29	9.67	30.47
净利润（亿元）	16.04	10.75	3.09	-66.94	-9.79	6.96	21.69
净资产（亿元）	93.97	99.67	113.66	44.93	32.56	42.46	95.86
息税前利润（亿元）	31.30	25.82	18.31	-48.98	2.01	19.89	38.25
总资产（亿元）	280.33	322.36	336.96	270.14	259.20	252.70	260.73
资产报酬率（%）	11.17	8.01	5.43	-18.13	0.78	7.87	14.67
净资产收益（%）	17.07	10.79	2.72	-148.99	-30.07	16.39	22.63
销售利润率（%）	13.64	9.76	4.42	-58.18	-7.35	6.55	17.28

资料来源：根据山水水泥年报有关资料计算整理。

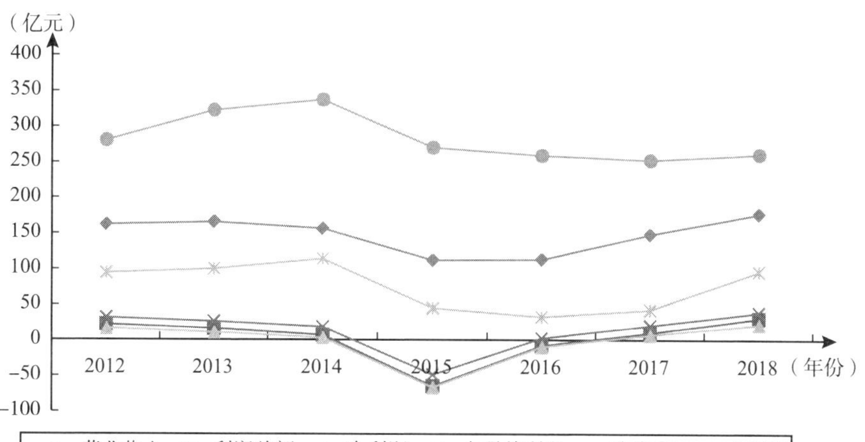

图4-6 山水水泥收益指标与资产指标变动

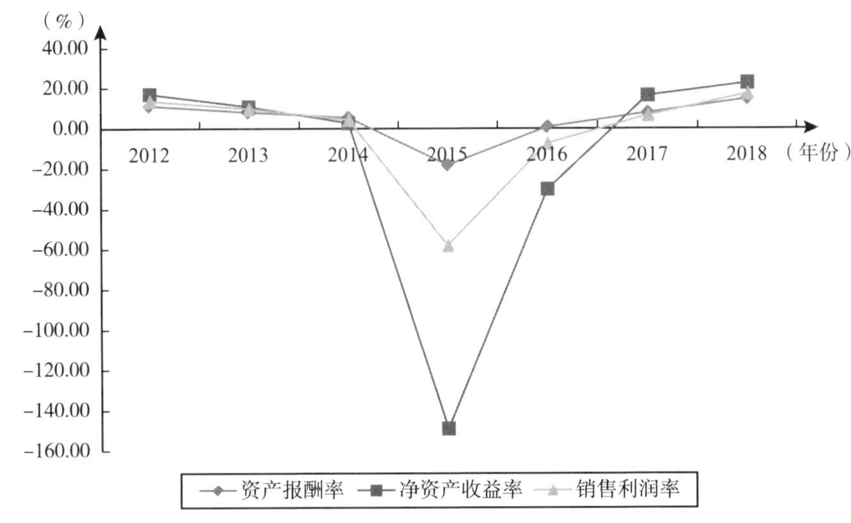

图 4-7　山水水泥盈利性指标变动趋势

得山水水泥董事会控制权后，又出现了新董事会接管实际运营主体山东山水的种种阻碍。新任山水水泥董事会和张氏父子对山东山水及其下的100多家子公司激烈争夺，公司经营更是一度陷入停滞。在首次控制权争夺的整个过程中，新旧势力均关注于对控制权的争夺，而无视企业日常经营和未来发展。

首次控制权争夺结束仅1年，又爆发了上市公司董事会和实体公司管理层之间的激烈冲突。已经陷入亏损的山水水泥经营状况还未得到改善，便又陷入了管理的混乱，从而使得公司持续经营能力元气大伤。

4.3.3　公司财务风险影响分析

表4-3、图4-8、图4-9反映了山水水泥2012~2018年有关财务风险指标变动情况。

表4-3　山水水泥财务风险指标

指标	2012年	2013年	2014年	2015年	2016年	2017年	2018年
流动资产（亿元）	63.08	72.21	70.50	39.04	43.20	48.06	58.58
流动负债（亿元）	75.21	120.47	98.45	217.48	205.53	196.23	132.28

续表

指标	2012 年	2013 年	2014 年	2015 年	2016 年	2017 年	2018 年
总资产（亿元）	280.33	322.36	336.96	270.14	259.20	252.70	260.73
总负债（亿元）	186.37	222.70	223.29	225.21	226.64	210.24	164.86
流动比率	0.84	0.60	0.72	0.18	0.21	0.25	0.44
资产负债率（%）	66.48	69.08	66.27	83.37	87.44	83.20	63.23

资料来源：根据山水水泥年报有关资料计算整理。

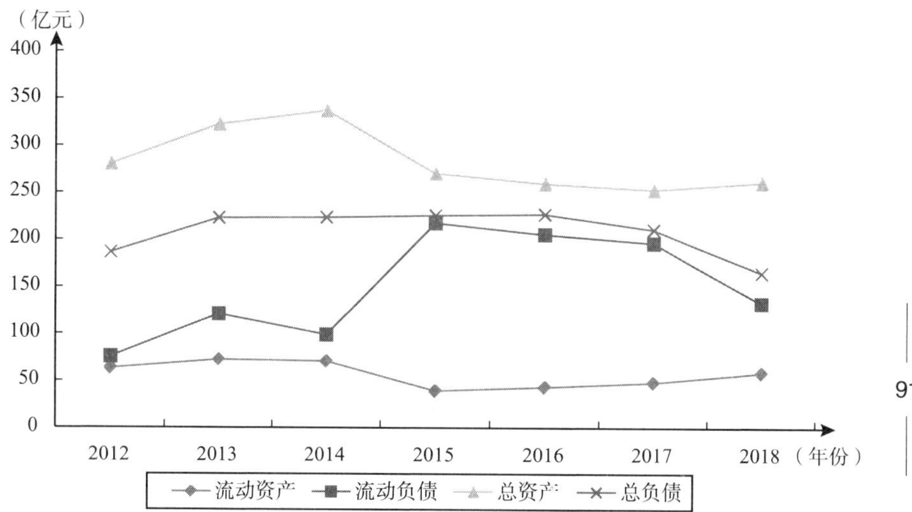

图 4－8　山水水泥资产与负债变动

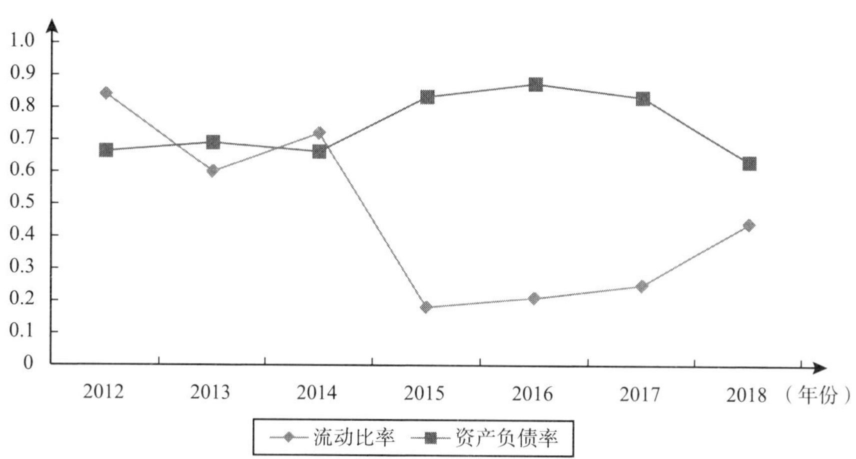

图 4－9　山水水泥流动比率与资产负债率变动

从表4－3、图4－8、图4－9中可以看出，2015年山水水泥流动资产由2014年的70.50亿元降至39.04亿元，而流动负债由98.45亿元升至217.48亿元，公司流动比率由0.72降至0.18，同时资产负债率由66.27%升至83.37%，公司财务风险骤增，并且这一现象在2016年持续，2017年起才略有好转。

山水水泥的两次控制权争夺，争夺各方均将公司债务问题作为筹码，在控制权争夺过程中，新旧董事会和管理层均没有将精力投放到山水水泥的经营管理和市场开拓上。在控制权的争夺最为激烈的2015年，山水水泥已经完全进入混乱状态，企业债务出现大面积违约。

在山水水泥首次控制权争夺过程中，张氏父子采取手段多次主动制造山水水泥债务违约。他们一方面设置相关债务条约，另一方面在公司经营中刻意违反债务条约的规定，从而将山水水泥多笔债务还款期限提前，给山水水泥经营现金流带来压力，使山水水泥财务风险大大增加，并且他们一度以债务违约为理由，申请对山水水泥清盘，引发了相关债权人的恐慌。

流动比率的下降导致公司一系列财务问题的产生，造成山水水泥资产负债率的迅速升高。由于管理层动荡和大量债务违约的发生，山水水泥信用状况和公司评级迅速下降，其结果导致了公司融资难度上升。一方面，公司预收款项大量减少，由外部流入公司的资金大比例下降，经营活动现金流严重不足；另一方面，山水水泥新任管理层为实现股票配售方案，主动降低公司估值，对山水水泥各项资产计提大额减值准备。在各种因素的共同作用下，山水水泥的财务状况因控制权争夺而迅速恶化。

第5章　信息披露质量、中小企业与融资约束

5.1　研究背景与文献述评

5.1.1　研究背景

目前我国资本市场上，企业的融资方式主要为股权融资和债务融资。而企业的债务融资主要来源于银行贷款、商业信用和企业债券这三种方式。由于我国资本市场起步较晚，我国的债券市场各方面不够成熟和完善，所以目前我国发行的企业债券比较少，从而导致债券融资在债务融资规模中的占比较低。根据中国人民银行发布的2018年4月社会融资规模数据①的调查统计如图5－1所示，截止到2018年4月，社会融资规模总存量为181.41万亿元人民币。

其中人民币贷款存量为124.96万亿元（68.88%），外币贷款存量（折合人民币）为2.48万亿元（1.37%），委托贷款存量为13.49万亿元（7.43%），信托贷款存量为8.61万亿元（4.74%），未贴现银行承兑汇票存量为4.71万亿元（2.59%），企业债券存量为19.18万亿元（10.57%），非金融企业境内股票存量为6.83万亿元（3.76%），其他社会融资存量为1.15万亿元（0.64%）。可见银行贷款在融资总量中占绝对优势，我国大部分企业还是依靠银行债务融资，一方面由于我国股

① 根据中国人民银行网站公布数据整理。

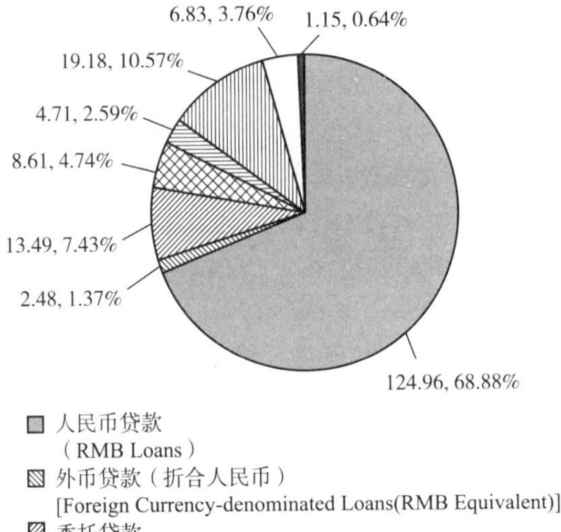

图5－1　2018年4月社会融资规模（存量）（单位：万亿元人民币）

资料来源：中国人民银行调查统计司。

权融资条件比较严格；另一方面与股权融资相比，债务融资资本成本低，并且具有一定的抵税效应。

银行贷款是我国企业融资的最主要方式，但随着交易市场的发展，商业信用这种融资方式逐渐显现出它的重要性。商业信用相对其他债务融资方式而言更容易获得，因为它几乎完全基于信任的基础就可以成立。而且商业信用这种融资方式有其独有的优势，供应商在提供商业信用时并不会对购货方进行一系列复杂的审批程序，因此购货方可以在较短的时间内获得商业信用，这样有利于购货方短期的资金周转。商业信用的提供与获得方式也相对比较灵活，在购买方遇到紧急情况时完全可以和供应商进行协商，比如可以采取延长应付款项的付款日期、给予应

付账款一定的折扣等方式。另外，供应商在提供商业信用给购买方时，也不需要购买方或者第三方提供担保，省去了部分担保费用和中介费用，有利于资金需求企业正常的生产经营，减少偿债风险，可以尽快解决资金周转问题。因此，商业信用在我国企业融资中的重要性逐渐增强，更多企业选择这种短期融资方式解决融资困境。银行贷款和商业信用构成我国债务融资的主要方式，两种方式各有优势，在企业进行长短期融资过程中都发挥着不可替代的作用，所以本章通过分别研究银行贷款和商业信用，为解决当前企业面临的债务融资约束问题提供参考。

在我国当前的资本市场中，银行等债权人和融资企业之间存在着严重的信息不对称问题，绝大部分企业获得外部借款相对困难，外部融资和内部融资不能完全替代，只能过于依赖内部资金，面临着很大程度的融资约束问题。国外学者汉达和林恩（Handa & Linn，1993）① 从代理成本的角度进行研究，发现提高公司的信息披露水平能够有效降低公司的信息不对称程度，从而可以降低外部融资的成本，在一定程度上缓解了公司的融资约束程度。由于市场的不完全有效，很多虚假信息的存在使得外部信息使用者的利益受到损害，为了规范市场，金融机构应该加大对信息发布的监督。而且上市公司在信息披露方面的违规和作假现象经常发生，2014 年深圳证券交易所对 55 家上市公司提出批评或谴责，并将处罚与处分记录记入诚信档案。所以，信息披露正逐渐成为会计或者金融领域的研究热点问题。市场对于高质量的信息披露能否作出有效的反应，建立信息披露的回报机制对于提高我国上市公司信息披露水平至关重要。

银行等债权人为了降低信贷错配比例，对上市公司的信息披露水平的重视性不断增强，对披露的信息的真实准确性也更加关注，高水平的信息披露能否减轻公司面临的债务融资约束，使企业获得银行和供应商提供的更多资金，这一作用又是否受到所有权性质、市场地位的影响？为此，本章针对上述问题逐一进行深入分析，为企业改进债务融资决策、银行和供应商进行信贷决策、外部投资者作出投资决策提供决策参考。

① Handa P.，Linn S. C.. Arbitrage Pricing with Estimation Risk. Journal of Financial and Quantitative Analysis，1993，28（1）：81－100.

5.1.2 概念界定

1. 信息披露质量

信息披露是指公众公司以招股说明书、上市公告书以及定期报告和临时报告等形式，把公司及与公司相关的信息向投资者和社会公众公开披露的行为。上市公司信息披露是公众公司向投资者和社会公众全面沟通信息的桥梁。投资者和社会公众对上市公司信息的获取，主要是通过大众媒体阅读各类临时公告和定期报告。投资者和社会公众在获取这些信息后，可以将其作为投资抉择的主要依据。

信息披露质量是衡量上市公司披露的信息是否真实可靠、是否合法合规、是否充分及时，以及披露对象之间是否公平。由此可知，信息披露质量内涵丰富，是一个综合性的概念。

本章所指的信息披露主要包括财务报告作为核心内容，同时参考上市公司审计报告意见、公司治理问题、公司的披露行为等多方面的信息。本章所指信息披露质量主要涵盖三方面的内容：（1）信息披露的时间是否及时有效；（2）信息披露的内容是否真实准确，是否完整可靠；（3）信息披露的形式是否合法合规，是否符合公平性的原则。信息披露质量是综合各种信息对上市公司整体的评价。

2. 信息披露质量衡量

信息披露质量衡量方法主要有以下三种：

（1）使用自行构建指标。自行构建的信息披露质量指标体系是指从不同的角度来衡量分析上市公司披露信息的情况，然后根据每个角度的重要程度设定权重，然后将每个指标的分数与权重相乘计算得出整体分值，用此来评价信息披露质量的高低。

（2）使用替代变量。国内外关于替代变量指标使用最多的就是用会计信息透明度来衡量信息披露质量，或者用盈余平滑度和盈余激进度反映信息透明度间接衡量信息披露水平。国外学者巴塔恰亚等（Bhattacharya et al.，2003）采用盈余激进度、盈余平滑度和规避损失程度代表信息不透明的程度，信息越不透明，表明信息披露的质量越差。国内学者在研究信息披露质量时，借鉴了巴塔恰亚等使用替代变量的研究方法。杨之曙和彭倩（2004）基于巴塔恰亚的研究，证明了盈余平滑度和盈余激进度在一定程度上能替代反映信息披露的质量，基于两者建立了指标体系用来衡量信息披露的质量。周中胜、陈汉文（2008）也借鉴了这一采用替代变量研究方法，他们采用盈余激进度和盈余平滑度的行业平均值建立一个指标衡量体系。

（3）使用权威机构评级指数。来自权威机构发布的信息披露评价指数同时也是国内外研究学者较多采用的评价指数主要包括：韦尔克（Welker，1995）、朗和伦德霍尔姆（Lang & Lundholm，1996）使用的由美国投资管理协会（AIMR）发布的评级指数；陈等（Cheng et al.，2005）在研究中以标准普尔的“透明度与信息披露评级”（T&D 指数）作为信息披露质量的衡量指标；布什曼和史密斯（Bushman and Smith，2003）使用国际财务分析和研究中心（CIFAR）发布的指数。

我国权威机构建立的比较有影响的信息披露评级指数包括：“公司信任度指数（CCI）”；公司信息披露的可信任程度基于合法性、一致性、对称性和公允性；林有志、张雅芬（2007）提出对信息透明程度评价的“信息披露评鉴系统”以及由深圳证券交易所发布的上市公司的信息披露的考评结果。

2001 年开始，我国深圳证券交易所开始实施对上市公司的信息披露考评，每年进行一次。上市公司信息披露工作考核采用公司自评与深交所考评相结合的方式，并将结果根据上市公司信息披露质量从高到低划分为 A、B、C、D 四个等级，然后深交所将考评结果记入“诚信档案”，并向社会公开。到现在，深交所对上市公司信息披露的考评进行了近 20 年，考评方法和考评形式不断地改进和丰富，原来对上市公司的信息披露质量的考评仅从准确性、完整性、合法合规性和及时性这四个方面进行，后来增加到对包括公平性和真实性在内共六个方面进行考评，并且结合当年深交所发生的特殊情况和一定的奖惩情况，综合全面的考核上市公司的信息披露的质量，使得信息使用者全面真实地了解公司的生产经营状况和财务状况，从而作出科学合理的决策。①

以上三种信息质量衡量方法中，自行构建的信息披露指标体系应用

① 《深圳证券交易所上市公司信息披露工作考核办法（2013 年修订）》。

范围较狭窄，因为它带有较强的主观性和针对性，只局限于作者自身研究的问题。使用替代变量指标衡量，只能揭示信息披露质量的某个或某些方面，不能从整体上对信息披露的质量进行较全面的衡量。权威机构信息披露质量评级指数因为具有较强的可靠性和普遍性，并且数据也较容易获取，成本较低，现在使用比较广泛。

本章采用深交所发布的上市公司信息披露质量考评结果作为研究信息质量的衡量指标。其原因：第一，权威性机构。深圳证券交易所是我国权威的独立的机构，对上市公司信息质量的考评较为真实可靠，具有公正性。第二，涵盖信息广。深圳证券交易所采用的信息从内容上讲包括了财务信息和非财务信息，从披露形式上讲包括了企业自愿披露的信息和强制披露的信息，同时还涵盖了信息的数量和质量。第三，符合信息的要求。深交所从准确性、及时性、完整性、真实性、公平性以及合法合规性六个方面对上市公司披露的信息质量进行总和分析，较为全面地揭示了公司信息质量的优劣。本章对信息披露质量的界定是综合各种信息对公司整体的评价，主要涵盖三方面内容：（1）信息披露的时间是否及时有效；（2）信息披露的内容是否真实准确，是否完整可靠；（3）信息披露的形式是否合法合规，是否符合公平性的原则。

3. 银行贷款融资

银行贷款是指银行通过某种方式为企业提供的借款，是企业在融资活动中使用较为普遍的融资方式，它可以是短期的融资，也可以中长期的融资。银行贷款是企业获得资金的主要渠道，在企业的资产负债表中主要是以借款（短期借款和长期借款）项目表示。银行贷款融资是指资金需求方为了满足生产经营或扩大投资规模的需要，与银行达成协议，通过签订契约等形式介入一定数额的资金，并在约定的期限内偿还本金和利息的融资方式。

4. 商业信用融资

商业信用是在企业经营活动和商品交易中由于延期付款或预收账款，供求双方所形成的一种信贷关系，是基于购销双方信用基础而形成的契约关系。商业信用融资则是企业之间买卖商品时，以商品形式提供商业信用而形成的一种借贷关系，这种关系的形成可为资金需求方提供资金来源，而对资金提供方讲则是一项投资活动。随着市场经济的发展和完善，人们逐渐将商业信用看作是企业的一种融资方式。

5.1.3 文献综述

1. 国外研究综述

国外关于信息披露和债务融资的研究主要围绕债券融资和银行借款融资展开的，由于国外资本市场比较完善，债券市场发展较为成熟，对债务融资的研究相对深入。迈尔斯和梅吉拉夫（Myers & Majluf, 1984）[①] 最早采用均衡模型证明了信息披露质量的提高可以缓解债权人和债务人之间的信息不对称问题，开创了信息披露和资本成本的研究先河，为降低企业的外部融资成本提供了借鉴。

森古普塔（Sengupta，1998）[②] 通过研究发现公司的信息披露质量提高时，更容易获得债务融资，而且信息披露水平和债务融资成本成反比，即较高的信息披露质量的公司可以获得较低成本的债务融资。而且他还认为信息披露现状是债权人和做市商在评估企业或者投资项目时考虑的重要因素之一，如果公司的信息披露质量较高，就可以向债权人和做市商传达积极的信号，说明公司自身资产负债状况、经营状况良好，因此可以降低投资者对项目的风险预估，所需要的成本也较低。

希利（Healy，1999）[③] 从融资成本角度进行研究，发现信息披露质量和信息不对称程度呈负相关关系，信息不对称程度降低也会使融资企业在融资时受到的约束条件减少，从而使融资产生的费用降低。巴塔恰亚等（Bhattacharya et al.，2003）[④] 同样研究了信息披露水平和债务融资成本之间的关系（结论和希利一样），认为信息披露水平都是通过缓

① Myers S. C.，Majluf N. S.. Corporate Financing and Investment Decisions when Firms Have Information that Investors do not Have. Journal of Financial Economics，1984，13（2）：187-221.

② Sengupta P.. Corporate Disclosure Quality and the Cost of Lev. Accounting Review，1998，73（4）：459-474.

③ Healy P. M.，Hutton A. P.，Palepu K. G.. Stock Performance and Intermediation Changes Surrounding in Cretases in Disclosure，Contemporary Accounting Research，1999，16（3）：485-520.

④ Bhattacharya U.，Daouk H，Welker W.. The World Price of Earnings Opacity. The Accounting Review，2003，78（2）：641-678.

解信息不对称机制对融资成本产生负影响的。

马祖达尔和森古普塔（Mazumdar & Sengupta，2005）[①] 指出信息披露质量对银行借款成本有一定影响，研究发现企业提高自身的信息披露水平，就可以在向银行贷款时获得更多的优惠政策，一方面可以获得更多贷款数量，另一方面可以降低贷款成本。因此信息披露质量不仅对债券成本有重要影响，对银行债务融资成本的影响也不可忽视。

弗朗西斯等（Francis et al.，2005）[②] 认为公司的盈余质量高时会计政策较为稳健，向外部市场传达的信息是积极的，从而进行债务融资时需要的成本也相对较低。

格雷汉姆等（Graham et al.，2008）[③] 通过对比样本企业在进行财务报表重述之前和之后的差异发现，在上市公司重述财务报表之前的债务融资成本会低于重述财务报表之后的成本。可能是因为如果公司进行了财务报表重述，银行等债权人会认为公司的信息披露出现了问题，所以对其的贷款契约条件更加严格。这时银行可能会通过提高贷款利率、缩短借款期限等措施来防范信息风险。可见上市公司的信息披露水平对银行作出信贷决策具有重要作用。

巴拉斯等（Bharath et al.，2008）[④] 认为在不同的债务市场上，公司的会计信息质量水平不同对债务契约的影响也不同。他们主要从债券市场和银行信贷市场两个方面进行研究，发现债券市场上债权人仅对较低信息质量的公司价格或利率要求较高；而在银行信贷市场上，如果公司的会计信息质量较低，银行不仅对公司的价格、利率给予更多限制，在贷款时间、抵押品等方面都会提出较高的要求。

加西亚·特鲁埃尔等（Garcia-Teruel et al.，2010）[⑤] 从一个新的角度研究了披露信息和企业债务之间的关系，采用借款时间的长短衡量债

---

① Mazumdar S. C.，Sengupta P.. Disclosure and the Loan Spread on Private Lev. Financial Analyst Journal，2005（3）：83－96.

② Francis J.，Lafond R.，Olsson P.，etc.. The Market Pricing of Accrual Quality Forthcoming. Journal of Accounting and Economics，2005（39）：295－327.

③ Graham J.，Li S.，Qiu J. P.. Corporate Misreporting and Bank Loan Contracting. Journal of Financial Economics，2008（89）：44－61.

④ Bharath S. T.，Sunder J.，Sunder S. V.. Accounting Quality and Lev Contracting. The Accounting Review，2008，83（1）：1－28.

⑤ Garcia－Teruel P. J.，Martinez－Solano P.，Sanchez－Ballesta J. P.. Accruals Quality and Lev Maturity Structure. Abacus，2010，46（2）：188－210.

务的质量，研究认为会计信息在融资企业进行银行借款时发挥重要作用，当企业的会计信息质量较高时，银行给予的借款期限就会较长，相反那些财务信息质量较差的公司不能得到银行更好的信任，所得到的借款期限就会较短。

2. 国内研究综述

胡奕明等（2005）[①] 通过实证研究审计意见、信息披露和借款利率的关系，结果发现信息披露质量和借款利率之间并没有直接的关联。但是审计意见和贷款利率有着负相关关系，而且加入信息透明度和审计意见的交互项后，结果显示信息透明度的提高会弱化审计意见和贷款利率之间的关系，间接说明了企业提高信息披露质量的重要性。

于富生、张敏（2007）[②] 在早期对信息披露质量和债务融资成本之间的关系进行研究，然后加入市场风险变量，将样本公司按照市场风险的不同分为两组进一步研究它们之间的关系。通过一系列控制变量进行控制后，回归结果显示信息披露质量和债务融资成本是显著的负相关关系，并且市场风险越大，负相关关系越显著。因此，上市公司要重视自身的信息披露水平，特别是当面临的市场风险较大时，这样才能提高自身的竞争力，抵御市场各方面的压力，缓解融资约束问题。

张纯、吕伟（2007）[③] 采用现金—现金流敏感度衡量企业面临的融资约束，研究了信息披露、市场关注程度对融资约束的影响，通过建立多元回归模型检验它们之间的关系。结果表明提高信息披露水平能够对降低企业面对的融资约束程度产生直接的影响，市场关注程度会对这个影响发挥作用。

陆正飞等（2008）[④] 对债务融资和会计信息之间关系的研究作出了贡献，引入盈余管理行为，分析新增银行借款和会计信息之间的关系。

---

① 胡奕明、谢诗蕾：《银行监督效应与贷款定价——来自上市公司的一项经验研究》，载于《管理世界》2005年第5期，第27~36页。

② 于富生、张敏：《信息披露质量与债务成本——来自中国证券市场的经验证据》，载于《审计与经济研究》2007年第9期，第93~96页。

③ 张纯、吕伟：《信息披露、市场关注与融资约束》，载于《会计研究》2007年第11期，第32~38页。

④ 陆正飞、祝继高、孙便霞：《盈余管理、会计信息与银行债务契约》，载于《管理世界》2008年第3期，第152~158页。

他们认为会计信息的特征和企业的银行债务之间并没有直接的相关性，在盈余管理行为不同时也是如此，与之前的研究结果有所差异。

徐玉德、洪金明（2010）[①] 研究了信息披露质量对银行借款融资的影响，并将股权性质和市场化程度两个宏观因素进行量化。将新增的银行借款数量作为因变量，将深交所对上市公司的信息披露评级量化作为自变量，通过回归检验，结果发现信息披露质量提高有助于上市公司获得更多的银行借款，缓解企业面临的一系列融资约束问题。而且这种影响在非国有上市公司之间和市场化水平较低的地区表现更明显。

彭一浩（2010）[②] 对信息披露质量和信用借款之间的关系进行研究。他将深交所对上市公司信息披露考评为 A 和 B 的结果设为 1，将考评结果为 C 和 D 的设为 0，1 代表信息透明度高，0 代表信息透明度低，将这个 0 ~ 1 虚拟变量与信用借款变量进行回归，结果表明会计信息透明度和所获得的信用借款数量呈正相关关系，提出了信息披露水平对融资企业的重要性。

李志军、王善平（2011）[③] 从宏观层面和微观角度探讨了上市公司信息披露水平和债务融资之间的关系。他们对于债务融资的衡量使用银行贷款与营业收入的比率这一相对指标，同样使用深交所的信息披露考评结果作为自变量，通过多元回归检验了两者之间的关系，并提出货币政策对它们的影响。最终研究发现，当中央银行采取紧缩政策时，信息披露水平和融资比率之间的关系更加显著。而且企业的融资需求和债务融资比率之间也有正相关关系，与融资成本之间有负相关关系。因此提高信息披露质量，可以使银行对其信用评价更高，对于中央银行采取的宏观政策也有一定的抵御作用。

宋淑琴（2013）[④] 通过对银行贷款和债券进行对比分析发现，债券的治理效应强于银行贷款。而且她从信息不对称的角度考察了信息披露质量对两种治理效应的影响，发现信息披露质量只对债券治理效应有显

① 徐玉德、洪金明：《制度环境、信息披露质量与银行债务融资约束》，中国会计学会高等工科院校分会学术年论文，2010 年。

② 彭一浩：《信用贷款、制度环境与会计信息质量》，复旦大学博士学位论文，2010 年。

③ 李志军、王善平：《货币政策、信息披露质量与公司债务融资》，载于《会计研究》2011 年第 10 期，第 56 ~ 62 页。

④ 宋淑琴：《信息披露质量与债务治理效应——基于银行贷款和债券的对比分析》，载于《财经问题研究》2013 年第 3 期，第 58 ~ 64 页。

著的作用，并且信息披露水平越高，公司的价值越大，从企业绩效方面提出了提高信息披露水平的重要性。

张肖飞等（2015）[①] 从投资者保护的角度提出会计信息披露的必要性。当前我国市场秩序不稳定，资源配置效率较低，研究认为增加披露的会计信息的数量不仅可以减少融资费用，而且可以保护投资者的利益，对于稳定市场发展也有一定的功效。

3. 文献述评

国外对于信息披露质量与债务融资关系的研究主要围绕债务融资成本、债务融资期限、债务契约条件等方面，使用方法不同，结果也不同。大部分研究发现信息披露水平和债务融资成本之间是负相关的关系，也有研究发现两者之间没有关系。总体而言，信息披露质量的提高，有利于融资企业降低债务融资成本、延长债务融资期限、减少债务契约条件。由于国外债券市场的发达，很多学者对于债务的研究都是基于对债券融资的分析。但是我国债券融资起步较晚，再加上资本市场的不完善，债券融资方式在企业中的应用比较少，因此，我国主要是针对银行债务融资进行研究。国内对于信息披露质量和债务融资之间关系的研究，主要是从银行借款成本、银行借款期限等方面，发现信息披露水平提高对于借款成本的降低和借款期限的延长都有积极的影响。也有少部分学者提出了银行借款规模或者数量这一变量，但研究甚少，更忽视了信息披露质量对商业信用这种债务融资来源的影响。还有部分国内学者提出市场环境、货币政策等宏观因素对信息披露质量和债务融资关系的影响，但忽略了一些其他的影响因素。

当前，中小企业面临的融资约束问题是世界性普遍难题，是导致其生命周期短、破产成本高的主要原因。在我国，发展面向中小企业融资的资本市场，使用权益融资实际上只能解决已经上市的科技型中小企业的部分融资问题，而大多数劳动密集型中小企业只能选择向银行等金融机构或民间贷款。因此，债务融资就成为现阶段缓解大多数中小企业融资问题的主要途径。

但是银行等利益相关者并不直接参与企业的经营管理，只能通过信

① 张肖飞、刘伏玲、胡尔纲：《会计信息透明度与债务成本关系研究》，载于《会计之友》2015年第15期，第38～44页。

息披露这座桥梁降低信息不对称的程度。汉达等（Handa et al.，1993）、克姆（Kim，1994）、弗朗西斯（Francis，2005）认为公司提高信息披露质量能够有效降低与利益相关者之间的信息不对称程度并减少代理成本，从而可以降低公司的融资成本。不过目前我国上市公司的信息披露动机主要来自监管机构的强制性要求以及外部压力，很少自愿披露信息。如果能够证明较高质量的信息披露可以帮助企业获得更多的贷款，缓解企业债务融资约束，那么，中小企业会更有动力提高自身信息披露质量，这不仅有利于企业自身的健康发展，也有利于提高资本市场效率（刘运国等，2010；陆正飞等，2008）。

银行贷款和商业信用是我国中小企业债务融资的主要来源。本章在借鉴相关研究成果的基础上，检验了中小企业信息披露质量对银行债务融资和商业信用债务融资的影响，并引入市场风险因素，具体考察了不同信息披露水平下中小企业债务融资约束程度的差异。其研究结果可以为缓解中小企业融资约束提供证据，同时也有助于银行降低风险，为监管部门加强信息披露监管提供证据。

5.2 研究设计

5.2.1 研究假设

通常而言，商业银行为了保证自身资金的安全性，降低信贷风险，在提供贷款资金之前需要对客户的财务状况、生产运营情况、偿还贷款能力等进行综合考察，对客户进行授信评估。上市公司披露的财务及非财务信息则是银行授信过程中的重要依据之一，财务状况越好、获利能力越强、信用水平越高的企业，获得银行借款相对更加容易。但是由于在我国企业不愿意披露更多的信息或者披露的信息不真实，从而导致银企之间严重的信息不对称。

戴蒙德等（Diamond et al.，1991）[①] 在很早就提出了提高公司信息

① Diamond D W. Debt Maturity Structure and Liquidity Risk. The Quarterly Journal of Economic，1991，106（3）：709－737.

披露质量水平有助于信息不对称程度的降低。森普古塔（1998）[①] 的研究也表明增强信息透明度有利于降低企业借款成本。国内，张纯和吕伟(2007)[②] 对深市公司的信息披露质量进行了研究，发现信息披露可以降低企业与银行之间的信息不对称程度。李志军与王善平（2011）[③] 也认为，较高的信息披露质量有利于增强企业获得银行贷款的资信度，降低企业的债务融资成本。由此可见，信息不对称是影响银行贷款决策的重要因素之一，在其他条件相同的情况下，银行更愿意将贷款提供给信息披露质量水平较高的企业。相反，信息透明度低的企业获得银行借款的难度可能会加大，或者需要付出更高的贷款成本。基于此，本章提出第一个假设：

假设1：提高信息披露水平有利于降低中小企业的银行债务融资约束程度，即信息披露质量越高，中小企业获得的银行贷款越多。

供应商和客户之间的信息对称也是建立商业信用合作关系的关键因素之一。在企业和供应商的交易活动中，无论是正常的买卖关系，还是把商业信用作为一种融资方式，供应商都希望得到购货方稳健可靠的财务报告，从而更准确地把握该企业的财务状况和偿债情况。[④] 供应商关注购货方财务报告的时候，购货方信息披露质量高，供应商看到的有关偿债能力的信息就多而且可靠，这样就会减少他们之间的信息不对称，增加供应商对于购货方的信任，供应商将会提供更高额度的商业信用给购买方。梁怡爽（2013）[⑤] 发现在几个客户存在同样融资需求的情形下，供应商更可能优先将更多的信用款项以更大的折扣提供给信息透明度较高的公司。齐琪（2013）[⑥] 也认为企业信息披露质量越高，供应商越倾向于采用成本较低的商业信用模式。因此可以预期，供应商均更加信任信息披露质量较高的购货方，倾向于选择信息披露质量较高的中小企业。基于此，本章提出第二个假设：

---

① Sengupta P. Corporate Disclosure Quality and the Cost of Debt. The Accounting Review, 1998, 73（4）：459－474.

② 张纯、吕伟：《信息披露、市场关注与融资约束》，载于《会计研究》2007年第11期，第32～38页。

③ 李志军、王善平：《货币政策、信息披露质量与公司债务融资》，载于《会计研究》2011年第10期，第56～62页。

④ 陈英梅、邓同钰、张彩虹：《企业信息披露、外部市场环境与商业信用》，载于《会计与经济研究》2014年第6期，第16～26页。

⑤ 梁怡爽：《审计师选择与商业信用融资成本》，西南财经大学硕士学位论文，2013年。

⑥ 齐琪：《信息披露质量与商业信用的关系研究》，新疆财经大学硕士学位论文，2013年。

假设 2：较高质量的信息披露有助于缓解中小企业商业信用融资约束，即信息披露质量越高，中小企业获得供应商提供的商业信用越多。

德梅戈·肯特等（Demirguc-Kunt et al.，1998）[①] 和克莱森斯等（Claessens et al.，2003）[②] 在早期发现，发达的区域金融发展水平和稳定的市场环境不仅能为企业提供充足的外部资金，而且能够确保投资者获得企业投融资决策的信息，从而使企业更加容易获得外部资金和市场资源，并促进企业成长。魏志华等（2014）[③] 的研究也发现融资约束公司在金融生态环境较好的地区可以获得更多的银行贷款和商业信用。市场环境是金融环境的重要组成部分，市场环境稳定，企业面临的市场风险较小，相反企业将会面临较大的市场风险。一般来说，由于企业自身因素及区域经济发展水平不同，不同企业面临着不同的市场风险，当企业面临的市场风险较大时，债权人对企业盈利及发展判断的不确定性更高，将会更加依赖企业披露的信息评估企业的好坏，然后作出贷款决策，从而对企业的债务融资产生一定的影响。于富生和张敏（2007）[④] 以深市 2002 ~ 2003 年的 305 家 A 股上市公司为研究样本，发现在控制了相关变量后，债务成本与信息披露质量之间存在显著的负相关关系，并且这一结果是稳健的；而且企业市场风险越大，信息披露质量对债务成本的影响程度越大。基于此，本章提出第三个假设：

假设 3：中小企业面临的市场风险越高，信息披露质量对银行债务和商业信用融资约束的影响程度越大。

5.2.2 变量选择与定义

被解释变量参考徐玉德、[⑤] 魏志华等模型中变量的选择，用 Loan 代

---

① Demirguc-Kunt A, Maksimovic V. Law, Finance and Firm Growth. Journal of Finance, 1998, 53 (6): 2107 - 2137.

② Claessens S, Laeven L. Financial Development, Property Rights, and Growth. Journal of Finance, 2003, 58 (6): 2401 - 2436.

③ 魏志华、曾爱民、李博：《金融生态环境与企业融资约束——基于中国上市公司的实证研究》，载于《会计研究》2014 年第 5 期，第 73 ~ 80 页。

④ 于富生、张敏：《信息披露质量与债务成本——来自中国证券市场的经验证据》，载于《审计与经济研究》2007 年第 5 期，第 93 ~ 96 页。

⑤ 徐玉德、李挺伟、洪金明：《制度环境、信息披露质量与银行债务融资约束——来自深市 A 股上市公司的经验证据》，载于《财贸经济》2011 年第 5 期，第 51 ~ 57 页。

表银行贷款水平，衡量中小企业银行债务融资约束程度，用TC代表商业信用水平，衡量中小企业商业信用融资约束程度。Loan指标越高，表示中小企业受到的银行债务融资约束程度越低；TC指标越高，表示中小企业受到的商业信用融资约束程度越低。

解释变量Quality代表中小企业信息披露质量水平，该变量主要以深圳证券交易所公布的上市公司信息披露工作考核结果为基础，深圳交易所对上市公司的考核分为A、B、C、D四个等级，表示信息披露质量由高到低。Risk代表中小企业面临的市场风险，本章使用样本公司的日市场回报率的标准差作为市场风险的替代变量，因为市场回报率的标准差越大，说明风险越大。

控制变量包括公司规模、负债水平、盈利能力、公司成长性、债务期限结构等。本章全部变量的名称及具体定义如表5-1所示。

表5-1　　变量名称及变量定义

变量类型	变量名称	变量符号	变量定义
被解释变量	银行贷款水平	Loan	期末和期初的银行借款（短期借款+长期借款+一年内到期的长期借款）差额除以期初总资产
	商业信用水平	TC	期末和期初的信用借款（应付账款+应付票据+预收账款）差额除以期初营业收入
解释变量	信息披露质量	Quality	A、B、C、D四个等级分别定义为4、3、2、1
	市场风险	Risk	公司当年的日市场回报率的标准差
控制变量	公司规模	Size	总资产的自然对数
	负债水平	Debt	总负债除以总资产
	盈利能力	Roa	净利润除以总资产
	公司成长性	Growth	当年和上年的营业收入差额除以上年的营业收入
	债务期限结构	DSTR	长期借款占总借款的比重
	年度变量	YEAR	年度的虚拟变量
	行业变量	IND	行业的虚拟变量

5.2.3　模型构建

本章对于信息披露质量与银行债务融资约束和商业信用融资约束之间的关系分别建立模型一和模型二进行检验。

模型一：

$$Loan = \alpha + \beta_1 Quality + \beta_2 Size + \beta_3 Debt + \beta_4 Roa + \beta_5 Growth + \beta_6 DSTR + \beta_7 Audit + IND + YEAR + \varepsilon$$

模型二：

$$TC = \alpha + \beta_1 Quality + \beta_2 Size + \beta_3 Debt + \beta_4 Roa + \beta_5 Growth + \beta_6 DSTR + \beta_7 Audit + IND + YEAR + \varepsilon$$

其中，α 为常数项，β_1 到 β_7 为待估计参数，IND 和 YEAR 分别代表年度和行业虚拟变量，ε 为随机扰动项。

对于市场风险的影响，并没有将 Risk 变量直接加入模型中进行检验，而是按照中小企业面临的市场风险程度高低将总样本进行分组，使用相应子样本进行检验。

5.2.4 样本选取与数据来源

本章选取 2011 ~2014 年深市中小企业板上市公司为初始研究样本。为了保证数据的有效性，尽量清除异常样本对研究结论的影响，对初始样本按以下原则进行筛选：（1）剔除金融行业的上市公司；（2）剔除被 ST、*ST 的公司；（3）剔除数据不全和信息披露不详的公司；（4）对存在异常值公司的相关变量进行了上下 1% 的缩尾调整。最后将上一年的信息披露质量和本年的相关财务数据进行配对，最终得到深市中小企业板上市公司 2011 年 360 家，2012 年 413 家，2013 年 444 家，2014 年 509 家，总计 1726 个样本观测值。运用 Excel 和 SPSS 19.0 进行数据处理和统计分析。本章的财务数据来自 CSMAR 数据库，信息披露质量的评级来自深圳交易所网站。

5.3 实 证 检 验

5.3.1 描述性统计

1. 信息披露质量的描述性统计

为了更直观地反映中小企业上市公司的信息披露情况，本章首先对2011~2014年选取的样本公司信息披露质量进行描述性统计（见表5-2）。

表5-2 信息披露质量的描述性统计

年份	优秀（A）		良好（B）		及格（C）		不及格（D）		合计
	样本数	比例（%）	样本数	比例（%）	样本数	比例（%）	样本数	比例（%）	
2011	41	11.39	269	74.72	49	13.61	1	0.28	360
2012	58	14.04	329	79.66	26	6.30	0	0.00	413
2013	59	13.29	332	74.77	50	11.26	3	0.68	444
2014	58	11.39	395	77.60	54	10.61	2	0.39	509
合计	216		1325		179		6		1726

《深圳证券交易所上市公司信息披露工作考核办法》规定对上市公司信息披露从真实性、准确性、完整性、及时性、合法合规性和公平性六个方面进行考核，并结合考核期内披露的财务数据是否达到经营和盈利的要求，将上市公司信息披露质量从高到低划分为A、B、C、D四个等级。①

根据《深交所上市公司信息披露工作考核办法》，由表5-2可知，深交所2011~2014每年信息披露质量较好（A和B）的中小企业数量分别为310个、387个、391个、453个，总共1541个，占样本总数的89.28%。其中每年获得A评级的中小企业数量分别为41个、58个、59个、58个，分别占当年样本合计数的11.39%、14.04%、13.29%、11.39%，绝对数呈上升趋势，相对数呈倒“V”型趋势，其可能的原因是新修订的考核办法中获得A评级的条件更加严格从而导致获得A评级的公司相对减少；每年获得B评级的中小企业数量分别为269个、329个、332个、395个，分别占当年样本总数的74.72%、79.66%、74.77%、77.60%，绝对数呈上升趋势，相对数比较稳定。而2011~2014每年信息披露质量较差（C和D）的中小企业数量分别为50个、26个、53个、56个，总共185个，占样本总数的10.72%。其中每年获得C评级的中小企业数量分别为49个、26个、50个、54个，分别

① 资料来源：《深圳证券交易所上市公司信息披露工作考核办法（2013年修订）》。

占当年样本合计数的13.61%、6.30%、11.26%、10.61%，由于新修订的考核中评为C级的情形增加，所以获得C评级的公司数量也相应增多；获得D评级的中小企业共有6个，仅占到样本总数的0.35%。随着信息披露工作考核办法逐步完善，考评条件会更加严格，从而中小企业的信息披露质量也将逐步提高。

2. 其他变量的描述性统计

本章采用SPSS 19.0对选取的其他主要变量的平均值、中位数、标准差、最大（小）值进行描述性统计，以期更好地考察变量的分布情况。具体结果如表5-3所示。

表5-3　相关变量的描述性统计分析

变量	均值	中位数	标准差	最小值	最大值
Loan	0.059	0.032	0.262	-0.461	8.664
TC	0.078	0.036	0.363	-1.711	8.240
Size	21.476	21.379	0.783	19.243	25.059
Debt	0.415	0.398	0.186	0.026	2.394
Roa	0.035	0.037	0.082	-2.555	0.260
Growth	0.205	0.133	0.611	-0.720	12.869
DSTR	0.141	0.000	0.227	0.000	1.000
Risk	0.000701	0.000664	0.000272	0.000214	0.004927

从表5-3统计数据可以看出，中小企业总体银行贷款的增加是期初总资产的5.9%，总体商业信用的增加是期初营业收入的7.8%，而且各企业间总体债务的增加均相差较大，说明中小企业在获得融资的数量方面存在很大差异。公司规模的均值为21.476，最大值为25.095，最小值为19.243，标准差为0.783，中小企业之间的规模还存在一定的差异。资产负债率的均值为0.415，小于0.5，但最大值达到2.394，这表明中小企业的负债水平相对较低，企业融资能力与其需求存在一定的差距，少部分企业仍存在较高的财务风险。资产收益率的均值为0.035，最小值为-2.555，最大值为0.260，说明中小企业在盈利能力方面存在很大差异。债务期限结构的均值为0.141，总体期末长期借款

占总借款的14.1%，比例较低，这意味着中小企业获得长期借款的难度较大。公司日市场回报率标准差的均值为0.000701，最小值为0.000214，最大值为0.004927，各中小企业间面临的市场风险存在一定的差异，市场环境不稳定。

5.3.2 相关性检验

为了检验各个主要变量之间的相关性关系，本章对主要的变量进行Pearson相关性检验，各变量之间的相关系数如表5-4所示。

表5-4 变量间的相关性分析

变量	Quality	Loan	TC	Debt	Roa	Growth	Size	DSTR	Risk
Quality	1								
Loan	0.080 ***	1							
TC	0.078 ***	0.537 ***	1						
Debt	-0.041	0.112 ***	0.115 ***	1					
Roa	0.232 ***	0.048 **	0.047 *	-0.413 ***	1				
Growth	0.070 ***	0.578 ***	0.803 ***	0.068 ***	0.128 ***	1			
Size	0.189 ***	-0.071 ***	-0.034	0.436 ***	-0.002	-0.057 **	1		
DSTR	0.065 ***	0.067 ***	0.017	0.097 ***	0.046 *	0.014	0.197 ***	1	
Risk	-0.115 ***	-0.001	0.045 *	-0.006	-0.035	0.046 *	-0.163 ***	-0.057 **	1

注：*** 表示在1%水平上显著，** 表示在5%水平上显著，* 表示在10%水平上显著。

从表5-4相关系数结果可知，中小企业信息披露质量与银行贷款水平和商业信用水平均呈显著正相关关系，表明提高信息披露质量有助于缓解中小企业的银行债务和商业信用融资约束，初步检验了假设1和假设2。Roa、Growth、Size、DSTR和Quality显著正相关，表明信息披露质量越高的中小企业盈利能力越好、成长性越高、规模越大、债务期限结构越好。Debt和Loan、TC显著正相关，表明中小企业财务风险水平高的主要原因在于获得大量的外部借款。Size和Loan显著负相关，表明规模越大的企业对银行借款的依赖程度越低。此外，Debt与Roa显著负相关，说明负债水平越高的中小企业盈利能力越差，可能的原因是受市场竞争等因素影响，中小企业盈利水平偏低且不稳定，但同时还需要向债权人定期支付固定利息；Growth 与 Debt、Roa 显著正相关，意味着处于高成长性下的中小企业需要借款越多、盈利能力也越好。尽管变量间的显著性水平较高，但自变量间的相关系数绝大多数不高于 0.4，表明本章采用的模型不存在严重的多重共线性。

5.3.3 回归分析

1. 信息披露质量和银行贷款融资约束

利用回归模型一来检验假设 1，表 5－5 报告了对假设 1 检验的结果。

表 5－5　　假设 1 的检验结果

	回归系数	T 值
（常量）	0.678	4.378***
Quality	0.033	3.014***
Size	－0.040	－5.171***
Debt	0.179	5.159***
Roa	0.038	0.520
Growth	0.238	27.817***
DSTR	0.076	3.318***
YEAR	控制	
IND	控制	
观测值	1726	
调整 R^2	0.351	
F 统计量	156.580***	

注：*** 表示在 1% 水平上显著，** 表示在 5% 水平上显著，* 表示在 10% 水平上显著。

在控制相关变量的前提下，信息披露质量和银行贷款水平呈正相关关系，回归系数为 0.033，并且在 1% 的统计水平上显著。回归结果与假设 1 一致，即中小企业的信息披露质量越高，获得的银行贷款越多，受到的银行债务融资约束程度越低。

从相关控制变量的回归结果来看，公司规模对银行贷款水平的回归系数显著为负，其原因可能是规模大的企业融资渠道宽泛，从而对银行借款的依赖程度较低。资产负债率对银行贷款水平的回归系数显著为正，说明中小企业较高的资产负债率主要是银行借款的增加所致。公司成长性的回归系数为0.238，对新增的银行借款具有显著的正向影响，这表明处于高成长下的中小企业在各方面拥有更多的投资机会，资金需求比较大，从而需要较多的银行债务融资。债务期限结构对银行贷款水平的影响也是正向的，说明债务期限结构合理的中小企业更容易获得银行借款。而资产报酬率对银行贷款水平的回归系数没有通过显著性检验，其对企业进行银行债务融资的影响并不突出。

2. 信息披露质量和商业信用融资约束

利用回归模型二来检验假设2，表5-6报告了对假设2检验的结果。

表5-6　　假设2的检验结果

	回归系数	T值
（常量）	0.056	0.355
Quality	0.027	2.491 **
Size	-0.009	-1.165
Debt	0.104	2.950 ***
Roa	-0.188	-2.537 **
Growth	0.475	54.625 ***
DSTR	0.007	0.281
YEAR	控制	
IND	控制	
观测值	1726	
调整 R^2	0.650	
F统计量	534.831 ***	

注：*** 表示在1%水平上显著，** 表示在5%水平上显著，* 表示在10%水平上显著。

在商业信用融资约束的回归中，TC的回归系数显著为正，回归系数为0.027。这一回归结果表明：信息披露质量和中小企业商业信用水平显著正相关，即较高的信息披露质量有利于中小企业获得更多的商业信用，假设2得证。

分析相关控制变量的回归结果：资产报酬率对商业信用水平的回归系数显著为负，表明盈利能力高的中小企业对商业信用的依赖程度较低，还债压力也更小。企业成长性和资产负债率对商业信用水平的回归系数均显著为正，与假设1的回归结果类似，处于高成长性下的中小企业面临的各方面机会多，资金需求较大，需要的商业信用融资相对会增加，但较多的商业信用融资也会导致较高的负债水平。公司规模和债务期限结构的回归系数分别为－0.009和0.007，均没有通过显著性水平检验，表明二者对商业信用融资几乎没有影响。

3. 不同市场风险下的信息披露质量和债务融资约束

为了检验假设3，本章选取了另一个解释变量Risk代表企业面临的市场风险，用公司当年的日市场回报率的标准差表示。本章以该标准差的中位数为界限采用两分法，将样本数据分为市场风险大小两组，用模型一和模型二分别检验信息披露质量对银行债务融资约束和商业信用融资约束的影响程度。

本章首先计算出样本数据的日市场回报率的标准差的中位数为0.000666，然后采用二分法将样本数据分成两组，市场风险较低组的样本公司日市场回报率标准差≤0.000666，共有863个；市场风险较高组的样本公司日市场回报率标准差>0.000666，共有863个。最终得出对假设3的检验结果如表5－7所示。在市场风险较低组，信息披露质量与Loan没有显著性关系，与TC在10%的水平上显著为正；在市场风险较高组，信息披露质量与Loan在1%的水平上显著为正，与市场风险较低组相比有所增强，与TC在5%的水平上显著为正。其可能的原因是：当企业面临的市场风险相对较小时，说明所处的市场环境相对稳定，银行和供应商等债权人对于贷款的条件限制就会比较宽松，从而中小企业获得融资时受到信息披露质量的影响程度也较小。当企业面临的市场风险相对较大时，结果相反。上述回归结果支持了假设3，即中小企业面临的市场风险越大，信息披露质量对银行债务和商业信用融资约束的影响程度越大。

表5－7 假设3的检验结果

	市场风险较低组					市场风险较高组			
	模型一		模型二			模型一		模型二	
	回归系数	T值	回归系数	T值		回归系数	T值	回归系数	T值
（常量）	0.747	3.489***	0.041	0.216	（常量）	0.446	2.343**	0.013	0.051
Quality	0.019	1.335	0.024	1.879*	Quality	0.045	3.442***	0.044	2.513**
Size	－0.041	－3.983***	－0.020	－0.679	Size	－0.030	－3.172***	－0.010	－0.822
Debt	0.135	2.886***	0.027	0.843	Debt	0.196	4.763***	0.177	3.177***
Roa	－0.048	－0.578	－0.061	－0.822	Roa	－0.016	－0.136	－0.644	－4.069***
Growth	0.476	32.692***	0.380	29.376***	Growth	0.134	15.518***	0.521	44.508***
DSTR	0.048	1.619	－0.009	－0.353	DSTR	0.082	2.916***	0.046	1.191
YEAR	控制		控制		YEAR	控制		控制	
IND	控制		控制		IND	控制		控制	
观测值	863		863		观测值	863		863	
调整 R^2	0.579		0.516		调整 R^2	0.275		0.714	
F统计量	170.036***		131.983***		F统计量	55.576***		359.859***	

注：*** 表示在1%水平上显著，** 表示在5%水平上显著，* 表示在10%水平上显著。

5.3.4 稳健性测试

为了增强实证结果的可靠性，在上述模型的基础上，本章重新定义了银行贷款水平和商业信用水平的衡量指标，用现金流量表中取得借款收到的现金除以期初总资产衡量银行贷款水平，用信用贷款差额除以期初总资产衡量商业信用水平。用模型一和模型二分别进行检验，回归结果如表5-8所示。

表5-8　稳健性测试结果

	模型一		模型二	
	回归系数	T值	回归系数	T值
(常量)	0.445	2.369**	0.087	0.978
Quality	0.072	5.515***	0.018	2.970***
Size	-0.032	-3.481***	-0.009	-1.968**
Debt	0.706	16.726***	0.094	4.732***
Roa	0.256	2.912***	-0.024	-0.574
Growth	0.197	18.993***	0.236	48.311***
DSTR	-0.071	-2.568**	-0.001	-0.112
YEAR	控制		控制	
IND	控制		控制	
观测值	1726		1726	
调整 R^2	0.328		0.599	
F统计量	141.057***		429.710***	

注：*** 表示在1%水平上显著，** 表示在5%水平上显著，* 表示在10%水平上显著。

用重新定义的银行贷款水平和商业信用水平衡量指标衡量债务融资约束的回归中，Loan和TC的回归系数均在1%的水平上显著为正，进一步证明了信息披露质量与银行债务和商业信用融资约束之间的负相关关系，即信息披露质量提高有利于缓解中小企业的债务融资约束。

5.3.5 研究结论与启示

本章选取2011~2014年深市中小企业板上市公司为样本，研究了信息披露质量对于中小企业债务融资约束的影响。结果表明，信息披露质量水平提高能显著降低中小企业的债务融资约束，影响银行的信贷决策，信息披露质量越高的公司越容易获得银行借款，供应商提供商业信用的条件也会越宽松。进一步研究还发现，这一作用还受到企业面临的市场风险因素的影响：与市场风险较低的企业相比，信息披露质量对市场风险较大的中小企业债务融资约束影响更显著。中小企业信息披露质量的提高有助于缓解债务融资约束，这一结果为信息披露的监管和中小企业融资政策的制定提供了经验证据，并为促进我国金融机构强化风险意识、提高信贷决策水平提供了有益参考。

本章研究结论具有以下启示：（1）由于我国金融体系不完善及中小企业自身基础比较薄弱等原因，中小企业在融资过程中会遇到很多问题。目前大部分中小企业的融资来源是通过银行借款这一债务融资渠道，导致资金需求难以得到满足。商业信用作为债务融资渠道之一，在为中小企业提供资金方面也发挥了一定的作用。国家应该为中小企业扩展融资渠道、创新融资方式等方面提供支持，允许优良企业发行公司债券，缓解中小企业融资难问题。（2）由于我国资本市场不完善、信息披露机制不健全等原因，很多中小企业信用等级较低，严重影响了银行等金融机构向中小企业发放贷款。中小企业上市公司应该完善自身信息披露机制，主动向外界传达高质量有价值的信息，获得外部投资者的信任和支持。同时监管机构也应该加强对信息披露的监管，提高监管效率，确保信息披露制度的完善，提高信息披露质量的总体水平。（3）我国金融市场环境不稳定，一些中小企业的抗风险能力比较差，在面临剧烈变动的市场环境时，很多中小企业的资金周转会出现问题，甚至资金链断裂，导致无法偿还银行及供应商的贷款，从而债权人不再继续提供资金支持。因此，中小企业应该提高自身的管理水平，提高抗风险能力，从而促进自身资金的良性循环。

第6章　终极控制权、民营企业与融资结构

6.1　研究背景与文献述评

6.1.1　研究背景

伯利和米恩斯（Berle & Means，1932）[①] 认为，传统公司治理源于股东和管理者各自掌握所有权与控制权，现金流权分散于少数股东中，造成管理权与现金流权间一定程度的分离，使得所有者与管理者间的矛盾成为重要的代理冲突。然而，随着经济全球化及资本市场的迅速发展与完善，股权集中程度逐渐提高，越来越多的学者开始关注股权集中程度较高背景下终极控股股东对公司治理及融资结构的影响。

跨国公司的迅速发展促使现代企业间的竞争愈演愈烈，为了进一步扩大市场份额，提高行业地位，企业融资结构日益凸显其重要地位。融资结构决策关乎企业经营运转乃至发展壮大，而融资结构的优化与否也成为衡量企业价值最大化的重要衡量指标之一。经济学家迈尔斯等（Myers，1984）基于信息不对称效应，放宽“MM”理论假设条件，提出啄序融资理论，为融资结构研究奠定了重要基础，随后众多学者通过后续研究证明了该理论。然而与西方上市公司研究比较之后，学者们发现我国上市公司融资结构选择严重背离啄序理论，优先选择权益融资。

---

① Berie，Means. The Modern Corporation and Private Property. Journal of New York，1932：206 -238.

因此，国内学者基于上述理论，结合当前金融市场发展现状及上市公司权益结构特点，多角度深入剖析民营企业融资结构特征及构成，并进一步研究其成因及影响因素。

民营企业作为当前经济转型与稳定发展的重要支撑，其创新性与灵活性为解决就业、推动技术创新乃至区域经济的发展注入了新鲜活力，然而融资困境已成为制约其发展转型的瓶颈之一。因此，本章基于终极控股股东视角对我国民营上市公司融资结构选择进行研究，深入剖析其股权结构与融资结构现状，针对融资结构的优化、企业内部治理的完善提出改进方案，提升企业价值，推动经济转型期金融资本市场的完善与发展。

6.1.2　文献综述

1. 企业融资结构研究文献

（1）国外相关研究。从20世纪五六十年代开始，以莫迪利安尼和米勒（Modigliani & Miller，1958）[①] 为代表的学者开始普遍关注上市企业融资及资本结构问题，基于完全竞争及信息对称，研究融资结构与价值间的关联性，并据此提出“MM”定理：在一定条件下，企业价值与资本结构没有关联性，融资来源的不同只是将企业整体价值在债权人与股东之间进行重新分配，并未改变价值总量。随后莫迪利安尼和米勒修正了“MM”定理应用的前提条件，尤其是放松了对无税收的要求，通过研究证明在企业所得税的影响下，企业价值与企业的资本结构相关，并且随着债权比例的上升而上升，以此为基础形成了权衡理论。权衡理论认为企业风险与债务比重正相关，易使企业陷入破产困境，增加破产成本，进而降低整体价值。迈尔斯和斯图尔特（Myers & Stewart，1977）指出[②]资本结构的最优化是指寻求一个位于当债权比重和节税收益上升与相应的财务风险与破产成本间的平衡点。迈尔斯和梅吉拉夫

① Modigliani，Franeo，M. Miller. The Cost of Capital，Corporation Finance and the Theory of Investment. Journal of American Economic Review，1958（58）：261－297.

② Myers，Stewart C. Determinants of Corporate Borrowing. Journal of Financial Economics，1977（5）：147－175.

(Myers & Majluf, 1984)[①] 基于信号传递模型提出了著名的优序融资理论，也称为啄序理论，企业偏好发行债券进行筹资主要是基于债券的发行不会向投资者传达股票价格下降的逆向信号。“MM”定理之后，国内外学者逐渐放宽其假设前提，从行业特征、非债务税盾、公司规模等多个角度研究影响企业融资结构的相关因素及与经营绩效间的关系，其中主要研究税收差异及破产成本对企业融资结构的影响。

尤金·法玛和迈克尔·詹森（Eugene Fama & Michael Jensen, 1983)[②] 通过研究委托代理问题指出：管理层并不享有权益索取权，因此可以通过激励措施或监管机制促进股东与管理层目标的一致性。其中法玛强调借助资本市场的治理功能降低控制成本，如股利政策的实施。而詹森则进一步指出发展成熟的企业闲置资金较多，其收益率较低，为了优化资金配置，则以应付股利形式分给股东，然后用于回报率较高的投资项目上，还进一步强调现金股利比股票股利更有利于协调股东与管理层间的利益冲突。以布朗（Browne, 1993)[③] 为首的学者通过比较各国公司资本结构后发现，资本结构的形成取决于公司本身决策的制定与执行，还与其所在国家或地区的经济环境与发展阶段、金融体制与法制环境的完善程度等外部因素密切相关。

（2）国内相关研究。相比于国外研究，我国在上市公司融资结构领域的研究开始较早，但当时主要关注管理机制与运行机制。随着市场经济的开放与体制改革的深化，国有企业债务成为研究重点。随着我国经济逐渐进入转型新阶段，金融体系的建立与不断完善使得现有研究主要从证券市场角度入手，集中于融资模式的类型、变迁、成因，以及融资模式与经济体制间的关系。

吕长江和韩慧博（2001)[④] 选用 1998 年以前上市的 433 家工业企业，并在借鉴施瑞丹·蒂特曼（Sheridan Titman）和罗伯特·韦塞尔斯

---

① Myers, Majluf. Corporate Financ and Investment Decisions When Firms Have Information Thatinvestors do not Have. Journal of Financial Economics, 1984 (13): 187 –221.

② E. Fama, M. Jensen. Agency Problems and Residual Claims. Journal of law and Economics, 1983 (26): 327 –350.

③ Browne Caryne. The Best Ways to Finance Your Business Black Enterprise. Journal of New York, 1993: 67 –217.

④ 吕长江、韩慧博：《上市公司资本结构特点的实证分析》，载于《南开管理评论》2001 年第 5 期，第 26 ~29 页。

(Roberto Wessels) 模型的基础上，分析其资本结构，发现公司的盈利能力与资产负债率呈负相关。刘星 (2000)[①] 选用20个影响资本结构的因素进行回归分析，研究其对融资决策的影响，并证明销售利润率与税后利润率与企业的债务比例具有负相关关系。肖作平和吴世农 (2002)[②] 从企业治理机制与股权结构等角度入手，选用中国上市公司作为研究样本，全面分析资本结构构成，引入非税效益等变量进行回归分析，研究其与融资选择间的关系，并指出一股独大问题和公司治理是解决融资问题的突破口。黄少安、张岗 (2001)[③] 从上市公司融资行为偏好角度入手，先将1992～2000年间中国上市公司的不同融资行为进行回归分析，后与美国比较后发现中国上市公司倾向于权益融资，其进行融资时优先选择权益融资，其次选择债务融资，其中债务融资行为中短期优于长期，前后两者都通过模型分析支持股权融资成本较低的结论。刘星等 (2004)[④] 则对优序融资理论模型进行修正，深入研究我国上市公司融资来源，权益与负债融资顺序。通过实证分析发现：由于我国部分上市公司是通过国有企业改制而成，盈利能力较差，加之公司治理机制不完善、资本市场不发达，使得公司在面临资金短缺时会优先考虑外源融资。而选择外源融资时，由于我国资本市场发展不平衡以及债券市场的滞后，使得我国上市公司优先考虑股权融资，而在债权融资中，短期借款凭借其软约束的特征占主要地位。陆正飞、叶康涛 (2004)[⑤] 为了深入了解中国上市公司融资行为的影响因素，从债务能力约束、破产风险等角度研究后发现中国上市公司权益融资成本远低于负债融资，所以自由现金流较为缺乏时，净资产收益率与终极控制人股

① 刘星：《中国上市公司融资策略影响因素的实证分析》，引自《中国资本市场前沿理论研究文集》，重庆大学出版社2000年版，第592～607页。

② 肖作平、吴世农：《我国上市公司资本结构影响因素实证研究》，载于《证券市场导报》2002年第8期，第8～38页。

③ 黄少安、张岗：《中国上市公司股权融资偏好分析》，载于《经济研究》2001年第11期，第23～33页。

④ 刘星、魏锋、詹宇：《我国上市公司融资顺序的实证研究》，载于《会计研究》2004年第6期，第66～72页。

⑤ 陆正飞、叶康涛：《中国上市公司股权融资偏好解析——偏好股权融资就是缘于融资成本低吗?》，载于《经济研究》2004年第4期，第50～59页。

权比重会相应提高，倾向于权益融资。王正位、朱武祥（2011）① 通过实证分析发现，融资管制政策的变更能对企业融资行为和盈利能力产生重要影响。

吴晓求（2003）② 选取了 20 家深交所民营上市公司，并按照民营控股比例的大小进行排序，对其 1999～2001 年的财务数据进行分析研究，得出了基本结论：民营上市公司偏好于外源融资尤其是股权融资。李庚寅（2010）③ 选择 38 家 2004 年中小板上市的企业，选取 2001～2007 年的样本数据比较分析，发现其资产负债率与盈利能力正相关。

2. 终极控股股东研究

（1）国外相关研究。什利弗和维什尼（Shleifer & Vishny，1997）④ 通过研究认为在中小股东利益缺乏相应法律保护措施的国家，权益的集中程度可以形成对控股股东的保护机制，进而激化与少数股东之间的利益冲突。拉·波特等（La Porta et al.，1999）⑤ 将全球 279 个发达经济体的上市公司作为研究对象，根据企业控制链条，层层查询各层级链条后发现终极控制人，并根据控制权标准将股权结构分为分散型和控股型两大类，为终极控制权理论奠定了基础。以此为基础对终极控股股东进行定义，即位于上市公司股权结构控制链条顶端，凭借直接或间接方式持有股份并进一步获取实际或终极控制权的控股股东。同时进一步提出，控股股东并非持股比例超过 50% 才能实现获取公司的实际控制权，通常情况下，由于大多数中小股东没有参与投票导致控股股东有时仅凭借 10% 或 20% 的持股比例就可实现对公司的控制。

关于控制权利益的研究，国外学者巴克利和霍尔德尼斯（Barclay &

---

① 王正位、朱武祥：《股票市场融资管制与公司最优资本结构》，载于《管理世界》2011 年第 2 期，第 40～48 页。

② 吴晓求：《中国上市公司资本结构与公司治理》，中国人民大学版社 2003 年版，第 120～124 页。

③ 李庚寅：《中小企业资本结构与盈利能力的实证研究——基于中小企业板中小企业上市前后数据的比较分析》，载于《产经评论》2010 年第 1 期，第 45～55 页。

④ Shleifer, Vishny. A Survey of Corporate Governance. Journal of Finance, 1997, 52 (2): 737－783.

⑤ La Portal, R. F. Lopez－de－Silanes, Andrei Shleifer, Robert Vishny. Law and finance. Journal of Political Economy, 1999 (106): 1113－1155.

Holderness, 1989)[①] 基于两权分离，率先将控制权利益分为共享利益和私有利益。前者是指控股股东凭借其持股比例所享有的财产分红权即现金流索取权；后者指基于自身利益的驱使，以牺牲中小股东乃至公司整体利益为代价获取的超过其现金流的索取权，具体表现形式包括低价转移资产、关联交易或者过高报酬。拉·波特等（2002)[②] 选取27个发达国家的上市公司，对其控股股东控制权私有收益的获取途径进行研究，发现控股股东获取私有收益的途径具有较强隐蔽性，主要通过资产买卖、内部交易、信用担保等方式进行。阿加沃尔和萨姆维克（Aggarwal & Samwick, 2003)[③] 以最优契约框架为基础，研究分析终极控制权对公司绩效的影响，指出由于控制权利益与代价并存，引发的过度投资等行为将会对经营绩效产生不同影响。以此为基础，戴克和津盖尔(Dyck & Zingale, 2004)[④] 通过研究发现，控股股东可支配资源的多少与企业控制性资源的多少呈正相关关系，为此，终极控股股东会基于自身利益确定投资决策，影响融资行为。卡斯滕·斯伦格尔（Carsten Srenger, 2007)[⑤] 通过建立模型发现，当终极控股股东掌握一定的终极控制权，在利益驱动的影响下，他们会通过投资关联交易或其他方式获取控制权收益。

关于利益侵占的研究，克莱森斯等（Claessens et al. , 1999)[⑥] 在拉·波特研究的基础上，针对东亚九国2980家公开上市公司的股权结构进行深入探讨后发现家族企业的存在是一种普遍现象，同时大多数上市公司由实际控制人掌控，随着两权分离度的不断提高，便可凭借较少投入实现最终控制，逆向选择与道德风险成本也随之增长。尤其在东亚

---

① Barclay, Holderness. Private Benefits from Control of Public Corporations. Journal of Financial Economics, 1989 (2): 371 -395.

② La Portal, Lopez - de - Silanes, Shleifer, etc. Investor Protection and Corporate Valuation. Journal of Finance, 2002 (57): 1147 -1170.

③ Aggarwal, R. K. , Samwick A. . Why Do Managers Diversify Their Firms? Ageney Reconsidered. The Journal of Finance, 2003 (58): 71 -118.

④ Dyck A. , Zingales L. . Private Benefits of Control: An International Comparison. The Journal of Finance, 2004 (4): 537 -600.

⑤ Carsten Sprenger. Shareholder Disagreement, Investment and ownership Structure. Working Paper, 2007 (8): 61 -69.

⑥ Claessens, S. Djankov, L. H. P. Lang. The Separation of Ownership and Control in East Asian Corporations. Journal of Financial Economics, 2000 (7): 81 -112.

国家，上市公司股权结构以家族式为主，法律环境的不完善以及在金融危机的冲击下使得控股股东侵占行为的“堑壕效应”尤为突出。林斯(Lins，2003)[①] 选取18个经济相对不发达地区的上市公司进行深入分析，东亚各国作为新兴市场的重要代表，其上市公司两权分离度普遍较高，例如印度尼西亚的家族控股比例接近80%。

关于终极控股股东“支持”与“掏空”行为的研究，詹森等(Johnson et al.，2000)[②] 通过研究证明当控股股东持股比例较高时，主要通过转移公司资产和利润或定向发行稀释性股票、渐进式收购等方式对少数股东权益进行侵占。资产的转移主要以内部交易的方式进行，如占用企业资金，侵占投资机会或舞弊等违法行为。詹森等还将上述行为命名为“Tunneling”（掏空行为）并指出终极控股股东的掏空行为具有较强隐蔽性，很难获取直接证据证明其对中小股东利益的侵占。弗里德曼等（Friedman et al.，2003)[③] 通过建立动态模型对金字塔结构进行深入研究，提出“支持与掏空”理论，即当企业面临融资或经营困境时，最终控制人则向控制链下层公司转移资源或者提供财务支持以维持其对公司的实际控制权，表明终极控股股东的“支持”与“掏空”行为可以并存。瑞扬托和托塞玛（Riyanto & Toolsema，2003)[④] 也通过建立模型对上述行为进行了金字塔式股权结构下控股股东的支持与掏空行为的研究，并发现金字塔式股权结构比水平式股权结构应用更为广泛的原因在于其存在保护中小股东利益的机制，尤其是企业陷入财务困境时。

（2）国内相关研究。作为最先研究终极控制权理论的国内学者，刘芍佳等（2003)[⑤] 选取中国2001年1160家上市公司作为研究对象，进行问卷调查，观察得出所选样本中政府直接或间接控股的比重高达84.1%，其中75.6%为金字塔结构，为此他们将中国上市公司股权结

① Lins K V. Equity ownership and firm value in emerging markets. Journal of Financial and Quantitative Analysis，2003，38（1）：159－184.

② Johnson，S.，La Portal，LoPez－de－Silanes，F.，etc. Tunneling. The American Economic Review，2000，Vol. 90，No. 2：22－27.

③ Friedman，Johnson，Mitton. Propping and Tunneling. Journal of Comparative Economies，2003（4）：732－741.

④ Riyanto Y. E.，Toolsema，L. A. Tunneling and Propping：A Justification for Pyramidal Owner ship. IDEAS Working Paper，2003（1）：15－29.

⑤ 刘芍佳、孙霈、刘乃全：《终极产权论、股权结构及公司绩效》，载于《经济研究》2003年第4期，第51～62页。

构分为国有和非国有终极控股股东两大类。叶勇等（2005）[①] 从上市公司公布的年报数据入手，深入分析中国上市公司股权结构，他们将其进一步分为三大类：政府控股或国有独资公司；非政府控股的民营或外资公司；因未披露而无法确定终极控制人的一般法人。结果表明政府控股为主要形式。但是与先前的研究相比，其控股比例显著下降，这主要得益于非国有控股股东的增加。冯旭南和李心愉（2009）[②] 借鉴拉·波特等（1999）和刘芍佳等人的研究方法，以持有控制权比例的10%和20%作为界限，选取2007年1427家中国上市公司，采用股权结构较为分散的上市公司分别为18家和178家，各占样本总数的1.26%，12.47%；对于存在终极控股股东的上市公司，政府控股比例分别为64.09%和59.04%，家族控股比例为35.91%和31.01%。

关于控制权利益的研究。刘朝晖（2002）[③] 从基于控制权框架下投资的低效率化动因及模式出发探究后指明，套取外部利益的动机驱使控股股东利用其本身与企业间的内部交易来获取最大化的利益。李增泉等（2005）[④] 单独将中国上市公司的关联交易数据作为研究对象，进一步探究终极控制人的资金占用行为，证明该行为与第二大股东的股权比例负相关，并提出随着股东权益的不断集中，关联交易发生的可能性也随之增大，并成为控股股东攫取控制权利益的主要途径。鲍家友（2006）[⑤] 通过建立数学模型，得出结论：股权集中度越高，控股股东越倾向于投资高风险项目，获取控制权收益。郝颖等（2009）[⑥] 选取控制权发生移转的上市公司，突破性地利用经验数据将投资与控制权收益紧密相连，指出控制权利益及相关资源日益成为衡量公司规模的重要因

---

① 叶勇、胡培、黄登仕：《中国上市公司终极控制权及其与东亚、西欧上市公司的比较分析》，载于《南开管理评论》2005年第3期，第25～31页。

② 冯旭南、李心愉：《终极所有权和控制权的分离：来自中国上市公司的证据》，载于《经济科学》2009年第2期，第84～97页。

③ 刘朝晖：《外部套利、市场反应与控股股东的非效率投资决策》，载于《世界经济》2002年第7期，第71～79页。

④ 李增泉、余谦、王晓坤：《掏空、支持与并购重组——来自我国上市公司的经验证据》，载于《经济研究》2005年第1期，第95～105页。

⑤ 鲍家友：《大股东控制、控制权私人收益与投资风险》，载于《经济研究导刊》2006年第6期，第88～90页。

⑥ 郝颖、刘星、林朝南：《大股东控制下的资本投资与利益攫取研究》，载于《南开管理评论》2009年第2期，第98～106页。

素，使得资本配置成为控股股东自利行为的主要选择。王英英等(2008)[①] 进一步借助模型指出，占用企业资金易使企业陷入财务困境，表现为投资不力，但是当占用行为未出现时，控股股东则进一步攫取控制权私有利益，表现为过度投资。

关于利益侵占行为的研究。苏启林等（2003)[②] 选取终极控制人为家族或个人的国内上市公司进行研究，结果表明家族企业中存在明显的双重委托代理关系，控制权与现金流权的分离为创业家族对中小股东进行利益侵占提供了途径，进而使得代理矛盾尤为突出。邓建平和曾勇(2005)[③] 在拉·波特的研究基础上分析两权分离程度对公司价值的影响，进而衡量控股股东对中小股东的利益侵占程度。结果表明：两权分离度变大会加剧对少数股东权益的剥削，降低企业价值。叶勇等(2005)[④] 选取1260家上市公司研究后发现，较之其他国家，中国上市公司权益集中度高，控股股东侵占少数股东权益较严重。谢玲芳、朱晓明（2005)[⑤] 通过对上交所和深交所上市的民营企业进行分析认为，终极控制人控制权比重较大会导致少数股东权益被侵占，并且随着两权偏离程度的加大，代理冲突也越来越严重，进一步为其提供方便。

谷棋等（2006)[⑥] 选取121家控股股东为家族的上市公司，多角度研究终极控制权框架对企业整体价值的影响，结果表明，我国家族企业的实际控制人基于控制权框架通过掠夺性分红行为对企业价值产生影响。王鹏和周黎安（2006)[⑦] 选取2001～2004年A股上市公司，从资金占用的角度研究后发现终极控制权具有侵占效应，现金流权具有激励

---

① 王英英、潘爱玲：《控股股东对企业投资行为的影响机理分析》，载于《经济与管理研究》2008年第9期，第24～30页。

② 苏启林、朱文：《上市公司家族控制与企业价值》，载于《经济研究》2003年第8期，第42～47页。

③ 邓建平、曾勇：《上市公司家族控制与股利决策研究》，载于《管理世界》2005年第7期，第51～56页。

④ 叶勇、胡培、黄登仕：《中国上市公司终极控制权及其与东亚、西欧上市公司的比较分析》，载于《南开管理评论》2005年第3期，第25～31页。

⑤ 谢玲芳、朱晓明：《股权结构、控股方式与企业价值——中国民营上市公司的实证分析》，载于《上海交通大学学报》2005年第10期，第1631～1634页。

⑥ 谷祺、邓德强、路倩：《现金流权与控制权分离下的公司价值——基于我国家族上市公司的实证研究》，载于《会计研究》2006年第4期，第10～12页。

⑦ 王鹏、周黎安：《控股股东的控制权、所有权与公司绩效：基于中国上市公司的证据》，载于《金融研究》2006年第2期，第88～98页。

效应。叶勇等（2005）[①] 研究终极控制权框架对企业股利政策、企业价值以及经营绩效的影响，发现终极控股股东与中小股东之间的矛盾作为第二类代理问题，已成为公司治理的主要矛盾，此种现象在民营上市公司更明显。罗党论和唐清泉（2008）[②] 则指出相比于国有企业，民营上市公司对控制权结构层级更为敏感，更易产生对少数股东权益的侵占。刘星等（2011）[③] 选取控股股东为地方政府的上市公司，结果发现随着其所拥有更多的现金流权，"堑壕效应"会有所收敛。

关于支持与掏空行为的研究。李增泉等（2005）[④] 从重组并购的角度入手深入剖析终极控制人的支持与掏空行为，结果发现，当企业陷入经营困境或者融资困境的时候，其会向上市公司输送大量的优良资产以达到"保额"或"保配"的目的，随着企业经营状况的逐渐好转，掏空行为的动机也随之加强。宁宇新和柯大钢（2006）[⑤] 则是从控制权转移后上市公司资产重组的角度进行分析，表明终极控股股东的支持与掏空行为可能并存，进而极大影响公司长远发展。刘运国等（2009）[⑥] 基于终极控股股东类型分析其对掏空行为的影响，并指出实际控制人为自然人时，此种行为较为严重，而当实际控制人为国家时，此种行为则会出现很大程度的减缓。

3. 终极控股股东对企业融资结构影响研究

（1）国外相关研究。哈特（Hart，1995）[⑦] 通过对比研究发现，将控制权私有收益与融资结构相联系，提出融资结构与企业控制权之间存

① 叶勇、胡培、何伟：《上市公司终极控制权，股权结构及公司绩效》，载于《管理科学》2005年第4期，第58~64页。

② 罗党论、唐清泉：《金字塔结构、所有制中小股东利益保护——来自中国上市公司的经验数据》，载于《财经研究》2008年第9期，第132~142页。

③ 刘星、连军：《终极控制、公司治理与地方国有公司过度投资》，载于《科研管理》2011年第8期，第105~112页。

④ 李增泉、余谦、王晓坤：《掏空、支持与并购重组——来自我国上市公司的经验证据》，载于《经济研究》2005年第1期，第95~105页。

⑤ 宁宇新、柯大钢：《控制权转移和资产重组：掏空抑或支持——来自中国资本市场的经验证据》，载于《中国会计评论》2006年第2期，第277~290页。

⑥ 刘运国、吴小云：《终极控制人、金字塔控制与控股股东的"掏空"行为研究》，载于《管理学报》2009年第12期，第1661~1669页。

⑦ O. Hart. Corporation Governance：Theory and Implication. Economics of Journal，1995（3）：487-508.

在相互影响的关系：其不仅会对管理层激励及经营绩效产生直接影响，还会产生控制权私有收益，并借助融资结构的安排形成相应的保护机制。因此若采取权益融资，会导致实际控制人股权比重下降，威胁控制地位。相比之下，股权结构相对分散的上市公司中，少数股东“搭便车”行为较普遍，使得权益约束与内部治理问题尤为突出，但如果适度增加负债比例，其产生的破产效应则会对管理层产生新的制约，进而降低代理成本。塞弗特（Seifert，2010）[①] 以23个新兴市场上市公司作为研究对象，结果发现，虽然新兴市场符合啄序理论的假设与要求，但是新兴市场上市公司融资选择却与其相背离，并证明存在严重的信息不对称及代理成本问题，指出在正常经营中谋求控制权私利以及现金流权损失造成的不对称将促使控股股东提高财务杠杆而非关注企业是否陷入财务困境，进一步证明了负债的非股权稀释效应。

（2）国内相关研究。陆正飞和叶康涛（2004）[②] 通过建立回归模型发现，上市公司偏好股权融资的一个重要原因就是实际控制人。公司自由现金流随实际控制人持股比例增加而降低，且权益融资偏好越明显，越便于获取隐蔽收益。肖作平（2005）[③] 提出股权集中度与上市公司杠杆比率负相关。控股股东为了获取可控资源，减少债务约束，进而倾向于用权益融资来弱化公司治理机制，提高其转移资源的能力。郑瑞玺等（2007）[④] 进一步分析终极控股股东行为对融资决策的影响，指出基于自身利益最大化，无论企业处于正常经营还是陷入财务困境，终极控股股东会通过提高债务资本进行套利。宋小保和刘星（2007）[⑤] 借助模型构建发现当企业负债比重较低时，信息的不对称效应在各股东之间表现

① Seifert. Pecking Order Behavior in Emerging Market. Journal of International Financial Management and Accounting, 2010 (5): 21 -41.

② 陆正飞、叶康涛：《中国上市公司股权融资偏好解析——偏好股权融资就是缘于融资成本低吗?》，载于《经济研究》2004年第4期，第50~59页。

③ 肖作平：《公司治理结构对资本结构选择的影响——来自中国上市公司的证据》，载于《经济评论》2005年第1期，第67~77页。

④ 郑瑞玺、徐新华、何青：《股东套利行为与企业融资方式选择》，载于《中央财经大学学报》2007年第2期，第32~37页。

⑤ 宋小保、刘星：《控股股东机会主义与非效率投资》，载于《管理学报》2007年第6期，第760~766页。

得更为严重，为此会引发影响融资行为的非理性投资行为。肖作平(2010)① 通过分析后指出由于我国上市公司权益结构集中度较高，促使权益融资成为融资决策首选，并且终极控制权框架下对少数股东权益的侵占也使得这种倾向尤为突出，同时银行等金融机构也会根据两权分离来制定与上市公司相对应的信贷政策。

韩亮亮和李凯（2007）② 选取269家民营上市公司作为研究样本，通过实证分析证明随着终极控股股东控制权比重和制衡度的增加，会降低风险稀释效应，促使其优先选择权益融资；而当现金流权比重下降时，其承担的负债风险也随之降低，进而增强债务融资偏好。丁新娅(2008)③ 从民营上市公司的终极控制人特征入手，研究其对债券融资行为的影响后得出，由于持股方式以金字塔式为主，两权分离度与资产负债率正相关，其中集团或家族控股类企业的负债比重远高于其他样本。苏坤和杨淑娥（2009）④ 通过对2002～2006年间1141家民营上市公司的数据分析发现，随着两权分离度的增大，攫取少数股东权益的动机越强，并与企业负债比例呈倒U型关系。

综上文献可将其研究特征归结为两方面：

第一，终极控制权的研究内容以控股股东类型及特征为主，重点分析终极控制权框架下其对企业绩效的影响，但大多数研究并不详尽，只是单纯基于控制权框架进行分析，并未深入探讨对少数股东权益的影响。

第二，关于终极控制人对企业融资行为及结构影响的研究相对较少，尤其是针对民营上市公司的研究分析较少。当前随着我国资本市场的开放程度日益加大、混合所有制经济的大力推行，民营企业逐渐通过兼并收购或者IPO等方式实现上市，已成为推动当前经济发展的重要力量，因此对民营上市公司的融资行为进行系统性研究并提出适宜的政策

---

① 肖作平：《所有权和控制权的分离度，政府干预与资本结构选择——来自中国上市公司的实证证据》，载于《南开管理评论》2010年第5期，第144～152页。

② 韩亮亮、李凯：《民营上市公司终极股东控制与资本结构决策》，载于《管理科学》2007年第20期，第22～30页。

③ 丁新娅：《民营上市公司终极控制人特征与债务筹资决策分析》，载于《财会通讯》2008年第11期，第22～25页。

④ 苏坤、杨淑娥：《现金流权、控制权与资本结构决策——来自我国民营上市公司的证据》，载于《经济预测》2009年第28期，第18～23页。

建议显得格外重要。

上述文献的研究特点为本章提供了良好的视角，不仅可以深化对终极控制权理论与融资结构的认知，还可以为研究控股股东与少数股东间的利益冲突提供新思路。

6.1.3 终极控制权下企业融资结构选的理论分析

在20世纪90年代以前，学术界关于企业融资结构的研究主要基于股权结构分散论，但随着拉·波特等学者关于终极控制权、终极控股股东等相关理论的提出与逐渐完善，越来越多的学者开始考虑基于较为集中的股权结构，企业融资结构选择中控制权分配的问题。本章基于终极控制权进行框架构建，分析终极控股股东对融资结构选择的影响，具体表现为以下几个方面。

1. 股权稀释效应

股权稀释效应源于资本结构的控制权理论，哈瑞斯和拉维夫（Harris & Raviv，1998）[①] 通过建立模型研究当股权较为分散的上市公司外部出现恶意收购时对管理者融资结构选择的影响。若管理者不想放弃其控制权及相应的控制权私利，则必然通过增加债务融资比例减少权益融资比例的方式进行资金筹集。此后的学者进一步研究证明恶意收购的出现促使管理层倾向于债权融资以保护其控制权。但在股权结构高度集中的上市公司中，终极控制人所处境遇与管理层极为相似。凭借对公司控制权与经营决策权的掌控，终极控股股东倾向于选择债务融资来维护其控制权，因为债务融资比例的增加不会影响其控制地位，此种效应随着终极控制权与现金流权分离度的不断增大愈发明显，原因在于控制权框架下的两权分离表明终极控制人可凭借较少投入达到对上市公司的掌控，同时所带来的财务困境与破产风险也较小，进而使控股股东偏好增加负债融资而非威胁控制地位的权益融资。但当实际控制人或者终极控股股东的控制权足够稳固时，情况则会有所不同。根据拉·波特（2002）的研究定义，当终极控股股东的表决权大于20%时，就可以认

① Harris，Milton and Artur Raviv. Corporate Governance：Voting Rights and Majority Rules. Journal of Financial Economics，1988（20）：203 – 235.

定其已实现对上市公司的绝对控制，超过20%的部分被称为控制权真空，表明股权的稀释效应对控股股东威胁很小，因此随着控制权比重的增大，真空效应也更明显，可供利用的实际控制权空间也越大，促使其倾向于权益融资，对外表现为较低的财务杠杆。

2. 自由现金流效应

自由现金流量概念最早由詹森（Jensen，1986）① 提出，是指终极控制人运用自由现金流时与债权人、少数股东间的利益冲突，表现为自由现金流囤积与滥用的动机和行为。资本实际投入之后形成所有者权益的基础，即股东依托自身享有的现金流与子公司间的内部交易攫取控制权私有利益，将企业整体收益逐渐转移到其手中。相比于股东对股利的索取权，债权人对利息的索取权更为迫切，此种差异加上两权分离的影响驱使实际控制人操纵自由现金流。契约约束的存在使得负债需要到期还本付息，进而占用了部分可支配自由现金流量，减少终极控股股东可自由支配的自由现金流量，对削弱攫取少数股东权益效应具有明显约束作用。于是在企业融资结构选择的过程中，控股股东偏好低负债融资，以降低转移利益时的被动性。

3. 破产效应

破产效应是指当企业不能按期清偿相应负债时，债权人有权对其进行清算，将控制权由权益所有者移转到其手中。此研究主要基于权衡理论，该理论指出公司寻求债务融资的主要动因在于负债的税收抵免效应，因此将债务的破产成本引入融资决策模型，并指出融资模式的最优化为债权融资价值最大化与随之增加的财务困境成本与代理成本间的均衡，主要原因在于：一方面由于财务困境风险会导致资金链断裂影响企业正常运转；另一方面债务增加时潜在上升的破产风险会导致控股股东彻底丧失控制权私有收益。如果企业破产，终极控股股东或实际控制人则会丧失凭借低成本获取高收益的控制途径。因此，控股股东往往倾向于选择无须还本付息的权益融资，限制债务融资，降低破产风险效应。

① Jensen M. C. . Agency Costs of Free Cash Flow, Corporate Finance and Takeovers. American Economic Review, 1986 (5): 323 - 329.

6.2 民营企业控制股东特征与融资结构

6.2.1 民营上市公司终极控股股东特征分析

我国将上市公司按企业性质分为国有和民营两大类，前者所有权由政府拥有，后者则表示除此之外非国有股权在股权结构中占主导地位。本章采用苏启林（2003）[①] 给出的相对具体的定义：第一大股东或控股股东为民营性质的企业、自然人或职工持股大会的企业认定为民营上市公司。

基于市场经济与资本市场共同发展、相互作用，我国民营上市公司分为创始类和非创始类，前者通过 IPO 直接上市，后者主要通过管理者收购（MBO）、借壳上市、改制等间接实现民营化。20 世纪 90 年代初，深圳华源磁电有限责任公司的成功上市，象征着中国民营类公司上市征程的开始。其主要分为三个阶段：起步阶段（1992～1995 年）。此时中国的资本市场以国有体制改制占据主导，发行制度不完善，存在所有制歧视，使得民营上市公司寥寥无几；稳步发展阶段（1996～1999 年）。该阶段的民营企业主要借助间接方式实现资本化，新希望股份制改革的顺利结束更是标志民营资本市场新篇章的到来，民营企业上市数量呈现逐年递增趋势；快速扩张阶段（2000 年以后）。该阶段民营上市公司数量迅速增加，尤其是 2004 年深圳中小企业板块的推出，更是为民营企业资本化道路注入了新鲜活力与动力。

随着我国经济体制改革的不断深入，位于经济转型期的我国民营上市公司主要表现出以下特征：（1）超半数主要遍布在沿海经济开发区，其中广东、浙江、上海等沿海省市所占比重占据半数以上。（2）行业分布过于集中，综合类、纺织业等以直接方式实现上市，房地产、服务等行业则以借壳上市方式为主。（3）位于民营经济发展繁荣地区的企业经营稳定、业绩良好，以浙江省为例，当地民营企业盈利能力远

① 苏启林、朱文：《上市公司家族控制与企业价值》，载于《经济研究》2003 年第 8 期，第 42～47 页。

高于全国平均水平。（4）创新能力不强，尤其是技术创新能力有待提升，众多民营企业虽然发展规模较大，但主要位于产业链中下游，缺乏核心技术和产业价值。（5）企业家族制色彩浓厚，股权结构复杂，管理层素质与管理水平亟待提高，治理结构有待完善。家族制经营管理理念较为粗放，“人治”色彩浓厚，权限划分不明确，往往导致投资随意性与非持续性。在此特征下，再加上我国资本市场结构较为单一，企业并购市场不完善，买壳上市操作难度较大，民营上市公司仍面临较为严重的政策障碍与制约，缺乏灵活完善的融资平台，使融资困境成为制约民营上市公司发展的瓶颈之一。

国内大多数研究将终极控股股东称为最终控制人、终极控制人等，年报披露则将其称为实际控制人。在本章研究中，采用了国泰安数据库（CSMAR）中对民营上市公司的定义并将终极控股股东认定为位于企业控制链顶端的股东，即实际控制人。选用选取 2012 ~ 2014 年上交所和深交所 A 股民营上市公司年报等财务数据，运用 SPSS 20.0 统计软件及 Excel 系统作为主要实证分析研究工具，依据相关条件筛选后得到 2910 个样本数据，整理如图 6 – 1、图 6 – 2、图 6 – 3 所示。

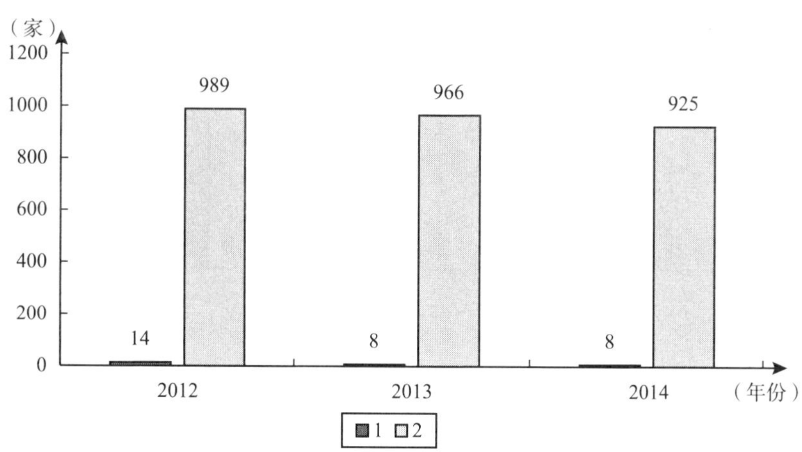

图 6 – 1　终极控股股东类型

注：其中 1 表示除自然人或家族之外的终极控股股东类型，如：国家控制、企事业单位、员工持股会或工会、集体企业、外商投资企业、公众持股、其他等；2 表示终极控股股东类型为自然人或家族。

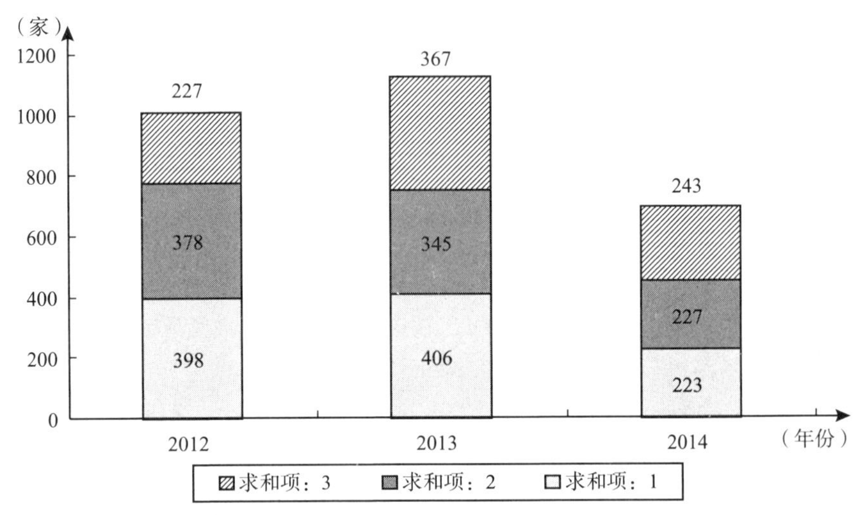

图 6-2　终极控股股东控制上市公司方式

注：其中 1 表示直接控制；2 表示金字塔式控制；3 表示交叉持股及其他控制方式。

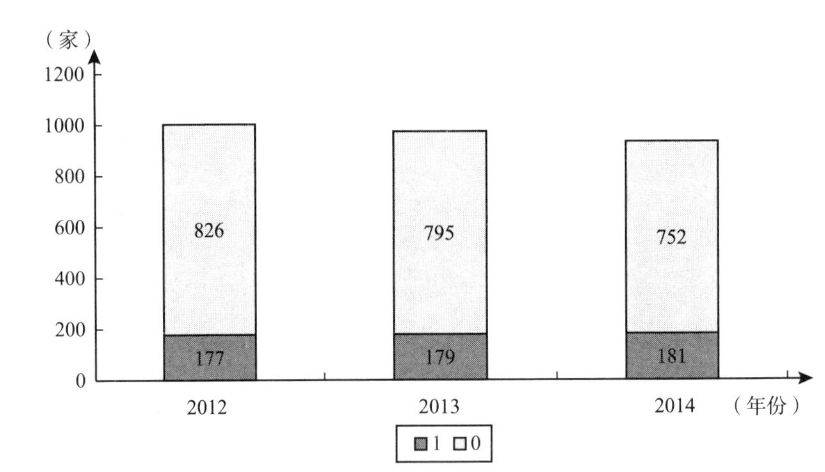

图 6-3　控股股东是否兼任董事长或总经理

注：其中 0 表示未兼任；1 表示兼任。

如图 6-1 所示，本章将我国民营上市公司终极控股股东分为两类：一类为自然人或家族，另一类为国家控制、企事业单位、员工持股会或工会、集体企业、外商投资企业、公众持股、其他等。在 3 年样本数据中，2012 年 1003 家上市民营公司中 989 家终极控股股东为自然人或家族，2013年966家，2014年926家，占比均高达96%以上。由此可见，本章选择样本，自然人或家族控制人占据终极控股股东类型大多数。

终极控股股东控制上市公司方式的统计结果如图6－2所示。其控制上市公司的方式已在前文进行阐述，主要有相互交叉持股等方式。直接控制是指在控制链条较为单一的上市企业中，终极控制权与所有权统一化，分红求偿权与表决权未进行剥离。从本章选取的样本数据来看，民营上市公司主要采取直接控制和金字塔式两种控制方式。

终极控股股东是否兼任董事长或总经理对上市公司影响可见图6－3。克莱森斯（Claessens，2000）研究发现超过60%的样本公司终极控股股东同时也担任公司高层管理人员。孙健（2006）则通过进一步研究认为终极控股股东通过派出人员担任董事会成员影响公司剩余控制权分配。因此从图6－3可以看出，2012年1003家民营上市公司中，有826家实际控制人兼任公司董事长或总经理，2013年为795家，2014年为752家，占比都高达80%以上。同时值得注意的是，虽然某些民营上市公司的实际控制人或终极控股股东未兼任控制链条顶端公司的董事长或管理层，但其通过兼任子公司或孙公司的管理层来对其生产经营管理进行重要干预，施加影响。

6.2.2　民营上市公司融资结构分析

1. 行业特征分析

本章行业分类标准参照2014年中国证监会最新发布的《上市公司行业分类指引》，粗略地将样本数据分为农林牧渔业、采矿业、制造业、电力、热力、燃气及水生产和供应业等16个行业，并利用描述性统计等方法对我国民营上市公司融资结构的行业特征进行研究，相关数据见图6－4、表6－1。

通过表6－1和图6－4可知，不同行业中民营上市公司资产负债率均值较高的为综合类行业、房地产业、租赁和商务服务业、建筑业、批发和零售业以及电力热力燃气及水生产和供应业，均值居中的为农林牧副业、科学研究和技术服务业、采矿业、制造业、交通运输仓储和邮政业、文化体育和娱乐业，均值较低的为水利环境和公共设施管理业、住宿和餐饮业、信息传输软件和信息技术服务业以及卫生和社会工作。分布范围从21.41%~64.57%不等，由此可见各行业资产负债率存在较大差异。根据静态均衡理论，破产成本与企业规模成反比，企业规模越大，风险承担能力越大，越倾向于债务融资。资产负债率较低的信息传输软件和信息技术服务行业以及卫生和社会工作行业则由于进入壁垒和行业集中度较低，进而使得上市公司规模相对较小。从各行业资产负债率的波动性来看，文化体育和娱乐业、采矿业波动性较大，标准差分别为26.81%和21.36%，说明这两类行业的融资结构具有明显不稳定性；卫生和社会工作行业、交通运输仓储和邮政业的融资结构稳定性较好，标准差分别为4.55%和8.59%。

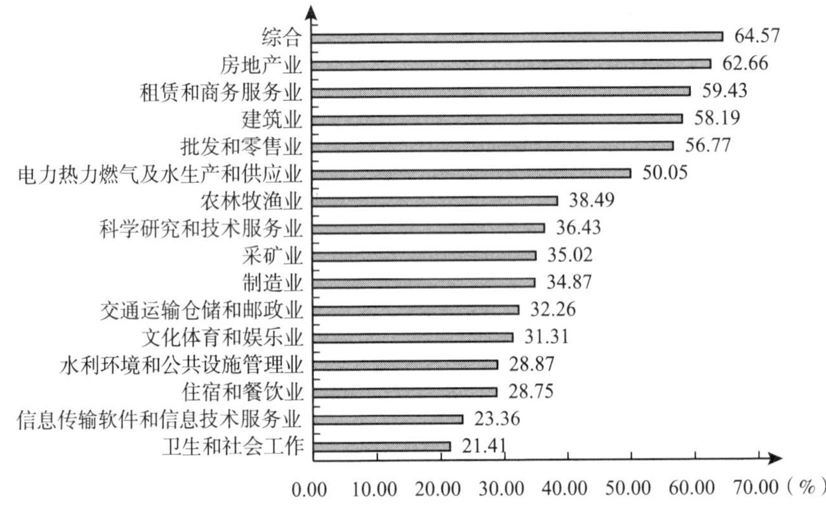

图6-4 各行业资产负债率均值对比

表6-1 我国民营上市公司行业描述性统计

行业	样本量（家）	最小值（%）	最大值（%）	平均值（%）	标准差（%）
农林牧渔业	46	9.53	64.41	38.49	14.28
采矿业	47	2.08	91.56	35.02	21.36
制造业	2162	0.80	102.77	34.87	18.86
电力热力燃气及水生产和供应业	12	25.49	67.90	50.05	15.06

续表

行业	样本量（家）	最小值（%）	最大值（%）	平均值（%）	标准差（%）
建筑业	70	14.96	84.89	58.19	18.05
批发和零售业	150	4.01	95.10	56.77	19.92
交通运输仓储和邮政业	16	18.66	46.50	32.26	8.59
住宿和餐饮业	4	10.06	47.43	28.75	20.92
信息传输软件和信息技术服务业	180	2.39	69.60	23.36	15.71
房地产业	129	7.04	89.98	62.66	20.79
租赁和商务服务业	22	12.91	95.26	59.43	24.68
科学研究和技术服务业	19	10.71	77.17	36.43	18.98
水利环境和公共设施管理业	26	2.49	50.43	28.87	13.43
卫生和社会工作	5	17.76	27.32	21.41	4.55
文化体育和娱乐业	15	7.79	90.47	31.31	26.81
综合	7	53.85	71.95	64.57	5.66
总计	2910	200.53	1172.74	662.44	267.65

2. 融资行为总体特征

根据国泰安数据库2012~2014年上市民营公司融资结构数据整理后汇总结果如表6-2、表6-3所示。

表6-2　　我国民营上市公司融资结构整体现状　　单位：%

年份	内源融资				外源融资			融资总额比例合计
	折旧比例	未分配利润比例	盈余公积比例	内源融资比例合计	债务融资比例	权益融资比例	外源融资比例合计	
2012	3.77	31.58	4.97	40.32	26.46	33.22	59.68	100.00
2013	3.75	31.14	4.82	39.71	26.54	33.75	60.29	100.00
2014	3.51	30.86	4.54	38.90	24.40	36.70	61.10	100.00
平均	3.68	31.19	4.77	39.64	25.80	34.56	60.36	100.00

表6-3　　我国民营上市公司债务融资来源　　单位：%

年份	长期借款	短期借款	应付债券	商业信用	总计
2012	25.20	50.26	12.52	12.02	100.00
2013	29.29	50.39	12.94	7.38	100.00
2014	27.35	46.68	11.60	14.37	100.00
平均	27.28	49.11	12.36	11.26	100.00

（1）内源融资比重较低，权益融资偏好明显。从表6-2可以看出，民营上市公司融资顺序与啄序理论相悖，优先选择外部融资，其中权益类资金占比较大。2012~2014年内源融资平均占比为39.64%，外源融资平均占比为60.36%。虽然2012年内源融资比重最高，但依旧低于外部融资来源占比，从世界范围来看，该占比水平远远低于发达国家，由此可见我国民营上市公司对外源融资的依赖性。但众所周知，内部资金的多少关乎企业本身长远发展，其不仅能奠定资本基础，还能有效避免过度投资行为，降低投资风险，保证企业的稳定发展。但民营上市公司的内部盈利不足，内部资金积累转换成投资资本受限，进而使权益融资成为主要资金来源。

（2）债务结构中以短期债务为主。对表6-3分析后发现，我国民营上市公司债务融资的主要来源为流动负债，占比约85%，长期借款占比仅为27.28%。进一步剖析后可知，流动负债以短期借款和应付债券为主，前者占比近50%，使得我国民营上市公司呈现出长期融资渠道不畅、高流动负债的特征。学术界普遍认为上市公司流动负债比重为50%时比较合理，但由于我国民营上市公司的融资瓶颈导致净现金流量不足，财务杠杆作用和债务融资税盾作用未得到充分发挥，使得资金来源相对单一，往往以“短融长投”模式维持企业正常经营。但这种模式会使企业难以有效应对资本市场与金融环境的各种变化，产生资金缺口、资金周转困难等问题，大大增加了我国民营上市公司的信用风险和流通性风险，进一步产生逆向治理效应，对企业的持续稳定发展造成潜在威胁。

（3）债券发行规模小，金融体系有待完善。企业筹资途径以债权与股权融资为主，前者又以贷款和债券发行为主。但不同融资方式的融资成本是不同的，而债券可以兼顾银行贷款与股票融资的优点，因而受到经济发达国家与新兴经济体的青睐。在我国，企业债券发行早于股票，但其发展明显迟缓，远不及证券市场势头迅猛且存在众多待臻之处。尤其是国债市场与政策性金融市场的迅速崛起与扩张进一步挤压了债券市场的发展空间并造成内部之间的不平衡。此外由于相应法律法规及相关制度的缺失与不完善，再加上大部分民营上市公司的自身发展与盈利条件难以满足债券发行条件，导致其在选择负债融资时比较谨慎。

6.3　研究设计

6.3.1　基本假设

斯图尔兹（Stulz，1998）① 通过研究表明上市公司控股股东为保证其对公司控制权，降低被收购风险，忽视最优财务杠杆水平，倾向于选择债务融资方式，充分利用负债非股权稀释效应。此种现象对于存在终极控制权的公司而言尤为显著。本章采用拉·波特等（1998）对终极控制权的定义。当终极控股股东控制权足够集中、稳固时，融资选择则会优先考虑权益融资，放弃负债的股权非稀释效应，维持较低的债务水平，避免公司陷入财务困境。韩亮亮和李凯（2007）② 将其称为"控制权真空"，即只要终极控股股东控制权比例超过有效控制权比例（拉·波特等学者将其认定为20%），无论为21%、31%或者更大，终极控股股东对上市公司的控制能力几乎相同，因此将终极控股股东终极控制权比例超过20%的部分称为"控制权真空"。它的存在会降低股权稀释对终极控制人的影响，促使其偏好股权融资，并且随着终极控制权比重的上升，真空效应也越来越明显，能够为其提供可浪费的实际控制权也越来越多，负债水平也随之降低。基于此本章提出假设1：

假设1：终极控股股东终极控制权比例与民营上市公司资产负债率

① Stulz. R.. Managerial Control of Voting Rights: Financial Policies and the Market for Corporate Control. Journal of Financial Economies, 1988 (20): 25 - 54.

② 韩亮亮、李凯：《民营上市公司终极股东控制与资本结构决策》，载于《管理科学》2007年第20期，第22～30页。

负相关。

詹森（Jensen，1976）[①] 率先提出自由现金流量概念，即满足净现值大于零的投资项目所需资金后剩余的现金流量，实质为股东能够自由支配的现金流量。一方面，负债要求到期还本付息，会减少自由现金流，相比之下，权益融资能够增加自由现金，为实际控制人提供可操纵的现金流，同时为其攫取控制权私利提供便利，以减少债务的利益转移限制效应。另一方面，随着债务融资规模的不断增大，企业财务困境风险和破产风险也随之增加，由于终极控股股东担心因公司破产丧失对公司的完全控制则会对其产生抑制作用，但终极控制人主要通过不同的持股方式实现对企业的控制，其资金投入较少，破产风险和损失大部分转移给少数股东或债权人。另外，由于上述持股方式具有隐蔽性，使得终极控股股东获取风险型融资收益的同时其声誉也不会受到太大影响；破产风险也加剧了现金流权对终极控制人的正向激励作用，促使大小股东乃至企业整体利益趋于一致，规避破产风险动机也越强，促使其选择较低的财务杠杆。同时控制权框架下两权分离度的不断增大，则表示较少的投入可实现最大程度的控制，进一步增强通过支持或掏空行为进行利益转移的动机。为此本章提出假设2、假设3：

假设2：终极控股股东现金流权比例与民营上市公司资产负债率负相关。

假设3：终极控股股东两权分离程度与民营上市公司资产负债率负相关。

一直以来学术界普遍肯定第二大股东或其他大股东的存在会对终极控股股东产生制衡作用。但中国的民营上市公司实际控制人主要以自然人或者家族为主，股权制衡效果的有效性有待商榷。相比终极控股股东的“一股独大”，其他大股东处于相对弱势状态，“搭便车”现象频频出现，促使其他大股东与实际控制人结盟共同攫取少数股东权益，影响企业整体效益，难以形成有效制衡，特别是两权分离会降低利益侵占行为对股东权益的影响，最后所有损失由全体股东一起承担。法乔等（Faccio et al.，2002）分别将亚洲和欧洲多个国家的其他大股东作为研究对象，研究其对实际控制人的制衡效果。结果发现，在欧洲，外部大

① Jensen M. C. Agency Costs of Free Cash Flow，Corporate Finance and Takeovers. American Economic Review，1976（5）：323－329.

股东可以有效抑制侵占效应，而在亚洲国家中出现截然相反的现象，侵占效应加剧，代理成本上升。本章提出假设4：

假设4：基于终极控股股东的民营上市公司股权制衡度与资产负债率负相关。

委托代理理论认为管理者与股东之间的代理冲突易引发管理者的逆向选择与道德风险，损害股东利益。在进行筹资选择时，负债潜在的破产风险会对经营者产生一定激励作用，有效约束在职消费行为，促使其为实现利润最大化而努力工作，但是随着负债比重的增加，破产成本也随之增加，于是经营者会充分发挥实际控制权以维护自身利益。同时，为了有效解决经营者与股东间的冲突，企业采用监督制约方式的同时还会通过激励手段进行缓解，如向经营管理层赠送股份或增加薪酬和假期等，促使其与股东利益的一致，实现对自利行为的有效制约。因为当经理人为自身利益牺牲股东利益时，本身作为股东一方的利益也会大大受到影响。同时，同终极控股股东或实际控制人的目标一样，管理者也企图利用自己的地位和相应控制权进行利益侵占，而债务融资无法有效满足此种目的。为此，本章提出假设5：

假设5：基于终极控股股东的民营上市公司管理层激励与资产负债率负相关。

6.3.2 变量定义与模型构建

依据本章假设所用变量具体符号及说明如表6-4所示。

表6-4 变量名称及变量定义

变量分类	变量名称	变量代码	变量定义
被解释变量	资产负债率	DAR	期末总负债账面价值/期末总资产账面价值
解释变量	终极控制权	UVR	$\sum_{i=1}^{n}\min(a_{i1}, a_{i2}, \cdots, a_{it})$，其中 a_{i1}，a_{i2}，…，a_{it} 为第i条控制链层级的控股股东控制权比例
	终极现金流权	UCR	$\sum_{i=1}^{n}\prod_{i=1}^{n}(a_{i1}, a_{i2}, \cdots, a_{it})$，其中 a_{i1}，a_{i2}，…，a_{it} 为第i条控制链层级的所有链间现金流权比例

续表

变量分类	变量名称	变量代码	变量定义
解释变量	两权分离度	SR	UVR/UCR
	股权制衡度	PB	公司第二大股东至第十大股东持股比例之和
	管理层股权激励	MSR	管理层持股比例
	管理层薪酬	Pay	Ln（高管前三名薪酬总额）
控制变量	公司规模	Size	Ln（公司资产总额）
	盈利能力	Prof	净资产收益率（ROE）
	成长性	Growth	营业收入增长率 =（本期主营业务收入/上期主营业务收入）-1
	行业	Ind	以农林牧渔业为基准，共 16 个行业，属于某行业 $Ind_i=1$，否则 $Ind_i=0$
	年份	Year	属于某年 $Year_i=1$，否则 $Year_i=0$

为验证本章提出的假设构建如下模型：

模型 1：

$$DAR=\beta_0+\beta_1\times UVR+\beta_2\times Size+\beta_3\times Growth+\beta_4\times Prof+Ind+Year+\varepsilon$$

模型 2：

$$DAR=\beta_0+\beta_1\times UCR+\beta_2\times Size+\beta_3\times Growth+\beta_4\times Prof+Ind+Year+\varepsilon$$

模型 3：

$$DAR=\beta_0+\beta_1\times SR+\beta_2\times PB+\beta_3\times MSR+\beta_4\times Pay+\beta_5\times Size+\beta_6\times Prof+\beta_7\times Growth+Ind+Year+\varepsilon$$

其中，β_i 为变量前系数，ε 表示干扰项。

6.3.3 样本选择与数据来源

根据研究目的，选择沪深两市 A 股民营上市公司披露的年报数据及其他面板数据作为研究样本，并选取 2012～2014 年作为窗口期以保证数据的时效性。为保证数据有效性，将原始数据按照以下原则剔除：

（1）剔除 *ST、ST、PT 及三年内退市公司，因为该类公司经营状况恶化，融资及结构变化较大，数据可信度较差。（2）剔除未披露实际控制人或终极控股股东以及控制链条的民营上市公司。（3）剔除金融行业，由于金融保险行业特征与其他行业差异较大，同时其资本结构或融资结构具有特殊性。（4）剔除实际控制人控制权比例低于20%的样本，本章采用拉·波特（1998）的划分标准，终极控股股东的控制权比例为20%以上。（5）剔除了资产负债率大于1或其他财务指标有异常变化和极端值的民营上市公司。

最后，共获得2910个样本数据。其中，2012年1003个观测值，2013年974个观测值，2014年933个观测值。样本数据来源于CSMAR数据库。获取收据后首先利用Excel 2013进行整理，再利用SPSS 20.0对数据进行统计分析。

6.4 实证检验

6.4.1 描述性统计分析

主要变量的描述性统计如表6－5所示。特别对资产负债率和终极控股股东进行了详细分析，具体如表6－6、表6－7所示。

表6－5　描述性统计

变量	年份	样本量	最小值	最大值	平均值	标准差
资产负债率	2012	1003	1.40%	98.67%	35.23%	21.14%
	2013	974	0.80%	95.10%	37.87%	20.88%
	2014	933	0.91%	98.03%	39.09%	20.19%
终极控制权比例	2012	1003	20.04%	89.57%	42.74%	14.59%
	2013	974	20.00%	89.57%	41.84%	14.19%
	2014	933	20.00%	89.57%	40.65%	13.70%
现金流权比例	2012	1003	1.32%	84.13%	36.23%	16.18%
	2013	974	1.86%	84.13%	35.31%	15.84%
	2014	933	1.86%	84.21%	34.49%	15.13%

续表

变量	年份	样本量	最小值	最大值	平均值	标准差
两权分离度	2012	1003	1.37	17.63	1.38	0.96
	2013	974	1.35	15.72	1.38	0.87
	2014	933	1.38	15.72	1.35	0.82
股权制衡度	2012	1003	0.840	61.863	26.271	13.101
	2013	974	1.469	60.767	24.704	12.396
	2014	933	1.452	62.888	23.730	12.628
管理层股权激励	2012	1003	0.00%	78.82%	18.39%	23.74%
	2013	974	0.00%	77.54%	17.61%	22.27%
	2014	933	0.00%	77.54%	16.58%	21.83%
管理层薪酬	2012	1003	11.29%	16.96%	13.95%	0.70%
	2013	973	11.05%	17.13%	14.02%	0.69%
	2014	933	10.73%	17.12%	14.10%	0.71%
公司规模	2012	1003	19.08%	25.40%	21.44%	0.96%
	2013	974	18.22%	25.33%	21.56%	1.01%
	2014	933	18.59%	25.46%	21.74%	1.03%
盈利能力	2012	1003	-0.777	9.686	0.078	0.316
	2013	974	-1.651	0.874	0.065	0.118
	2014	933	-4.459	0.467	0.063	0.191
成长性	2012	1003	-0.947	20.114	0.185	0.834
	2013	974	-0.881	36.395	0.302	1.736
	2014	933	-0.909	14.353	0.275	1.068

表 6-6　　资产负债率分布统计　　单位：%

年份	0.1~0.3	0.3~0.6	0.6~0.9	0.9~1.0
2012	47.86	37.29	14.46	0.40
2013	40.86	43.22	15.61	0.31
2014	38.37	44.69	16.40	0.54

注：百分比表示公司数目占总样本比例。

表6－7　终极控股股东终极控制权分布统计　单位：%

年份	0.2～0.3	0.3～0.4	0.4～0.5	0.5～0.6	0.6～0.7	0.7～0.8	0.8～0.9
2012	24.23	21.93	21.54	18.34	9.97	3.49	0.50
2013	26.08	22.38	21.87	17.35	9.34	2.57	0.41
2014	27.55	25.51	21.65	15.33	7.40	2.25	0.32

注：百分比表示公司数目占总样本比例。

根据表6－5数据可知，资产负债率最大值为2012年的0.9867，最小值为2013年的0.0080，标准差最大的为2012年，说明该年度资产负债率的波动性较大，融资结构差异较大。从表6－6来看，资产负债率主要分布在0.1～0.6之间，表6－5显示各年度资产负债率均值基本稳定在0.35～0.40之间，说明多数民营上市公司拥有合理的融资结构，但总体呈上升趋势。造成这种现象的原因可能是近年来我国不断出台推动与加强中小民营企业金融支持的法律政策相关。作为第一部促进中小企业发展的法律，2003年1月1日正式实施的《中华人民共和国中小企业促进法》第十六条明确规定："国家采取措施拓宽中小企业的直接融资渠道，积极引导中小企业创造条件，通过法律、行政法规允许的各种方式直接融资。"随后2009年5月1日颁布施行的《首次公开发行股票并在创业板上市管理暂行办法》，也为中小企业进行主板融资提供新途径。2010年接连出台了《关于民间融资管理的意见》，并针对温州民间融资问题于2014年3月发布《温州市民间融资管理条例实施细则》，以维护社会稳定。当下随着政府对新三板的大力扶持及相关法律法规的不断完善，更是进一步优化了融资环境。

终极控制权的发展变化对深入了解我国民营上市公司的融资结构特征有十分重要的意义，表6－5数据显示，终极控制权最小值为0.2，最大值为0.8957，平均值为0.4～0.43，可见控制程度较高。一般而言，当终极控股股东持股比例大于或等于0.5时，就认定其享有绝对控制权，小于0.5时就认定其享有相对控制权。从表6－7可以发现相对控制占多数，绝对控制占少数。终极控制权比例主要集区间为0.2～0.3，其次是0.3～0.4。说明终极控制人偏好对其进行相对控制或弱式控制，这主要与民营上市企业上市途径以"买壳上市"等间接途径相关，因为此种途径无须实现对被收购方的绝对控制，收购意图仅能对其施加影响或相对控制而已。

6.4.2 回归分析

基于终极控股股东对融资结构影响的初步认知以及了解，本章将所选样本即存在终极控制人的民营上市公司进行更为深入的分析检验。将对以上构建模型进行分组多元回归，验证所提假设。模型 1 和模型 2 回归结果如表 6－8 所示。

表 6－8　　**模型 1、模型 2 回归结果**

变量	模型 1		模型 2	
	系数	t 值	系数	t 值
	－2. 068	－30. 290***	－1. 992	－29. 162***
UVR	－0. 002	－7. 118***		
UCR			－0. 002	－9. 732***
Size	0. 117	36. 654***	0. 114	36. 072***
Prof	－0. 264	－11. 288***	－0. 261	－11. 227***
Growth	0. 007	2. 874**	0. 007	2. 878**
Ind	控制			
Year	控制			
调整 R^2	0. 326		0. 336	
F 统计量	352. 335***		368. 408***	

注：*、**、*** 分别表示在 10%、5%、1% 的水平（双侧）下显著相关。

从表 6－8 来看，终极控股股东控制权与公司资产负债率显著负相关，在我国民营上市公司中，终极控制人拥有的控制权越多，真空效应也越明显，为维护自身地位与利益，权益融资成为首要选择，融资结构的特征表现为较低的资产负债率，假设 1 得证。模型 2 中终极控股股东现金流权（UCR）与资产负债率也呈负相关关系，且通过了 1% 水平检验。说明在终极控制权框架下，终极控制人拥有较高的现金流权时为了规避财务风险，会选择减少负债融资额，进而降低破产成本，验证了假设 2。

表6－9显示，模型3中的解释变量Pearson检验相关系数均小于0.5，不存在严重的变量相关关系，表明模型3构建合理。

表6－9　　　　模型3解释变量相关性分析

变量		SR	Pay	PB	MSR
SR	Pearson相关性	1			
	显著性（双侧）				
Pay	Pearson相关性	－0.004	1		
	显著性（双侧）	0.815			
PB	Pearson相关性	－0.151**	0.062**	1	
	显著性（双侧）	0.000	0.001		
MSR	Pearson相关性	－0.294**	－0.044*	0.183**	1
	显著性（双侧）	0.000	0.019	0.000	

注：*、**、***分别表示在10%、5%、1%的水平（双侧）下显著相关。

模型3的回归结果如表6－10所示。

表6－10　　　　模型3回归结果

变量	系数	t值	共线性统计量	
			容差	VIF
	－1.667	－21.378***		
SR	0.012	3.286**	0.898	1.114
PB	－0.002	－9.115***	0.934	1.071
MSR	－0.001	－5.986***	0.863	1.159
Pay	－0.025	－4.993***	0.778	1.285
Size	0.114	32.150***	0.745	1.342
Prof	－0.240	－10.476***	0.951	1.052
Growth	0.008	3.241**	0.980	1.021
Ind	控制			
Year	控制			

续表

变量	系数	t 值	共线性统计量	
			容差	VIF
调整 R^2	0.364			
F 统计量	238.238 ***			

注：*、**、*** 分别表示在 10%、5%、1% 的水平（双侧）下显著相关。

回归结果显示，两权分离度变量系数为正的 0.012，且通过了 5% 水平检验，表明随着终极控股股东两权分离度的逐渐增大，基于破产效应和自由现金流效应的影响，为避免被收购风险，获取更多的可控现金资源，终极控股股东不但没有减少反而增大了债务融资额，这与假设 3 不相符。可能是因为当两权分离度（终极控制权/现金流权）较高时，一般认为现金流权较低，此时自利成本较小，因此终极控制人有能力进行利益侵占，造成了资金侵占提升，推高了公司资产负债率。基于终极控制权框架下的股权制衡度与公司资产负债率显著负相关，且在 1% 水平上显著，在终极控股股东“一股独大”的影响下，股权制衡效应的有效性未能得到有效发挥，进而使得基于终极控股股东的民营上市公司变现为较低的负债水平，假设 4 得证。管理层激励与资产负债率显著负相关，且均在 1% 水平上的显著，同时薪酬激励比股权激励降低公司资产负债率程度更强。我国民营上市公司实际控制人以自然人或家族为主，同时为了有效解决代理冲突，不断扩大管理者持股比例或提高其薪酬，促进两者利益趋同，并为巩固其控制地位，获取私有收益而服务。另外，负债的破产效应与被收购风险，也使管理者在进行融资决策时倾向于权益融资，证明了假设 5。另外，企业规模与资产负债率显著正相关。随着民营上市公司规模的逐渐扩大，其经营模式则会向多元化或纵向一体化方向发展，借贷信用度与企业形象也会不断得到提升，破产成本不断降低。同时随着业务多样性发展，企业违约风险也逐渐降低，再加上政府对民营上市公司的扶持优惠政策，更容易帮助民营上市公司获取更多债务融资。净资产收益率（盈利能力）与资产负债率显著负相关。企业业绩越好，现金流越大，则其杠杆率会不断降低，因为随着企业盈利能力的不断增强，权益融资对企业盈利能力和资产规模要求则越高，便于在金融市场筹集资金，降低负债比重。营业收入增长率与资产负债率正相关。业务增长率作为衡量企业成长性的重要指标，随着企业的成长速度不断加快，尤其是高成长型民营上市公司股东为了控制地位与既得利益，防止股权稀释效应带来的每股收益下降，则会倾向于债务融资。

6.4.3　研究结论与建议

本章基于终极控制权分析框架，多角度分析了其对我国民营上市公司融资结构的影响。选取2012～2014年在上交所和深交所上市的A股民营上市公司为研究样本进行实证分析，研究发现终极控制权比例和现金流权比例与资产负债率负相关，而两权分离度与资产负债率正相关。基于终极控制权框架下的股权制衡度与资产负债率负相关，管理层激励同样与债务融资负相关。同时还发现我国民营上市公司终极控股股东的存在较为普遍，其类型主要为自然人或家族，通过金字塔等持股方式直接或间接实现对民营上市公司的掌控，进一步借助关联交易、支持与掏空行为获取控制权私利。“一股独大”现象在我国民营上市公司中更为典型，其他大股东力量相对薄弱，不能形成对终极控股股东的有效制衡，甚至还会结成联盟，借助“搭便车”行为参与对少数股东利益的攫取，将控制权私有收益内部化。

融资结构合理与否关乎企业的长远战略与发展，本章在以上结论的基础上提出以下建议：（1）优化股权结构，降低控股股东持股比例，构建少数股东权益保护机制。股权流通性问题已随着股权分置改革的完成得到妥善解决，但是高度集权的权益结构依旧困扰我国民营上市公司的发展壮大。尤其是基于终极控制权框架，实际控制人可充分利用两权分离，借助支持或掏空行为侵占少数股东权益，获取控制权私利的同时还能对公司生产经营乃至融资结构等重大决策施加重要影响。但也有学者表明，由于当前我国法制建设不健全，证券市场发展不成熟，注册制难以得到有效执行，所以构建有效的股权制衡机制，抑制“一股独大”问题显得更为迫切。因此切断利益输送渠道就应该适当降低终极控制人持股比例，降低两权分离度，保护少数股东利益。因此，应建立有效的股权制衡机制，适当增加面向公众增发股票比重。减少实际控制人的持股比例，同时在发挥其他大股东有效制衡的同时，更应防范“搭便车”

行为对少数股东权益的侵占。另外，应大力培育机构投资者，发挥其在资本市场的积极作用。（2）完善内部治理机制，充分发挥对控股股东的有效约束。内部治理机制能够协调或解决利益各方关系与矛盾，形成有效的监督制衡机制。因此内部治理机制合理与否对融资行为理性化、融资结构的优化影响重大，应明确股东大会、董事会和监事会职责与运作，同时帮助民营上市公司对控股股东进行约束，促进融资结构优化，保护少数股东利益。（3）不断加强法制建设，深化法律监督与管理，增强债权人话语权。要想遏制终极控股股东对少数股东权益的攫取，增加理性融资行为，实现融资结构的最优化，必须加强对投资者的法律保护特别是对债权人利益的保护。少数股东作为资本市场中的“弱势群体”，其合法权益能否得到有效重视与维护直接影响上市公司融资结构的合理性，从长远的角度来看，还会对上市公司资源配置效率、新发证券流通速度以及所有权结构等产生重要影响。为此我们必须借鉴国内外成功经验，建立健全投资者法律保护体系。

第7章　融资约束、政治关联与R&D投资

7.1　研究背景与文献述评

7.1.1　研究背景

党的十九大报告提出，创新是引领发展的第一动力，是建设现代化经济体系的战略支撑。近年来，企业的创新行为成为驱动经济发展的重要原动力。2017年12月召开的中央经济会议明确指出，“让企业敢于创新、善于创新，不断增强自主研发和自主创新能力，推进中国制造向中国创造转变”。有关调查显示，20世纪初的经济增长中20%是由技术创新驱动的，到20世纪80年代前后占到80%，到高速信息电子网络普及后技术创新对经济的贡献率达到90%。政治经济学家约瑟夫·熊彼特（Joseph Schumpeter，2009）[①] 创立了新的经济发展理论，即经济发展是创新的结果。而从微观企业的角度而言，技术创新是企业在市场竞争中获取优势、增强竞争能力的关键所在，也是企业成长和长期绩效的有力助力（Long & Ravenscraft，1993）。[②]

经济全球化的发展进程不断加快，企业家们也逐步认识到想要在激

---

① 约瑟夫·熊彼特：《经济发展理论：对于利润、资本、信贷、利息和经济周期的考察》，商务印书馆2009年版，第158~162页。

② Long W.，Ravenscraft D.. LBOs，Debt and R&D Intensity. Strategic Management Journal，1993（14）：119－135.

烈的市场竞争中立于不败之地，只能不断进行技术创新，其创新意识越来越强。而企业进行创新最重要的基础资源是研发（Research and Development，R&D），这也是企业研究实力和开发能力的关键衡量指标。有关调查显示，21 世纪以来，大部分美国上市公司中 R&D 投资总额大幅增长，已经成为企业投资中的最主要部分之一（Brown，2010）①。而与此相比，我国企业的研发投入的总量差距很大。世界经济论坛（World Economic Forum）发布的《2017～2018 年全球竞争力报告》② 显示，就全球企业 R&D 投资而言，瑞士、美国和日本居于前三位，得分分别是 6 分、5.7 分、5.5 分，而我国得分为 4.4 分。与全球竞争力前十名国家相比，中国企业的研发总投入的得分还有很大的差距。潘承烈（2006）③ 认为企业研发费用与销售收入的比率达 2% 企业才能基本生存，达到 5% 才具有竞争力。中国企业联合会、中国企业家协会发布的《2011 中国 500 强企业发展报告》④ 显示企业研发费用占营业收入的比例平均为 1.41%，并且低于 1% 的企业占了 43.6%。因此，我国企业的研发投入强度明显不足。

我国企业 R&D 投资为何不足？影响企业 R&D 投资规模的因素有哪些？国内外学者已经从外部环境、企业特征、公司治理和高管特征等角度探讨并检验了我国企业 R&D 投资不足的原因，得出了诸多有益的结论，然而我国企业技术创新的调查结果显示，缺乏创新的资金支持是导致企业 R&D 投资不足的最主要的原因之一。尽管企业家们的创新意识不断提高，对研发活动越来越重视，但是由于 R&D 活动特有的高度信息不对称、收益不确定性以及缺乏抵押物等不同于一般投资的特征，使 R&D 投资的融资约束更为严重（Brown et al.，2009）⑤。高效的金融体系有助于缓解企业在创新活动中面临的融资约束困难，但是政府手中仍

① Brown，Petersen. Public Entrants，Public Equity Finance and Creative Destruction. Journal of Banking & Finance，2010，34（5）：1077－1088.

② 《世界经济论坛发布〈2017～2018 年全球竞争力报告〉》，载于《投资北京》2017 年第 11 期，第 9～15 页。

③ 潘承烈：《自主创新为何要以企业为主体》，载于《企业管理》2006 年第 2 期，第 15～17 页。

④ 中国企业联合会、中国企业家协会：《2011 中国 500 强企业发展报告》，企业管理出版社 2011 年版，第 186～189 页。

⑤ Brown J. R.，S. M. Fazzari，B. C. Petersen. Financing Innovation and Growth：Cash Flow，External Equity，and the 1990s R&D Boom. The Journal of Finance，2009，64（1）：151－185.

然掌握着关键性资源的配置权。因此，企业家企图通过建立政治关联，达到获取资源、克服融资约束的目的。民营企业家参政议政过程中的意识和能力不断提升，通过参政议政的方式，相当多的企业治理管理人员取得了一定的政治地位；尚未加入参政议政“队伍”中的私营业主也有很高的积极性争取成为“人大代表、政协委员”，以及“定期接触政党和政府机关的领导人”（冯天丽和井润田，2009）①。近年来，越来越多的学者从机理层面深入探究企业建立政治关联这一现象，有些学者认为，从融资约束的角度，有可能合理解释企业家参政议政的主动性。

7.1.2 概念界定

1. 企业R&D投资

一般将Research and Development（R&D）译为研究与开发，简称研发。20世纪40年代，国际上开始阐述R&D活动的概念并试图对其进行衡量，之后R&D吸引了越来越多的学者的关注。20世纪70年代，联合国教育、科学及文化组织（以下简称联合国教科文组织，UNESCO）和经济发展与合作组织（OECD）两个国际组织分别对R&D下了定义并对R&D活动中的具体项目进行了分类。从这两个定义出发，各个国家都试图规范对R&D的数据统计。

联合国教科文组织于1971年在《科学应用与发展》中对R&D做了概念界定，认为“R&D是为增加知识总量以及运用这些知识去创造新应用，进行的系统的、创造性的工作”。在我国，R&D的概念和类别同联合国教科文组织大体一致，但是在近期的科技活动统计上呈现出不断向经济发展与合作组织靠拢的特征。R&D活动分为三种类型：一是基础研究（basic research）；二是应用研究（applied research）；三是试验发展（experiment development）。基础研究是指认识自然现象、解释自然规律、获取新原理和新方法的研究活动；应用研究是指根据特定的目标而进行的创造性研究，从而获取新的知识；试验发展是指通过将上述两种R&D活动获得的知识进一步转化成可以执行的计划，包括为进行

① 冯天丽、井润田：《制度环境与私营企业家政治联系意愿的实证研究》，载于《管理世界》2009年第8期，第81~91页。

检验和评估实施示范项目。基础研究、应用研究和试验发展是 R&D 活动中承上启下、互相作用的活动。结合王永杰（2004）① 的描述，本章将 R&D 活动的全过程表述如图 7-1 所示。

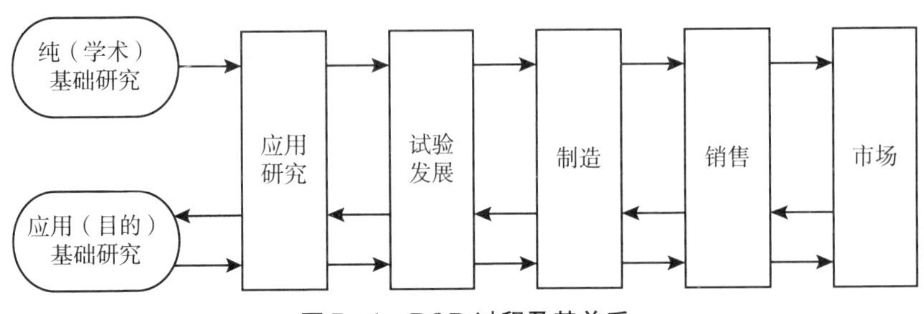

图 7-1　R&D 过程及其关系

在国内和国外各个权威机构提出的 R&D 投资概念的基础上，本章将企业 R&D 投资界定为：在生产活动和经营活动中，企业为以实现技术创新为目的开展的基础研究、应用研究以及试验发展等研发项目而进行的全部资金投入，具体包括 R&D 投资项目中发生的费用化、资本化的研究和开发费用。由于其包含的项目较多、计算复杂等原因，企业在财务报告中自动披露是获取数据的主要来源。2006 年财政部发布《企业会计准则第 6 号——无形资产》，强制企业在董事会工作报告中披露企业研发投入的财务信息和非财务信息。在此之前，企业自愿披露研发投入的相关信息，可以在董事会工作报告、财务报表中管理费用或其他与经营活动相关的支出等项目、财务报表附注中进行披露。

与一般的投资项目相比，企业 R&D 投资具有以下特征：第一，出于对 R&D 投资活动过程中信息保密性的考虑，管理层可能尽量减少或者避免对外披露研发相关的信息，导致企业 R&D 投资活动的信息不对称性程度更高、代理成本更大，融资约束对企业 R&D 投资而言更强。第二，R&D 投资需要持续不断的资金供应，并且投资主要集中于无形资产和人力资本，由此可能导致较高的沉没成本，项目的未来收益更是高度不确定。第三，R&D 投资具有较高的调整成本。占 R&D 投资中最

① 王永杰：《研究与开发特征分析》，载于《科技管理研究》2004 年第 6 期，第 19～22 页。

大比重的是研发人员的薪金报酬，一旦项目组人员发生变动就会使 R&D 产生很高的调整成本。而投资所形成资产的无形性决定了其难以为获取融资提供抵押、担保价值。综上所述，与一般的投资项目相比，企业 R&D 投资面临更严重的外部融资约束。

2. 融资约束

融资约束的定义有广义的和狭义的两种。斯蒂格利茨和韦斯（Stiglzt & Weiss，1981）首次提出了广义的概念——企业为获取融资所面临的内部资本成本和外部资本成本不同，从而使企业投资遭受到的融资方面的束缚。他们认为，企业投资受融资约束制约的原因在于企业内外部的信息不对称和高昂的交易成本。信息不对称使企业外部投资者要求更高的必要报酬率，企业从外部取得的融资的成本高于内部融资，从而导致内外部融资成本的不同，即企业内外部融资并不能完全相互替换。当企业需要为投资项目融资时，内外部融资成本的巨大差异使其只能选择内源融资，从而使企业受制于融资约束。

融资约束的狭义概念是指当企业内部形成的资金无法满足投资所需，不得不从企业外部获取融资时，由于外源融资成本与内源融资成本之间的差异使企业难以负担外源融资成本从而放弃融资的现象。从广义的融资约束和狭义的融资约束两种概念可见，广义的概念强调信息不对称和交易成本的存在导致企业普遍存在内外源融资成本差异，近乎所有企业都难以逃脱这个问题；狭义的概念侧重于企业内外源融资成本存在巨大差异，导致企业无法担负外源融资成本而放弃投资的情况。本章为全面反映我国上市公司 R&D 投资的融资约束状况，采用融资约束的狭义概念。

就如何进一步细分融资约束的概念这一问题，综合国内外已有的文献对该问题的探讨，大体有两种分类方法：一是分为股权融资约束与债权融资约束；二是分为信贷配给和融资成本约束。根据研究的需要，本章将融资约束按照融资渠道和来源分为债权融资约束和股权融资约束。其中，债权融资约束是指企业以举债、发行债券等负债融资方式进行融资时，所承担的利息费用、发行成本、交易成本和监督成本高于内部融资成本造成的内外部资本成本的差异。股权融资约束是指企业采取私募融资、吸收风险投资以及发行股票等方式融资时，因企业内外部信息不对称产生的信息收集成本和要求的报酬率、因委托代理问题导致的监督成本以及发行费用等大于内部融资成本造成的内外部资本成本差异。

3. 政治关联

Political Connection、Political Affiliation 译为中文是“政治关联”，也有学者称为“政治关系”“政治纽带”，本章采取潘越等（2009）[①]、杨其静等（2010）[②] 研究中的译法，将其称为“政治关联”。政治关联的理论内涵较为统一，即企业建立的与政府之间的一种密切往来关系。但是具体到实际情况中，在不同的政权组织形式下政治关联的体现方式并不相同。在对印度尼西亚的研究中，菲斯曼（Fisman，2001）首次将政治关联定义为与苏哈托（Suharto，时任总统）及其家族的紧密关系。在后来的研究中，学者们逐渐丰富了政治关联的理论内涵，企业方面涵盖了股东、董事会成员和管理层，政府方面则拓展为国家元首、政府首脑等高级政府官员。

借鉴前人的研究成果，本章认为政治关联的定义为：企业董事长或CEO 现任或曾任人大代表、政协委员或者曾经在政府部门任职（Faccio，2006；吴文峰等，2008[③]；杜兴强等，2009[④]）。

7.1.3 文献综述

1. 企业 R&D 投资影响因素文献综述

1921 年，熊彼特开创性地提出了创新理论，[⑤] 自此之后国内外众多学者从不同的研究视角、以不同的研究样本对企业 R&D 投资进行了大

① 潘越、戴亦一、吴超鹏、刘建亮：《社会资本、政治关系与公司投资决策》，载于《经济研究》2009 年第 11 期，第 82 ~ 94 页。

② 杨其静、杨继东：《政治联系、市场力量与工资差异——基于政府补贴的视角》，载于《中国人民大学学报》2010 年第 2 期，第 69 ~ 77 页。

③ 吴文锋、吴冲锋、刘晓薇：《中国民营上市公司高管的政府背景与公司价值》，载于《经济研究》2008 年第 7 期，第 130 ~ 141 页。

④ 杜兴强、雷宇、郭剑花：《政治联系、政治联系方式与民营上市公司的会计稳健性》，载于《中国工业经济》2009 年第 7 期，第 87 ~ 91 页。

⑤ 约瑟夫·熊彼特：《经济发展理论：对于利润、资本、信贷、利息和经济周期的考察》，商务印书馆 2009 年版，第 152 ~ 159 页。

量的分析和探讨。纵观现有文献，能对企业R&D投资产生影响的因素可以分为宏观制度层面和微观组织层面：在宏观制度层面可能对企业R&D投资产生影响的因素包括金融发展水平、市场化进程、政府补助、税收优惠、腐败等；在微观组织层面可能对企业R&D投资产生影响的因素主要有公司规模、公司治理和经营者特征等。本章根据研究的需要，主要从融资约束、融资渠道、企业规模、公司治理等方面，对国内文献进行简要回顾与综述。

（1）融资约束。R&D投资项目投资周期长、风险性高，需要大量资金支持，当企业的留存利润不足以满足投资的需求时，企业必然选择外部融资，而内外部融资的成本差异导致企业融资受阻就是融资约束。针对不同的研究样本来源、利用不同的技术方法，国内外众多学者证明了融资约束对企业R&D投资的抑制作用，即两者之间呈显著负相关的关系。霍尔（Hall，1992）[①] 研究发现除了企业R&D投资项目中内含的信息不对称特性外，R&D投资的资金大量投入在无形资产、人力资本领域，由此导致的融资担保物缺乏也构成了R&D投资对融资约束更为敏感的主要原因。在跨国的经验研究中，学者们并未就企业R&D投资是否受制于融资约束达成一致意见。之后，希默尔贝格和彼得森（Himmelberg & Petersen，1994）、[②] 布朗和彼得森等（Brown & Petersen et al.，2009）[③] 的研究表明融资约束对企业R&D投资产生显著的抑制作用。国内学者基于我国的融资环境，同样对两者的关系进行了研究。张杰等（2012）[④] 利用2001~2007年国家统计局全部国有及规模以上工业企业数据库的微观企业数据考察了融资约束对中国企业R&D投资的影响，研究发现融资约束对民营企业R&D投资造成了显著的抑制效应。谢家智等（2014）[⑤] 以2005年世界银行所做的投资环境调查中

① Hall B. H.. Investment and Research and Development at the Firm Level: Does the Source of Financing Matter? Nber Working Papers, 1992: 376-389.

② Himmelberg C. P., Petersen B. C.. R&D and Internal Finance: A Panel Study of Small Firms in High-Tech Industries. Working Paper, 1994, 76 (76): 38-51.

③ Brown J. R., S. M. Fazzari, B. C. Petersen. Financing Innovation and Growth: Cash Flow, External Equity, and the 1990s R&D Boom. The Journal of Finance, 2009, 64 (1): 151-185.

④ 张杰、芦哲、郑文平、陈志远：《融资约束、融资渠道与企业R&D投入》，载于《世界经济》2012年第10期，第66~90页。

⑤ 谢家智、刘思亚、李后建：《政治关联、融资约束与企业研发投入》，载于《财经研究》2014年第8期，第81~93页。

124000家企业为研究对象，实证研究发现融资约束对企业R&D投资具有显著的抑制作用。

（2）融资渠道。针对企业R&D投资与融资渠道的关系，既有的研究在以下几个方面取得了丰富的研究成果：首先，内部融资与企业R&D投资。借鉴梅耶斯等（Myers et al.，1984）的融资次序理论，[①] 希默尔贝格和彼得森（1994）[②] 的研究表明企业R&D投资的融资渠道存在由内源融资向外源融资方式依次排序的次序，企业R&D投资主要依赖企业利润积累以及企业所有者的资本增加的方式来进行融资。其次，外部融资与企业R&D融资。企业不能仅仅依赖内源融资，外源融资也是企业R&D投资的重要融资方式，外部融资来源有债权融资和股权融资。就企业R&D投资与债权融资的关系而言，国内外学者的研究尚未对此得出统一的结论，尽管大部分研究支持二者负相关，但是由于研究样本国别、企业性质和成长性、债权种类的不同结论不尽相同。由于主要投资于无形资产、人力资本，在债权融资中缺乏抵押资产，使得R&D投资难以获得债权人的青睐，导致R&D投资密集的企业的负债水平较一般企业低（Hall，2002）[③]。文芳（2010）[④] 考察了中国上市公司负债融资与企业R&D投资之间的关系，发现二者存在显著的负相关关系。企业出于对增加财务杠杆可能产生的企业直接和间接的财务困境成本的考虑，可能会减少R&D投资甚至直接放弃R&D活动（柴斌峰，2011）[⑤]。股票交易市场作为上市公司获取投资资金的主要来源，成为企业R&D投资活动筹集资金中重要的组成部分。企业R&D投资与股权融资两者显著正相关，对此国内外学者已经达成了一致意见。利用美国

① Myers S. C.，Majluf N. S.. Corporate Financing and Investment Decisions When Firms Have Information that Investors do not Have. Social Science Electronic Publishing，1984，13（2）：187－221.

② Himmelberg C. P.，Petersen B. C.. R&D and Internal Finance：A Panel Study of Small Firms in High－Tech Industries. Working Paper，1994，76（76）：38－51.

③ Hall B. H.. The Financing of Research and Development. Oxford Review of Economic Policy，2002，18（1）：35－51.

④ 文芳：《产权性质、债务来源与企业R&D投资——来自中国上市公司的经验证据》，载于《财经论丛》2010年第3期，第71～78页。

⑤ 柴斌锋：《中国民营上市公司R&D投资与资本结构、规模之间关系的实证研究》，载于《科学学与科学技术管理》2011年第1期，第40～47页。

制造业上市公司的非静态面板数据，布朗等（Brown et al.，2009）[①] 研究发现企业R&D投资与股权融资存在显著正相关关系，而这种正相关关系在成长性较强的公司中更为显著。卢馨等（2013）[②] 以中国高新技术上市公司的经验证据研究发现外部债权融资对企业R&D投资产生负向影响，而外部股权融资具有正向影响。

（3）企业规模。关于R&D活动与企业规模的关系，学者们已做过不少的研究，但至今仍没有定论。主要研究结果有以下几种：第一，正相关关系。菲斯曼和罗布（Fishman & Rob，1999[③]）通过构建行业均衡模型研究了企业规模与R&D投资间的关系，发现企业规模与其投资强度正相关。第二，负相关关系。凯密恩和斯沃兹（Kamein & Schwarts，1976）[④] 发现与大公司相比，小公司反而具有更强的R&D活动意愿与能力。第三，非线性相关关系。包括倒U型、S型关系。谢勒（Scherer，1980）、凯密恩（Kamien，1982）等研究发现，企业规模与R&D投资之间并非线性关系：在阈值之前，R&D投资与企业规模正相关；而在阈值以后，正相关的关系消失，甚至随规模扩大而降低。尽管以往的研究尚未对企业规模和企业R&D投资两者的关系得出一致结论，但是企业规模对企业R&D投资而言仍然具有重要影响。

（4）公司治理。在企业R&D投资与企业股权结构关系方面：国内外学者研究发现股权集中度对企业R&D投资具有直接的正向影响（Holderness & Sheehan，1988[⑤]；Francis & Smith，1995[⑥]；赵洪江等，

---

① Brown J. R.，Fazzari S. M.，Petersen B. C.. Financing Innovation and Growth：Cash Flow，External Equity，and the 1990s R&D Boom. Journal of Finance，2009，64（1）：151－185.

② 卢馨、郑阳飞、李建明：《融资约束对企业R&D投资的影响研究——来自中国高新技术上市公司的经验证据》，载于《会计研究》2013年第5期，第51～58页、第96页。

③ Fishman A.，Rob R.. The Size of Firms and R&D Investment. International Economic Review，1999，40（4）：915－931.

④ Kamien M. I.，Schwartz N. L.. Self－Financing of an R&D Project. American Economic Review，1976，68（3）：252－261.

⑤ Holderness C. G.，Sheehan D. P.. The Role of Majority Shareholders in Publicly Held Corporations：An Exploratory Analysis. Journal of Financial Economics，1988，20（1－2）：317－346.

⑥ Francis J.，Smith A.. Agency Costs and Innovation Some Empirical Evidence. Journal of Accounting & Economics，1995，19（2－3）：383－409.

2008[①]；任海云，2010[②]）。利德尔（Liddle，1997）[③] 根据美国企业的数据、冈村弘和张（Okamuro & Zhang，2006）[④] 根据日本企业的数据、特里沃等（Tribo et al.，2007）[⑤] 根据西班牙企业的数据，研究发现企业 R&D 投资规模受企业股东性质影响。以芬兰中小企业为样本，罗塔（Lotta，2003）检验了企业 R&D 投资与股权结构的关系，发现股东性质不同的企业，二者的关系也不尽相同。

在企业 R&D 投资与企业管理层激励方面：国内外学者研究发现，通过股权激励的方式，可以使委托方和受托方之间的利益趋于一致，从而降低代理成本，因此管理者可能为 R&D 活动承担更大的风险，因此企业 R&D 投资与管理层的持股比例存在显著正相关关系（Zahra et al.，2000；[⑥] Barker et al.，2002；[⑦] Cheng et al.，2006[⑧]；刘运国和刘雯，2007[⑨]；刘伟和刘星，2007[⑩]；冯根福和温军，2008[⑪]）。董等（Dong et

① 赵洪江、陈学华、夏晖：《公司自主创新投入与治理结构特征实证研究》，载于《中国软科学》2008 年第 7 期，第 145 ~ 149 页。

② 任海云：《股权结构与企业 R&D 投入关系的实证研究——基于 A 股制造业上市公司的数据分析》，载于《中国软科学》2010 年第 5 期，第 126 ~ 135 页。

③ Liddle B. T.. Privatization Decision and Civil Engineering Projects. Journal of Management in Engineering，1997，13（3）：73 – 78.

④ Okamuro H.，Zhang J. X.. Ownership Structure and R&D Investment of Japanese Start – Up Firms. Cei Working Paper，2006.

⑤ Tribo J. A.，Berrone P.，Surroca J.. Do the Type and Number of Blockholders Influence R&D Investments? New evidence from Spain. Corporate Governance An International Review，2007，15（5）：828 – 842.

⑥ Zahra S. A.，Neubaum D. O.，Huse M.. Entrepreneurship in Medium-size Companies：Exploring the Effects of Ownership and Governance Systems. Journal of Management，2000，26（5）：947 – 976.

⑦ Barker V. L.，Mueller G. C.. CEO Characteristics and Firm R&D Spending. Management Science，2002，48（6）：782 – 801.

⑧ Cheng C. S. A.，Collins D.，Huang H. H.. Shareholder Rights，Financial Disclosure and the Cost of Equity Capital. Review of Quantitative Finance & Accounting，2006，27（2）：175 – 204.

⑨ 刘运国、刘雯：《我国上市公司的高管任期与 R&D 支出》，载于《管理世界》2007 年第 1 期，第 128 ~ 136 页。

⑩ 刘伟、刘星：《高管持股对企业 R&D 支出的影响研究——来自 2002—2004 年 A 股上市公司的经验证据》，载于《科学学与科学技术管理》2007 年第 10 期，第 172 ~ 175 页。

⑪ 冯根福、温军：《中国上市公司治理与企业技术创新关系的实证分析》，载于《中国工业经济》2008 年第 7 期，第 91 ~ 101 页。

al.，2010）[1] 在上述研究的基础上，检验了管理层持股与企业 R&D 投资的关系，研究发现两者存在非线性的 U 型关系，即随着管理层持股数量增加企业 R&D 投资先下降后上升。瑞安和威金斯（Ryan & Wiggins，2002、2004）[2][3]、陈和黄（Chen & Huang，2006）[4]、吴和涂（Wu & Tu，2007）[5] 考察了管理层薪酬和企业 R&D 投资的关系，并发现因薪酬类型的影响二者关系有所不同。

2. 政治关联文献综述

纵观国内外研究政治关联的文献，政治关联可以分为三种形式：一是企业家参与政事、处理政治事务；二是政治家参与企业经营等经济活动；三是企业家与政治人物之间的社会关系。学者们都认同政治关联是企业与政府之间存在的一种特殊关系（杨其静等，2010）[6] 的观点，然而在不同的政权的组织形式下政治关联的表现方式有所区别（胡旭阳和史晋川，2008）[7]。因此在不同国别的研究中政治关联的衡量方式也有所不同。现有文献对政治关联的衡量主要有以下方法：

虚拟变量法，这是现有研究中使用最普遍的方法之一。如果企业的实际控制人与政府机构或执政的党派维持密切的往来关系，则认为该企业存在政治关联，将相关变量赋值为 1，否则将其赋值为 0（Faccio，

① Dong J.，Gou Y. N.. Corporate Governance Structure，Managerial Discretion，and the R&D Investment in China. International Review of Economics & Finance，2010，19（2）：180 – 188.

② Ryan H. E.，Wiggins R. A.. The Interactions between R&D Investment Decisions and Compensation Policy. Financial Management，2002，31（1）：5 – 29.

③ Ryan H. E.，Wiggins R. A.. Who is in Whose Pocket? Director Compensation，Board Independence，and Barriers to Effective Monitoring. Journal of Financial Economics，2004，73（3）：497 – 524.

④ Chen H. L.，Huang Y. S.. Employee Stock Ownership and Corporate R&D Expenditures：Evidence from Taiwan's Information-technology Industry. Asia Pacific Journal of Management，2006，23（3）：369 – 384.

⑤ Wu J.，Tu R.. CEO Stock Option Pay and R&D Spending：A Behavioral Agency Explanation. Journal of Business Research，2007，60（5）：482 – 492.

⑥ 杨其静、杨继东：《政治联系、市场力量与工资差异——基于政府补贴的视角》，载于《中国人民大学学报》2010 年第 2 期，第 69 ~ 77 页。

⑦ 胡旭阳、史晋川：《民营企业的政治资源与民营企业多元化投资——以中国民营企业 500 强为例》，载于《中国工业经济》2008 年第 4 期，第 5 ~ 14 页。

2006)[①]。对我国的研究中也有诸多学者构造虚拟变量衡量政治关联。邓建平和曾勇（2009)[②] 指出，如果企业实际控制人是全国、省级、县级或者市级人大代表、政协委员，或者现在或曾经有在党政机关的工作经历，则将相关变量赋值为1，否则将其赋值为0。国内外很多学者的相关研究都采用此方法，区别主要体现在对政治关联界定的范围有所不同。

随着研究不断深入和细化，有研究人员发现构造虚拟变量的方法仅能判定企业是否建立了政治关联，但无法衡量不同政治关联的强度，可能导致样本数据不准确、研究结论不稳健。基于以上考虑，有学者提出了第二种方法即层级划分法，通过划分政治关联的层级衡量关联程度。胡旭阳（2006)[③] 根据企业实际控制人担任政协委员和人大代表的政治层级，将县区级、市级、省级和全国的政协委员、人大代表分别赋值为1、2、3、4、5，否则将其赋值为0。杜兴强等（2009)[④] 将企业的政治关联分为委员代表类政治关联和党政官员类政治关联，并综合考察其任职单位的等级以及职位级别。其中，根据任职的层级，将委员代表类政治关联由低至高依次赋值为1~5，使管理层中的最高者作为委员代表类政治关联的取值；而党政官员类政治关联的等级划分较为烦琐，首先综合考虑其任职单位的等级以及职位级别，将党政官员类政治关联由低至高依次赋值为1~9，其次将任职单位的等级和职位级别取乘积，使管理层中的最高者作为党政官员类政治关联的取值。

另外，还有多维度量法和指数模型法。本章认为，第一种方法简单、容易操作，但仅仅判断企业是否存在政治关联，没有区别政治关联程度的差异。第二种方法对第一种方法的缺点进行了弥补，但在赋值过程中具有较强的主观性，对数据的客观性难以保证。这几种方法各有其优点和缺点，都是学者们在研究政治关联中常用的衡量手段。

---

① Faccio M.. Politically Connected Firms. Social Science Electronic Publishing, 2006, 96 (1): 369 -386.

② 邓建平、曾勇：《政治关联能改善民营企业的经营绩效吗》，载于《中国工业经济》2009年第2期，第98~108页。

③ 胡旭阳：《民营企业家的政治身份与民营企业的融资便利——以浙江省民营百强企业为例》，载于《管理世界》2006年第5期，第107~113页、第141页。

④ 杜兴强、雷宇、郭剑花：《政治联系、政治联系方式与民营上市公司的会计稳健性》，载于《中国工业经济》2009年第7期，第87~97页。

3. 融资约束文献综述

关于政治关联与企业融资约束的关系，大量文献利用不同的样本对其进行过实证研究。企业筹措资金的方式有债权融资和股权融资，相应的，政治关联企业的融资便利也来源于银行信贷和股权融资两个方面。

银行贷款方面，由于银行的政治背景会显著影响其放贷行为，有政府背景的国有银行的放贷偏好会更多地受到政治目标的主导。出于政治活动的动机，银行会更偏向政治关联企业（Sapienza，2004①；Khwaja & Mian，2005②），显著增加提供给企业的贷款额度（Khwaja & Mian，2005③；Serdar，2005④），从而提高政治关联企业的信贷获得能力（Johnson & Mitton，2003⑤；Faccio，2007⑥；Boubakri et al.，2009⑦），具体表现为负债率显著上升（Johnson & Mitton，2003；Boubakri et al.，2009；Faccio et al.，2007；Claessens et al.，2008⑧）、资金变现能力显著增强、债务期限显著延长、所需抵押物减少（Charumilind et al.，2002⑨）、资金的成本更低（Houston et al.，2011⑩）。通过考察1993年到2005年非国有上市公司，余明桂和潘红波（2008）⑪ 指出相对于无

① Sapienza P.. The Effects of Government Ownership on Bank Lending. Journal of Financial Economics, 2004, 72 (2): 357-384.

②③ Khwaja A. I., Mian A.. Do Lenders Favor Politically Connected Firms? Rent Provision in an Emerging Financial Market. Quarterly Journal of Economics, 2005, 120 (4): 1371-1411.

④ Serdar D.. Politicians and Banks: Political Influences on Government-owned Banks in Emerging Markets. Journal of Financial Economics, 2005, 77 (2): 453-479.

⑤ Johnson S., Mitton T.. Cronyism and Capital Controls: Evidence from Malaysia. Social Science Electronic Publishing, 2003, 67 (2): 351-382.

⑥ Faccio M.. The Characteristics of Politically Connected Firms, 2007, 96 (1): 369-386.

⑦ Boubakri N., Saffar W., Boutchkova M.. Politically Connected Firms: an International Event Study. Social Science Electronic Publishing, 2009: 39-45.

⑧ Claessens S., Feijen E., Laeven L.. Political Connections and Preferential Access to Finance: The Role of Campaign Contributions. Journal of Financial Economics, 2008, 88 (3): 554-580.

⑨ Charumilind C., Kali R., Wiwattanakantang Y.. Connected Lending: Thailand before the Financial Crisis. Cei Working Paper, 2002, 79 (1): 181-218.

⑩ Houston J. F., Jiang L., Lin C.. Political Connections and the Cost of Borrowing. SSRN Working Paker, 2011.

⑪ 余明桂、潘红波：《政治关系、制度环境与民营企业银行贷款》，载于《管理世界》2008年第8期，第9~21页、第39、187页。

政治关联的企业，银行更倾向于向政治关联企业发放贷款，因此政治关联企业具有更高的负债水平。进一步研究表明，在政府对产权保护能力弱、法治发展水平低、金融市场化程度落后的地区，这种现象更为突出。以 2007~2010 年在银行间债券市场发行短期融资券和中期票据的公司为样本，赵晓琴等（2011）[①] 实证检验了债券融资与政治关联的关系，研究发现企业的政治关联有助于提高其短期融资券和中期票据的融资水平。

除了来自银行信贷方面的融资优惠之外，政治关联还能为企业带来股权融资方面的便利，如 IPO 获得批准的可能性增加，募集到的资金更多、成本更低。布巴克里等（Boubakri et al.，2009）[②] 研究了 1997~2001 年 25 个国家 2537 家公司的权益资本成本与政治关联的关系，结果表明与无政治关联的企业相比，政治关联企业股东要求的必要报酬率较低。胡旭阳（2010）[③] 认为，政治关联的存在大大提高了企业 IPO 并上市成功的概率。黄新建、石永静（2009）[④] 研究发现有政治关联的企业 IPO 募集到更多的资金额。弗朗西斯等（Francis et al.，2009）[⑤] 发现在 IPO 过程中政治关联能为企业带来诸多方面的好处，例如更高的 IPO 发行价格、更低的发行过程中支付的各项费用等。

关于政治关联缓解民营企业融资约束的机理，近年来有学者对其进行了相关研究，但是相关的文献较少。通过对文献的梳理和总结，政治关联缓解融资约束的传导路径主要有两种：第一种是信号传递机制，具有政治关联的企业向资金供给方传递了一个“信号”，使供给方认为政治关联的企业更可能是优质企业。罗党论和甄丽明（2008）[⑥] 指出，政

---

① 赵晓琴、万迪昉、付雷鸣：《政治关联对公司债券融资的影响——来自银行间债券市场的经验证据》，载于《山西财经大学学报》2011 年第 12 期，第 100~107 页。

② Boubakri N.，Saffar W.，Boutchkova M.. Politically Connected Firms: An International Event Study. Social Science Electronic Publishing，2009：39-45.

③ 胡旭阳：《民营企业的政治关联及其经济效应分析》，载于《经济理论与经济管理》2010 年第 2 期，第 74~79 页。

④ 黄新建、石永静：《上市公司投资者关系管理水平与股权融资成本》，载于《商业研究》2009 年第 12 期，第 5~8 页。

⑤ Francis B. B.，Hasan I.，Sun X.. Political Connections and the Process of Going Public: Evidence from China. Journal of International Money & Finance，2009，28（4）：696-719.

⑥ 罗党论、甄丽明：《民营控制、政治关系与企业融资约束——基于中国民营上市公司的经验证据》，载于《金融研究》2008 年第 12 期，第 164~178 页。

治关联帮助民营企业缓解融资约束困境的机制是传递有关于企业经营的“信号”。第二种是资源机制，政治关联能够直接为企业带来税收缴纳、核心要素供给、消除政策歧视等好处，缓解企业融资约束，提高企业市场价值。于蔚等（2012）① 假定政治关联可能通过资源效应和信息效应两种途径对企业融资约束产生影响，之后建立模型进行经验研究，结果表明两种途径中资源效应占主导地位，从而证明政治关联能帮助企业获得更多的资源获取机会。

4. 文献述评

国内外学者对企业 R&D 投资影响因素的研究取得了丰硕的成果，研究证明企业 R&D 投资受诸多方面因素的影响，不仅存在微观组织方面的因素，还包括宏观制度方面的因素。然而，现有的研究中鲜少同时考虑两个方面的因素。同时，融资约束和融资渠道等与企业 R&D 投资相关的筹资方面的因素越来越受到研究人员的重视。在以往的研究中，有关于政治关联对于缓解融资约束机制的探讨，尚不充分、完善。鲜有研究将这两种研究路径放入一个研究框架中，对融资约束、政治关联与企业 R&D 投资进行深入探讨。因此，在现有研究的启发下，本章将进一步厘清融资约束、政治关联与企业 R&D 投资三者之间的关系，重点探讨政治关联对其他两者的调节效应，进一步研究不同类型融资约束和不同层级政治关联的差异。从而，结合了内外部因素对企业 R&D 投资的影响，串联了政治关联与融资约束以及融资约束与企业 R&D 投资两条研究路径。

7.2 研究设计

7.2.1 基本假设

企业创新是支持经济增长的原动力，R&D 投资是企业创新活动的

① 于蔚、汪淼军、金祥荣：《政治关联和融资约束：信息效应与资源效应》，载于《经济研究》2012 年第 9 期，第 125 ~ 139 页。

关键输入资源。R&D 的第一个重要特征是知识溢出效应；第二个重要特征是容易受到融资约束。R&D 投资涉及引进新设备、新技术和研究人才，是一个持续的、长期的过程。为了支撑 R&D 项目的规模与效率，企业在 R&D 的投资周期内，必须时刻持有继续投资的充足资金，否则 R&D 项目将可能由于融资约束而被迫终止。希默尔贝格和彼得森（Himmelberg & Petersen，1991）的研究指出，基于融资优序理论，企业 R&D 投资的融资渠道一般会遵循先内源融资后外源融资的顺序。内源融资主要依赖企业自有利润积累以及企业所有者的资本增加，然而由于企业 R&D 投资具有巨额前期投入和沉没成本的特征，特别是对于那些技术密集型产业的企业来说，研发活动仅仅依靠权益资本和利润积累难以维持下去，因此，企业面临的外部融资约束程度成为影响企业 R&D 投资水平的重要因素。霍尔等（Hall et al.，2010）研究发现除了企业 R&D 投资项目中的信息不对称特性外，R&D 投资的资金大量投入在无形资产、人力资本领域，由此导致的融资担保物缺乏也构成 R&D 投资对融资约束更为敏感的重要原因。张杰等（2012）利用 2001 ~ 2007 年国有及规模以上工业企业数据考察了融资约束对中国企业 R&D 投资的影响，研究发现融资约束对民营企业 R&D 投资造成了显著的抑制效应。谢家智等（2014）以世界银行 2005 年的投资环境调查中 124000 家企业为研究对象，研究发现政治关联对企业 R&D 投资具有显著的抑制作用。水会莉和韩庆兰（2016）研究发现融资约束显著影响企业研发投入强度。郭宏毅和袁易明（2018）利用世界银行的中国企业微观调查数据进行研究，也发现融资约束对企业研发投入具有明显的抑制作用。然而，郑妍妍等（2017）基于微观层面的证据，发现融资约束对企业 R&D 投资的作用程度具有个体差异性，并受金融发展水平的影响。但哈霍夫（Harhoff，1996）、穆凯等（Mulkay et al.，2001）以及邦德等（Bond，2003）的研究并没有证实两者之间存在联系。

中小企业普遍具有规模小、投入成本高、风险大的特征，相对而言可能更难获得融资，尤其是银行的信贷融资，其 R&D 投资是否同样受到企业融资的约束值得深入探究。一方面，出于对产权保护等因素的考虑，创新企业的管理层可能并不愿意向投资者透露 R&D 投资的详细信息，这使得信息不对称现象在企业 R&D 投资活动中表现尤为突出，资金需求者和供应者之间信息摩擦严重（Hall，2002）。另一方面，企业

R&D投资过程中，尤其是在项目研发的初期，不仅项目前景存在高度风险性，而且面临较大的调整成本（Himmelberg et al.，1991），所以较一般投资项目而言，R&D活动的融资更为艰难。在我国，市场经济体制还不完善，中小企业普遍存在融资难问题，融资约束与中小企业R&D投资的关系可能更为复杂。据此，本章提出研究假设1：

假设1：融资约束制约中小板高新技术上市公司R&D投资，即融资约束与R&D投资呈负相关关系。

已有学者开始研究高新技术企业R&D投入的融资约束问题，试图为其问题的缓解提供一些切实可行的办法。政治关联或许可以帮助企业减少融资摩擦，从而获得更多的外部资源。

一方面，中小企业如果存在政治关联，则通常可以向市场传递企业未来业绩良好的信号，因此能够缓解资金供给者的逆向选择问题，从而改善企业R&D投资的融资约束。因为高效率和高效益的企业更容易受到政府青睐，所以企业家的人大代表、政协委员等政治关联关系往往成为表征企业未来绩效良好的重要声誉机制，政治关联企业会使得资金供给方愿意相信其未来更有可能取得良好的经营业绩。很多研究也表明存在政治关联的中小企业确实在营业利润率和权益净利率方面表现更好。

另一方面，政治关联通常能使企业更容易得到政府扶持，从而提高企业市场价值，缓解融资约束对R&D投资的抑制作用。拥有政治关联的中小企业往往更容易从银行和资本市场中获得融资。政治关联还可作为产权保护的替代机制之一（王雄元和全怡，2011），在功能上起到保护高新技术企业产权的作用，因而提高出资人进行R&D投资的意愿。据此，本章提出假设2：

假设2：政治关联能够缓解融资约束对中小企业R&D投资的消极影响。

陈（Chen，2013）在政治关联与企业异质性关系的研究中指出，应该将制度层级因素纳入对政治关联的研究。武亚军等（2006）认为在我国的制度背景下，企业的外部经营环境和资源供应受不同层级政府的影响，因此区分来自各个层级政府的作用具有重要意义。已有研究表明，不同层级的政治关联对企业的影响各异。政治关联可被视为反映企业未来经营表现的重要声誉机制，而较高等级政治关联企业，由于其社会政治地位高、社会关注度高等特点，可以传递一种更为优质企业的信号。与政治关联等级较低的企业相比，高等级政治关联的企业往往规模大、实力雄厚。胡旭阳（2006）的研究表明民营企业规模越大，民营企业家当选全国人大代表、政协委员的可能性越大。较高层级的政治关联可以帮助企业实现跨地区、跨地域的发展，而且其融资渠道更加丰富和通畅。据此，本章提出假设3：

假设3：相比于较低层级的政治关联，企业政治关联层级越高，其产生的对融资约束与中小企业R&D投资的负相关关系的缓解作用越强。

7.2.2 变量定义与模型构建

1. 融资约束指数的构建

卡普兰和津盖尔斯（Kaplan & Zingales，1997）首次提出，企业的融资约束程度越高，其经营性净现金流、股利分配率和现金持有量单调递减，而负债权益比率和托宾Q值单调递增，并通过回归分析的方法构建了表征企业融资约束程度的KZ指数。此后，这种做法被广泛应用于融资约束的研究领域。借鉴卡普兰和津盖尔斯（1997）的做法，本章采用KZ指数来衡量中小板高新技术上市公司的融资约束程度。具体构建步骤如下：

第一步，对全样本各年度的经营性净现金流/滞后一期总资产（CF_{it}/A_{it-1}）、股利分配率（Div_{it}）、现金持有量/滞后一期总资产（C_{it}/A_{it-1}）、资产负债率（Lev_{it}）和托宾Q值（Q_{it}）与其各自中位数比较后，进行分类处理。若经营性净现金流/滞后一期总资产（CF_{it}/A_{it-1}）低于中位数则KZ1取1，否则取0；若股利分配率（Div_{it}）低于中位数则KZ2取1，否则取0；若现金持有量/滞后一期总资产（C_{it}/A_{it-1}）低于中位数则KZ3取1，否则取0；若资产负债率（Lev_{it}）高于中位数则KZ4取1，否则取0；若托宾Q值（Q_{it}）高于中位数则KZ5取1，否则取0。

第二步，将第一步中所得的KZ1至KZ5相加计算得到KZ值，按照融资约束KZ值由低到高将样本分成1～5组。

第三步，将第二步计算所得的KZ值作为因变量，采用排序逻辑回归（ordered logistic regression）的方法，估计自变量经营性净现金流/滞后一期总资产、股利分配率、现金持有量/滞后一期总资产、资产负债率、托宾 Q 值的回归系数。

第四步，运用第三步中得到的回归系数，计算样本公司的 KZ 指数，KZ 指数越大，意味着上市公司面临的融资约束程度越高。实证结果报告如表 7-1 所示。

表 7-1　中小板高新技术企业融资约束程度估计模型的回归结果

	CF_{it}/A_{it-1}	Div_{it}	C_{it}/A_{it-1}	Lev_{it}	Q_{it}	Chi^2	N
KZ	-9.819*** (-14.62)	-6.839*** (-14.67)	-4.670*** (-14.95)	5.694*** (18.16)	0.398*** (12.90)	1509.10	1696

注：*** 表示显著性水平为 1%（双尾），表格中未报告截距项。
资料来源：根据上市公司年报数据计算整理。

表 7-1 中的数据说明，本章的实证检验结果与卡普兰和津盖尔斯（1997）以美国上市公司为样本得出的结论非常相似：① 较低的经营性净现金流、较低的股利分配率、较低的现金持有量、较高的资产负债率以及较多的投资机会都会导致企业面临更加严重的融资约束。

2. 变量定义

变量名称及变量定义如表 7-2 所示。

表 7-2　变量名称及变量定义

变量类型	变量名称	变量符号	变量定义
被解释变量	R&D 投资强度	RDRatio	研发支出与企业当期的营业收入之比
解释变量	融资约束	KZ	具体构造方法见正文
调节变量	政治关联	PC	如果企业董事长或 CEO 现任或曾任人大代表、政协委员或者曾经在政府部门任职，则取 1，否则为 0

① 卡普兰和津盖尔斯（1997）对美国上市公司进行实证研究，最终获得的 KZ 指数计算公式如下：$KZ_{it} = -1.002CF_{it}/A_{it-1} - 39.368Div_{it}/A_{it-1} - 1.315C_{it}/A_{it-1} + 3.139Lev_{it} + 0.283Q_{it}$。

续表

变量类型	变量名称	变量符号	变量定义
控制变量	企业规模	Size	企业期末总资产的自然对数
	企业年龄	Age	公司上市时间
	第一大股东持股比例	Shrcr1	公司第一大股东持股比例
	S 指数	Shrs	公司第二大股东至第十大股东持股比例之和
	管理层持股比例	SHR	公司管理层持股比例
	年度	Year	如果企业处于该年度，则取 1，否则为 0
	行业	Industry	如果企业处于该行业，则取 1，否则为 0

3. 模型构建

$$RDRatio_{it} = \beta_0 + \beta_1 KZ_{it} + \beta_2 PC_{it} + \beta_3 KZ_{it} \times PC_{it} + \beta_4 Size_{it} + \beta_5 Age_{it} + \beta_6 Shrcr1_{it} + \beta_7 Shrs_{it} + \beta_8 SHR_{it} + \beta_9 Year + \beta_{10} Industry + \varepsilon_{it}$$

其中，被解释变量 RDRatio 为企业 R&D 投资强度，本章将企业研发支出除以企业当期的营业收入以消除量纲影响。解释变量是衡量融资约束的 KZ 指数。调节变量是政治关联 PC。除了上述主要研究的变量外，本章还加入了以下控制变量：

本章以企业期末总资产的自然对数来衡量企业规模（Size），一般认为小公司和大公司在技术创新中具有不同的优势，小公司主要具有灵活性优势，而大公司主要拥有资源优势；年轻企业和成熟企业的 R&D 投资也存在差异，所以本章控制了企业的年龄（Age）；Shrcr1 为公司第一大股东持股比例，股权集中度越高的企业，越有能力进行大量的研发投资；S 指数（Shrs）为公司第二大股东至第十大股东持股比例之和，用以衡量企业的股权制衡度，股权制衡度的提高有助于缓解控股股东与其他股东的代理冲突，从而促进企业增加研发投资；SHR 为公司管理层的持股比例，高管持股能显著促进企业进行研发投资；回归中还引入了年度哑变量（Year）和行业哑变量（Industry）。

7.2.3 样本选择与数据来源

本章选取 2011 ~ 2015 年中小板上市的高新技术企业作为研究对象，

并按照以下原则进行处理：(1) 剔除ST和*ST公司，因为该类公司经营状况恶化，数据可信度较差；(2) 剔除金融类上市公司，由于金融行业特征与其他行业差异较大；(3) 剔除数据缺失公司。

经过上述筛选，共得到1696个样本数据，2011~2015年观测值分别为221个、360个、376个、369个以及370个。本章采用的政治关联数据均为手工整理所得，财务数据均来自CSMAR国泰安数据库和RESSET锐思数据库。本章采用STATA 13统计软件进行实证分析。

7.3 实证检验

7.3.1 描述性统计

主要变量描述性统计结果如表7-3所示。

表7-3　　主要变量的描述性统计

Panel A 全样本变量的描述性统计分析						
变量	样本数	平均值	标准差	最小值	中位数	最大值
RDRatio	1696	0.044	0.035	0.000	0.035	0.292
KZ	1696	0.655	2.461	-14.800	0.994	17.527
PC	1696	0.457	0.498	0	0	1
Size	1696	21.469	0.740	19.231	21.407	24.347
Age	1696	5.035	2.049	2	5	10
Shrcr	1696	0.345	0.140	0.043	0.335	0.815
Shrs	1696	0.265	0.118	0.018	0.259	0.619
SHR	1696	0.128	0.168	0.000	0.048	0.791
Panel B 按政治关联分组的KZ指数						
变量	PC	平均值	标准差	最小值	中位数	最大值
KZ	PC=1	0.594	2.403	-14.80	0.831	8.242
	PC=0	0.706	2.509	-8.898	1.069	17.527

表 7 - 3 对总体样本的主要变量进行了描述性统计。在 Panel A 中，RDRatio 的平均值为 4.4%，表明我国中小板高新技术企业的 R&D 投资强度不足。KZ 指数的平均值为 0.655，最小值为 -14.800，最大值为 17.527，表明我国中小板高新技术企业之间的融资约束程度仍然存在较大差异。PC 的平均值为 0.457，在 1696 个样本中，政治关联样本有 775 个，非政治关联样本有 921 个。如 Panel B 所示，在衡量企业融资约束程度的 KZ 指数方面，政治关联企业与非政治关联企业之间存在明显差异，政治关联企业 KZ 指数的平均值、最小值、最大值及中位数均低于非政治关联企业，说明政治关联企业的融资约束程度整体低于非政治关联企业。

7.3.2 变量的相关性检验

在进行回归分析之前，先对各变量进行 Pearson 相关性检验（见表 7 - 4），结果发现各变量之间的相关系数均低于 0.50，说明变量间的多重共线性较弱。从相关性检验结果来看，企业 R&D 投资强度与融资约束显著负相关，初步表明融资约束抑制了企业的 R&D 投资强度。

表 7 - 4 各变量 Pearson 相关系数

变量	RDRatio	KZ	PC	Size	Age	Shrcr1	Shrs	SHR
RDRatio	1							
KZ	-0.101***	1						
PC	-0.131***	-0.023	1					
Size	-0.140***	0.149***	0.091***	1				
Age	0.097***	0.310***	-0.064***	0.232***	1			
Shrcr1	-0.133***	-0.107***	0.012	0.047*	-0.211***	1		
Shrs	-0.004	-0.163***	-0.022	-0.019	-0.238***	-0.471***	1	
SHR	0.081***	-0.089***	0.020	-0.078***	-0.195***	0.035	0.084***	1

注：***、**、*分别表示在 1%、5%、10% 统计水平上显著。

7.3.3　实证结果及分析

企业融资约束、政治关联与 R&D 投资的回归分析结果如表 7-5 所示。

表 7-5　　企业融资约束、政治关联与 R&D 投资的回归结果

变量	(1)	(2)	(3)	(4)
	全样本	全样本	政治关联	非政治关联
KZ	-0.123*** (-3.70)	-0.264*** (-5.22)	-0.135** (-2.12)	-0.266*** (-5.23)
PC		-0.896*** (-5.28)		
KZ×PC		0.132* (1.88)		
Size	-0.552*** (-4.88)	-0.587*** (-5.16)	-0.217 (-1.17)	-0.837*** (-5.95)
Age	0.105** (2.49)	0.218*** (5.10)	0.067 (1.05)	0.305*** (5.35)
Shrcr1	-0.027*** (-3.66)	-0.039*** (-4.54)	-0.044*** (-2.98)	-0.038*** (-3.77)
Shrs	-0.026*** (-3.18)	-0.025*** (-3.05)	-0.041*** (-3.32)	-0.016 (-1.46)
SHR	0.969** (2.06)	1.999*** (3.98)	1.219** (2.19)	2.666*** (3.43)
cons	17.548*** (7.44)	18.252*** (7.70)	10.829*** (2.90)	22.789*** (7.48)
Year	控制	控制	控制	控制
Industry	控制	控制	控制	控制
N	1696	1696	775	921
调整 R^2	0.251	0.087	0.043	0.099

注：***、**、*分别表示在1%、5%、10%统计水平上显著。

如表7-5中列（1）所示，在全样本中融资约束对企业R&D投资强度的回归系数在1%的水平上显著为负（回归系数为-0.123，t值为-3.70）。说明中小板高新技术上市公司R&D投资存在融资约束，即融资约束对企业研发投资具有明显的制约作用，企业面临的融资约束越强，企业R&D投资强度越低，从而验证了本章的假设1。如表7-5中列（2）所示，企业融资约束（KZ指数）与政治关联（PC）的交乘项的回归系数在10%的水平上显著为正（回归系数为0.132，t值为1.88）。如表7-5中列（3）和列（4）所示，在样本分组回归中，政治关联公司的融资约束与R&D投资强度在5%的水平上显著为负（回归系数为-0.135，t值为-2.12），非政治关联公司的融资约束对R&D投资强度回归系数绝对值更大，而且显著性水平提高到1%（回归系数为-0.266，t值为-5.23）。上述结果均表明，企业建立政治关联的行为缓解了融资约束对企业R&D投资的消极影响，从而验证了本章的假设2。对此可能的解释是，企业建立起的政治关联能够给企业带来大量的资源，增加资金供给方关于企业未来业绩的信息，降低资金供求双方的信息不对称程度，从某种在程度上缓解高新技术企业外部融资约束问题，这一结论与其他学者（Khwaja & Mian，2005；Faccio，2007）的研究结果一致。

从各控制变量系数的符号的实证结果上看，企业规模（Size）与R&D投资强度在1%水平上负相关，即随着企业规模的不断扩大，其R&D投资强度有所下降。企业年龄（Age）与R&D投资强度显著正相关，说明相对于成长期和成熟期的企业，初创期的企业没有充足的资金用于大额的研发投资。另外，在企业股权结构方面，管理层持股比例的增加对企业R&D投资强度具有正向的促进作用；而股权集中度与股权制衡度的提高反而抑制了企业对R&D项目的投资，这与我们的预期并不相符。

表7-6是分别对不同样本进行分组回归的结果：列（1）是政治关联的样本，列（2）和列（3）是按照政治关联的级别划分的中央及省级政治关联子样本和县市级政治关联子样本。如表7-6所示，县市级政治关联企业的融资约束与R&D投资强度在1%的水平上显著为负（回归系数为-0.200，t值为-3.07），而中央及省级政治关联企业的融资约束对R&D投资强度的回归系数并不显著（回归系数为-0.078，

t值为 -0.73)。这说明企业建立的政治关联的层级越高，越能缓解融资约束对于企业R&D投资强度的抑制作用，证明了假设3，即相比于较低层级的政治关联，政治关联层级较高企业的融资约束对R&D投资的消极影响更弱。

表7-6 区分不同层级政治关联的分组回归结果

变量	(1)	(2)	(3)
	政治关联	中央及省级政治关联	县市级政治关联
KZ	-0.135** (-2.12)	-0.078 (-0.73)	-0.200*** (-3.07)
Size	-0.217 (-1.17)	-0.467 (-1.27)	-0.165 (-0.83)
Age	0.067 (1.05)	0.071 (0.70)	0.137* (1.84)
Shrcr1	-0.044*** (-2.98)	-0.055** (-2.23)	-0.028** (-2.53)
Shrs	-0.041*** (-3.32)	-0.030 (-1.51)	-0.047*** (-3.55)
SHR	1.219** (2.19)	1.728* (1.65)	0.661 (1.03)
cons	10.829*** (2.90)	16.510** (2.18)	8.813** (2.24)
Year	控制	控制	控制
Industry	控制	控制	控制
N	775	371	351
调整 R^2	0.043	0.037	0.085

注：***、**、*分别表示在1%、5%、10%统计水平上显著。

7.3.4 稳健性检验

本章主要进行了如下稳健性检验：

1. KZ 指数的度量

本章以销售收入增长率（Growth）替代托宾 Q 衡量投资机会，如表 7-7 中列（1）所示，实证结果基本一致。

表 7-7 稳健性检验的回归结果

变量	(1)	(2)	(3)	(4)
KZ	-0.355*** (-8.66)	-0.358*** (-6.34)	-1.438*** (-7.638)	-0.125*** (-2.82)
PC	-0.854*** (-5.36)	-0.896*** (-4.70)	-4.206*** (-6.677)	-0.813*** (-5.13)
KZ × PC	0.153*** (2.59)	0.170** (2.05)	1.613*** (4.208)	0.133* (1.88)
Size	-0.358*** (-2.99)	-0.526*** (-3.95)	-0.185 (-1.084)	-0.649*** (-5.67)
Age	0.179*** (4.23)	0.253*** (5.00)	0.255*** (3.246)	0.153*** (3.50)
Shrcr1	-0.044*** (-5.15)	-0.041*** (-4.27)	-0.077*** (-6.778)	-0.036*** (-4.14)
Shrs	-0.030*** (-3.70)	-0.024*** (-2.70)	-0.083*** (-5.709)	-0.021** (-2.56)
SHR	1.935*** (4.00)	2.180*** (3.54)	1.738** (2.554)	1.987*** (3.92)
cons	13.737*** (5.61)	16.726*** (5.97)	15.177*** (4.303)	19.410*** (8.13)
Year	控制	控制	控制	控制
Industry	控制	控制	控制	控制
N	1696	1286	1688	1688
调整 R^2	0.117	0.104		0.083
Wald test			9.58***	
城市固定效应			控制	

注：***、**、* 分别表示在 1%、5%、10% 统计水平上显著。

2. 可能的内生性问题

企业R&D投资往往需要持续的高投入，这会导致参与研发的企业很容易陷入融资约束的困境。参与研发的企业亟须有利的监管条件和政策性资源进而获得有效产权保护，因此企业进行R&D投资也会促使企业建立政治关联。政治关联、融资约束与企业R&D投资之间可能存在内生性问题，为此本章采用了三种方法解决内生性问题。

首先，本章将融资约束和政治关联等变量进行滞后一期处理后重新回归。研究表明，在控制了内生性问题后，本章的主要结论保持稳健，回归结果见表7-7中列（2）。

其次，菲斯曼和斯文松（Fisman & Svensson，2007）将企业所在城市、所在行业的特征变量作为该企业内生变量的工具变量，本章借鉴这种方法，将企业所在城市、所处行业的政治关联作为企业政治关联的工具变量，将企业所在城市、所处行业的融资约束作为企业融资约束的工具变量。本章利用IVTobit方法，回归结果见表7-7中列（3），与普通最小二乘法（OLS）回归的结论一致。

最后，卢贝尔（Lewbel，1997）认为当没有其他数据可用时，可以将数据的简单函数——三次方作为工具变量，以消除变量的测量误差。本章由此构建了政治关联和融资约束指标的工具变量（政治关联—政治关联的均值）的三次方和（融资约束—融资约束的均值）的三次方，并利用了TSLS的估计方法，回归结果如表7-7中列（4）所示，融资约束和政治关联交乘项的系数显著为正。

7.3.5　研究结论与建议

本章实证研究了融资约束、政治关联与企业R&D投资之间的相互关系和作用机制，得到了以下结论：首先，我国中小板高新技术上市公司R&D投资总体存在融资约束；其次，融资约束与政治关联的交乘项的系数为正，也就是说政治关联缓解了融资约束对企业R&D投资的消极影响；最后，将存在政治关联的样本分成中央及省级政治关联、县市级政治关联两个子样本后，发现在中央及省级政治关联的子样本中，融资约束对企业R&D投资的消极影响更弱。

党的十九大报告明确提出，“建立以企业为主体、市场为导向、产学研深度融合的技术创新体系的政策，加强对中小企业创新的支持”。但由于正式制度尚不完善，因此一些中小企业会通过寻求政治关联来缓解 R&D 投资的融资约束。但是通过政治关联实现的资金配置无法保证是合理的、高效的。如果企业滥用自己的政治关联优势，有可能会加剧中小企业的不正当竞争。

要从根源上解决中小板高新技术企业 R&D 投资的融资困境，亟须更有力、健全的正式制度保障。一方面，为中小企业发展创造适宜的宏观经济环境和获得资源的机会。进一步建立健全相关法律体系以加强对中小企业的产权保护尤其是对企业研发中知识产权的保护，在降低企业经营风险的基础上，提高资金供给方关于企业健康发展的良性预期。另一方面，把金融基础设施建设作为一项先导性、战略性、全局性的工作，坚持以市场化为导向推进金融体制改革，以使金融资源的分配更加合理有效。

第8章　高管增减持行为、市场效应与经济后果

8.1　研究背景与文献述评

8.1.1　研究背景

股权分置改革后我国资本市场顺势步入全流通时代。依据《上市公司股权分置改革管理办法》的要求："非流通股股份可以在股权分置改革方案实行的一年之后上市交易或转让；持股超过5%的原非流通股股东（大非），在限售期满后的一年内挂牌交易转出量不得超过原持股的5%，在两年内禁止超过10%，所有股权在年满三年后才能够自由交易买卖。"2006年证监会、国资委和财政部先后颁布法规，对于上市公司股权激励措施进行制度化和规范化。此后，我国上市公司的高管开始逐渐持有一定的公司股份，同时开始对自己所持有的股份进行增持、减持等交易行为。

2008年，次贷危机的发生波及了整个金融市场，导致金融危机爆发，我国资本市场亦是难独善其身。同时，2008年更是大小非解禁的高峰年份，加之紧缩的货币政策，在2008年9月，股市较前一年的高点下跌了近70%，股市受挫严重。此时由于股权分置改革，使得上市公司高管解禁，他们开始频繁活跃在资本市场上，成为资本市场的一个重要的信号源。所以同年政府发布了新规，允许持有公司股票30%以上的股东在2%以内任意增持时可以事后向证监会递交申请，掀起了国

内一波内部人增持的热潮。

2009 年，我国在深市确立了创业板，在一定程度上满足了新兴行业的发展需求。但是由于存在发行价过高、市盈率高于正常市场水平和超募率高的“三高”现象，使得限售期满后即时就爆发了创业板高管减持狂潮。自此以后，高管增减持行为的研究也就成为一个热点。

2015 年是近年来中国股市令人印象深刻的动荡之年，从 1 月 5 日收盘指数 3350 至 6 月 12 日 5178，暴涨了 54.57%，但自此以后开始如过山车一般急速下跌，至 8 月 26 日沪指已跌至 2927。而大股东和高管减持公司股票的市值创下新高，仅半年时间减持涉及的市值就已达到 5073 亿元，较 2014 年一整年的市值几近翻了一番。因此，证监会及时发布公告，禁止上市公司的大股东和高管 6 个月内在二级市场上减持本公司股票，以及国有控股的上市公司控股股东和董监高人员可以在二级市场上直接增持股票，不需事前向国资委申请，以此鼓励增持，稳定股市。

国家对高管增减持行为的制度在不断规范和完善，这彰显了政府监管部门对高管增减持行为的关注和重视，不断规范高管增减持行为，保护其他外部中小股东权益。根据《证券法》的规定，将持股比例超过 5% 的大股东和董监高人员界定为内部信息知情者，即公司内部人。大股东和高管在持股比例上存在明显差异，目标导向也不同。在增减持行为中，大股东的增减持行为更多是出于自身控制权的考虑，与公司发展状况变化的联系不紧密，而高管的增减持变动则能更多地起到信号传递的作用。本章立足于高管信息优势的视角，研究增减持行为发生后产生的相关经济后果。

所谓高管增减持行为，简单讲就是高管在二级市场买卖本人所持本公司股票的行为。但目前无论是学术研究还是相关法律法规对高管增减持行为的概念界定依然没有一个通用的标准。但在实务中，高管增减持行为具体表现有三：一是高管亲自在二级市场进行股票增减持。其行为受有关规定的制约，具有披露义务，即高管所持本公司股票的比例从发生变动之日起两个交易日内应当上报证监会和交易所，同时对外发布有关公告。二是高管的亲属代表高管进行股票增减持行为。高管亲属包括其父母、配偶、兄弟姐妹。张俊生等（2011）[①] 发现高管亲属代表高管

① 张俊生、曾亚敏：《上市公司内部人亲属股票交易行为研究》，载于《金融研究》2011 年第 3 期，第 121 ~ 133 页。

进行的增减持行为次数远多于高管本人，且其增减持行为多发生在敏感期，偏向于短线交易。因此，高管可能存在利用其亲属的掩盖身份帮助其完成增减持的行为，并借此规避政策的限制。三是高管及其实际控制人进行增减持行为。实际控制人在二级市场上进行股份增减持行为，这主要是“金字塔”结构的普遍存在所导致的控制权的争夺，但同时为规避交易管制，也可能通过间接对子公司的增减持来避免相关信息披露和法律法规的限制。

基于此，本章将高管增减持行为确定为上述表现的第一种——高管本人在二级市场直接进行增减持的行为。因为此种标准相关数据易获得且真实性高，而后两种标准的范围过大，数据获取难度大，且存在很大的隐蔽性和不确定性。

此外，高管增减持行为发生的原因在2007年发布的《上市公司董监高所持本公司股份及变动管理规则》中包括：大宗交易、竞价交易、二级市场买卖、分红送转、公司增发新股时老股东配售、新股申购、股权激励实施及其他。本章的高管增减持性行为的原因中仅包括竞价交易和二级市场买卖，其他方式获得或减少的股份要么不能反映高管增减持的真实目的，要么是高管被动增减持行为。

8.1.2　文献评述

1. 高管增减持行为的动机

对高管增减持行为动机的研究一般是从经济和政治两大方面展开的。经济动机研究主要是基于信号传递理论、信息不对称理论、市场择时理论和委托代理理论来进行分析的，认为高管增减持主要是为了利用市场对公司的价值错估以获取超额收益或满足、现金流信号传递、流动性需求。而政治动机研究主要是从上市公司与政府之间的寻租关系以及政府和上市公司博弈的视角进行的，认为高管增减持行为是为了获得政府的支持，以寻求更好的发展。

（1）高管增减持行为经济动机——价值错估。在高管增减持行为动机探究的文献中，价值错估是最具代表性的研究结论之一，具体表现为公司高管判断公司实际价值被低估（高估）时，会进行增（减）持以从中获利。从时间跨度上来看，可以分为短期的市场择时交易和长期的未来业绩判断。高管作为理性经济人，其增持或减持行为存在投机获利的动机，即高管会利用信息优势来实现自身利益最大化。

市场择时理论认为牛市普遍存在股价被高估的现象，熊市存在股价被低估的现象，理性的高管会利用牛市增发股票进行融资，利用熊市进行回购。利用市场估值开展投机获利行为存在理论上的可能性。彭曼（Penman，1982）[①] 研究发现内部人交易中有运用内部信息优势和对外披露时机来实现套利的情形。梅耶斯和梅吉拉夫（Myers & Majluf，1984）的研究显示有的公司高管利用信息优势在公司尚未披露信息时买卖公司股票以获取收益。登纳特（Dennert，1991）研究发现内部人拥有准确度高且成本低的信息，他们还可利用已知消息预测未来发展趋势，从而利用股票价格的错估进行套利。曾庆生（2008）[②] 发现上市公司的内部人出售所持有的本公司股票时存在着精准的时机把控，内部人拥有的内部信息数量与套利比例呈正比。朱茶芬等（2011）[③] 实证分析发现大股东增减持时存在着精准的时机选择能力，这表示大股东在增减持行为中运用了有利的内部信息。姜英兵和张晓丽（2013）[④] 发现大股东增持行为具有明显的择时现象，大股东增持的择时能力受其持股性质、增持比例、公司近期的股票走势和未来成长性的影响。姚颐等（2016）[⑤] 发现创业板上市公司的内部人减持并非主要依据对未来绩效的判断，更多的是依据股价估值泡沫化程度。刘亭立和陈晨（2012）[⑥] 认为我国股市中高管减持行为主要是短期套现。

在现有文献研究中，对高管增减持行为动机的分析表明也存在预计

① Penman S. H.. Insider Trading and the Dissemination of Firms' Forecast Information. The Journal of Business，1982，55（4）：479－503.

② 曾庆生：《公司内部人具有交易时机的选择能力吗？——来自中国上市公司内部人卖出股票的证据》，载于《金融研究》2008 年第 10 期，第 117～135 页。

③ 朱茶芬、李志文、陈超：《A 股市场上大股东减持的时机选择与市场反应研究》，载于《浙江大学学报》2011 年第 6 期，第 159～168 页。

④ 姜英兵、张晓丽：《上市公司大股东增持的市场时机选择能力及其影响因素研究》，载于《经济管理》2013 年第 12 期，第 88～99 页。

⑤ 姚颐、赵梅、冯艳华：《内部股东减持套现的信号传递》，载于《财务研究》2016 年第 5 期，第 15～25 页。

⑥ 刘亭立、陈晨：《创业板上市公司高管减持研究》，载于《财会通讯》2012 年第 10 期，第 11～19 页。

公司未来绩效不良及时抛售避免损失或看好公司前景追加投资的情况。皮奥特罗斯基（Piotroski，2004）[①] 实证发现，高管增持与公司未来绩效存在显著相关性，增持与市净率正相关。张光荣和曾勇（2006）[②] 的研究也表达了上市公司的绩效与大股东增持存在正向关系的结论。刘亭立和陈晨（2012）通过研究认为高管减持的一个重要动因是对公司未来缺乏信心。

虽然公司高管利用信息优势来评估价值，但根据塞洪（Seyhun，1986）[③] 的信息层级假说，不同级别的高管对上市公司的了解程度不同，这会导致价值估计的偏差。莱维纳等（Ravina et al.，2006）[④] 发现独立董事获取的超额收益少于其他高管。刘亚莉和李静静（2010）[⑤] 认为控股股东因减持公司股票获取的超额收益显著高于其他内部人。张俊生和曾亚敏（2011）[⑥] 发现董事长或总经理级别的高管的亲属在股票交易中相比其他级别的高管亲属能获得更多的收益。由此可见，由于信息层级的制约，高管在估计公司价值以获取超额收益时是存在差异的。

高管增减持行为中的价值错估存在短期和长期现象，但现有的研究多是集中于短期的市场择时交易，缺少高管增减持行为动机与公司长期绩效判断的研究。这可能会导致中小股东的短期行为，加剧资本市场震荡。未来的研究应该拓宽事件窗口，探索高管增减持行为的长期效用函数，把重点放到对公司未来战略方向调整的影响上。

（2）高管增减持行为经济动机——现金流信号传递。现金流信号传递动机基于有效市场理论，在股价未能充分反映公司价值的情况下，高管可以通过增持向市场发出明确信号，从而引导现金流入。和外部投

① Piotroski D. H.. What Determines Corporate Transparence. Journal of counting，2004（11）：213－219.

② 张光荣、曾勇：《大股东的支撑行为与隧道行为——基于托普软件的案例研究》，载于《管理世界》2006年第8期，第126～135页。

③ Seyhun，H. N.. Insiders' Profits，Costs of Trading，and Market Efficiency. Journal of Financial Economics，1986，16（2）：189－212.

④ Ravina，E.，Sapienza，P.. What do Independent Directors Know? Evidence from Their Trading. NBER Working Paper，2006：254－268.

⑤ 刘亚莉、李静静：《大股东减持、股权转让溢价与控制权私利》，载于《经济问题探索》2010年第8期，第92～98页。

⑥ 张俊生、曾亚敏：《上市公司内部人亲属股票交易行为研究》，载于《金融研究》2011年第3期，第121～133页。

资者相比，高管通常能更准确地利用信息优势作出正确估值。当公司股价大幅低于正常值时，基于信号传递理论，高管有动机通过增持行为来引导公司股价回归正常。格雷戈里（Gregory，1994）、① 黑里尔和马歇尔（Hillier & Marshall，2002）② 发现内部人短期的增持行为会得到市场积极回应，引导股价上涨。方天亮（2010）发现上市公司大股东增持股份会向市场发出公司股价被低估的信号。近年来，我国股市频频出现“兜底式增持”，③ 以此向市场传达对本公司股票的看好和护盘决心这一信号，引导股价上涨，引入现金流。

（3）高管增减持行为经济动机——流动性需求。有些文献表明高管减持不一定会引起市场的迅速反应，这与内部人交易普遍存在超额收益的研究相矛盾。因此，有研究者认为高管减持行为可能存在流动性需求，即出于某一时机对资金的需要而出让股份。鲁桂华（2007）④ 认为高管减持行为之所有存在流动性动机主要是源于资本市场的不完美性。王汀汀（2009）⑤ 认为，内部人减持股票的规模与公告效应呈正相关，因此存在内部人出售股票的流动性需求动机。

（4）高管增减持行为经济动机——其他。还有文献认为宏观经济政策和市场趋势等因素也会影响增减持行为。比如紧缩性货币政策下，融资成本的增加也会对高管减持行为产生促进作用。楼瑛等（2008）通过实证分析得出结论，认为大股东减持与公司财务绩效存在相关关系，与市场趋势也有相关关系。此外，在针对大股东增减持行为的研究中，还存在控制权调整，通过增持或减持来加强或削弱对公司的影响，以达到隧道效应或激励效应。杨召（2012）⑥ 通过实证分析得出结论，

---

① Gregory A.，Matatko J.，Tonks I.，Purkis R.. UK Directors Trading：The Impact of Dealings in Smaller Firms. The Economic Journal，1994，104（422）：37 - 53.

② Hillier，D.，Marshall，A. P.. The Market Evaluation of Information in Directors Trades. Journal of Business Finance and Accounting，2002（29）：77 - 110.

③ “兜底式增持”是指上市公司A股股价下跌以后，上市公司大股东鼓励公司员工增持本公司股票，并保证承担所有亏损的行为。

④ 鲁桂华：《限售股的减持动机和市场反应透析》，载于《财务与会计》2007年第7期，第27～29页。

⑤ 王汀汀：《减持：流动性需要还是信号发送——基于中信证券的案例分析》，载于《经济管理》2009年第7期，第122～129页。

⑥ 杨召：《上市公司内部人增持行为的实证研究》，载于《生产力研究》2012年第11期，第85～87页。

认为高管和大股东的动机是有差异的，大股东增持是为了保持股权稳定，而高管增持则体现了对公司未来发展的看好。

（5）高管增减持行为政治动机。政治动机一般多存在于具有政治关联或期望取得政府支持的公司中。政府可能会通过财政补贴等手段支持公司发展，同时又为实现其政治目标而促使公司承担一部分社会责任。企业出于发展需要也会配合政府。凯姆和泽丝曼尔（Keim & Zeithaml，1986）[①] 的研究发现，公司内部人为了巩固自己的地位，会主动参与政治活动，以配合政府政策。沈艺峰等（2011）[②] 实证研究发现内部人股票增持行为的动机中政治动机居于主导地位。杜小青（2014）[③] 以2008年金融危机为背景的研究发现高管增持具有政治目的性。萨皮恩泽尔（Sapienza，2004）[④] 发现国有控股上市公司的股东普遍具有较强的政治动机。对于民营公司而言，其本身缺乏国有公司所特有的政治关联，为获得国家支持也会大力响应政府政策，帮助政府完成其政治目标以维护自身利益。

2. 高管增减持行为的市场效应

国外的发达资本市场对于减持行为有严格的监管措施，违反规定要付出非常大的代价，所以减持行为较少，研究文献也仅在内部人交易中涉及。塞洪（1986）[⑤] 对内部人增持行为进行探究，得出内部人在二级市场增持股票能引导市场对此积极反应，对公司股价有积极影响的结论。弗里德里希和格雷戈里（Friederich & Gregory，2002）的研究发现，内部人增持行为发生后，在一段时间内公司股价会获得正的超额收益。

---

① Keim G.，Zeithaml，C.. Corporate Political Strategies and Legislative Decision Making：A Review and Contingency Approach. Academy of Management Review，1986（11）：828－843.

② 沈艺峰、醋卫华、李培功：《增持股份：财务动机还是政治动机?》，载于《会计研究》2011年第1期，第52～59页。

③ 杜小青：《我国上市公司高管增持与企业绩效的实证研究》，西南财经大学硕士学位论文，2014年。

④ Sapienza，P.. The Effect of Governance Ownership on Bank Lending. Journal of Financial Economics，2004（72）：357－384.

⑤ Seyhun，H. N.. Insiders' Profits，Costs of Trading，and Market Efficiency. Journal of Financial Economics，1986，16（2）：189－212.

兰库尼肖科和李（Lakonishok & Lee，2001）[①] 以1975～1995年美国三大交易所的数据为样本，对内部人增持和减持行为所产生的市场效应进行研究，发现资本市场对内部人增持或减持公告产生的反应并不明显。杰恩等（Jeng，2003）[②] 实证研究发现内部人增持行为能够取得明显的超额收益，而减持行为却没有取得预期超额收益。由此可见，上市公司高管减持股票产生的市场效应不明显，增持股票能够获得积极的市场反应。

国内大多数增减持方面的研究是针对大股东的，而关于高管增减持行为的研究多是针对在创业板出现的高管套现问题。所以，在数据选择上主要有两种方向：一是中小板和创业板；二是所有A股上市公司。洪登永和俞红梅（2009）[③] 以沪深两市的高管增减持行为为样本，指出高管增持行为会带来明显的积极市场回应，减持则导致明显的消极市场回应。吴育辉和吴世农（2010）[④] 的研究表明，减持事件发生后的30个交易日出现显著的负累计超常收益。曹晓丽和刘锐均（2012）[⑤] 研究创业板高管对解禁股的减持行为现象发现，减持事件发生后的一周内，股价显著下降。顾煜和程丹（2013）[⑥] 发现，凡是有高管减持行为的创业板上市公司都会存在导致公司股价下跌的情况。由此可见，国内市场对于高管的减持行为是很敏感的，普遍认为市场对高管减持会给予显著的负面回应。造成国内外研究结论差异的原因可能在于国内的监管体系不够完善，市场有效性较低，导致外部投资者对高管传递的信号更加关注。

① Lakonishok，J.，Lee，I.. Are Insider Trades Informative. Review of Financial Studies，2001，14（1）：79－110.

② Jeng，L. A.，Metrick，A.，Zeckhauser，R. Estimating the Returns to Insider Trading：A Performance－Evaluation Perspective. The Review of Economics and Statistics，2003，85（2）：453－471.

③ 洪登永、俞红梅：《高管交易行为、信息不对称与公司治理》，载于《财经理论与实践》2009年第9期，第37～42页。

④ 吴育辉、吴世农：《股票减持过程中的大股东掏空行为研究》，载于《中国工业经济》2010年第5期，第121～130页。

⑤ 曹晓丽、刘瑞均：《创业板股份减持市场效应及影响因素实证研究》，载于《财会通讯》2012年第9期，第133～135页。

⑥ 顾煜、程丹：《创业板高管减持与公司业绩实证研究》，载于《商业研究》2013年第11期，第80～85页。

关于公司高管增持行为方面，国内研究普遍认为增持会给市场带来积极反应。姜仁荣（2010）以 2008 年我国 A 股市场中有大股东增持行为的公司为实证样本，分析得出资本市场对增持行为有明显的正向反应，对股价产生积极的影响。李俊峰等（2011）[①] 分析得出我国上市公司增持信息公告后可在短期内对公司股票价格产生利好刺激的结论。于海林（2012）[②] 采用 2006～2009 年这四年中出现过高管增持行为的上市公司的财务数据进行研究，发现资本市场对高管增持行为反应积极。从上述文献可以看出，国内外关于增持行为的研究，无论是内部人、大股东还是高管，都会得到市场的正面反应，使得公司股价实现短期内的上涨，获得超额收益。

国内外有关高管增持引起的市场效应的研究结论基本一致，即认为高管增持会引起资本市场的正面效应。而高管减持行为由于国内外监管体系的完善程度不一致，其结论存在差别。西方发达的资本市场对高管减持行为的反应并不明显，但中国股市成立时间相对较短，相关的监管制度还在不断地完善当中。为此，高管减持行为的发生常被外部投资者认为是一个负面的信号，导致股票被抛售，引发股价下跌。

3. 高管增减持行为与公司绩效

由于高管增减持行为直接表现为高管所持本公司股票比例的变动，所以对高管增减持行为发生后公司绩效的变动趋势也就表现为高管持股比例的不同对公司绩效产生不同的影响。

（1）高管持股比例与公司绩效呈线性相关性。根据信息不对称理论和利益趋同理论，高管持股可以有效缓解代理问题，高管增减持行为代表了高管对公司未来发展趋势的判断，即使是出于套利目的，也能说明市场对上市公司估值存在误差，以此引导资源的更好配置，所以高管持股比例和公司绩效二者间存在相关关系。国外方面，伯利和米恩斯

---

① 李俊峰、王汀汀、张太原：《上市公司大股东增持公告效应及动机分析》，载于《中国社会科学》2011 年第 7 期，第 95～110 页。

② 于海林：《上市公司高管增减持行为研究》，载于《中国注册会计师》2012 年第 9 期，第 60～67 页。

(Berle & Means，1932)[①] 认为高管持有一定数量的股票可以达到利益趋同的目的，公司高管持股与绩效存在正相关关系，从而对公司价值产生正面的推动效果。詹森和麦克林（1976)[②] 认为高管持股可以有效缓解代理问题，对公司绩效产生正面影响。因为在高管持股比例增加的过程中，高管与控股股东间的利益关联就会更加紧密，若高管损害公司利益，自身也要承担相应损失，所以高管与股东的利益摩擦会被削弱，代理问题得到缓解。詹森和墨菲（Jensen & Murphy，1990)[③] 表明，高管持股能够解决高管与大股东间存在的代理矛盾，高管持股有利于公司绩效的提升，因此他们的结论同样支持了二者存在正相关的观点。弗里德曼等（Friedman et al.，2000)[④] 得出随着高管持股比例的增加会缓解高管与所有者间摩擦的结论。高管“掏空”公司同样会损害自身的利益，因此高管持股会使高管与控股股东之间的共同利益增多，二者存在相同的发展目标。国内学者也对此进行了研究，张维迎（1999)[⑤] 研究发现，可以通过高管持股来减轻公司代理问题，由此提高公司绩效。刘国亮和王加胜（2000)[⑥] 采用资产收益率、净资产收益率等财务指标对高管持股和公司绩效作出实证分析，从其结果来看，高管持股比例与公司绩效正相关。于东智（2003)[⑦] 运用若干财务指标检验高管持股与公司绩效的关系，结果显示二者存在显著的正相关关系。总而言之，持正相关关系观点的学者大多是依据利益趋同理论，认为高管持股能够削弱公司代理矛盾，从而缓解冲突，提高公司价值。

---

① Berle, A. A., Means, G. C.. The Modern Corporation and Private Property. New York: Macmillan, 1932: 268 - 292.

② Jensen, M., Meckling, W.. Theory of Firm: Managerial Behavior, Agency Costs and Ownership Structure. Journal of Financial Economics, 1976 (3): 305 - 360.

③ Jensen, M., Murphy, K.. Performance Pay and Top - Management Incentives. Journal of Political Economy, 1990 (98): 225 - 264.

④ Friedman, E., Johnson, S., Mitton, T.. Tunneling and Propping. Unpublished Manuscript, Massachusetts Institute of Technology, Cambridge, MA, 2000: 732 - 750.

⑤ 张维迎：《中国股票市场存在什么问题?》，载于《港澳经济》1999 年第 7 期，第 49 ~ 53 页。

⑥ 刘国亮、王加胜：《上市公司股权结构、激励制度及绩效的实证研究》，载于《经济理论与经济管理》2000 年第 9 期，第 40 ~ 45 页。

⑦ 于东智：《董事会、公司治理与绩效：对中国上市公司的经验分析》，载于《中国社会科学》2003 年第 6 期，第 60 ~ 66 页。

然而，也有部分研究者发现高管持股与公司绩效的正相关关系无法解释大股东和高管侵占中小股东利益的现象。有关学者就提出了高管持股与公司绩效呈负相关关系的观点，认为高管持股比例越高，就越有可能利用自身的控制权优势将自身利益进行转移，从而导致公司绩效下降甚至破产。范和汪（Fan & Wong，2002）[①] 的研究显示高管增持与公司绩效负向相关，这可能是因为在股权集中度相对较高的公司中，高管可以利用内部信息来谋求自身利益，如在职消费、公款买卖等，因此，高管持股比例越高，高管就越有动力不去披露或尽可能少地披露一些私有信息，进而导致公司绩效下滑。莱诺斯（Lennox，2005）从审计质量的角度来检验高管持股对公司绩效产生的影响，结果发现高管持股比例增加会影响公司绩效的提高。菲德拉穆等（Fidrmuc et al.，2006）[②] 对比英美市场得出高管减持能够减少代理成本，提高公司价值。

（2）高管持股比例与公司绩效呈非线性相关性。持有非线性相关性观点的学者认为，高管持股与公司绩效的关系受高管持股比例的影响。持股比例变动大小会引起不同的市场关注度，同时增减持行为动机不同，其持股变动比例也存在差异。斯图尔兹（1988）[③] 的研究表明高管持股与公司绩效具有倒U型关系，具体而言在高管持股比例达到一定数量时，高管对公司的控制力就会增强，高管因管理不善被更换的风险则大大降低，对高管的监管难度增大，高管完全有能力使公司决策更符合自身利益，以致有可能会牺牲公司绩效。麦康奈尔和瑟韦斯（Mcconell & Servaes，1990）[④] 发现高管持股与托宾Q具有倒U型关系，当高管持股比例接近总股数一半的时候，高管持股比例与公司价值之间的关系会发生变化。莫克等（Morck et al.，1988）[⑤] 的检验则得到高管

① Fan, J. P. H., Wong, T. J.. Corporate Ownership Structure and Information of Accounting Earnings in East Asia. Journal of Accounting and Economics, 2002 (2): 401-425.

② Fidrmuc, J. P., Goergen, M., Renneboog, L.. Inside Trading, New Release, and Ownership Concentration. The Journal of Finance, 2006, 61 (1): 2931-2973.

③ Stulz, R. Managerial Control of Voting Rights: Financing Policies and the Market for Corporate Control. Journal of Financial Economics, 1988 (20): 25-54.

④ Mcconell, J., Servaes, H.. Additional Evidence on Equity Ownership and Corporate Value. Journal of Financial Economics, 1990 (27): 595-654.

⑤ Morck, R., Shleifer, A., Vishny, R.. Management Ownership and Market Valuation: An Empirical Analysis. Journal of Financial Economics, 1988 (20): 293-315.

持股与公司绩效呈 N 型关系的结果。陈树文和刘念贫（2006）[①] 实证研究 IT 行业的上市公司，发现公司高管持股与公司绩效之间存在非线性关系。韩亮亮等（2004）[②] 认为高管持股对公司绩效的影响有区间效应，两者间具有明显非线性相关关系，在高管持股比例较低时，高管持股不能提高公司绩效，随着持股比例的增加，两者呈现正相关关系，高管持股超过公司股票总数的 1/4 后，两者又呈负相关关系。夏纪军和张晏（2008）[③] 采用 2001 ~ 2005 年中国上市公司的财务数据进行实证研究，证明了高股权集中度的上市公司实行股权激励的效果低于低股权集中度的公司。此研究结果也表明高管持股与公司绩效二者间呈现出区间效应。

（3）高管持股比例与公司绩效无显著相关性。有部分学者认为高管与公司绩效之间的相关关系不具有稳健性。得出此观点的学者多是采用处于市场制度调整时期的数据进行实证分析的，市场制度不完善，监管制度不全面，外部噪音对数据结果可能会造成较大干扰。德姆塞茨和莱恩（Demsetz & Lehn，1985）[④] 以 1980 年美国上市公司的数据入手，检验得出高管持股与公司绩效无显著相关性结论。马丁和帕克（Martin & Parker，1997）的超产权理论表明，公司绩效主要与市场竞争有关，与高管持股无直接关系。魏刚（2000）[⑤] 从 1998 年沪深上市公司的年度财务报表相关数据入手，以净资产收益率为主要指标，检验发现高管持股与公司绩效二者间无显著相关性，因为我国上市公司高管持股比例普遍不高，高管持股大多不作为股权激励的工具，仅仅是公司一项福利手段。李增泉（2001）[⑥] 对 1998 年我国上市公司的年度财务报表相关

① 陈树文、刘念贫：《上市高新技术公司高管人员持股与公司绩效关系实证分析》，载于《科学与管理》2006 年第 2 期，第 139 ~ 143 页。

② 韩亮亮、李凯、宋力：《高管持股与公司价值——基于利益趋同效应与壕沟防守效应的经验研究》，载于《南开管理评论》2004 年第 4 期，第 35 ~ 41 页。

③ 夏纪军、张晏：《控制权与激励的冲突——兼对股权激励有效性的实证分析》，载于《经济研究》2008 年第 3 期，第 87 ~ 98 页。

④ Demsetz，H.，Lehn，K. The Structure of Corporate Ownership：Causes and Consequences. Journal of Political Economy，1985（93）：1155 – 1177.

⑤ 魏刚：《高级管理层激励与上市公司经营绩效》，载于《经济研究》2000 年第 3 期，第 32 ~ 41 页。

⑥ 李增泉：《激励机制与公司绩效——一项基于上市公司的实证研究》，载于《会计研究》2001 年第 1 期，第 21 ~ 25 页。

数据进行回归检验，实证发现高管持股与公司绩效无相关性。

（4）文献评述。本章对高管增减持行为动机进行文献梳理，总结发现高管增减持行为共有的动机主要包括价值错估和政治动机。而就减持行为而言其动机还包括流动性需求和一些特殊原因，但这往往发生在大股东的减持行为上，出于资金问题的减持套现，或是可能涉及资产整合、控制权易主等动机对公司的影响是偏于短期的，但影响的机制多有不同，比如出于资产整合的目的减持反而会成为股价上涨、公司绩效提升的发动机。对于增持行为来说，其动机还有现金信号传递、控制权争夺以及为保证增发等募资行为而刺激股价，其中高管增持动机更多是为了现金信号传递和基于对公司内部信息的运用进行套利，控制权和募资更多是大股东增持的出发点。

高管增减持行为产生的经济后果中，市场效应的研究结论较为统一，但是在高管持股与公司绩效的研究中存在差异，主要是由于动机不同，导致经济后果存在差异。从短期来看，高管增减持行为的动机不明确，但作为一个重要信号肯定会对市场产生刺激作用；从长期来看，随着时间的推移，高管增减持行为动机逐渐显现，不同的动机对公司的绩效会产生不同的影响。同时，样本数据和政策变动也会对实证结果产生不同影响。通过对高管增减持行为公司绩效的关系分析，可以判断高管与外部投资者的目标函数是否一致，即是否会使公司未来绩效得以提升。这不仅能够评价高管能力，也有助于完善公司治理结构，规范资本市场的秩序。

8.2　高管增减持行为与市场反应

8.2.1　高管增减持行为基本面分析

2012～2016年沪深两市A股上市公司的高管增减持行为相关数据如表8－1、表8－2所示。

从表8－1中可以看出高管增持行为的波动情况，2012～2014年间波动较小，2014年较之前两年虽然增持数减少了，但涉及的资金数却

表 8-1　　沪深 A 股 2012~2016 年高管增持行为

项目	2012 年	2013 年	2014 年	2015 年	2016 年
增持数（个）	1311	943	891	4658	1594
涉及公司数（家）	229	173	187	850	410
涉及高管数（位）	723	534	562	2793	916
市值（亿元）	16.64	12.33	32.98	135.54	69.51

资料来源：根据 CSMAR 数据库数据计算整理。

表 8-2　　沪深 A 股 2012~2016 年高管减持行为

项目	2012 年	2013 年	2014 年	2015 年	2016 年
减持数（个）	1858	3607	3873	3156	2562
涉及公司数（家）	354	543	639	694	649
涉及高管数（位）	826	1615	1929	1809	1546
市值（亿元）	35.29	81.06	90.44	150.44	80.04

资料来源：根据 CSMAR 数据库数据计算整理。

增加了，说明高管增持比例有所提高。而 2015 年较之前一年波动极大，增持数、增持涉及的公司和高管数、增持市值几乎都是上一年的 5 倍左右。2016 年又是一个较大幅度的回落，各方面的绝对值为上一年的一半左右，但依然高于 2012~2014 年。从变动市值角度来看，2012~2013 年平均每位高管的增持市值均为 230 万元左右，每家上市公司的增持市值均在 720 万元左右。而到 2014 年每位高管增持均值提高到了 617 万元，每家上市公司增持市值也是剧增到 1763 万元。2015 年虽然高管增持频繁，但平均每位高管增持市值却降到了 485 万元，每家上市公司增持市值也变为 1594 万元。在 2016 年又是一次拉升，平均每位高管增持市值达到 758 万元的峰值，每家上市公司增持市值也是上升到 1695 万元。由此可见，虽然 2015 年增持行为数量多、涉及面广，但平均增持市值并不是很高。这一现象与政策干预和股价大幅下跌有关。

由表 8-2 可知，高管减持行为较之增持行为更加稳定，2013 年较之 2012 年有一个较大的提升以外，在 2013~2015 年间，高管减持行为数、涉及的公司和高管数几近相似。只有在 2015 年高管减持市值提升较大，较上一年增长了66%，2016年则有所回落，减持行为数较2015年降低了18.8%，与2013年接近。就减持的市值看，除了2015年外，其他4年平均每位高管减持市值约为465万元，2015年平均每位高管减持所涉及的市值接近其他年份的两倍，达到831万元。2012年平均每家公司减持涉及市值为996万元，2013年和2014年则突破了千万元大关，达到1450万元左右，2015年则打破2000万元，达到2167万元的最大值，2016年则下降到1233万元。总的来看，在这5年间，除了2015年高管增持行为数量比高管减持行为多以外，其他4年均不如减持行为多。此外高管减持行为中涉及的公司和高管以及变动的市值都远多于高管增持行为，平均每位高管减持涉及的市值略高于增持，平均每位高管一年中有接近两次的增减持行为。

按照不同板块可以更加清楚地看出高管增减行为的差异性，如表8－3、表8－4、图8－1、图8－2所示。

从图8－3和图8－4中可以发现，按板块分类高管增持行为涉及上市公司和高管对比情况与按板块分类高管减持行为数与市值对比情况相似。对于高管增持行为涉及的上市公司来说，我们可以发现高管增持行为中除了2015年外，高管增持涉及的上市公司中主板市场最多，中小板次之，创业板最少。但是不同板块的变动趋势是一致的，都是先降后升，在2013年有轻微减少后，2014年保持平稳，在2015年剧烈上涨以后，在2016年有所回落。而在高管增持行为涉及的高管人数的情况中，我们发现主板市场在5年内有过增持行为的高管人数最多，中小板次之，创业板最少。而三个板块涉及高管人数的发展走势与公司数相似。在减持行为中，我们发现在三个板块中涉及的上市公司和高管人数最多的是中小板，除2015年以外，创业板中高管减持行为多于主板，高管人数也多于主板市场。

表8－3　　基于板块分类的上市公司高管增持行为

增持		2012年	2013年	2014年	2015年	2016年
增持数（个）		1311	943	891	4658	1594
市值（亿元）		16.64	12.33	32.98	13.55	69.51
主板	增持数（个）	716	632	543	1852	764
	涉及公司（家）	106	82	106	306	158

续表

增持		2012 年	2013 年	2014 年	2015 年	2016 年
主板	涉及高管（位）	453	358	368	1277	428
	市值（亿元）	7.53	6.81	22.73	37.91	21.90
创业板	增持数（个）	141	84	133	1071	339
	涉及公司（家）	37	29	28	207	113
	涉及高管（位）	66	48	69	553	207
	市值（亿元）	1.66	1.84	3.80	38.19	16.70
中小板	增持数（个）	454	227	215	1735	491
	涉及公司（家）	86	62	53	337	139
	涉及高管（位）	205	129	134	992	286
	市值（亿元）	7.45	3.68	6.45	59.44	30.92

资料来源：根据 CSMAR 数据库数据计算整理。

表 8-4　基于板块分类的上市公司高管减持行为

减持		2012 年	2013 年	2014 年	2015 年	2016 年
减持数（个）		1858	3607	3873	3156	2562
市值（亿元）		35.29	81.06	90.44	150.44	80.04
主板	减持数（个）	345	648	855	924	669
	涉及公司（家）	81	120	169	219	174
	涉及高管（位）	182	330	497	605	391
	市值（亿元）	9.39	14.29	23.85	32.15	29.58
创业板	减持数（个）	541	1374	1294	844	895
	涉及公司（家）	103	179	192	193	209
	涉及高管（位）	228	560	597	451	532
	市值（亿元）	6.02	26.67	25.37	56.58	21.94
中小板	减持数（个）	972	1585	1724	1388	998
	涉及公司（家）	170	244	278	282	266
	涉及高管（位）	421	736	854	771	633
	市值（亿元）	19.87	40.10	41.22	61.71	28.52

资料来源：根据 CSMAR 数据库数据计算整理。

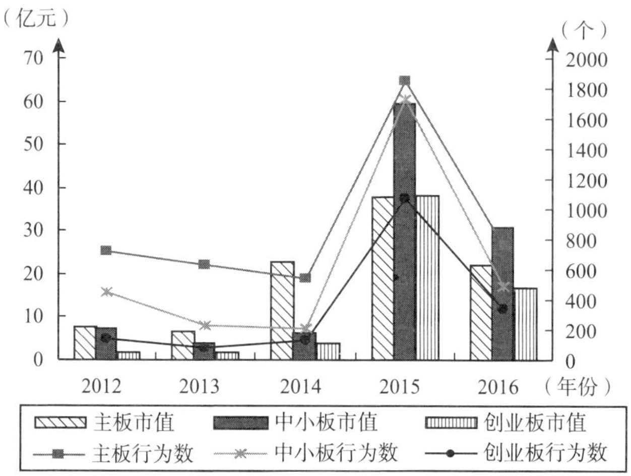

图 8－1　按板块分类高管增持行为数与市值对比

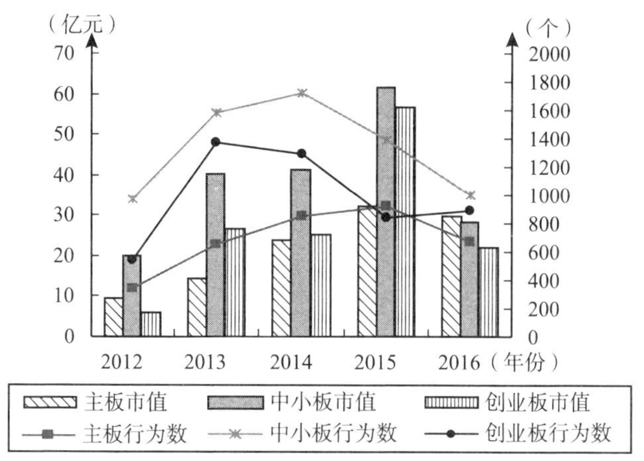

图 8－2　按板块分类高管减持行为数与市值对比

从表 8－3、表 8－4、图 8－1 和图 8－2 中可以看出高管增减持行为在不同板块所表现出来的情况的差异还是不小的。就高管增持行为来看，在不同的市场中，主板市场上市公司高管增持数量最多，中小板市场次之，创业板市场最少。不同板块虽然高管增持行为数量有差异，但在 5 年间变动的趋势几近相同，在 2012 ~ 2014 年表现较为平稳，到 2015 年有一次巨大的拉升，2016 年回落，但依然略高于前 3 年。就高管减持行为来看，各个板块的差异较大，中小板的高管减持行为在三个

板块中是次数最多的且先上升后下降，在 2014 年达到峰值。创业板的高管减持行为数量居中，但变化趋势明显不同于其他两个板块，在 2013 年达到减持最大值后就处于下降趋势，直到 2016 年才略有回升。

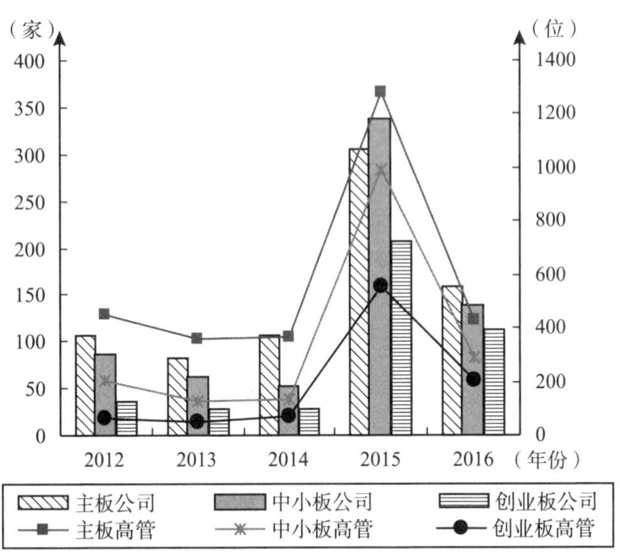

图 8-3　按板块分类高管增持行为涉及上市公司和高管对比

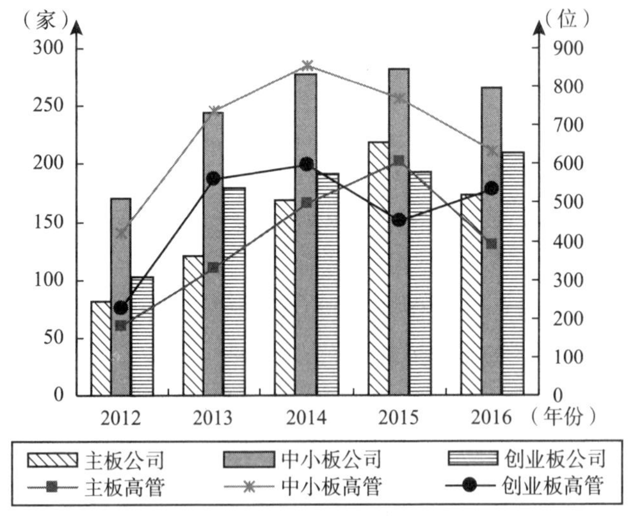

图 8-4　按板块分类高管减持行为涉及上市公司和高管对比

而主板上市公司高管减持行为数量最少，变化趋势虽然也是先增后降，但是在2015年达到峰值。

为更清晰地显示高管增减持行为变动趋势，现对高管增减持行为发生的月份进行归纳整理如图8－5所示。

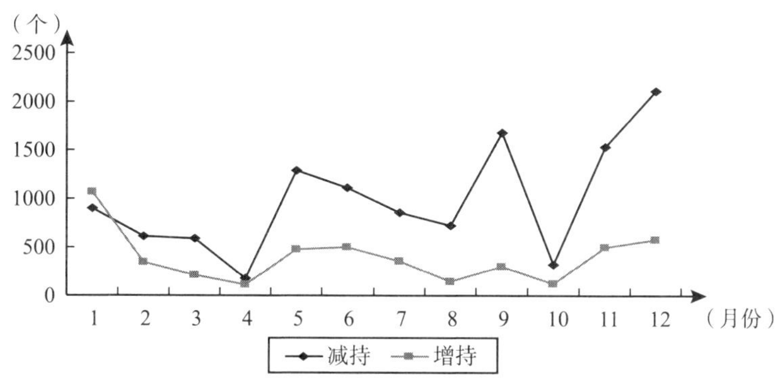

图8－5　高管增减持行为月度分布

资料来源：根据CSMAR数据库数据计算整理。

从图8－5中可以看出，高管增持行为的波动趋势相近，在1月、5月、9月和12月均出现一个高峰期，在4月和10月均出现低值。对于这一现象的解释如下：在12月和来年1月高管增减持行为旺盛，可能是因为这一时间段公司年报尚未对外披露，但已接近年尾或年初，高管作为信息优势掌握者对公司本年度绩效能够作出较为准确的评定，基于对公司绩效的判定作出增减持行为；对于减持而言，也可能是因为高管和大股东为在年底满足流动性需要，通过减持行为缓解流动性危机。在5月以及9月出现高峰这可能是基于公司半年报和季报披露之前的又一次信息优势的利用。而4月和10月出现低谷，一方面因为是财报披露月；另一方面是出于新一季度初期，股市调整波动。

8.2.2　股市趋势分析（2012～2017年）

高管增减持行为受股市变动影响很大，因此，本章对2012～2017年的股市行情走势进行梳理与分析（见图8－6、图8－7）。

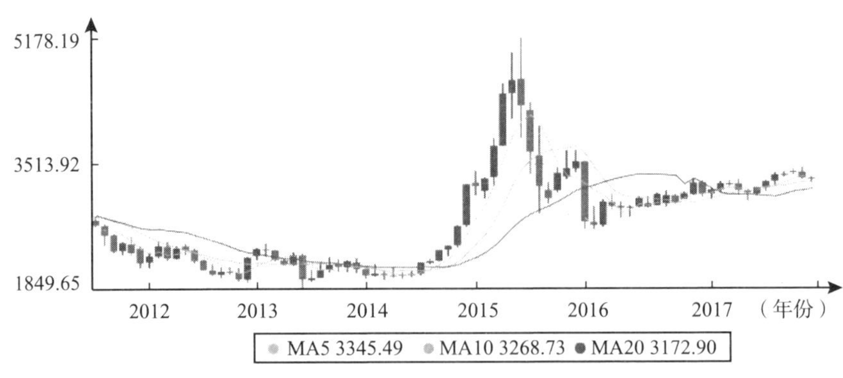

图8-6　2012～2017年沪指走势

资料来源：根据CSMAR数据库数据计算整理。

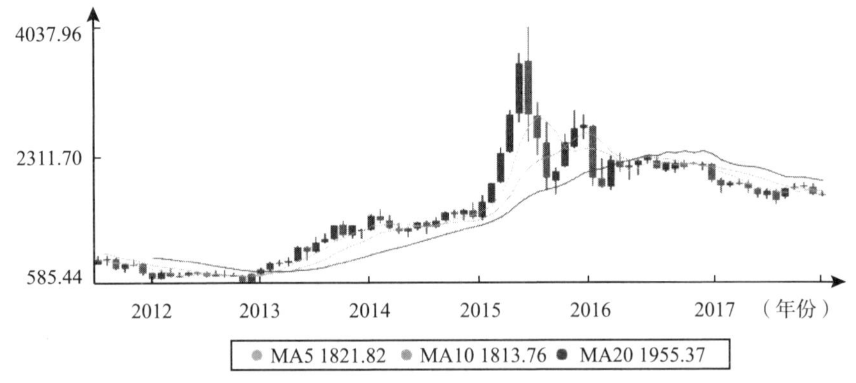

图8-7　2012～2017年创业板指数走势

资料来源：根据CSMAR数据库数据计算整理。

从图8-6可以清晰看出2012～2014上半年我国股市走向平稳，虽股市行情低迷，但起伏不大，从2014年下半年开始至2015年我国股市开始剧烈震荡，牛市形成但渐趋失控，随后股市大跌熊市取代牛市。2015年上半年沪指从3049点上冲到5178点，下半年下跌至2850点。2016年股市整体稳健，波动较小。

造成2015年股市大起大落的原因首先是政策引导，国家为缓解市场间接融资的债务危机，对直接融资有诸多期盼。2013年党的十八届三中全会的文件中指出“提高直接融资比重”，并于2014年5月初出台《国务院关于进一步促进资本市场健康发展的若干意见》加以落实，自此以后股价开始上涨。其次是上市公司并购重组频频，金融监管在金融创新的名义下有所弱化，一时间中国股市的杠杆率急升。而过高的杠杆也是导致熊市出现的重要导火索，2015 年 6 月股市二级市场开始去杠杆，股价上涨优势丧失，随之就是股市大跌。市场恐慌加剧，减持频频再次触发股市暴跌。

这一波股价的疯狂拉升也给上市公司高管减持行为创造了一个很好的时机，如此便可解释为什么上市公司高管在 2015 年减持市值达到高峰。为应对股市大跌，2015 年 7 月 8 日证监会、国资委、财政部、中央汇金公司等纷纷发文鼓励增持，同时规定或承诺不减持。这也就使得 2015 年高管增持行为猛增，同时 2015 年下半年几乎没有出现高管减持行为。

本章研究发现 2012 ~ 2016 年我国股市走向对高管增减持行为有一定影响，2012 年股市年初先有小幅上升后到年底一直下降，从图 8 - 6 可以看出下跌趋势是多于上涨趋势的，因此 2012 年高管增持行为显著多于减持，说明市场在利用增持行为救市。从图 8 - 6、图 8 - 7 可以看出，2013 年主板市场一片黯淡，但值得投资者兴奋的一点就是创业板行情大好，股市一路上扬。因此，结合增减持状况，便不难理解 2013 年起高管减持数量骤增且主要体现在创业板与中小板块上市公司。从 2014 年 7 月开始，股市如同被注入强心针一般，行情稳步好转。自 11 月开始股市行情直线拉升，市场人气暴涨，资本市场活跃账户创近年来新高，至年末，A 股指数涨幅令全球瞩目。这也解释了 2014 年高管减持数量创下近 5 年新高，同时增持数量最低的现象。2015 年正如上述“股灾”之年，增减持行为受政策约束，难以反映市场趋势。2016 年之后股市除去年初的千股跌停的熔断机制外，股市行情基本平稳，且受到 2015 年增持公告承诺半年之内不减持的影响，增减持数量都有所下降。

8.3　研究设计

8.3.1　基本假设

目前，在我国上市公司中，高管作为公司的经营决策的重要参与人，掌握着上市公司的经营权和公司内部信息，是上市公司重要的内部人。根据有效市场理论，目前我国的资本市场尚处于一个弱式有效的市场环境中，股票价格仅能反映历史信息。因此，外部投资者、上市公司的股东与公司高管之间存在一种信息不对等的状态。而上市公司的高管作为信息优势的掌握方和公司重要决策的制定者，其交易行为颇受外界关注。一方面，上市公司高管出于自利性动机，会利用所掌握的经营状况、财务绩效等翔实信息去判断市场价值与公司实际价值的契合度，进而作出交易行为以使得自己获得超额收益；另一方面，我国资本市场中的投资者存在较为明显的羊群效应，高管在市场中会充当“领头羊”的角色，引导投资行为。因此，高管增减持行为所产生的经济后果得到普遍的关注，本章将经济后果按时间跨度区分为衡量短期股价变动的市场效应和反映长期公司发展前景的财务绩效。

就高管增持行为来看，真金白银的买入行为表明了其看好公司发展的决心，这对于市场而言无疑是一个重大的利好消息。这既可能是高管低价买入的谋利行为，也可能是为引导投资者信心的刻意之举。李俊峰等（2011）[①] 认为在我国资本市场中增持公告事件窗口内有显著为正的市场效应。闻岳春和李峻屹（2016）[②] 以创业板为样本也得出相同结论。由此可见，不管出于何种动机，高管增持行为都会向市场传递一种利好的信号。这也是为什么我国在股市低迷的时候常会选用高管增持作为振奋股市的法宝。而高管的减持行为被视作一种“撤资”，更多地表现出了高管对上市公司发展不看好，这会引起流通股股东对上市公司用脚投票。这可能是出于高管认为当前股价被高估，高价抛售以减持获利的目的，也可能是出于流动性需求，满足公司短期融资问题的动机。但这些动机的背后无一不反映出公司目前状况并非理想，存在发展障碍。唐红珍等（2014）、曹晓丽（2012）都证明了高管减持通常意义上会向市场传递利空信号，并且在此信号的引导之下，市场投资者会消极看待该上市公司的发展，因此上市公司在减持行为发生后会出现显著为负的收益。基于此，本章提出假设1、假设2：

假设1：高管增持行为会向市场传递利好信号，引起市场积极的反应。

---

① 李俊峰、王汀汀、张太原：《上市公司大股东增持公告效应及动机分析》，载于《中国社会科学》2011年第7期，第95~110页。

② 闻岳春、李峻屹：《创业板大股东和高管增持的市场效应研究》，载于《金融理论与实践》2016年第5期，第12~19页。

假设2：高管减持行为会向市场传递利空信号，引起市场消极的反应。

高管作为信息优势掌握者，通常是熟悉公司运营走势的。而高管通过资金投入的买入行为就代表高管与上市公司之间的利益链条紧密，根据利益趋同理论，高管增持行为使高管与公司的利益更加一致，这一方面可以使公司代理成本下降，同时也是一种激励高管的方式，使高管更具主人翁精神，提升公司绩效。而且从高管增持行为数据中笔者发现，高管增持行为多发生在年尾或年初，而正常的年报和半年报通常是在年初或是下半年才会对外披露，这说明了高管能够提前对公司绩效作出预判，所以如果高管此时作出增持行为的决定，那么公司未来绩效提升是很可能发生的。与此同时，高管不同程度的增持对公司绩效的影响也是不同的，韩亮亮等（2004）① 研究发现高管持股比例对公司绩效的影响是存在区间效应的。因此，本章基于利益趋同效应和壕沟防守效应认为，不同比例的增持行为对公司财务绩效的影响应该也是不同的，高管增持行为能够使公司财务绩效有所提升，但是当高管增持比例过大时，就不仅仅表示高管对公司的信任，更多的可能会透露出高管的“野心”，可能会发生控制权争夺问题，同时在我国上市公司两职合一现象极为普遍，大股东兼任高管，此时高管增持比例过大，就意味着上市公司股权集中度过高，壕沟防守效应应运而生，公司财务绩效自然也会受到影响。基于此本章提出假设3：

假设3：高管增持行为发生后，高管增持比例与公司财务绩效变动呈倒U型关系。

前文中所述的高管减持动机中有流动性需求动机，但是较之规模大实力更雄厚的主板上市公司而言，这更符合创业板和中小板上市公司。而且通过减持满足流动需求本身也反映出公司发展中遇到资金问题，对公司未来发展不利。同时结合以往文献的研究结果，发现现有研究高管减持行为对创业板上市公司绩效的影响，往往会得出高管减持更多的出于高管个人利益，是一种预判了公司未来绩效后作出的减持套现的结论。这也就说明了基于流动性需求动机的减持行为是占少数的，且对于公司绩效的影响并不明显。在作出排除以后，高管减持行为的动机更可

① 韩亮亮、李凯、宋力：《高管持股与公司价值——基于利益趋同效应与壕沟防守效应的经验研究》，载于《南开管理评论》2004年第4期，第35~41页。

能是市场价值错估后的逢高抛售，或是对公司未来态度消极。就股价而言，在高管所持股份中，一半以上为原始股或是从股权激励中获得的低价股，如果该股份上市流通在符合条件以后减持，会使高管获得大量财富；就对公司态度而言，高管减持会削弱高管与公司之间的关系，影响高管的积极性，也会影响外界对上市公司的信心。而这些都会对公司财务绩效产生不利影响。因此，本章提出假设4：

假设4：高管减持行为发生后，减持比例与公司财务绩效呈负相关。

8.3.2 变量选取和模型构建

1. 变量选取

本章的因变量为经济后果，而且将其用市场效应和公司财务绩效加以衡量。其中对市场效应本章借鉴已有文献中常用的方法，即通过事件研究法确定确定窗口及对比窗口。对于财务绩效，在梳理以往文献时笔者发现，衡量公司财务绩效时国内学者常用的三种计量方式：

(1) 净资产收益率或总资产净利率。魏立群（2002）、夏纪军（2011）、冯根福（2012）等都是使用这两个指标进行衡量的，但是用该指标衡量公司绩效时重点在于公司盈利能力的分析，不能体现上市公司的发展和营运能力。

(2) 托宾Q值（Tobin's Q = 市值/资本重置成本）。宋增基（2005）、姜英兵（2013）等使用托宾Q来衡量。用该指标衡量财务风险时需要用到上市公司的市场价值，这一指标在国外成熟资本市场较为常用。但在中国的市场环境下，市场有效性较低，对市值的衡量存在较大的偏误，因此也不适应于衡量财务绩效。

(3) 主成分分析法得到综合指标，就是多项财务指标通过主成分分析的方法得到综合指标。林丽贞（2009）、王建文（2012）均是采用此方法进行衡量的。用此方法可以全面兼顾绩效的方方面面，且财务指标数据易得。

基于上述分析，本章采用主成分分析法得到综合指标来衡量财务绩效。本章在衡量公司绩效时，从盈利能力、发展能力、营运能力、偿债能力和股东获利能力这五方面选取了18个财务指标，力求能够充分反映公司财务绩效。具体指标如表8－5所示。

表8－5　　主成分分析法确定的财务指标

指标类型	名称	公式	代码
偿债能力	流动比率	流动资产/流动负债	X_1
	速动比率	速动资产/流动负债	X_2
	资产负债率	负债合计/资产总计	X_3
	经营活动产生的现金流量净额/流动负债		X_4
盈利能力	资产报酬率	(利润总额＋财务费用)/平均资产总额	X_5
	总资产收益率	净利润/总资产平均余额	X_6
	净资产收益率	净利润/股东权益平均余额	X_7
	营业毛利率	(营业收入－营业成本)/营业收入	X_8
	扣除非经常性损益加权平均净资产收益率		X_9
营运能力	应收账款周转率	营业收入/应收账款平均占用额	X_{10}
	存货周转率	营业成本/存货平均占用额	X_{11}
	总资产周转率	营业收入/平均资产总额	X_{12}
发展能力	营业收入增长率	(营业收入本期金额－营业收入上年同期期末值)/(营业收入上年同期期末值)	X_{13}
	总资产增长率	(资产总计本期期末值－资产总计上年同期期末值)/(资产总计上年同期期末值)	X_{14}
	净利润增长率	(净利润本年本期金额－净利润上年同期金额)/(净利润上年同期金额)	X_{15}
股东获利能力	每股收益	(净利润－优先股股利)/流通在外普通股加权平均数	X_{16}
	每股净资产	所有者权益合计期末值/流通在外普通股加权平均数	X_{17}
	扣除非经常性损益后的基本收益率		X_{18}

本章对高管增减持行为的衡量，借鉴了于海林（2012）、刘亭立（2016）的研究方法，用高管所持股票变动数除以流通总股数来表示高管股权变动比例，又使用增持比例的平方项来更加准确地反映高管增持行为对财务绩效的影响趋势。

在控制变量的选取上，本章参照了以往文献，对公司规模、股权制衡度、独立董事比例、股权集中度进行控制。公司规模越大，自然就会对上市公司产生规模效应，而这会影响财务绩效，因此有必要进行控制。另外由于上市公司的股权结构和治理结构会对高管行为有一定的约束，同时也会影响财务绩效，因此本章借鉴了陈德萍（2011）对公司股权制衡度和股权集中度的定义，同时添加独立董事的比例这一变量来衡量上市公司中股东对高管行为的监督效能。

变量定义如表 8 -6 所示。

表 8 -6　　变量名称及变量定义

变量分类	变量名称	变量符号	变量定义及计量
因变量	财务绩效	F	公司综合财务指标
自变量	高管股权增减持变动比例	Increase	（高管增持股票的变动股数/流通股总股数）×100
	高管增持对绩效影响	$Increase^2$	[（高管增持股票的变动股数/流通股总股数）×100]^2
	高管股权减持变动比例	Reduction	（高管减持股票的变动股数/流通股总股数）×100
控制变量	公司规模	Size	总资产的自然对数
	股权制衡度	Balance	第二到第五大股东持股比例之和/第一大股东持股比例
	独立董事比例	IDscale	独立董事人数/董事会人数
	股权集中度	Top1	第一大股东持股比例

2. 模型构建

本章的实证部分分为两部分进行：一是高管增减持行为的市场效应；二是高管增减持行为发生后财务绩效的变动。因此本章模型也分为两部分。

在第一部分中，本章采用事件研究法构建模型，具体内容如下。

事件研究法是通过对比分析某一事件发生前后一段时间内某一变量是否会发生变动来反映这一事件的影响。那么，在本章中以高管增减持行为界定为事件。如果高管增持行为的确会向市场发出利好信号，那么高管增持行为发生时及发生后，公司的股价会被拉升，进而产生正向的超额收益率。如果高管减持行为会向市场发出利空信号，那么高管减持行为发生时及发生后，公司的股价会受影响出现下跌，进而产生负向的超额收益率。简而言之，就是通过对超额收益率的数值及方向的分析，来衡量高管增减持行为的影响。具体步骤如下。

（1）确定事件日和事件窗。本章把事件日确定为高管发生增减持行为的日子，这主要是因为虽然证监会在2007年规定上市公司高管所持本公司的股份发生变动时应自事实发生日起两个交易日内向上市公司报告并且由上市公司在证券交易所网站进行公告，但是在实际的经营活动中，依然有一些上市公司未按规定及时公告，甚至是在接受证监会调查以后才被动进行补充公告。这样的因素会导致高管增减持行为对市场效应的影响出现偏差，因此本章没有选择公告日作为事件日。图8-8为事件研究窗口示意图，T=0表示事件发生日。

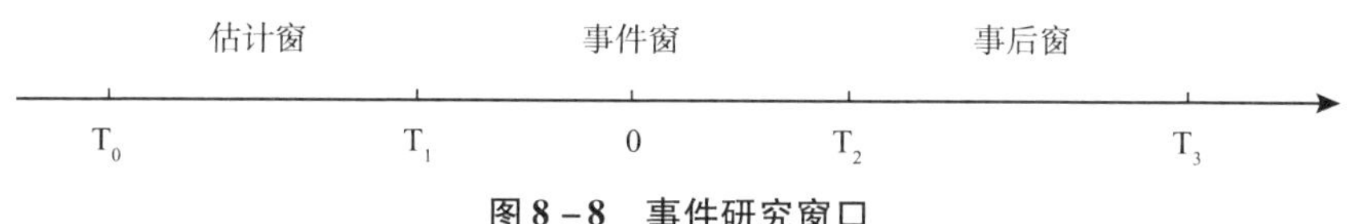

图8-8　事件研究窗口

由于本章是为了研究市场效应，所以一般事件窗长度较短。目前国内学者在研究市场效应时，在事件窗口确定时没有统一的定论，现有的研究中多将事件窗定义为事件日前后的10天、15天或20天。因此，本章在确定事件窗时考虑到事件发生前后宏观股票走势的变动，为了尽可能地将存在异常收益的天数涵盖其中，最终决定将事件窗口确定为［-15，15］，即 $T_1=-15$ 日，$T_2=15$ 日。

估计窗口的长度一般确定为100~200个交易日，因为如果估计窗口太短就会影响到参数估计的准确度，如果估计窗口太长则可能会受到其他事件的叠加影响导致结果出现扭曲。因此本章将估计窗口的长度确定为事件窗前100个交易日，即［-100，-16］为估计窗，$T_0=-100$。

（2）确定正常收益率模型。为确定高管增减持行为发生后的市场效应，首先就要确定正常收益率。正常收益率是指在没有发生事件的情况下所得到的正常预期收益率，可以通过正常收益率与实际收益率之间的差值来确定此事件发生导致的异常收益。

在正常收益率的估计模型中，常用的有三种模型，包括市场模型、市场调整模型、均值调整模型。本章选择市场模型来对正常收益率进行测算。

市场模型是建立在证券收益与市场收益间存在稳定的线性关系的假设基础上的。其具体模型表现为：

$$R_{it}=\alpha_i+\beta_i R_{mt}+\varepsilon_{it}，其中：Var[\varepsilon_{it}]=\sigma^2_{\varepsilon_{it}}，E[\varepsilon_{it}]=0$$

在这一模型中，R_{it}和 R_{mt}是在 t 时刻证券 i 和市场组合的实际收益率；ε_{it}是回归残差，其均值为 0，方差为 $\sigma^2_{\varepsilon_{it}}$；$\alpha_i$ 和 β_i 是模型的参数。

通过 OLS 回归，得到参数 α_i 和 β_i 的估计值 $\hat{\alpha}_i$ 和 $\hat{\beta}_i$，进而便可以计算得到正常的收益率为：

$$\hat{R}_{it}=\hat{\alpha}_i+\hat{\beta}_i R_{mt}$$

正常收益率计算出来以后，实际收益率与正常收益率的差值就是异常收益率（AR），即：

$$AR_{it}=R_{it}-\hat{R}_{it}=R_{it}-\hat{\alpha}_i-\hat{\beta}_i R_{mt}$$

在得到异常收益率 AR_{it} 后，就可以计算得出累计异常收益率（CAR），公式如下：

$$CAR_i(\tau_1,\tau_2)=\sum_{t=\tau_1}^{\tau_2} AR_{it}$$

第二部分中，本章采用多元回归模型，为检验高管增减持行为对于上市公司财务绩效的影响，分别作出如下模型：

增持组：

$$F=\alpha_0+\alpha_1 Increase+\alpha_2 Increase^2+\beta_n\sum ControlVariables+\varepsilon \tag{8-1}$$

减持组：

$$F=\alpha_0+\alpha_1 Reduction+\beta_n\sum ControlVariables+\varepsilon \tag{8-2}$$

8.3.3 样本选择和数据来源

本章选取了沪深两市 2013～2016 年发生高管增减持行为的全部 A 股上市公司为样本。基于研究目的，对所选取的原始样本按照以下原则进行处理：

（1）剔除金融行业的上市公司，由于该行业的特殊性，会计准则不同于其他企业，相关的财务指标不具有可比性。（2）剔除 ST、*ST、PT 等上市公司，由于其财务状况异常，不足反映一般性现象。（3）剔除B股或H股上市公司，由于其所在市场监管制度和市场环境与A股不同，在A股和B股或A股和H股同时上市的公司其市场表现会有较大差异。（4）剔除大宗交易、分红送转、公司增发新股时老股东配售、新股申购、股权激励实施及其他方式进行的持股变动。同时剔除高管家属等非高管本人的样本。本章研究的是高管本人在二级市场的增减持行为与公司绩效的关系。（5）剔除上市不满一年的公司和数据不完整的上市公司。由于刚上市的公司为稳定市场，其财务数据的准确度不够高。（6）剔除一年中持股变动有增有减的上市公司，同时剔除一年内持股变动小于1000股的上市公司。由于一年内有增有减难以界定其作用机制，且持股变动较小难以产生影响。

经过上述筛选，共得到2655个有效样本数据，2013~2016年的样本数分别为584家、672家、706家和693家（原始样本数据来源于国泰安（CSMAR）数据库，部分缺失的数据由手工收集整理）。

为便于实证检验，将本章的样本分为两组，减持组和增持组。具体情况如表8-7所示。

表8-7　　样本分布情况　　单位：家

<table>
<tr><td colspan="8">按年份分类</td></tr>
<tr><td colspan="4">减持组</td><td colspan="4">增持组</td></tr>
<tr><td>2013年</td><td>2014年</td><td>2015年</td><td>2016年</td><td>2013年</td><td>2014年</td><td>2015年</td><td>2016年</td></tr>
<tr><td>474</td><td>519</td><td>318</td><td>502</td><td>109</td><td>153</td><td>388</td><td>256</td></tr>
<tr><td colspan="4">按板块分类</td><td colspan="2">减持组</td><td colspan="2">增持组</td></tr>
<tr><td rowspan="2">主板</td><td colspan="3">沪市</td><td colspan="2">150</td><td colspan="2">164</td></tr>
<tr><td colspan="3">深市</td><td colspan="2">59</td><td colspan="2">114</td></tr>
<tr><td colspan="4">中小板</td><td colspan="2">308</td><td colspan="2">154</td></tr>
<tr><td colspan="4">创业板</td><td colspan="2">228</td><td colspan="2">80</td></tr>
<tr><td colspan="4">按行业分类</td><td colspan="2">减持组</td><td colspan="2">增持组</td></tr>
<tr><td colspan="4">A 农、林、牧、渔业</td><td colspan="2">5</td><td colspan="2">9</td></tr>
<tr><td colspan="4">B 采矿业</td><td colspan="2">4</td><td colspan="2">7</td></tr>
</table>

续表

按行业分类	减持组	增持组
C 制造业	488	362
D 电力、热力、燃气及水生产和供应业	13	9
E 建筑业	20	8
F 批发和零售业	45	38
G 交通运输、仓储和邮政业	12	9
H 住宿和餐饮业	2	2
I 信息传输、软件和信息技术服务业	67	20
K 房地产业	24	22
L 租赁和商务服务业	9	5
M 科学研究和技术服务业	6	2
N 水利、环境和公共设施管理业	7	5
P 教育	5	1
Q 卫生和社会工作	14	1
R 文化、体育和娱乐业	22	7
S 综合	2	5

注：本表中的行业分类依据中国证监会行业分类指引 2012 版。

从表 8 -7 中不难发现，从板块分布而言，高管减持行为多集中在中小板和创业板上市公司，高管增持行为则是主板上市公司居多；从行业分布而言，发生高管增减持行为的上市公司均集中于制造业与批发和零售业，这也符合我国行业分布情况，此外，信息传输、软件和信息技术服务业中高管减持行为也较多。这一现象可能是由于信息传输、软件和信息技术服务业属于我国新兴行业，多在创业板市场上市，无论是创业板存在的“三高”问题，还是公司规模较小和成立时间短导致制度规章不健全、高管更加年轻（孙海法，2006）等公司特征和高管特征，都会导致高管减持行为的增加。

8.4　实证检验

8.4.1　市场效应实证检验

1. 高管增持行为结果检验

采用事件研究法对高管增减持行为发生日前后15天的异常收益率（AR）和累计异常收益率（CAR）进行详细检验，如表8－8、图8－9所示。

表8－8　［－15，15］事件窗内高管增持行为的异常收益率和累计异常收益率

dif	AR（%）	T－AR	P－AR	CAR（%）	T－CAR	P－CAR
－15	－0.10	－0.5956	0.5517	－0.10	－0.5956	0.5517
－14	0.08	－1.1138	0.2658	－0.02	－0.8534	0.3938
－13	0.06	－3.7061***	0.0002	0.04	－1.8362*	0.0668
－12	0.15	－2.0390*	0.0419	0.19	－1.7731*	0.0767
－11	0.12	－3.0526**	0.0024	0.31	－2.0438**	0.0414
－10	0.06	－3.7443***	0.0002	0.37	－2.3059**	0.0215
－9	－0.17	－5.8727***	0.0000	0.20	－2.8833***	0.0041
－8	－0.05	－6.4171***	0.0000	0.15	－3.2134***	0.0014
－7	0.20	－5.8298***	0.0000	0.35	－3.6573***	0.0003
－6	0.17	－6.5220***	0.0000	0.52	－3.6620***	0.0003
－5	－0.14	－6.0180***	0.0000	0.38	－3.6345***	0.0003
－4	－0.09	－6.9161***	0.0000	0.29	－3.7482***	0.0002
－3	－0.15	－6.3777***	0.0000	0.14	－4.0694***	0.0001
－2	－0.18	－4.0791***	0.0001	－0.04	－3.8727***	0.0001
－1	－0.02	0.0889	0.9292	－0.06	－3.3324***	0.0009
0	－0.07	－0.3137	0.7538	－0.13	－3.2769***	0.0011

续表

dif	AR（%）	T－AR	P－AR	CAR（%）	T－CAR	P－CAR
1	0.26	3.1499**	0.0017	0.13	－3.2537***	0.0012
2	0.33	3.2316**	0.0013	0.46	－2.8896***	0.0040
3	0.17	4.1946***	0.0000	0.63	－2.6769***	0.0076
4	0.24	1.3085	0.1912	0.87	－2.4357**	0.0152
5	0.03	－0.1861	0.8524	0.90	－2.5456**	0.0112
6	0.16	2.1894**	0.0290	1.06	－2.3921**	0.0171
7	0.08	0.4754	0.6347	1.14	－2.2609**	0.0241
8	－0.01	－0.0914	0.9272	1.13	－2.3342**	0.0199
9	－0.04	－0.2751	0.7833	1.09	－2.2326**	0.0260
10	0.13	1.5501	0.1217	1.22	－2.1687**	0.0305
11	0.17	－1.7094*	0.0879	1.39	－2.0492**	0.0409
12	0.12	－3.3514***	0.0009	1.51	－2.1474**	0.0322
13	－0.09	－1.9748	0.0488	1.42	－1.9641**	0.0500
14	0.00	0.0176	0.9860	1.42	－2.0583**	0.0400
15	0.11	0.7060	0.4805	1.53	－2.0056**	0.0454

注：***、**、*分别表示在1%、5%和10%的水平显著。

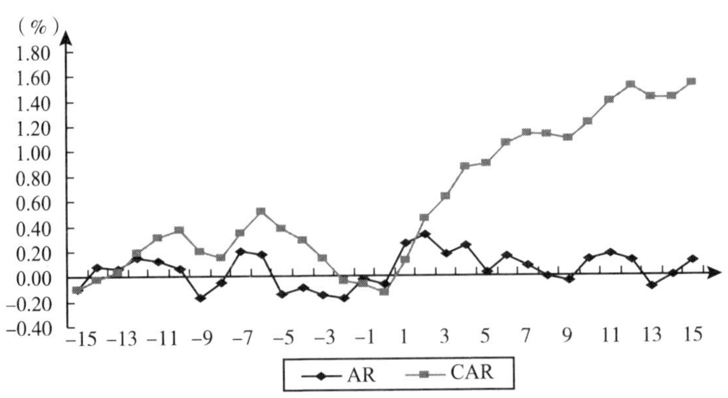

图8－9　［－15，15］事件窗内高管增持行为的异常收益率和累计异常收益率

从表8－8、图8－9中可知，在增持组中，研究发现累计异常收益率在高管增持行为前后经历了先降后升的 U 型趋势，且累计异常收益率在［-13，15］的事件窗口内均通过显著性检验。这说明上市公司高管增持行为引起了正向的市场效应，这印证了假设 1 是成立的。

本章把发生高管增持行为前的 15 天时间界定为增持前期，后 15 天界定为增持后期，在此基础上对高管增持行为发生前后异常收益率和累计异常收益率的变动作出如下详细描述：

由表 8-8 和图 8-9 可知，在增持前期有 8 天异常收益率都是负值，且在第-15 天至第-10 天，可以看出异常收益率的波动幅度较小，表现基本平稳；从第-9 天开始就开始出现一些较大幅度的变动，在第-7 天和第-6 天出现了前 15 天中异常收益率的最大值 0.2% 和次大值 0.17%；在第-5 天至第 0 天连续 6 天均为负值；累计异常收益率在前 15 天的变动趋势也是波动不断，直至第-6 天开始至增持行为发生当天表现出明显的下降趋势。在增持后期有 3 天异常收益率为负值，其余天数均为正值，这也使得累计异常收益率在高管增持行为发生之后呈现上升的趋势；在第 1 天至第 4 天，异常收益率的值较大，分别达到了 0.26%、0.33%、0.17%、0.24%，这也使得累计异常收益率迅速实现拉升。从显著性水平来看，从第-13 天起，累计异常收益率便通过了显著性检验，并且随着距离增持发生日的接近显著水平在不断提升。

出现上述现象可能的原因为：前期连续多天的异常收益率为负值表明了股票市场低迷状态，下行压力大，股价明显被低估，因此高管可能出于诸如减缓公司股价下行压力、趁机抄底、抑或是响应国家政策等动机来增持本公司股票。但在增持行为发生后，异常收益率变为正值，并且在之后的 4 天内异常收益率为较大，并在增持行为发生后第 2 天达到最大值 0.33%，这说明了高管增持行为的公告效应是存在的，因为高管往往会在增持行为发出日起两日内对外公告，这时市场才会积极对这一行为作出反应，恰好对应增持行为后 4 天的时间点。这反映出市场对于高管的增持行为的关注度还是很高的，市场认可高管增持行为所传递出的利好信息。

2. 高管减持行为结果检验

结合图 8-10、表 8-9，研究发现累计异常收益率在高管减持行为前后经历了先升后降倒 U 型趋势，且累计异常收益率在［-4，15］的事件窗口内均通过显著性检验。这说明上市公司高管减持行为引起了负向的市场效应，这印证了假设2是成立的。

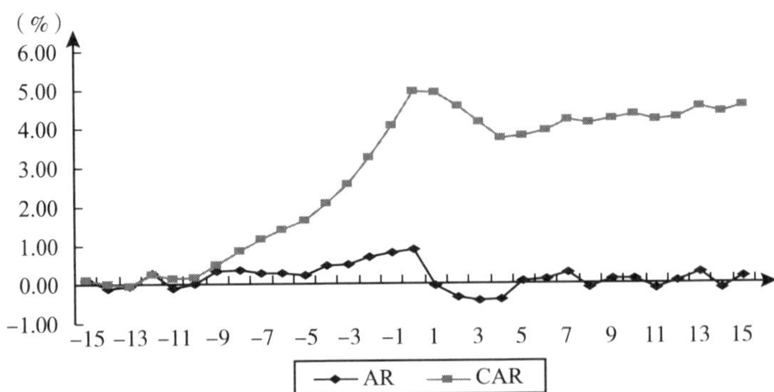

图8-10　[-15，15] 事件窗内高管减持行为的异常收益率和累计异常收益率

表8-9　[-15，15] 事件窗内高管减持行为的异常收益率和累计异常收益率

dif	AR（%）	T-AR	P-AR	CAR（%）	T-CAR	P-CAR
-15	0.13	2.0462**	0.0413	0.13	2.0462**	0.0413
-14	-0.11	-0.6724	0.5016	0.02	0.7304	0.4655
-13	-0.06	0.4048	0.6858	-0.04	0.6448	0.5194
-12	0.29	1.8097*	0.0710	0.25	0.9047	0.3661
-11	-0.10	-0.6304	0.5288	0.15	0.5872	0.5573
-10	0.01	0.0804	0.9359	0.16	0.4927	0.6225
-9	0.33	2.3980**	0.0169	0.49	0.7296	0.4660
-8	0.37	3.7532***	0.0002	0.86	1.1142	0.2658
-7	0.28	2.7739***	0.0058	1.14	1.3274	0.1850
-6	0.27	2.2371**	0.0257	1.41	1.4915	0.1365
-5	0.22	2.4212**	0.0158	1.63	1.5038	0.1333
-4	0.46	4.5755***	0.0000	2.09	1.8131*	0.0704
-3	0.49	2.9093***	0.0038	2.58	1.8768*	0.0612
-2	0.68	3.8115***	0.0002	3.26	1.9096*	0.0568
-1	0.81	5.0524***	0.0000	4.07	2.1083**	0.0355
0	0.87	9.8561***	0.0000	4.94	2.4954**	0.0129

续表

dif	AR（%）	T - AR	P - AR	CAR（%）	T - CAR	P - CAR
1	-0.04	1.4246	0.1549	4.90	2.7322***	0.0065
2	-0.34	0.2212	0.8250	4.56	2.5512**	0.0110
3	-0.42	1.7731*	0.0768	4.14	2.4042**	0.0166
4	-0.40	2.1913**	0.0289	3.74	2.3271**	0.0204
5	0.05	0.3050	0.7605	3.79	2.3644**	0.0185
6	0.13	1.6214	0.1056	3.92	2.2144**	0.0273
7	0.28	1.5581	0.1199	4.20	2.2457**	0.0252
8	-0.09	3.4014***	0.0007	4.11	2.3460**	0.0194
9	0.12	2.5631**	0.0107	4.23	2.1905**	0.0290
10	0.11	1.6550*	0.0986	4.34	2.1671**	0.0307
11	-0.13	1.8813*	0.0605	4.21	2.1801**	0.0297
12	0.06	1.4519	0.1472	4.27	2.2215**	0.0268
13	0.27	1.4299	0.1534	4.54	2.0925**	0.0369
14	-0.14	0.7248	0.4690	4.40	2.0003**	0.0460
15	0.17	1.3028	0.1933	4.57	1.8599*	0.0635

注：***、**、* 分别表示在 1%、5% 和 10% 的水平显著。

针对高管减持行为发生前后异常收益率和累计异常收益率的变动分析可知：在高管减持前期有 3 天异常收益率为负值，剩余 12 天均为正值，其中第 -15 天到第 -9 天，异常收益率波动平稳，从第 -8 天开始出现了较大的涨幅，并随着减持日到来异常收益率在不断增加，直至减持当日异常收益率达到最大值 0.87%，这也就使得累计异常收益率在前期表现出一个平稳的上升趋势。在减持后期，有 7 天时间异常收益率为负值，其中第 1 天至第 4 天为连续负值，并且随着时间推移异常收益率的绝对值越来越大，在第 3 天达到高值 -0.42%，但是之后的 11 天异常收益率依然处于波动，但明显正值天数多于负值天数。在这一作用下，累计异常收益率自减持日开始就出现了下降趋势，这也就使得累计异常收益率在减持行为发生前后构成了倒 U 型走势，可是从第 5 天开始，累计异常收益率波动平稳，甚至出现上升趋势。

这种现象出现可能的原因是：前期连续多天的异常收益率为正值表

明了股票市场状态良好，股价不断上涨，此时基于高管减持动机分析，高管很有可能借价格被高估之际减持套现以满足私利或是满足流动性需要。但在减持行为发生后，异常收益率变为负值，并且在之后的4天内异常收益率较大，并在减持行为发生后第3天达到最大值，这说明了市场对高管减持行为的反应还是极为敏感的，从减持日至公告日之间股价下跌明显，表明市场对高管减持行为反应消极，但在5天之后，股价表现稳定甚至隐隐上升，这可能是由于高管减持行为时多属于市场活跃期，此时股市交易量往往多于常日，投资者投资情绪旺盛，市场对减持行为的包容程度不断地增加，甚至很多高管基于投资者情绪故意减持，以增加投资者投资欲望，产生投资紧迫感（邹琳，2016），所以导致在减持后股价依然有隐约上升之势。

3. 股市大跌之年高管增减持行为的市场效应分析

（1）高管增持行为市场效应。综上分析，高管增减持行为确实会在短期内引起股价的波动。如前所述，高管增持会引起资本市场的正面效应，高管减持常被外部投资者认为是一个负面的信号，导致股票被抛售，引发股价下跌。但是本章的样本中包括了2015年这样一个特殊年份，上半年股市行情猛增，下半年却一落千丈，这样一个牛市熊市交替出现的年份给高管增减持行为的市场反应研究增加了更多的可能，因此本研究针对2015年这样一个特殊年份单独进行了一次检验，以使研究结论更加全面。2015年6月12日为股市熊牛市的分界线，因此将2015年1月1日至6月12日划定为牛市，将6月13日至12月31日划为熊市。鉴于2015年股市行情特殊，股市波动频繁，因此将事件窗加以缩小，以使得结果更加真实，将其调整至［-10，10］进行检验，检验结果如表8-10、图8-11所示。

表8-10　2015年［-10，10］事件窗内高管增持行为的异常收益率和累计异常收益率

单位：%

dif	AR	CAR
-10	-0.64	-0.64
-9	-0.97	-1.61
-8	-1.11	-2.72

续表

dif	AR	CAR
-7	-0.96	-3.68
-6	-1.17	-4.85
-5	-1.17	-6.02
-4	-1.41	-7.43
-3	-1.25	-8.68
-2	-0.85	-9.53
-1	0.02	-9.51
0	-0.07	-9.58
1	0.61	-8.97
2	0.63	-8.34
3	0.77	-7.57
4	0.24	-7.33
5	-0.03	-7.36
6	0.36	-7.00
7	0.08	-6.92
8	-0.01	-6.93
9	-0.04	-6.98
10	0.23	-6.74

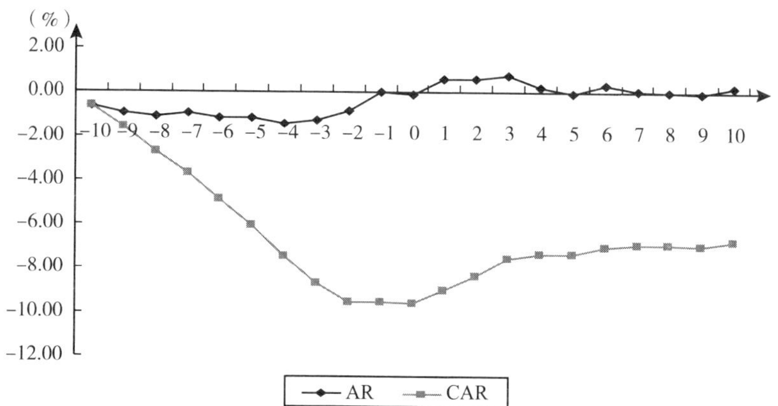

图8-11　2015年［-10，10］事件窗内高管增持行为的异常收益率和累计异常收益率

从表8-10、图8-11中可以看出，熊市期间累计异常收益率在高管增持行为前后也是先降后升的U型趋势，这说明上市公司高管增持行为即使在熊市也引起了正向的市场效应，进一步印证了假设1是成立的。

在熊市期间，高管增持前期异常收益率一直为负，表明股价在不断下跌，在连续多天的叠加之下异常累计收益率绝对值在增持当日达到最大值，在高管增持后期，异常收益率明显回升，使得累计异常收益率在高管增持之后有了明显的上扬。但值得注意的一点是高管增持以后累计异常收益率一直为负值。杜小青（2014）、刘振斌（2012）等对高管增持行为的市场反应的研究中均得出高管增持行为发生以后，累计异常收益率为上升的正值的结论，这说明了在熊市的环境下，市场虽然对于高管增持行为的利好信号会有正向的反应，但较之往常程度削弱较多，对股价来说依然是杯水车薪，难以改变股市低迷的状态，稳定市场的效果并不明显，仅仅只是现象并不能常态化，不能扭转颓势。

（2）高管减持行为市场效应。2015年事件窗口期高管减持行为异常收益率和累计异常收益率如表8-11、图8-12所示。

表8-11　2015年［-10，10］事件窗内高管减持行为的异常收益率和累计异常收益率

单位：%

dif	AR	CAR
-10	0.01	0.01
-9	0.43	0.45
-8	0.67	1.12
-7	0.48	1.60
-6	0.37	1.97
-5	0.42	2.39
-4	0.76	3.15
-3	0.49	3.64
-2	0.65	4.29
-1	0.91	5.20
0	1.83	7.03

续表

dif	AR	CAR
1	0.24	7.28
2	0.04	7.31
3	0.32	7.63
4	0.40	8.04
5	0.05	8.09
6	0.30	8.39
7	0.29	8.67
8	0.59	9.27
9	0.48	9.75
10	0.31	10.06

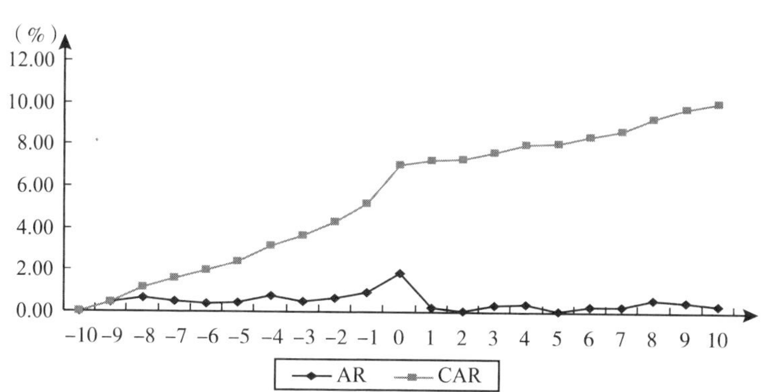

图8-12　2015年［-10，10］事件窗内高管减持行为的异常收益率和累计异常收益率

如表8-11、图8-12所示，在减持组中，研究发现在发生高管减持第-10天至第-1天异常收益率均为正值，在第-10天至第-5天异常收益率的波动幅度较小，趋势比较平稳，这说明此时市场对样本公司并没有特别关注。从第-5日起至减持行为发生当日异常收益率开始变大，在减持当天异常收益率达到最大值1.83%。这就说明了在牛市的环境下，上市公司在减持行为发生前公司股价一路上涨，上市公司高管出于低买高卖的动机，借此市场环境高价出售所持股票以获得超额收益。在高管减持行为发生以后，异常收益率依然为正值，但波动幅度极为平稳，只是较之减持行为发生前股价上涨幅度变小表明了在牛市高管减持并不会导致市场消极反应，仅仅只会影响股价上涨速度，整体上涨趋势并不会改变。

对于累计异常收益率来说，其在高管减持行为前后并没有出现以往研究中明显的倒“U”型趋势，反而是一直上升的走势。这说明上市公司高管减持行为在牛市下基本并不会影响上市公司股价走势，反而上市公司的股价走势良好。笔者认为之所以会出现与以往研究不同的结论，主要原因有二：一是在牛市的环境下，股价变动频繁，此时股市交易多趋于短线，即股票买卖行为普遍，因此市场对高管减持行为消化得很快，且此时整个股票市场都处于大热状态，资本极度活跃，高管减持行为恰好提供了一个相对低价的时机，因此短时期内就会被饱和的市场所消化。二是在牛市下投资者投资情绪高涨，这一信号不仅不会降低投资者热情，反而还会激发投资者参与的积极性，因为高管减持获得的高额收益极易诱导投资者作出非理性的投资。

由上述分析可知，高管增持行为会引起市场积极的反应，高管减持行为会引起市场消极的反应。同时本研究对 2015 年的特殊情况作出单独检验，发现高管增持行为在熊市也依然会有正向市场反应，但高管减持在牛市环境中的负面市场反应不甚明显。与此同时，研究还发现无论在何种情况下，高管增减持行为发生日累计异常收益均为最大值，这说明了高管增减持行为是具有精准择时性的。

8.4.2 实证检验

1. 主成分分析

本章在进行主成分分析时，首先采用 KMO 检验及巴特利特（Bartlett）球度检验对样本公司发生增减持行为当年的 18 项财务指标 X_1、X_2、X_3……X_{18}作出检验。由于篇幅限制，本章只显示 2015 年的主成分检验结果，如表 8 - 12、表 8 - 13 所示。

表 8-12　　KMO 和 Bartlett 的检验

取样足够度的 KMO 度量		0. 783
Bartlett 的球形度检验	近似卡方	7502. 944
	df	190
	Sig.	0. 000

表 8-13　　因子解释的总方差

成分	初始特征值			提取平方和载入		
	合计	方差（%）	累积（%）	合计	方差（%）	累积（%）
X_1	6. 282	29. 915	29. 915	6. 282	29. 915	29. 915
X_2	3. 332	15. 865	45. 779	3. 332	15. 865	45. 779
X_3	2. 304	10. 973	56. 752	2. 304	10. 973	56. 752
X_4	1. 767	8. 414	65. 166	1. 767	8. 414	65. 166
X_5	1. 462	6. 960	72. 126	1. 462	6. 960	72. 126
X_6	1. 050	5. 001	77. 127	1. 050	5. 001	77. 127
X_7	0. 831	3. 957	81. 084			
……						

2015 年样本的 KMO 值为 0. 783，其他年份的 KMO 值分别为 0. 721、0. 758、0. 733，通常大于 0. 7 就被认为是适合使用因子分析的，而且 Sig 双尾是 0. 000，这说明了本章的样本是适合使用因子分析法的。

从表 8-13 中可以看出，因子分析法提取出了 6 个主要成分，累计贡献率达到 77. 127%，这可以代表原来指标 4/5 以上的信息了。

2. 描述性统计

样本公司变量描述性统计如表 8-14 所示。

表 8-14　　样本公司变量描述性统计

增持组变量	极小值	极大值	均值	标准差
F	-0. 859653	1. 106421	0. 000000	0. 471223

续表

增持组变量	极小值	极大值	均值	标准差
Increase	0.000082	2.536018	0.215517	0.457359
$Increase^2$	0.000000	6.431387	0.253376	0.880774
Top1	6.410000	79.380000	33.557000	14.632720
Balance	0.005669	3.075980	0.668520	0.653988
IDscale	0.307692	0.555556	0.364639	0.044300
size	20.089462	26.954553	22.883085	1.516068
减持组变量	极小值	极大值	均值	标准差
F	-2.029284	1.801681	0.000000	0.522555
Reduction	0.000128	5.056793	0.326309	0.620932
Top1	4.960000	81.850000	31.691000	13.906270
Balance	0.016877	3.614953	0.774338	0.600570
IDscale	0.250000	0.714286	0.374789	0.059425
size	17.756891	25.388724	21.625172	0.964943

根据表8－14显示的各个变量描述性统计结果可知：综合财务绩效F的均值近乎为零，这反映出了样本上市公司的财务绩效一般；增持比例均值为0.2%，这可以看出高管增持比例并不大；减持比例平均0.3%，较增持比例偏大，这说明近年高管增减持行为中减持的规模更大，但这对公司股权结构并不能构成较大影响。在控制变量中，第一大股东持股比例增持组的均值为33.6%、减持组为31.7%，增持组股权制衡度在66.9%，减持组为77.4%，从中可以看出样本公司的股权集中度较高。而独立董事比例均值增减持组均在36%左右，反映了样本上市公司董事会中1/3的是独立董事，这也符合国家的规定。从规模来看增减持组差别不大，几近相似。另外进一步比较可以看出，在减持组中股权制衡度是高于增持组的，这反映减持组的上市公司的股权集中度相较增持组更加分散一些。除此之外其他各个变量相差并不是很大，这说明了样本公司之间具有一定的相似性。

3. 回归分析

本章在上述实证模型的基础上，运用SPSS 21.0对2013～2016年发生高管增减持行为的样本公司进行回归分析，回归结果如表8－15、表8－16所示。

表8－15　　　　高管增持回归结果

模型		B	t	Sig.
（常量）		－1.798	－4.819***	0.000
自变量	Increase	0.190	2.219**	0.027
	$Increase^2$	－0.041	－1.509*	0.091
控制变量	size	0.068	4.352***	0.000
	Top1	0.009	4.781***	0.000
	IDscale	－0.311	－0.855	0.34
	Balance	0.146	3.718***	0.000
调整 R^2		0.218		
F－statistic		8.672		
Sig—F－statistic		0.000		
D. W		1.805		

注：***、**、*分别表示在1%、5%和10%的水平显著。

表8－16　　　　减持回归结果

模型		B	t	Sig.
（常量）		0.639	2.040**	0.042
自变量	Reduction	－0.016	－0.731	0.465
控制变量	size	－0.036	－2.641***	0.008
	Top1	0.006	4.411***	0.000
	IDscale	－0.328	－1.123	0.261
	Balance	0.164	5.122***	0.000
调整 R^2	0.166			
F－statistic	8.076			
Sig—F－statistic	0.000			
D. W	1.859			

注：***、**、*分别表示在1%、5%和10%的水平显著。

从表8-15和表8-16反映的高管增持行为的模型回归结果上看，调整后的R^2为0.218和0.166，这说明了自变量与因变量之间的拟合效果较好，模型中自变量能够较好地解释因变量；F值为8.672和8.076、F检验的P值为0.000，说明模型的显著效果较好，具有统计学意义；D.W值为1.805、1.859，在1.5~2.5之间，表明回归模型不存在显著的自相关。

从回归结果中各变量参数值来看，高管增持系数为0.190，此外高管增持平方系数为-0.041，并且分别通过5%和10%的显著性水平检验，准确地描绘出了随着高管增持比例的增加，公司财务绩效在随后会呈倒U型走势，这就印证了本章假设3是成立的。这是因为高管增持股票一方面缓解代理冲突，更加主动地为提高公司财务绩效做出努力；另一方面高管可能凭借其对公司绩效的预判作出投资决定。但与此同时，基于对现状的分析，研究发现目前我国上市公司股权集中度较高，且两职合一现象普遍，因此当高管增持比例较大时，利益趋同效应就会转变为壕沟防守效应，反而不利于公司财务绩效的提升。

就控制变量的检验结果来看，在发生高管增持行为的上市公司中规模与公司财务绩效成正比，第一大股东持股比例与公司财务绩效也成正比，股权制衡度与公司财务绩效成正比，且这三项控制变量均通过的1%水平的显著性检验。这三项研究结论与陈德萍（2011）的研究结论一致。另外独董比例的系数为-0.311，但与公司财务绩效关系并未通过显著性检验，这反映出了独立董事没有发挥出其应有的作用。

从表8-16反映的高管减持行为模型的实证结果来看，高管减持系数为-0.016，这反映了高管减持对于公司财务绩效有负向影响，但没有通过显著性测试，且对应的P值较高，这说明本章假设4与事实不相符合，即高管减持行为不会对公司财务绩效产生影响。对于这一结论，本研究作出如下分析：从减持动机来看，我国上市公司高管所持股份更多是原始股或股权激励获得的，相较于市场价格来说其股份获得成本极低，这对于高管而言是一笔巨大的财富，因此高管减持套利的动机很强。从减持时机选择来看，之前的研究表明高管减持具有明显的择时现象，也就是说高管能够预估股价与公司实际价值的差异，进而作出减持计划，这也再次印证了高管减持套利的动机。从减持比例上看，依据描述性统计的结果我国上市公司高管减持比例较低，依据朱茶芬（2011）

的实证研究结果高管减持比例要达到一定程度才能对公司财务绩效产生影响，显然目前高管减持比例过低，这也从侧面印证了之前已有的研究结论。从减持样本公司来看，超过2/3的为中小板或创业板上市公司，主板上市公司占比重较低，中小板和创业板上市公司较之主板公司规模小、公司更加年轻，且中小板市场和创业板市场具有明显的高估值（张裕加，2013）。因此，基于上述三点的分析，本研究认为高管减持行为更多的是基于高管自身利益，虽然根据信号传递理论这一减持信号会对公司产生不利影响，但就长期而言这一信号显然只是暂时性的，加之我国市场监管对高管减持的约束虽然逐年加强，但依然存在漏洞，导致很多高管减持行为仅仅是为了套利，只会对公司短期股价造成消极影响。就控制变量而言，公司规模与上市公司财务绩效之间是存在负相关关系的，这与增持组的结论刚好相反。对此现象可能的解释是主板上市公司规模普遍较大，中小板和创业板上市公司规模相对较小，发生高管减持行为的上市公司大多存在市场价值被高估的情形，随着高管减持行为的发生，会使日渐拉升的股价开始走低。对一直以来表现较为稳定的主板上市公司来说，高管减持造成股价下跌对投资人更具有迷惑性，会影响公司形象，造成公司绩效受挫；而对中小板和创业板上市公司来说，高管减持行为发生较为频繁，投资人对这一行为的包容度较高，因此对公司财务绩效的影响也较小。股权制衡度和第一大股东持股比例与上市公司财务绩效呈正相关关系，独董比例与公司财务绩效无显著性关系，这与增持组的结果相一致。

8.4.3　研究结论

自从股权分置改革以后，尤其是创业板市场成立之后，我国上市公司高管增减持行为已属普遍，学术界对这一行为的研究也多集中在这一行为是否能够作为反映公司绩效的有效信号方面。本章从现实的市场环境出发，研究高管增减持行为发生后的经济后果。本章选取了2013年1月1日至2016年12月31日间沪深两市A股上市公司中发生过高管增减持行为的公司作为研究样本，首先利用事件研究法考察这4年高管增减持行为的市场效应；然后进一步对2015年这一特殊年份做了单独的实证检验，以增加研究结论的现实性；之后对这4年间发生高管增减持行为的公司进行多元回归，研究高管增减持行为发生后公司财务绩效的变动。本章研究结论如下：

本章运用事件研究法对沪深两市 A 股上市公司高管增减持行为事件发生前后市场反应进行检验和分析，验证了假设 1 和假设 2 成立。结论为：第一，高管的减持行为会向市场发出利空信号，导致市场反应消极。第二，高管增持行为作为一个利好信号能够缓解上市公司的下行压力，市场对此作出积极响应。第三，在牛市中，高管减持行为的市场反应发生变化，仅仅对股价上涨速度有所削减，但股价整体上涨趋势并未受到影响。这就是说在牛市大环境下，高管减持不会对股价造成负面影响；而在熊市中高管增持也会引起市场积极反应，但股价依然是下跌趋势，仅仅只是下跌幅度缩小。这就说明了以增持作为积极救市措施对低迷的股市依然是杯水车薪，不能从根本上颠覆股价下行的状态，仅仅只是有所缓解而已。

本章对高管增减持行为发生后上市公司财务绩效变动进行检验，用主成分分析的方法来衡量上市公司的综合财务绩效，回归结果验证了假设 3 成立，同时假设 4 没有通过显著性检验。由此得出以下结论：第一，高管增持行为发生后，增持比例与公司财务绩效的变动趋势呈倒 U 型。随着高管增持比例的增加，其对公司财务绩效的正向影响愈加明显，但是当增持比例超过一定限度时，增持比例的增加会对财务绩效产生负面影响。这也印证了委托代理理论中利益趋同效应和壕沟防守效应会随着高管增持比例不同应运而生，进而导致了公司绩效的不同变动方向。第二，高管减持行为对于上市公司的财务绩效的负向效应没有通过显著性检验，这就说明了高管减持行为更多的就是为了满足私人利益的短期市场行为，是基于短时的股价高估作出的决策，并不会影响公司财务绩效未来走向。这说明高管减持行为出现时，一般代表着公司价值被高估。

第9章 股权激励、产权性质与非效率投资

9.1 研究背景与文献述评

9.1.1 研究背景

改革开放以来，我国经济一直保持着较快的增长，现已成为世界第二大经济体。投资作为拉动我国经济增长的三驾马车之一，是实现企业价值的重要途径，也是企业成长的主动力，而有效率的投资能够给企业带来现金流量的增长，增加企业的价值，同时能够拉动国民经济的增长。然而，近年来，我国上市公司整体都出现了盲目选择投资项目或是资金利用率不高的情况，使得公司的投资不再富有效率。所有者与经营者之间的利益冲突是影响上市公司投资效率的重要原因之一，对于管理者来说，其利益目标往往是自身利益最大化而不是企业价值最大化，并且管理者希望控制较多资源，建设"企业帝国"，在这样的理念下，管理者会为了扩大企业规模而选择 NPV（净现值）<0 的投资项目，造成过度投资（Jensen，1986）①。

信息对经理人进行投资决策是至关重要的，经理人就是通过收集到的数据来对投资项目进行分析的，以此来判定项目是否可行，但是股东对这部分信息却知道得很少，一些股东知道的信息也是从经理人那里间

---

① Jensen, M. C. Agency Costs of Free Cash Flow, Corporate Finance, and Takeovers. American Economic Review, 1986, 76 (2): 323-329.

接获得的，这就给了经理人进行一些有损企业利益的活动的机会，他们有时会放弃一些 NPV > 0 的项目，也就造成了投资不足（Lambert，1986）。① 投资不足往往会影响企业资源的合理配置，使企业错失好的机会，甚至会影响整个资本市场的资源有效配置，而过度投资给企业带来的最直接的影响就是浪费企业资源。无论是投资不足还是过度投资都会阻碍企业价值最大化目标的实现。因而，有效解决非效率投资问题紧迫而必要。

激励是缓解所有者和经营者之间委托代理问题的主要方法，因而管理层就需要一套有效的激励机制来解决所有者和经营者之间的委托代理问题。股权激励是以授予管理层股权为基础的长期激励计划，能够实现所有者和经营者利益趋同，缓解上市公司的委托代理问题。并且高管持股有利于有效减少其在公司决策中的短视行为，促使其重视创新和公司的长期发展，从而增加公司价值（Palia，Liehtenberg，1999）。股权激励作为一种激励机制，在国外得到了广泛的应用。20 世纪 50 年代美国的一些公司就开始采用股权激励，并在随后的几十年间发展迅速，到 20 世纪末，美国前 1000 强的公司中，实施股票期权的公司占了 90%，并且股票期权在高管薪酬中所占的比重也大大提升，如通用、可口可乐等大型公司高管的期权收益甚至占据了其总收入的 95% 以上。

20 世纪末我国开始引入股权激励，但是在很长一段时间里大多数企业都对股权激励不了解，并且国家也没有相关的明确法规，直到 2005 年底，证监会正式颁布了《上市公司股权激励管理办法（试行）》，自此我国股权激励有了规范化的指导，并且在接下来的几年中关于上市公司境内外股权激励的实施规章、相关具体问题通知也相继出台，这些法规的出台让股权激励的实施更具规范性。明确的法规也为上市公司股权激励计划的开展提供了更加明确的指导。党的十八届三中全会中通过的《中共中央关于全面深化改革若干重大问题的决定》中提出“优化上市公司投资者回报机制”，为了更好地落实决定内容，2016 年 7 月 13 日，证监会正式发布了《上市公司股权激励管理办法》，进一步完善了股权激励的相关法律法规体系，因而也为上市公司的股权激励提供了更好的指导，为股权激励的蓬勃发展奠定了基础。

① Lambert，Richard A. Executive Effort and Selection of Risky Projects. RAND Journal of Economics，1986（17）：77 – 88.

股权激励计划的初衷就是为了实现股东和经理人的利益趋同，有效地解决委托代理问题，若是股权激励计划设计恰当，并且得以有效地实施，就能够对上市公司的非效率投资起到显著的抑制作用，从而提高企业的投资效率，进而提高企业价值。但是，我国企业在实施股权激励计划时，也出现了一系列像行权条件过低、股权激励变成股权福利、实施效果不明显等问题。而且我国的传统行业和国有控股行业往往受到更多的国家政策和机制的约束，这些企业往往规模较大，监管机构较为复杂，企业的非效率投资相对于其他行业更加严重，迫切需要有效的激励机制，但是虽然有高需求，却因企业考虑到股权激励的实施难度大、实施效果不易控制等问题，导致股权激励在我国的发展并不尽如人意。现阶段随着人们对股权激励的重视和了解程度不断加深，相关的政策体系不断完善，股权激励发展迅速，但是股权激励在我国的实施是否能够真正解决委托代理问题、有效抑制企业的非效率投资，还需要经过实践检验。

9.1.2　概念界定

1. 非效率投资

投资是指特定经济主体为了在未来可预见的时期内获得收益或是资金增值，在一定时期内向一定领域投放足够数额的资金或实物的货币等价物的经济行为。而有效率的投资不仅能提高公司绩效，而且能很好地实现公司的价值增值。根据传统的财务理论，在满足“充分信息”和“绝对理性”两大经典假设的前提下，企业在进行投资决策时，应该放弃净现值为负的投资项目，以此来实现有效率的投资。若是管理层在进行投资决策时更多地考虑自身的私人利益，而不是以股东价值最大化为目标，放弃净现值非负的投资项目，或者是投资净现值为负的项目，就会造成非效率投资。①

过度投资是指管理层在进行投资决策时，与股东的目标不一致，他们为了实现自身建设“企业帝国”的梦想、控制更多资源为自身谋取利益或者是通过在职消费实现个人利益等，将企业的闲置资金投资于净

① Jensen, M. C. . Agency Costs of Free Cash Flow, Corporate Finance, and Takeovers. American Economic Review, 1986, 76 (2): 323 -329.

现值为负的项目中，由此导致企业的投资超出自身的运营能力，也使企业面临更大的风险，间接损害了股东和债权人的利益。

投资不足是指因为考虑到个人成本要高于自身所获得的利益，或是因为信息不对称等原因引起融资成本提高，投资决策者主动或被动放弃净现值非负的项目，由此会使企业丧失投资机会，企业资源不能得到合理配置，影响企业的价值增值，进而损害股东的利益。

2. 股权激励

根据2016年5月4日中国证券监督管理委员会最新颁布的《上市公司股权激励管理办法》对股权激励的定义，股权激励是指上市公司以本公司股票为标的，对其董事、高级管理人员及其他员工进行的长期性激励。激励对象可以包括上市公司的董事、高级管理人员、核心技术人员或者核心业务人员，以及公司认为应当激励的对公司经营业绩和未来发展有直接影响的其他员工。

《上市公司股权激励管理办法》中对股权激励的主要方式——限制性股票和股票期权激励给出了明确的概念界定和股权激励计划制定的规则。

（1）限制性股票。根据《上市公司股权激励管理办法》规定，限制性股票是指激励对象按照股权激励计划规定的条件，获得的转让等部分权利受到限制的本公司股票。高管取得限制性股票，一般不需要付出额外的资金或是只付出少量的资金，但是高管在获得限制性股票后，不能立即在二级市场上或是通过其他途径转让限制性股票，这段时间被称为禁售期。设置禁售期的原因为：一是能够防止高管帮助公司造假上市；二是能够避免高管恶意套现引起的股价波动；三是促使管理层更关注企业的长远目标，防止出现意外的变动。禁售期不得短于12个月，一般是3年以上。

限制性股票激励计划一般要规定激励对象在公司的最低服务年限或是公司绩效达到某个标准方可行权，若是绩效指标没有达到或是激励对象离职，公司有权收回授予的股票。

（2）股票期权。《上市公司股权激励管理办法》中所指股票期权是指上市公司授予激励对象在未来一定期限内以预先确定的条件购买本公司一定数量股份的权利。持有股票期权的激励对象有一定的权利，但是不必承担义务。激励对象获得股票期权的日期为授予日，授予日后，股票期权有一个等待期，等待期时间的确定一般是由企业综合考虑其业绩和激励对象任职时间后确定的，并且不得短于12个月。等待期的设定也是为了给激励对象一个更长期的激励，减少他们的机会主义行为。等待期以后，股票期权就进入可行权日，可行权日通常为3~5年甚至更久。股票期权的持有者一般会选择分期行权，不同企业根据自己的业绩状况还会设置匀速行权和加速行权。

9.1.3　文献综述

投资是企业一项重要的财务行为，是实现企业价值增长的重要手段，投资效率问题一直以来都被国内外学者关注，股权激励作为缓解委托代理问题的激励机制也受到了国内外学者的广泛关注。现今国内外许多学者通过不同角度对非效率投资和股权激励进行了研究，本章主要从非效率投资、股权激励的不同研究视角出发，对相关的国内外文献进行梳理评述。

1. 非效率投资

传统的财务理论认为，若满足“充分信息”和“绝对理性”这两个假设，企业在进行投资决策时，就应该放弃NPV<0的投资项目。但是现实世界中，这两个条件是难以满足的，“委托代理理论”和“风险偏好”理论告诉我们，管理者在进行投资决策时不可能绝对理性，“信息不对称”强调委托双方掌握信息的不同状况，否定了充分信息的存在。现实中的资本市场无法满足假设条件，也就是说传统财务理论定义的有效率的投资不可能满足，因此形成了非效率投资。

（1）国外文献综述。在现代企业中，委托代理关系主要包括股东与经营者之间的委托代理关系，股东与债权人之间的代理关系，大股东和小股东之间的代理关系，不同的委托代理关系会有不同方面的委托代理问题，从而造成非效率投资。詹森（Jensen，1993）① 认为，经营者一般都有建造“企业帝国”的野心，他们的目的是不断扩大企业规模，

① Jensen，M. C.. The Modern Industrial Revolution，Exit and the Failure of Internal Control Systems. Journal of Finance，1993，48（3）：831-880.

因而他们就需要控制利用企业资源，但是这种利用有时候并不是有效率的，在这种带有盲目性的扩张行动中，经营者在选择投资项目时也会带有盲目性，有时候会投资一些 NPV <0 的项目，造成过度投资。安格瓦和萨姆维克（Aggarwal & Samwick，2006）[①] 认为，经营者在投资新项目的同时，也会给自身带来更大的压力，他们需要承担更多的责任，同时新项目若是有所需求他们还需要进一步提高自身的能力，这对于经营者来说意味着私人成本的增加，当经营者认为私人成本过高时，即使投资项目的净现值为正，他们也会选择放弃，因此造成投资不足。兹欧米斯（Tzioumis，2008）[②] 通过对连续实施股权激励的上市公司实施股权激励的动机进行研究来印证委托代理理论，并且用管理者持股作为股权激励的代理变量，研究发现，高管持有本公司的股份与高管人员离职率呈负相关关系。詹森和麦克林（1976）[③] 研究发现，管理者在进行投资决策前，往往会分析各方利益的归属，高风险的项目往往收益也较高，若是高风险的投资项目成功，股东将会获得很高的收益，债权人却不会从中获益，但是若是项目失败，债权人将会与股东共同承担风险，这就导致了一些负债比例较高的公司，其管理层会有动机去投资一些 NPV <0 的项目。因为这种情况的存在，债权人会采取一系列的措施对企业的投资决策进行监管，有效的监管会使管理者在投资决策时考虑高负债带来的高预期报酬率，因此负债的增加会缓解上市公司的过度投资。

拉·波特等（2000）[④] 发现当企业所有权过度集中时，控股股东一般拥有绝对控制权，因而为了谋求自身的利益，他们有机会来选择收益低或是风险过高的投资项目，进而侵害了小股东的利益。约翰逊等（Johnson et al.，2000）[⑤] 认为，若是以金字塔的结构来描述企业股权结构，大股东一般处于金字塔的顶端，并且可以利用这种优势来谋取控制

① Aggarwal，R.，Samwick，A.. Empire Builders and Shirkers：Investment Firm Performance and Managerial Incentives. Journal of Corporate Finance，2006（12）：305 -360.

② Tzioumis K.. Why do Firms Adopt CEO Stock Options? Evidence from the United States. Journal of Economic Behavior and Organization，2008（68）：100 -111.

③ Jensen，M. C.，W. H. Meckling. Theory of the Firm：Managerial Behavior，Agency Costs and Ownership Structure. Journal of Financial Economics，1976，3（4）：305 -360.

④ La Porta，R.，Lopez - de - Silanes，F.，Shleifer，A.. Investor Protection and Corporate Governance. Journal of Financial Economics，2000（58）：3 -28.

⑤ Johnson，Marilyn F.，Kasznik，Ron，Nelson，Karen K.. Shareholder Wealth Effects of the Private Securities Litigation Reform Act of 1995. Review of Accounting Studies，2000（5）：217 -230.

权收益，这就有可能造成一些负净现值的投资，即过度投资。

兰伯特（Lambert，1986）[①] 认为，股东与经营者之间存在信息不对称的情况，管理者通过自身掌握的信息来进行投资决策，但是股东对这部分信息却知之甚少，这就给了管理者放弃净现值为正的投资项目的机会，造成投资不足。迈尔斯和梅吉拉夫（Myers & Majluf，1984）[②] 认为管理者与外部投资人之间往往存在信息不对称的问题，由此引发的逆向选择会增加企业的外部融资成本，考虑到成本的增加，管理层就会放弃一些 NPV >0 的投资项目，造成投资不足。杨（Yong，2012）[③] 将自由现金流与信息不对称问题结合考察企业的投资效率问题，研究发现，在信息不对称的情况下，有高现金流预期的公司在新股发行时因为采取平均估值策略会产生更强的现金流约束，并且公司会考虑到投资收益的时滞性，更容易发生过度投资。

布兰查德等（Blanchard et al.，1993）[④] 也认为掌握大量现金流会增加企业经营者资金利用上的盲目性，因而会造成过度投资。理查森（Richardson，2006）[⑤] 在前人研究的基础上，通过投资模型残差衡量过度投资，研究发现自由现金流充足的企业更易出现过度投资的行为。伊斯坎达尔 - 达塔等（Iskandar-Datta et al.，2013）[⑥] 研究发现，若是上市公司拥有超额的自由现金流，那么管理层在进行投资决策时往往会通过增加投资的方式来消耗自由现金流，若是管理层进行投资时的目的是消耗自由现金流，那么投资决策往往带有盲目性，会造成过度投资，若是公司的公司治理水平较弱，这种现象会更加严重。

① Lambert，Richard A.. Executive Effort and Selection of Risky Projects. Rand Journal of Economics，1986（17）：77 - 88.

② Myers，S.，Majluf，N.. Corporate Financing and Investment Decisions When Firms Have Information that Investors Do Not Have. Journal of Financial，1984（13）：157 - 220.

③ Yong J.. Deterministic Time-inconsistent Optimal Control Problems—An Essentially Cooperative Approach. Acta Mathematicae Applicatae Sinica，English Series，2012，28（1）：1 - 30.

④ Blanchard，Olivier J.，Lopez - de - Silane，Florencio. What do Firms do with Cash Windfalls?. National Bureau of Economic Research，NBER Working Papers，1993（4）：42 - 58.

⑤ Richardson，S.. Over - Investment of Free Cash Flow. Review of Accounting Studies，2006，11（3）：159 - 189.

⑥ Iskandar - Datta M. E.，Yonghong. Investor Protection and Corporate Cash Holdings around the World：New Evidence. Review of Quantitative Finance and Accounting，2013（4）：1 - 29.

罗尔（Roll，1986）[①] 首次将管理者过度自信纳入公司金融的研究领域，提出了管理者“自以为是”假说。他认为管理者的这种心理导致他们在进行投资决策时会倾向于高估投资收益，尤其是在并购项目当中往往会高估并购收益，然后根据自身盲目的判断引起一些浪费企业资源的并购活动。马尔门迪尔和泰特（Malmendier & Tate，2005）[②] 利用管理者持股这一指标作为管理者过度自信的代理变量，研究管理者过度自信、投资和现金流三者之间的关系，他们以《福布斯》杂志上500强公司数据作为样本，研究结果发现，管理者过度自信会显著影响投资和现金流之间的关系，并且过度自信程度越高，投资和现金流之间的关系会越敏感。

（2）国内文献综述。从公司治理角度出发，方红星、金玉娜（2013）[③] 首先将非效率投资区分为意愿性非效率投资和操作性非效率投资，然后分析了非效率投资产生的原因，并在此基础上研究了公司治理、内部控制、非效率投资这三者的关系，研究证明公司治理对意愿性非效率投资有很好的抑制作用，而内部控制则能够抑制操作性非效率投资。陈运森、谢德仁（2011）[④] 实证研究了独立董事与公司投资效率的关系，研究表明投资效率与独立董事网络中心度有关，并且网络中心度越高，独立董事越能够更好地发挥其治理作用，因而公司的投资效率也就越高。在此基础上，他们又进一步将非效率投资划分为过度投资和投资不足，研究发现，网络中心度高的独立董事有助于缓解过度投资和投资不足。

从债务融资角度出发，童盼、陆正飞（2005）[⑤] 发现上市公司的投资规模与其负债率呈显著的负相关关系，即负债比率越高投资规模会越

① Roll R.. The Hubris Hypothesis of Corporate Takeovers. Journal of Business，1986（59）：197 - 216.

② Malmendier U.，Tate G.. Does Overconfidence Affects Corporate Investment? CEO Overconfidence Measures Revisited. European Financial Management，2005，11（5）：649 - 659.

③ 方红星、金玉娜：《公司治理、内部控制与非效率投资：理论分析与经验证据》，载于《会计研究》2013年第7期，第63～69页。

④ 陈运森、谢德仁：《网络位置、独立董事治理与投资效率》，载于《管理世界》2011年第7期，第113～127页。

⑤ 童盼、陆正飞：《负债融资、负债来源与企业投资行为》，载于《经济研究》2005年第5期，第75～84页。

小，并且两者的这种关系受到负债来源的影响。黄乾富、沈红波（2009）[①] 通过实证研究发现负债融资会显著抑制制造业上市公司的过度投资，并且这种效果与负债融资的期限长短有关，短期负债对过度投资的抑制作用要强于长期负债。黄珊、黄妮（2012）[②] 以我国房地产行业上市公司作为研究样本，研究发现商业信用能够显著抑制过度投资，而银行贷款的作用不明显。

从自由现金流角度出发，徐晓东、张天西（2009）[③] 实证检验了上市公司自由现金流与非效率投资的关系，并且发现若是上市公司本身有正的现金流，那么自由现金流越多，企业过度投资的情况也会越严重，而若是企业本身的自由现金流就为负，那么企业的资本越是匮乏，投资不足的情况就越严重。王彦超（2009）[④] 研究发现自由现金流与过度投资的关系同时又受到企业融资约束的影响，若企业受到融资约束且自由现金流丰富，那么其过度投资状况也就越严重。张会丽、陆正飞（2012）[⑤] 研究发现若公司总体所持现金水平一定时，母子公司间的现金分布越分散，子公司所持现金比率越高，集团的过度投资情况越严重。

从管理者过度自信角度出发，姜付秀等（2009）[⑥] 认为管理者过度自信会增大企业的经营风险，同时会增加企业过度投资的状况，甚至会使企业陷入财务困境。张敏等（2009）[⑦] 认为，与西方国家相比，我国企业的经营管理者普遍表现出过度自信，并且研究发现，若是企业的自由现金流充足，企业过度投资的程度与管理者过度自信的程度呈正相关

① 黄乾富、沈红波：《债务来源、债务期限结构与现金流的过度投资——基于中国制造业上市公司的实证证据》，载于《金融研究》2009年第9期，第143～154页。

② 黄珊、黄妮：《过度投资、债务结构与治理效应》，载于《会计研究》2012年第9期，第67～72页。

③ 徐晓东、张天西：《公司治理、自由现金流与非效率投资》，载于《财经研究》2009年第10期，第49～58页。

④ 王彦超：《融资约束、现金持有与过度投资》，载于《金融研究》2009年第7期，第121～131页。

⑤ 张会丽、陆正飞：《现金分布、公司治理与过度投资——基于我国上市公司及其子公司的现金持有状况的考察》，载于《管理世界》2012年第3期，第141～150页。

⑥ 姜付秀、张敏、陆正飞：《管理者过度自信、企业扩张与财务困境》，载于《经济研究》2009年第1期，第131～143页。

⑦ 张敏、于富生、张胜：《基于管理者过度自信的企业投资异化研究综述》，载于《财贸研究》2009年第5期，第134～140页。

的关系。沈克慧（2013）[①] 选取2001～2004年境内所有非金融上市公司为样本，实证分析了管理者过度自信与企业过度投资之间的相互作用，并且证明了管理者过度自信与企业的过度投资有显著的正相关系。

2. 股权激励

（1）国外文献综述。伊特纳等（Ittner et al.，2003）[②] 认为，实施股权激励的公司能够吸引更多有才干的经营者，从而提高公司经营团队的质量，有利于公司未来的发展。奥耶等（Oyer et al.，2005）[③] 与其持有相同的观点，同样认为实施股权激励能够使企业吸纳有才干的经营者，同时也能够挽留公司原有的富有才干的经营者。

对于股权激励的效果，学者们针对不同的方面展开了研究，但是研究结果却并不相同，一些学者实证证明了股权激励能够提高企业的绩效，但也有一些学者持不同观点。帕利亚和利希滕贝格（Palia & Liehtenberg，1999）[④] 的研究认为，高管持股有利于有效减少其在公司决策中的短视行为，并提高其工作积极性和创造力，从而实现公司的长远发展。梅赫兰（Mehran，1995）[⑤] 以制造业上市公司的数据为样本，研究发现高管持股能够显著提高公司的绩效，具体表现在能够提高公司的净资产收益率和托宾Q。但是也有一些学者持不同的观点。别布丘克和弗兰德（Bebchuk & Fried，2003）[⑥] 研究了高管薪酬在缓解委托代理问题上所起到的作用，他们认为股票期权本身是代理问题的一部分，其激励

① 沈克慧：《管理者过度自信与上市公司过度投资》，载于《企业经济》2013年第10期，第54～57页。

② Ittner，Christopher D.，Lambert，Richard A.，Larcker，David F.. The Structure and Performance Consequences of Equity Grants to Employees of New Economy Firms. Journal of Accounting and Economics，2003（34）：89－127.

③ Oyer，Paul，Schaefer，Scott. Why Do Some Firms Give Stock Options to All Employees：An Empirical Examination of Alternative Theories. Journal of Financial Economics，2005（76）：99－133.

④ Palia，D.，Lichtenberg，F.. Managerial Ownership and Firm Performance：A Reexamination Using Productivity Measurement. Journal of Corporate Finance，1999（5）：323－339.

⑤ Mehran. Executive Compensation Structure Ownership And Firm Performance. Journal of Financial，1995（5）：24－33.

⑥ Bebchuk L. A.，Fried J. M.. Executive Compensation as An Agency Problem. Journal of Economic Perspectives，2003，17（3）：71－92.

作用并不明显。科尼特等（Cornett et al.，2008）[①] 在考虑盈余管理的前提下，实证检验了公司治理与绩效的关系，研究发现盈余管理在股权激励与公司绩效的关系中起到一种负的调节作用。

（2）国内文献综述。从股权激励实施动机角度出发，吕长江、张海平（2011）[②] 研究发现公司出于充分利用人力资本、完善公司治理机制的角度选择股权激励，但也有管理者为了谋取自身的福利选择股权激励，上市公司选择股权激励的实施动机错综复杂。邵帅等（2014）[③] 通过比较上海家化由国有控股转为民营上市公司过程中五套股权激励方案的设计，发现国有企业和民营企业的股权激励计划的设计动机有显著的差异，国有企业的股权激励计划的设计会受到来自政府的较多的约束，往往会存在激励不足的现象，相比之下，民营企业在方案制定上更加自主，更加能够根据企业自身的情况来制订相关的计划，由此方案设计更加合理。陈艳艳（2015）[④] 认为股权激励的实施动机有三种解释理论，分别是激励员工、吸引和留住员工、融资约束。

从股权激励契约设计出发，吕长江等（2011）[⑤] 认为股权激励的实施效果与股权激励计划设计的合理性有密切的关系，其中激励条件和激励的有限期都能够显著影响股权激励的实施效果。黄虹等（2014）[⑥] 基于契约结构理论，构建了以关键契约要素的选取与科学设计为前提的股权激励契约的合理性框架。同时文章以昆明制药的限制性股票激励方案为例，考虑到股权激励契约结构的内生性，发现“回购＋动态考核”是该公司股权激励计划的关键。

① Cornett M. M., Marcus A. J., Tehranian H. . Corporate Governance, and Pay for Performance: The Impact of Earnings Management. Journal of Financial Economics, 2008 (87): 357－373.

② 吕长江、张海平：《股权激励计划对公司投资行为的影响》，载于《管理世界》2011年第11期，第118～126页。

③ 邵帅、周涛、吕长江：《股权性质与股权激励设计动机——上海家化案例分析》，载于《会计研究》2014年第10期，第44～50页。

④ 陈艳艳：《员工股权激励的实施动机与经济后果研究》，载于《管理评论》2015年第9期，第163～176页。

⑤ 吕长江、严明珠、郑慧莲：《为什么上市公司选择股权激励计划》，载于《会计研究》2011年第1期，第68～75页。

⑥ 黄虹、张鸣、柳琳：《“回购＋动态考核”限制性股票激励契约模式研究——基于昆明制药股权激励方案的讨论》，载于《会计研究》2014年第2期，第27～33页。

从股权激励方式出发，李曜（2008）[①] 从权利义务、估值、会计、税收等多角度对股票期权和限制性股票进行了比较分析，发现上市公司在选择股权激励的方式时，更倾向于选择股票期权，同时研究发现证券市场对股票期权的反应比限制性股票的反应明显，而限制性股票却要优于股票期权。他鼓励上市公司多选择限制性股票的激励方式。肖淑芳等（2016）[②] 指出中国上市公司在选择股权激励方式时没有充分考虑不同激励方式的基本特点，也没有依据不同的激励对象作出不同的选择，研究发现对高管的股权激励倾向于限制性股票激励，而对核心员工的激励则倾向于股票期权，上市公司在选择股权激励方式时存在机会主义行为。

从股权激励实施效果出发，高雷、宋顺林（2007）[③] 考虑到高管持股比例和其持股的市场价值，检验了高管持股对上市公司绩效的关系，研究发现，高管持股比例和市场价值都与公司绩效呈正相关的关系。孙堂港（2009）[④] 研究发现股权激励中授予激励对象的股权比例与公司绩效之间并不是线性关系，而是具有区间性。肖淑芳等（2009）[⑤] 对实施股权激励计划的上市公司前后的样本进行了配比研究，发现公告日前后上市公司的可操纵应计利润会发生显著的变化，公告日之前会增加，而公告日之后则会显著减少。何凡（2010）[⑥] 以 A 股市场实施股权激励的上市公司作为研究样本，发现股权激励与盈余管理呈显著的正相关关系，并且这种关系受到股权激励模式和股权激励计划的行权时间的影响，激励模式与绩效的相关程度越高，其盈余管理的水平也就越高，而股权激励的时间长度则与盈余管理的水平呈负相关关系。

① 李曜：《股票期权与限制性股票股权激励方式的比较研究》，载于《经济管理》2008 年第 23 ~ 24 期，第 11 ~ 18 页。

② 肖淑芳等：《上市公司股权激励方式选择偏好——基于激励对象视角的研究》，载于《会计研究》2016 年第 6 期，第 55 ~ 62 页。

③ 高雷、宋顺林：《高管人员持股与企业绩效——基于上市公司 2000 ~ 2004 年面板数据的经验证据》，载于《财经研究》2007 年第 3 期，第 134 ~ 143 页。

④ 孙堂港：《股权激励与上市公司绩效的实证研究》，载于《产业经济研究》2009 年第 3 期，第 44 ~ 50 页。

⑤ 肖淑芳等：《股权激励计划公告前的盈余管理：来自中国上市公司的经验证据》，载于《南开管理评论》2009 年第 12 期，第 79 ~ 85 页。

⑥ 何凡：《股权激励制度与盈余管理程度：基于中国上市公司的经验证据》，载于《中南财经政法大学学报》2010 年第 2 期，第 10 ~ 19 页。

3. 股权激励对非效率投资影响

（1）国外文献综述。科尔和拉克尔（Core & Larcker，2002）[①] 认为选择投资项目时的理性程度与管理者持有的上市公司的股份有关，管理者所持股份越高，相应的在选择投资项目时能够表现得更加理性，根据自利行为的描述，管理者在进行投资决策时会充分估计投资项目的风险和报酬，因为项目的收益直接关系到管理者自身所能获得的收益，在力求企业价值最大化的同时实现自身利益的最大化。安德尔加森（Andergassen，2008）[②] 提出股权激励的主要方式就是限制性股票和股票期权，并且指出无论是限制性股票还是股票期权都能优化职工的薪酬体系，激发管理层的工作积极性，缓解股东和管理层之间的委托代理问题。布蒙斯里等（Boumosleh et al.，2012）[③] 研究发现企业的投资风险与经理的薪酬结构相关，管理层持有股票期权能够提高公司的投资效率，但是若是外部董事持有股票期权则会增加企业的经营风险。本米勒赫等（Benmelech et al.，2010）[④] 认为以股票作为管理层的薪酬，能够使管理层分享企业的剩余价值，由此能够使他们更加努力地工作，但是也会使他们刻意隐瞒企业的负面消息，接受 NPV <0 的投资项目，管理层的这种做法可能会导致公司的股价被资本自市场高估，甚至会有崩溃的危险。

（2）国内文献综述。王艳等（2005）[⑤] 认为股权激励能够抑制上市公司的过度投资，她认为股权激励存在最优的股权比例，并通过构建模型分析了这个股权比例。罗富碧等（2008）[⑥] 创新性地研究了高管人员

---

① Core J. E.，Larcker D. F.. Performance Consequences of Mandatory Increases in Executive Stock Ownership. Journal of Financial Economics，2002，64（3）：317－340.

② Andergassen R.. High-powered Incentives and Fraudulent Behavior：Stock-based versus Stock Option-based Compensation. Economics Letters，2008，101（2）：122－125.

③ Boumosleh，A.. Director Stock，Firm Investment Decisions，Dividend Policy，and Options，Journal of Applied Business Research，2012（28）：753－76.

④ Benmelech E.，Kandel E.，Veronesi P.. Stock-based Compensation and CEO（DIS）Incentives. Quarterly Journal of Economics，2010，125（4）：1769－1820.

⑤ 王艳、孙培源、杨忠直：《经理层过度投资与股权激励的契约模型研究》，载于《中国会计评论》2005 年第 2 期，第 127～137 页。

⑥ 罗富碧、冉茂盛、杜家廷：《高管人员股权激励与投资决策关系的实证研究》，载于《会计研究》2008 年第 8 期，第 69～76 页。

股权激励与投资决策的相互作用，研究发现对高管人员实施股权激励能够显著促进公司的投资，但文章只是总体研究了非效率投资，并没有对过度投资和投资不足进行区分。吕长江、张海平（2011）[①] 选取了实施股权激励计划的上市公司作为研究样本，以此来研究股权激励计划的实施对上市公司投资行为的影响，研究发现，股权激励计划会显著抑制上市公司的过度投资行为，与此同时也能够缓解投资不足问题。罗付岩、沈中华（2013）[②] 综合考察了股权激励、所有权结构、代理成本与投资效率之间的关系，研究发现，股权激励计划的实施能够显著抑制上市公司的投资不足，并且这种效果在非国有企业中更加明显，在非国有企业中代理成本的中介效应表现得更加显著，而在国有企业中代理成本却没有表现出明显的中介效应。徐倩（2014）[③] 将环境不确定性纳入考察范围中，发现环境不确定性会显著降低企业的投资效率，造成过度投资或是投资不足，但是股权激励计划的实施却能对这种非效率投资起显著的抑制作用。汪健等（2013）[④] 的研究发现，实施股权激励计划的中小板制造业上市公司更容易出现非效率投资的行为，股权激励计划并没有使代理成本降低。

4. 文献评述

通过对国内外学者现有研究成果的梳理发现，对股权激励的研究主要集中在股权激励的实施动因、模式设计等方面。对于股权激励的实施效果，学者们更为关注其对公司绩效的影响，有关股权激励对非效率投资影响的文献相对较少，特别是关于不同股权激励方式对非效率投资影响的文献更是匮乏，并且现有关于股权激励对非效率投资影响的研究并没有一致的结论。造成结论不一致的原因有：一是股权激励在我国起步较晚，可供研究的数据有限，实证研究结果存在失准；二是许多学者采

---

① 吕长江、张海平：《股权激励计划对公司投资行为的影响》，载于《管理世界》2011年第11期，第118～126页。

② 罗付岩、沈中华：《股权激励、代理成本与企业投资效率》，载于《财贸研究》2013年第2期，第146～156页。

③ 徐倩：《不确定性、股权激励与非效率投资》，载于《会计研究》2014年第3期，第41～48页。

④ 汪健、卢煜、朱兆珍：《股权激励导致过度投资吗？——来自中小板制造业上市公司的经验证据》，载于《审计与经济研究》2013年第5期，第70～79页。

用管理者持股比例作为股权激励的代理变量，但是管理者持股并不都是通过股权激励实现的，因而不能很好地检验股权激励的实施效果。

9.2 研究设计

9.2.1 基本假设

现代企业所有权和经营权相分离，由此产生所有者与管理者之间的委托代理关系，进而在信息不对称的情况下，所有者与管理者的利益冲突最终导致了委托代理问题。而委托代理问题是造成非效率投资的一个重要原因，表现之一是管理者的机会主义行为。管理者在进行投资决策时，会更多地考虑私人收益而不是企业的价值增值，在私人收益的驱动下，管理者会盲目扩大企业规模，投资于一些 NPV <0 的项目，造成过度投资。委托代理问题的另一表现是管理者在进行投资决策时，因为考虑到私人成本而忽视股东利益，放弃能够使企业价值增值的机会。詹森和麦克林（1976）[①] 认为管理者存在私人成本，管理者通过自身努力带来的经营所得只有一部分是归属于自己，管理者会因此偷懒，放弃一些净现值为正的项目，造成投资不足。而股权激励的实施能够有效地解决委托代理问题。安德尔加森（2008）[②] 认为企业可以通过授予管理层股票或是股票期权来优化薪酬体系，并指出两种方式都能够激励管理层更加努力地工作，并且能够有效地减轻管理层和股东之间的冲突。实施股权激励后，高效率的投资能够使企业获得高投资收益，管理层获得激励收益，这部分收益会超过管理层在过度投资过程中获得的私人收益，由此减少过度投资。同时管理层能够正确衡量激励收益和投资新项目的私人成本，合理利用企业的资源，提高投资效率。基于此，本章提出假设1：

假设1（a）：股权激励能有效抑制上市公司的过度投资。

① Jensen, M. C., W. H. Meckling. Theory of the Firm: Managerial Behavior, Agency Costs and Ownership Structure. Journal of Financial Economics, 1976, 3 (4): 305 - 360.

② Andergassen R.. High-powered Incentives and Fraudulent Behavior: Stock-based versus Stock Option-based Compensation. Economics Letters, 2008, 101 (2): 122 - 125.

假设1（b）：股权激励能有效抑制上市公司的投资不足。

股票期权和限制性股票是当前上市公司主要的股权激励方式。根据2016年最新《上市公司股权激励管理办法》中的相关规定：限制性股票是指激励对象按照股权激励计划规定的条件，获得的转让等部分权利受到限制的本公司股票；股票期权是指上市公司授予激励对象在未来一定期限内以预先确定的条件购买本公司一定数量股份的权利。但是两种方式有很多不同。第一就是其设定的等待期行权期、行权价格、相关限制条款等不同。公司在授予激励对象股票期权后，一般存在等待期，等待期以后激励对象才可以行权，并有一定的行权期，股票期权的限制条件一般是在授予环节和行权环节。限制性股票没有等待期，而是在管理层取得限制性股票后有一段禁售期，禁售期内不得出售股票，禁售期过后且满足条件时才可以出售，并且限制性股票的限制条件一般在出售环节。第二是两者的权利义务不同。股票期权的权利和义务并不对等，持有者只有行权获利的权利，却并不承担义务。而限制性股票的权利和义务是对等的，股票价格的高低直接关系到持有者的收益。股价降低时激励收益的减少实际是对限制性股票持有者的一种惩罚。第三是两者收益不同。管理层持有股票期权所获收益为未来股票价格与行权价的差额。限制性股票则是解禁后的股价与购买价的差额。限制性股票的购买价要低于股票期权的行权价格。由此可知，限制性股票的激励力度要强于股票期权，基于此，本章提出假设2：

假设2：限制性股票对非效率投资的抑制作用要强于股票期权。

在我国特殊的制度背景下，国有上市公司普遍存在所有者缺位、内部人控制等问题。因此在国有上市公司中，委托代理问题也相对严重。国有上市公司的经营者一般由政府任命，并且薪酬较稳定，因而股权激励所带来的激励效益对经营者的吸引力并不强烈。除此之外，政府对国有上市公司股权激励的监管也相对严格，审批程序较为复杂，因而制约了国有上市公司股权激励的及时性。而非国有上市公司股权激励方案的审批程序相对简单，从而保证了股权激励的及时性。此外2008年国家出台的《关于规范国有控股上市公司实施股权激励制度有关问题的通知》、2010年出台的《国有控股上市公司（境内）实施股权激励办理指引》中，针对股权激励应遵循的原则、激励对象、权益授予数量等都给出了规定，并且设定了股权激励中授予股权和全年薪酬的比例限制，增加了国有上市公司股权激励的限制条款，会在一定程度上影响股权激励在国有上市公司中的实施效果。关于非国有上市公司的限制则相对较少，因而其实施效果更好。徐一民、张志宏（2012）① 的研究发现股权激励对企业非效率投资正的影响关系在非国有控股企业中显著，而在国有控股企业中不显著。基于此，本章提出假设3：

假设3：股权激励对非国有上市公司非效率投资的抑制作用比国有上市公司显著。

9.2.2　变量定义与模型构建

上市公司的非效率投资可以划分为过度投资和投资不足，本章在衡量非效率投资时借鉴理查森（Richardson，2006）的投资度量模型，以及吕长江和张海平（2011）② 的模型③。根据理查森的研究，首先通过模型来估算出企业预期的投资水平，然后将模型的残差作为企业非效率投资的代理变量。

根据研究假设，将本章所使用的变量符号及说明汇总，如表9－1所示。

为验证假设1和假设3，构建多元回归模型进行检验，模型如下：

$$\begin{aligned}Overinvest = &\beta_0 + \beta_1 Incent + \beta_2 Size + \beta_3 Lev + \beta_4 Cash + \beta_5 Roa + \beta_6 TobinQ \\ &+ \beta_7 Return + \beta_8 Shrhfd5 + \beta_9 Year + \beta_{10} Industry + \varepsilon \end{aligned} \quad (9-1)$$

---

① 徐一民、张志宏：《上市公司股权结构、股权激励与投资效率相关性研究》，载于《会计论坛》2012年第1期，第30~40页。

② 吕长江、张海平：《股权激励计划对公司投资行为的影响》，载于《管理世界》2011年第11期，第118~126页。

③ $$\begin{aligned}Inv\_N_{i,t} = &\beta_0 + \beta_1 Inv\_N_{i,t-1} + \beta_2 Lev_{i,t-1} + \beta_3 Size_{i,t-1} + \beta_4 Age_{i,t-1} + \beta_5 Return_{i,t-1} \\ &+ \beta_6 Cash_{i,t-1} + \beta_7 Growth_{i,t-1} + \sum Year + \sum Industry + \varepsilon_{i,t-1}\end{aligned}$$

Inv_N（新增投资）= Inv_T － Inv_M

Inv_T（总投资）= 购建固定资产、无形资产等其他长期资产支付的现金 + 取得子公司及其他营业单位支付的现金净额 － 处置固定资产、无形资产和其他长期资产收回的现金净额 － 处置子公司及其他营业单位收到的现金净额

Inv_M = 固定资产折旧 + 无形资产摊销 + 长期待摊费用摊销

表 9-1　　变量名称及变量定义

变量类型	变量名称	变量符号	说明
被解释变量	过度投资	Overinvest	正残差
	投资不足	Underinvest	负残差
解释变量	股权激励	Incent	实施股权激励取 1；否则取 0
	期权激励	Option	实施期权激励取 1；否则取 0
	股票激励	Stock	实施股票激励去 1，否则取 0
控制变量	公司规模	Size	Lg（公司年末总资产）
	资产负债率	Lev	负债总额/资产总额
	现金状况	Cash	经营现金净流量/年初总资产
	总资产报酬率	Roa	息税前利润/平均总资产
	成长机会	TobinQ	股票市值/总资产
	股票回报率	Return	股票年度收益总额/年投资额
	股权集中度	Shrhfd5	前五大股东持股比例的平方和
	年度	Year	属于该年度为 1，否则为 0
	行业	Industry	按照证监会的行业划分标准，设置行业虚拟变量

$$Underinvest = \beta_0 + \beta_1 Incent + \beta_2 Size + \beta_3 Lev + \beta_4 Cash + \beta_5 Roa + \beta_6 TobinQ + \beta_7 Return + \beta_8 Shrhfd5 + \beta_9 Year + \beta_{10} Industry + \varepsilon \quad (9-2)$$

为验证假设 2，以期权激励和股票激励为自变量构建多元回归模型，模型如下：

$$Overinvest = \beta_0 + \beta_1 Option/Stock + \beta_2 Size + \beta_3 Lev + \beta_4 Cash + \beta_5 Roa + \beta_6 TobinQ + \beta_7 Return + \beta_8 Shrhfd5 + \beta_9 Year + \beta_{10} Industry + \varepsilon \quad (9-3)$$

$$Underinvest = \beta_0 + \beta_1 Option/Stock + \beta_2 Size + \beta_3 Lev + \beta_4 Cash + \beta_5 Roa + \beta_6 TobinQ + \beta_7 Return + \beta_8 Shrhfd5 + \beta_9 Year + \beta_{10} Industry + \varepsilon \quad (9-4)$$

9.2.3　样本选择与数据来源

本章选取 2011 ~ 2015 沪深两市全部 A 股上市公司作为原始样本，

并根据以下原则进行剔除：（1）剔除金融类企业。因为金融企业的行业特征与其他行业具有较大差异。（2）剔除ST、*ST公司。因为此类公司数据的有效性和可比性相对较低。（3）剔除异常和财务数据披露不全的公司。

同时为保证回归结果的准确性，降低异常值的影响，本研究对相关数据进行了上下1%的缩尾处理（winsorize），最终得到6031个观测值（2011年1352个观测值，2012年1196个观测值，2013年1123个观测值，2014年1141个观测值，2015年1219个观测值）。本章所使用的数据均来自Wind数据库和国泰安数据库。本章运用Excel和SPSS 20.0进行统计分析。

9.3　实证检验

9.3.1　描述性统计

1. 股权激励方式描述性统计

表9－2列示了实施股权激励的上市公司股权激励方式选择的统计结果。

表9－2　　股权激励描述性统计

年份	股权激励实施家数（家）	限制性股票激励（家）	股票占比（%）	股票期权激励（家）	期权占比（%）
2011	100	21	21.00	47	47.00
2012	133	39	29.32	78	58.65
2013	208	99	47.60	106	50.96
2014	279	141	50.54	135	48.39
2015	412	285	69.17	124	30.10

由表9－2可知，实施股权激励的上市公司2011年100家，2012年

133家，2013年208家，2014年279家，2015年412家，由此可以看出，实施股权激励的上市公司逐年增加。上市公司对限制性股票激励的重视程度在逐渐提高，上市公司对股权激励方式的选择出现了很大的变化，2011年限制性股票占21.00%，股票期权激励占47.00%，到2015年限制性股票占69.17%，期权激励占30.10%。造成这种趋势的原因主要有：（1）限制性股票激励虽然要求购股者一次性付清资金，但是其在定价上有更高的灵活性，并且底价较低，可选择的价格空间比股票期权更大。（2）随着国家关于股权激励中个人所得税问题的相关法律规定的进一步完善，股票激励的个人所得税优势更加明显。（3）股票激励在确认成本费用时不必考虑时间价值，对公司来说更有优势。股票激励对管理层的激励力度比期权激励更强。

2. 多元回归模型主要变量统计分析

表9-3列示了多元回归模型中主要变量的描述性统计结果。

表9-3　　变量描述性统计

变量名称	变量符号	平均值	标准差	最小值	最大值	观测值
新增投资额	Inv_N	0.082125	0.10490	-0.26786	2.50306	6031
过度投资	Overinvest	0.07140	0.11352	0.00001	2.46188	2510
投资不足	Underinvest	-0.04067	0.03529	-0.59721	-0.00002	3521
股权激励	Incent	0.15	0.361	0	1	6031
股票激励	Stock	0.03	0.181	0	1	6031
期权激励	Option	0.03	0.157	0	1	6031
公司规模	Size	15.64340	0.58996	7.30793	21.38118	6031
资产负债率	Lev	0.47240	0.335666	0.00708	0.99579	6031
现金状况	Cash	0.03309	0.11318	-3.22399	3.64826	6031
总资产报酬率	Roa	0.04055	0.06459	-1.29153	1.20681	6031
成长机会	TobinQ	2.04462	2.11963	0.06463	23.27392	6031
股票回报率	Return	0.23646	0.61705	-0.64281	9.89358	6031
股权集中度	Shrhfd5	0.16932	0.61705	0.00055	0.79374	6031

由表9－3的统计数据可知：在全部观测值中，有2510个过度投资观测值，3521个投资不足观测值，分别占全部样本的41.62%，58.38%。这说明我国上市公司投资不足现象较过度投资更为严重；并且上市公司过度投资的最大值2.46，均值为0.07，而投资不足的最大值为－0.59，均值为－0.04，各上市公司的非效率投资问题差距较大。造成这一现象的主要原因为：一是上市公司的自由现金流不足和盈利能力的下降，并且各公司的自由现金流和盈利能力水平差距较大；二是大部分上市公司尤其是上市时间较长的上市公司，将企业的资金过多地进行金融资产投资，而这种高风险的投资往往限制企业的可持续发展。

在本章样本数据中，有15%的公司实施了股权激励，占总样本的比例较低，样本标准差为0.361，样本间的差异很大。这表明目前股权激励发展不成熟，上市公司选择股权激励的仍然是少数。造成这一现象的主要原因为：一方面是我国股权激励起步较晚，相关的法律政策并不完善，实施进程相对落后；另一方面是股权激励实施过程中出现了如激励时限短、解锁套现现象严重，行权价格过低使得股权激励成为高管快速造富的利器，行权条件过宽等问题，这些问题的存在直接影响股权激励的实施效果。

9.3.2　回归分析

1. 股权激励与非效率投资

本章通过模型（9－1）和模型（9－2）来检验股权激励对上市公司过度投资和投资不足的影响，回归结果如表9－4所示。

表9－4　股权激励与非效率投资回归结果

变量	Overinvest		Underinvest	
	系数	T值	系数	T值
Incent	－0.018	－2.922***	0.007	4.254***
Size	－0.008	－1.757*	0.012	9.479***
Lev	0.008	1.069	0.007	2.534**
Cash	0.016	0.787	0.005	0.668

续表

变量	Overinvest		Underinvest	
	系数	T 值	系数	T 值
Roa	0.030	0.620	0.006	0.595
TobinQ	0.001	0.498	-0.001	-3.158***
Return	0.017	3.924***	-0.001	-1.483
Shrhfd5	0.008	0.387	-0.020	-3.972***
常数项	0.144	3.180***	-0.154	-13.343***
Industry	控制		控制	
Year	控制		控制	
F 值	4.137		29.257	
调整 R^2	0.01		0.062	

注：***、**、*分别表示在1%、5%、10%的水平显著。

由表9-4的回归结果可以看出，股权激励与上市公司过度投资在1%的显著性水平上呈负相关关系，与上市公司投资不足在1%的显著性水平上呈正相关关系，这说明股权激励的实施能够显著抑制上市公司的过度投资和投资不足。实施股权激励的主要目的是解决股东与管理层的委托代理问题，其能够实现管理层与股东的利益趋同，管理层会通过高效率的投资以实现公司更大的价值增值，提升公司股价，并实现自身的激励收益。管理层从公司价值最大化出发，追求私人收益的动机下降，因此管理层在进行投资决策时就会尽量避免 NPV <0 的项目。同时股权激励会使管理层正确衡量激励收益与私人成本的大小，从而抑制投资不足，由此验证了假设1。

2. 不同股权激励方式与非效率投资

本章通过模型（9-3）和模型（9-4）来检验不同股权激励方式对过度投资和投资不足的影响，回归结果如表9-5所示。

由表9-5的结果可知，限制性股票激励与过度投资在10%的显著性水平上呈负相关关系，与投资不足在1%的显著性水平上呈正相关关系；股票期权与过度投资呈负相关关系与投资不足呈正相关关系，但都不显著。由此可以看出，股票激励的效果要优于期权激励。造成这一现象的原因主要有两点：一是因为限制性股票对于管理层来说权利和义务对等，管理层获得的激励收益直接取决于股价，若股价降低，管理层获得的收益也会减少，而期权持有者则不必担心这个问题，因为管理层可以选择不行权，从而保证自己的利益，因此期权的激励力度会低于股票激励。二是两者收益构成不同，期权的激励收益来自股价高于行权价的部分，而股票的激励收益来自股价高于授予价格的部分。根据相关规定，股票期权的行权价格不低于计划草案公布时的股票市价，限制性股票的授予价格则是计划草案公布时股票市场价格的折价，因此限制性股票的激励收益要高于股票期权，股票激励对管理层的吸引力更大，相应的激励力度更强。由此验证了的假设 2。

表 9－5　　股票期权、限制性股票与非效率投资

变量	Overinvest				Underinvest			
	系数	T 值	系数	T 值	系数	T 值	系数	T 值
Option	－0. 001	－0. 071			0. 003	－0. 783		
Stock			－0. 017	－1. 671 *			0. 011	3. 164 ***
Size	－0. 006	－1. 393	－0. 009	－1. 870 *	0. 013	10. 652 ***	0. 011	9. 465 ***
Lev	0. 006	0. 986	0. 008	1. 086	0. 007	2. 794 ***	0. 008	2. 920 ***
Cash	0. 018	0. 883	0. 019	0. 944	0. 005	0. 809	0. 004	0. 765
Roa	0. 015	0. 301	0. 021	0. 429	0. 008	0. 826	0. 008	0. 828
TobinQ	0. 001	0. 562	0. 001	0. 231	－0. 001	－2. 380 **	－0. 001	－2. 477 **
Return	0. 016	3. 674 ***	0. 017	3. 611 ***	－0. 002	－1. 657 *	－0. 001	－1. 054
Shrhfd5	0. 008	0. 385	0. 013	0. 652	－0. 022	－4. 351 ***	－0. 001	－2. 818 ***
常数项	0. 125	2. 795 ***	0. 159	3. 202 ***	－0. 167	－14. 575 ***	－0. 148	－13. 367 ***
Industry	控制		控制		控制		控制	
Year	控制		控制		控制		控制	
调整 R^2	0. 007		0. 007		0. 061		0. 059	
F 值	3. 005		3. 099		25. 652		27. 847	

注：***、**、* 分别表示在 1%、5%、10% 的水平显著。

3. 不同股权性质下股权激励与非效率投资

为了检验不同股权性质的上市公司股权激励对非效率投资的影响，我们将样本数据分为国有上市公司组和非国有上市公司组，运用模型（9-1）和模型（9-2）进行回归，回归结果如表9-6所示。

表9-6　　　　不同股权性质下股权激励非效率投资

变量	Overinvest				Underinvest			
	国有上市公司		非国有上市公司		国有上市公司		非国有上市公司	
	系数	T值	系数	T值	系数	T值	系数	T值
Incent	-0.010	-0.740	-0.032	-3.644***	0.002	0.392	0.012	6.028***
Size	-0.008	-1.424	-0.004	-0.384	0.009	4.711***	0.008	3.914***
Lev	0.007	0.559	0.012	1.205	-0.002	-0.383	0.010	2.908***
Cash	0.146	4.790***	-0.028	-0.974	0.007	0.584	-0.001	-0.083
Roa	-0.046	-0.700	0.047	0.597	-0.007	-0.598	0.053	3.059***
TobinQ	-0.004	-1.669*	-0.001	0.009	-0.003	-3.218***	-0.002	-4.383***
Return	0.004	0.683	0.024	3.673***	0.003	1.460	0.001	-0.345
Shrhfd5	0.056	2.490**	-0.040	-1.068	-0.029	-4.054***	-0.013	-1.681*
Constant	0.127	2.328**	0.119	1.286**	-0.110	-6.226***	-0.126	-6.458***
Industry	控制		控制		控制		控制	
Year	控制		控制		控制		控制	
调整 R^2	0.022		0.020		0.039		0.087	
F值	4.153		4.030		9.026		20.935	

注：***、**、*分别表示在1%、5%、10%的水平显著。

由表9-6结果可知，在国有上市公司组，股权激励与过度投资呈负相关关系，与投资不足呈正相关关系，但结果都不显著。而在非国有上市公司组，股权激励在1%的显著性水平上与过度投资呈负相关关系，与投资不足呈正相关关系。这说明与国有上市公司相比，股权激励对非效率投资的抑制作用在非国有上市公司中更加显著。造成这一问题的主要是原因有两点：（1）股权激励的监管复杂性不同，国有上市公司的股权激励方案只有获得国资委、财政部、证监会的认可后才能执行，程序的复杂往往拖延了股权激励实施的进程。而非国有上市公司监管结构比较单一，股权激励方案只要经过证监会批准就能实施，保证了股权激励的及时性，能够更好地发挥股权激励的实施效果。(2) 国有上市公司在激励程度上受到严格的政策限制，股权激励的设计也偏向于福利型，限制了管理层通过主观努力获得的激励收益，导致投资不足。相反，非国有上市公司的股权激励方案的设计受限少，设计更为合理，能够更好地发挥股权激励的作用，使激励效果实现最大化。由此验证了假设3。

9.3.3 稳健性检验

本研究参考徐倩（2014）的做法，重新计算公司的非效率投资。[①]然后根据模型（9－1）和模型（9－2）进行回归，回归结果如表9－7所示。

表9－7 股权激励与非效率投资回归结果

变量	Overinvest		Underinvest	
	系数	T值	系数	T值
Incent	－0.011	－1.769*	0.030	20.551***
Size	－0.004	－0.864	0.009	5.550***
Lev	0.008	1.140	－0.008	－1.084
Cash	0.029	1.473	－0.002	－0.283
Roa	0.021	0.435	0.016	1.073
TobinQ	0.001	0.927	－0.009	－0.423
Return	0.019	4.439***	－0.002	－1.773*
Shrhfd5	－0.003	－0.152	－0.006	－1.071
常数项	0.107	2.346**	－0.153	－10.532***

① 基于资产负债表计算公司的新增投资。用公司固定资产、在建工程、工程物资、无形资产、开发支出、商誉等净额的和作为公司的投资额，减去公司上一年度的投资额作为本年度的新增投资额。

续表

变量	Overinvest		Underinvest	
	系数	T 值	系数	T 值
Industry	控制		控制	
Year	控制		控制	
F 值	4.867		81.772	
调整 R^2	0.012		0.345	

注：***、**、* 分别表示在 1%、5%、10% 的水平显著。

从表 9-7 的结果可知，股权激励与上市公司过度投资在 10% 的显著性水平上负相关，与投资不足在 1% 的显著性水平上正相关，该回归结果与表 4 的回归结果基本一致，由此验证了结果的稳健性。

9.3.4 研究结论与建议

本研究选取了 2011~2015 年沪深全部 A 股上市公司作为研究样本，实证检验了股权激励对上市公司非效率投资的影响，以及限制性股票和股票期权对上市公司非效率投资影响的差异，同时考虑到国有上市公司特殊的性质，进一步检验了国有和非国有上市公司股权激励对非效率投资的影响，得到结论如下：股权激励能够有效地抑制上市公司的过度投资和投资不足，提高上市公司的投资效率；限制性股票激励对非效率投资的抑制作用要强于股票期权激励；股权激励对非国有上市公司非效率投资的抑制作用比国有上市公司更显著。

通过研究结论可以看出，股权激励的实施对上市公司的非效率投资能够起到抑制作用，但是股权激励在国有上市公司中的实施效果却不理想。为此提出以下建议：

第一，根据公司实际情况制订股权激励计划，选择恰当的激励方式，发挥股权激励的最佳效果。由本章研究结果可知，限制性股票的激励力度要强于股票期权，因此企业在制订股权激励方案时，若股票激励条件成立，应该优先选择股票激励，提高激励效果。此外方案执行过程中更要严格按照规定程序把握好原则，切莫将激励变为福利。

第二，上市公司要严格遵循股权激励相关办法，根据规定制订有效的股权激励方案。2016年5月4日中国证券监督管理委员会审议通过《上市公司股权激励管理办法》，新办法就股权激励的行权对象、行权条件、股票来源、信息披露、监管管理等都有了更加明确的规定，并就方案执行过程中的一些问题给出了指导意见。随着新办法的出台，公司更应严格制度、规范程序，真正发挥股权激励的有效作用。

第三，改革并完善国有上市公司管理人员任用制，加快薪酬机制的市场化。国有上市公司应不断完善管理层的绩效考核机制，制定明确的考核办法和考核计划；加快薪酬机制市场化的进程，使薪酬体系设计更加多元化，支付制度更加透明化。

第10章　高管薪酬契约、激励机制与融资约束

10.1　研究背景与文献述评

10.1.1　研究背景

莫迪利安尼和米勒（Modigliani & Miller, 1958）[①] 作为现代资本结构理论的创始人，提出了完美资本市场论，指出在既定的假设条件下，内外部资本面临相同的风险，因而内外部资本可以相互替代。随着资本市场的发展，人们逐渐认识到没有税赋、信息完全透明的资本市场是不存在的，交易的双方由于获取信息的渠道、占有时间、准确性不同，出现了信息优势方和信息劣势方。由于信息不对称，外部资本所有者通常属于信息劣势方，企业债权人出于保护贷款的安全考虑会要求更高的贷款利率或者签订限定债务人借款用途等条件的债务契约，增加了企业的融资约束。从产权性质看，我国处于经济转轨的特殊制度背景下，企业面临的金融生态环境虽然有了一定的改善，但是金融市场依旧存在发展不平衡、资源配置不合理的问题（李扬和张涛，2009）[②]。国有大中型企业与银行间的天然政治关系帮助其获得银行贷款，然而处在制度缺失

① Modigliani, F., M. Miller. The Capital, Corporation Finance and the Theory of Investment. American Economics Review, 1958, 48 (3): 262－297.

② 李扬、张涛：《中国地区金融生态环境评价（2008～2009）》，社会科学文献出版社2009年版，第58～72页。

和法律不健全背景下的民营企业，由于缺少政治背景和社会声誉却遭受着“信贷歧视”（张敏等，2010）[①]。因此，缓解企业的融资约束，特别是解决民营企业融资难的问题是学者们不断探索和研究的重要课题之一。

从融资方式看，目前我国资本市场上的融资方式主要有股权融资和债务融资。2016 年社会融资总规模为 1781.21 万亿元，其中股权融资 62.42 万亿元，仅占 4%；银行贷款融资 1203.59 万亿元，占 68%，债券融资 199.58 万亿元，占 11%。[②] 由于我国股权融资的条件较为严苛，而债务融资产生的利息费用具有抵税效应，所以企业以债务融资为主。债务融资中，由于我国资本债券市场尚不完善，在融资规模中债券融资的比重并不高，很明显企业融资以银行贷款为主。同时随着资本市场的发展，商业信用的重要性逐渐凸显，商业信用作为银行贷款的替代性融资方式。供应商对企业的限制性条件相对比较少、融资方式相对灵活、无须提供抵押物和担保物品，因而商业信用在企业融资方式中占据一席之地。那么面临融资约束的公司应该通过何种途径更好地获得银行贷款和商业信用呢?

工业革命促进了生产社会化和专业化的发展，同时随着现代科技的日益复杂，所有权和经营权分离，委托代理问题日渐突出。另外，高层管理者是公司最为核心的人力资源，拥有企业的控制权，高管的学识、能力、经验和努力程度决定企业未来的发展前景和行业地位。然而资本市场信息不对称性可能导致高管进行逆向选择。高管出于自利行为的考虑，在进行投资决策时常常投资高风险甚至 NPV 为负的项目，其行为不仅损害股东的权益，甚至侵占了债权人的财富，这使得信贷机构进行信贷决策时会将代理成本作为重要考虑因素。而高管薪酬契约机制将个人财富与公司价值捆绑经营，能有效缓解管理层自利行为引发的代理冲突，让保守型高管接受 NPV 为正的投资项目、激进型高管放弃 NPV 为负的投资项目，从而提高公司投资效率、增加企业价值。因此，处于信息劣势方的债权人通过高管薪酬契约激励机制传递的信息，能够重新评估企业投资决策的价值，对企业的信贷风险进行合理定价，有利于减少企业外部融资成本。

① 张敏、张胜、申慧慧、王成方：《政资管理与信贷资源配置效率——来自我国民营上市公司的经验数据》，载于《管理世界》2010 年第 11 期，第 143 ~ 153 页。

② 根据中国人民银行网站 2016 年社会融资规模统计数据整理。

综上所述，本章实证考察我国沪深A股上市公司高管薪酬契约与融资约束的关系，并检验产权性质和市场化程度对高管薪酬契约和融资约束的影响。在此基础上，进一步揭示高管薪酬契约在获得银行贷款和商业信用时的作用，为上市公司完善高管薪酬契约制度，缓解公司融资约束，降低银行信贷风险提供理论支持。

10.1.2 概念界定

1. 融资约束

莫迪利安尼和米勒（1958）提出完美资本市场理论，他们认为在完美资本市场下，公司内外部资本完全可以相互替代，资本不受税赋等因素的影响，所以公司的资本结构不受财务信息或非财务信息的影响，只受投资需求的影响。随着生产力的发展，许多学者的研究发现，现实中受到信息不对称、委托代理问题等因素的影响，并不存在完美的资本市场。当经理人的私人成本大于私人收益时，出于自利行为，其凭借对公司享有的较大控制权，可能进行虚假披露信息的行为，降低会计信息质量，使得外部信息使用者的风险增大，债权人及其他投资者为了规避风险，会提高资本约束，加上高额的交易成本，使公司内外部的融资成本差异增大，严重影响公司的融资能力，进一步影响公司的投资能力，损害公司价值的实现。如果上市公司面临严重的融资约束，即使存在净现值为正的投资项目，代理人也会因为缺少充足的资金支持而放弃该项目，不利于公司的发展和价值的实现。基于此，本章将融资约束程度定义为：由于信息不对称以及资本市场中存在的交易费用，内外部融资不能完全替代，这种投资决策受到外部融资因素（外部融资溢价）的制约程度就代表了公司受到的融资约束程度。

2. 融资约束衡量

通过对国内外的研究发现，融资约束的衡量方法主要有以下几种：（1）采用单变量衡量指标。目前，采用单一变量衡量融资约束的指标主要有股利支付率、公司规模、利息保障倍数等。法扎里等（Fazzari et al.，1988）的研究发现，公司股利支付率与融资约束相关。信息不对称引发内外部融资成本不同，当外源融资成本高于内源融资成本时，上市公司会选择内源融资，降低股利支付率；当外源融资成本较低时，上市公司选择外源融资，提高股利支付率。法玛（1999）研究发现，公司规模与融资约束程度负相关，信息不对称和信贷市场资源配置不合理使得小规模公司的融资约束程度更高。另外，利息保障倍数反映公司的偿债能力和公司资产的安全程度，利息保障倍数高说明公司的偿债能力强，公司有能力偿还信贷资金，融资约束也就比较低。综上，虽然单一变量指标能影响上市公司的融资约束，但是不能全面地揭示融资约束的形成机理。（2）投资—现金流敏感度模型和现金—现金流敏感度模型。投资—现金流敏感度模型原理是：融资约束影响上市公司的投资决策，上市公司面临的融资约束程度升高，就会有外部融资转而依靠内部留存收益，使得投资现金流敏感系数增大。现金—现金敏感度模型的原理亦然，融资约束较严重的公司为了保证未来有充足的资金用于投资项目，会保持较高的现金持有量和流动性。国内外学者主要运用这两个模型衡量融资约束程度，但是结论却各不相同，因此本研究认为用该模型衡量融资约束说服力不够。（3）采用综合指数衡量融资约束。卡普兰和辛盖尔斯（Kaplan & Zingales，1997）将样本数据分类划分为五部分：非融资约束组、可能非融资约束组、或许融资约束组、可能融资约束组、融资约束组。拉蒙特等（Lamont et al.，2001）沿用KZ思路，在原有基础上选取现金、托宾Q、股利支付率、资产负债率、现金存量等变量建立了KZ指数。由于投资现金流敏感度衡量融资约束存在缺陷，要求用更直观可测的办法衡量融资约束问题，综合财务指数应运而生。综合财务指标通过对公司股东和公司经营状况多方面进行调查分析，从而确定公司的融资约束情况，能够更加客观和清楚地反映公司面临的融资约束程度。

本研究采用第三种方法，即采用KZ综合指数衡量融资约束程度，选取现金持有量、托宾Q值、股利支付率、资产负债率、经营现金净流量，分别代表公司的偿债能力、盈利能力、发展能力、运营能力和股利支付政策。

3. 高管薪酬契约

（1）高管。高管即高级管理人员，是担任公司重要职位、负责公司运营管理、掌握公司重要信息的人员。在国外的研究中，高管通常是单一概念，指的是公司的高级经理（首席执行官或者首席财务官），而不包括董事、监事等，由于国外的资本市场相对较发达，公司的股权比较分散，首席执行官或者首席财务官作为公司重要影响人员，对公司决策能产生重大作用。所以，在国外的研究中通常将首席执行官和首席财务官作为高管的代表。

国内对高管的界定并不明确。国务院在 1994 年颁布的《国务院关于股份有限公司境外募集股份及上市的特别规定》中将高管定义为“董事、监事、经理、财务负责人等和章程规定之其他高级管理人员，其中其他高级管理层包括公司财务负责人、董事会秘书等”，高管的范围较宽泛，并没有明确指出高管的具体内容。2006 年我国颁布的《公司法》对高管进行了明确的界定：“公司的经理、副经理、财务负责人，上市公司董事会秘书和公司章程规定的其他人员。”2013 年进一步修订的《公司法》中对高管的界定并未做改动。因此，本章参考《公司法》的定义，将高级管理人员定义为董事会成员、总经理、副总经理、董事会秘书、财务负责人、高层管理人员以及监事会成员。

（2）高管货币薪酬激励。高管薪酬契约激励分为物质激励和精神激励。物质激励是指对高管进行实物性激励，包括现金、绩效奖金、股票期权、技术补贴等形式；精神激励是指满足高管对社会地位和声誉的需求，包括目标激励、潜在升职机会等。从具体操作层面上，高管薪酬契约激励分为高管货币薪酬激励和高管股权激励。

高管货币薪酬激励是指能用货币衡量的满足高管经济性层面的激励，包括工资、奖金、津贴及福利。非经济性福利即工作的趣味性和挑战性，从工作中获得的成就感和社会地位及声誉，由于无法量化本章不予考虑。工资是指高管的基本工资和绩效工资；奖金是指根据高管的业绩进行分配的激励工资；津贴是由于高管工作岗位的特殊性给予的补偿性工资；福利的种类很多，如人身保险、退休金、带薪休假等。借鉴学者们的研究，本章的高管货币薪酬是指上市公司财务报告中披露的高管薪酬前三名薪酬总额的平均数。

（3）高管股权激励。股权是上市公司的股东对公司享有的权益，股权激励是上市公司对高管的长期激励，可使高管的经营管理与公司绩效紧密相连，达到激励员工、实现公司发展的目标。2016 年我国证监会发布的《上市公司股权激励管理办法》中规定，股权激励是以上市公司的股票为标的，对其董事、高级管理人员及其他员工进行的长期性激励。目前我国上市公司实行股权激励的激励标的有限制性股票、股票期权、股票增值权及法律、行政法规允许的其他方式。由于我国实施股权激励的上市公司相对比较少，获取实施股票期权、限制性股票的上市公司的信息难度较大，所以本章借鉴学者们的研究采用高管是否持股这一虚拟变量进行量化分析。

4. 银行信贷融资

企业为了扩大生产规模、提高经营绩效，向金融机构进行融资，并约定在规定的期限内偿还本金和利息。银行是金融机构最主要的参与者，企业向银行进行信贷融资成为最普遍也是最主要的一种融资方式，银行可以向企业提供短期借款或者长期借款，满足其短期和长期的生产经营需求。另外，银行贷款具有筹资速度快、成本低、产生税盾收益的优势，但由于银行贷款限制条款较多、筹资数额有限，因而获得银行贷款的难度较大。

我国的金融体系以国有银行为主，金融压抑和低效率的国有银行垄断造成了银行业的信贷歧视（连军等，2011）。[①] 虽然我国正在进行金融改革，但是银行改革的重点在于清理不良贷款，更关注的是如何避免损失，所以银行为了降低信贷风险、保障自身权益，提出了更为严苛的贷款条件，如要求企业或者第三方提供抵押或者担保等限制性条款，使部分企业即使愿意付出更高的贷款利息也不能获得资金。因此，在我国信贷市场不发达、信息不对称的情况下，企业要想获得银行贷款，除了提高财务报告等信息的真实性和可靠性外，更需要关注管理层素质等方面的信息，使银行全面了解公司的财务状况、生产经营模式，提高自身的信用资质。

5. 商业信用融资

对商业信用的界定，学术界有不同的观点。张杰等（2013）[②] 认为

① 连军、刘星、杨晋渝：《政治联系、银行贷款与公司价值》，载于《南开管理评论》2011年第5期，第48～57页。

② 张杰、刘元春、翟福昕、芦哲：《银行歧视、商业信用与企业发展》，载于《世界经济》2013年第9期，第94～126页。

商业信用是企业之间由于购销货物发生的货款的延迟支付，也就是说，卖方出售货物时，允许买方在延迟时间范围内支付货款，这是给予买方的短期融资。胡海青等（2014）① 也认同这种观点，指出商业信用融资是企业间因商品交易过程而形成的间接信用行为，是一种伴随自然交易产生的短期融资方式。王喜（2011）② 认为商业信用是企业在商品或劳务交易中从上游企业获得的一种以延期付款或预先收款为形式的借贷行为。由卖方提供的商业信用的一般形式为赊购，由买方提供的商业信用的一般形式为预收。还有学者认为商业信用是一种契约关系，在商品交易过程中，一方通过出售商品获得资金，另一方通过提供资金获得商品，两者互惠互利，从而形成带有商业信用的契约关系。

综上所述，商业信用是供应商与购货方之间形成的一种赊销关系、契约关系或者信贷行为。商业信用是供应商以购销货物、分期付款、预收账款等形式向购买方提供的一种短期融资，具有融资门槛较低、融资成本较低、灵活性强的优势。其一方面可以满足购货方的资金需求，缓解融资约束，同时购货方可以根据经营需要选择筹资规模和期限长短，如果在约定的期限内不能偿还货款，还可以与供应商协商延长偿还期限；另一方面供应商通过提供商业信用可以扩大销售规模，提高经营效率，与客户建立长久的合作关系，提升信用程度。而且商业信用也解决了社会生产过程中产品生产到流通之间存在的时间差问题。

信贷市场上的信息不对称引发的道德风险和逆向选择，使得市场上不同类型的企业获得不同规模和数量的银行贷款，从而导致信贷配给的出现，部分企业由于无法从银行获得充足的资金，故转而求助于供应商。供应商向购货方提供商业信用，可以依靠双方长期的贸易交往快速地获取购货方的信息，实时对购货方进行监控，若预测购货方存在经营风险，供应商可以及时收回原材料和对购货方的投资。因此，商业信用在一定程度上可以解决资金需求企业面临的信贷配给问题。

---

① 胡海青、崔杰、张道宏、张丹：《中小企业商业信用融资影响因素研究——基于陕西制造类非上市企业的证据》，载于《管理评论》2014 年第 2 期，第 36 ~ 48 页。

② 王喜：《市场竞争、银行信贷与上市公司商业信用》，载于《财贸研究》2011 年第 3 期，第 103 ~ 110 页。

10.1.3 文献综述

1. 融资约束文献

(1) 融资约束国外文献。从融资约束衡量方法看，主要集中于两种方法——投资—现金流量敏感度和现金—现金流量敏感度。法扎里等(1988)[①] 提出内外部融资成本的差异产生融资约束问题，通过对美国421家制造企业进行研究，创造性地证实了企业的融资约束程度与投资—现金流量敏感度显著正相关。之后的研究中，学者们采用单一指标，如股利支付率、公司规模、债权等级等衡量融资约束程度，得出的结论均与法扎里等相一致。在很长的一段时间内，投资—现金流敏感度的方法备受学术界推崇。直到卡普兰和辛盖尔斯（1997）[②] 提出采用多指标的方法衡量融资约束，通过对企业财务报表数据的分析以及对股东及公司经营情况的考察，将信息分类汇总得到该企业的融资约束，得出与法扎里等相反的结论，即融资约束程度与公司投资—现金流敏感度负相关。克利（Cleary，1999）[③] 也支持采用综合指数衡量融资约束。由于投资—现金流敏感度忽视了不分股利的企业也会留有较多的现金用于投资和托宾Q投资理论模型并不能整体反映企业的融资约束，KZ综合指数也被质疑主观性较强。阿尔梅达等（Almeida et al.，2004）[④] 提出融资约束的衡量指标采用现金—现金流量敏感度，他们认为企业的融资约束会影响企业现金持有量。基于此他们依据股利支付率、公司规模、KZ指数等将研究样本划分为融资约束组和不受融资约束组，研究表明，融资约束较严重的企业会持有较多的现金以备投资和交易之需，没有融资约束的企业现金持有量相对较少，因此得出融资约束程度与现金—现

① Fazzari, S. M., Hubbard, R. G. and Petersen, B. C.. Financing Constraints and Corporate Investment. Brooking Papers of Economic Activities, 1988 (1): 12-30.

② Kaplan, S. N., Zingales L.. Do Investment-cash Flow Sensitivities Provide Useful Measures of Financing Constraints?. Quarterly Journal of Economics, 1997 (3): 112-125.

③ Cleary, S.. The Relationship between Firm Investment and Financial Status. Journal of Finance, 1999, 54 (2): 673-692.

④ Almeida. H.. Campello. M., Weisbach M.. The Cash Flow Sensitivity of Cash. Journal of Finance, 2004 (5): 59-70.

金流量敏感度正相关的结论。

从影响融资约束的因素看，主要集中于政治关系、股权结构、公司规模和企业年限。菲斯曼（2001）[①] 的研究指出企业与政府有关联，得到政府的庇护，可以获得更多的税收优惠，破产风险也会减小，因而能够获得更多的银行贷款。弗斯（Firth，2009）通过世界银行对中国企业的调查数据发现，相较于民营企业，国有企业在公司规模、行业发展前景和偿债能力更占优势，致使其融资约束较低，获得的银行贷款规模更大。什利弗和沃尔芬宗（Shleifer & Wolfenzon，2002）[②] 的研究指出公司规模影响融资约束，与大型企业相比，中小企业由于规模较小、盈利能力和抗风险能力较弱，面临的融资约束程度较强。伯格和乌代尔（Berger & Udell，1998）[③] 的研究指出，成长阶段影响企业面临的融资约束。因为年轻企业的信用历史较短，还款能力较弱，所以银行对成长初期企业的限制性条款更为严苛。另外，企业管理者的经营能力会随着企业成长而不断累计，因而企业管理者经营企业的时间越长，企业绩效越好，银行给予的信贷条件越宽松。

（2）融资约束国内文献。从融资约束衡量方法看，冯巍（1999）[④] 基于托宾 Q 投资理论模型，按股利支付情况和产权性质划分融资约束组和非融资约束组，对 1995 ~ 1997 年我国沪深交易所上市的 135 家制造业企业进行样本分析，研究发现融资约束的企业投资率受到内部现金流的显著正影响，不存在融资约束的投资率受利率水平影响。与之相反，全林等（2004）[⑤] 以 2000 年和 2001 年 395 家沪市上市公司为样本数据，将其划分为大规模公司和小规模公司研究投资与内部现金流的关系。其结论与冯巍的结论不同的是，无论是大规模公司还是小规模公司投资行为都会受到内部现金流的影响，他们基于信息不对称理论发现大

---

① Fisman. R. . Estimating the Value of Political Connections. American Economic Review, 2001 (91): 1095 - 1102.

② Shleifer, A. , Wolfenzon, D. . Investor Protection and Equity Markets. Journal of Financial Economy, 2002, 66 (1): 3 - 27.

③ Berger A. N. , Udell G. F. . The Economics of Small Business Finance: The Roles of Private Equity and Debt Markets in the Financial Growth Cycle. Journal of Bankingand Finance, 1998 (22): 6 - 8.

④ 冯巍：《内部现金流和企业投资》，载于《经济科学》1999 年第 1 期，第 51 ~ 57 页。

⑤ 全林、姜秀珍、陈俊芳：《不同公司规模下现金流量对投资决策影响的实证研究》，载于《上海交通大学学报》2004 年第 3 期，第 355 ~ 358 页。

规模公司的现金敏感度要更高。曾爱民等（2013）[①] 以1998~2007年我国沪深A股上市公司为研究样本，研究发现投资—现金流量敏感度与融资约束不是单调线性关系，同时还会受到财务柔性的影响，得出采用投资—现金流量敏感性衡量融资约束存在不足，支持了卡普兰和辛盖尔斯（1997）的观点。连玉君等（2008）[②] 通过研究1995~2005年3171个观测值，在控制现金流和托宾Q的内生性的偏差后，得出融资约束与现金—现金流量敏感度显著正相关，从而支持了阿尔梅达等人的观点。

从影响融资约束的因素看，涉及股权机构、政治关系和企业规模。郭建强、白锐锋（2007）[③] 研究1998~2003年沪深A股制造业企业，以国有股比例、净资产回报率和公司规模为标准，加入不确定影响因素，采用加速模型研究融资约束问题，研究发现现金—现金流量敏感度随着国有股和净资产回报率上升而上升。郭丽虹、马文杰（2009）[④] 通过对沪深两市制造业企业的研究发现，与民营上市公司相比，国有上市公司的融资约束小，投资决策对现金流的敏感度也较小。余明桂、潘红波（2008）[⑤] 的研究发现，政治关系对民营企业是否能获得银行贷款、获得更长期限的银行贷款具有重要影响。石晓军等（2010）[⑥] 通过研究1996~2006年我国176家上市公司，发现商业信用有助于缓解融资约束，进而影响规模效率，通常企业规模越大，企业的融资渠道就会越宽，其融资成本也越低。

2. 高管薪酬契约机制文献

（1）高管薪酬契约国外文献。从高管薪酬契约与公司绩效价值看，

---

① 曾爱民、魏志华：《融资约束、财务柔性与企业投资—现金流敏感性——理论分析及来自中国上市公司的经验证据》，载于《财经研究》2013年第11期，第48~58页。

② 连玉君、苏治、丁志国：《现金—现金流敏感性能检验融资约束假说吗?》，载于《统计研究》2008年第10期，第92~99页。

③ 郭建强、白锐锋：《融资约束与企业投资行为——基于证券市场最新数据的实证研究》，载于《山西财经大学学报》2007年第12期，第85~90页。

④ 郭丽虹、马文杰：《融资约束与企业投资—现金流量敏感度的再检验：来自中国上市公司的证据》，载于《世界经济》2009年第2期，第77~87页。

⑤ 余明桂、潘红波：《政治关系制度环境与民营企业银行贷款》，载于《管理世界》2008年第8期，第9~21页。

⑥ 石晓军、张顺明：《商业信用、融资约束及效率影响》，载于《经济研究》2010年第1期，第102~114页。

国外的研究学者主要形成了两种意见。第一，高管薪酬契约与企业绩效不相关或弱相关。陶辛和伯克（Taussing & Baker，1925）[①] 首次提出关于高管激励的研究，研究发现实施高管货币薪酬激励并不能带来公司绩效的上升。詹森和墨菲（Jensen & Murphy，1990）[②] 的研究也认同这一观点，他们通过分析总经理货币薪酬与公司业绩的关系，发现其货币薪酬和公司绩效的变化比只有 3.25/1000，这说明总经理货币薪酬的变化与公司绩效的敏感度较低。德姆塞茨（Demsetz，2011）[③] 根据企业所有权性质的不同，将高管持股划分成不同性质的股权进行回归，发现高管股权激励与公司价值之间的相关关系较弱。第二，高管薪酬契约与企业绩效显著相关。墨菲（1985）[④] 采用公司销售额增长率和股东回报衡量公司绩效，在回归分析中发现，高管货币薪酬与公司绩效呈显著正相关关系。乔斯克等（Joskow et al.，1993）[⑤] 以 1970～1990 年的 1041 家公司为样本数据，采用股票市场回报率代表公司绩效，在实证研究中发现，高管货币薪酬与股票市场回报率显著正相关。麦康奈尔和瑟韦斯（McConnell & Servaes，1990）[⑥] 的研究发现，上市公司高管的持股比例与公司价值显著正相关，只要高管没有达到绝对控股企业，那么进行高管股权激励就能提高公司的价值。

从高管薪酬契约的影响因素看，主要是公司规模、高管特征和外部环境。希梅尔伯格等（Himmelberg et al.，2000）[⑦] 的研究发现，公司规模与高管薪酬契约正相关，规模较大的企业对经理人个人素质和专业

---

① Taussings F. W. Baker W. S.. American Corporations and Their Executives：A Statistical Inquiry，Quarterly Journal of Economics，1990（3）：27－36.

② Jensen，M.，Murphy. K.. Performance Pay and Top-managerment Incentive. Journal of Political Economy，1990，98（2）：225－264.

③ Demsetz. H.，Vinalonga，B.. Ownership Structure and Corporate Performance. Journal of Corporate Finance，2011（7）：220－230.

④ Murphy，K. J. Corporate Performance and Managerial Remuneration：an Empirical Analysis. Journal of Accounting and Economics，1985（7）：20－40.

⑤ Jokow，P. Rose，N.，Shepard. A，Meyer，J. R，Peltzman，S.. Regulatory Constraints on CEO Compensation. Brooking Papers on Economic Activity Microeconomics，1993（1）：10－70.

⑥ McConnell，J. J.，Servaes，H.. Additional Evidence on Equity Ownership and Corporate Value. Journal of Financial Economics，1990，27（2）：596－210.

⑦ Himmerlberg，C.，Hubbard R. G.，Palia，D.. Understanding the Determinants of Managerial Ownership and the Link between Ownership and performance. Journal of Financial Economics，1999（53）：353－384.

技术要求更高，所以大企业的高管薪酬契约机制更完善。米尔本（Milbourn，2003）采用股票期权作为高管股权激励的途径，研究总经理声誉与高管薪酬契约的关系，得出高管薪酬契约机制与总经理声誉正相关，即总经理声誉的好坏对高管薪酬契约激励有重大影响。楚鲁等（Chourou et al.，2008）研究发现，公司所处的发展阶段对高管薪酬契约具有重大影响，处于快速发展期的上市公司更愿意对管理层和公司技术骨干实行股权激励计划，以确保人才的稳定和公司的发展能力。

（2）高管薪酬契约国内文献。从高管货币薪酬与企业绩效价值视角看，我国资本市场起步较晚，直到 1999 年上市公司高管薪酬方面的数据才陆续被要求披露，虽然学者们的研究都取得了一定的成果，但是没有得出一致的结论。与国外相类似，我国学者有两种观点：第一，高管薪酬契约与公司绩效不相关或弱相关。李增泉（2000）① 以净资产收益率衡量绩效，选取 748 家上市公司代表高管货币薪酬，799 家上市公司代表高管持股情况，结果表明高管货币薪酬与公司绩效并无联系，高管股权激励虽然与公司绩效正相关，但是作用并不显著，表明我国激励制度尚需完善。魏刚（2002）② 利用 1999 年沪深两市 A 股公司的数据进行研究，表明高管货币薪酬激励和高管股权激励对公司绩效有正向作用，但是结果不显著。第二，高管薪酬契约与企业绩效相关。宋增基、张宗益（2002）③ 选取上市工业企业的数据作为研究样本，以股权收益率作为公司财务绩效的代理变量，发现企业管理层均薪的增长率与财务绩效显著正相关。黄之骏、王华（2006）④ 选取 2001～2004 年的高科技企业为样本数据，以托宾 Q 值代表公司价值，以经营者持股总数与公司总股数之比代表股权激励，结果显示经营者股权激励与公司价值并不是单调直线关系，而是倒 U 型关系，即经营者股权激励上升，公司价值先升后降。

① 李增泉：《激励机制与企业绩效——基于上市公司的实证研究》，载于《会计研究》2000 年第 1 期，第 24～27 页。

② 魏刚：《高级管理层激励与上市公司经营绩效》，载于《经济研究》2000 年第 3 期，第 32～37 页。

③ 宋增基、张宗益：《上市公司经营者报酬与公司绩效实证研究》，载于《重庆大学学报》2002 年第 11 期，第 90～93 页。

④ 黄之俊、王华：《经营者股权激励与企业价值——基于内生性视角的理论分析与经验证据》，载于《中国会计评论》2006 年第 1 期，第 29～58 页。

从高管薪酬契约的影响因素看，陈信元等（2009）[①] 认为我国经济转型中高管薪酬受到政府管制、市场化程度、地方政府社会目标等外部环境因素的影响并且政府的管制政策可能还引起了不同程度的高管腐败问题。吴育辉、吴世农（2010）[②] 以 2004～2008 年中国全部 A 股上市公司为研究样本，用资产回报率、资产获现率、股票收益率衡量公司绩效，认为高管薪酬与会计盈利显著正相关，对代表企业现金的资产获现率和代表股东财富的股票收益率有正向作用，但是不显著，而且相较于国有上市公司受到政府管制的束缚，非国有上市公司的高管利用对公司的控制权更易提高自身的薪酬水平。

3. 高管薪酬契约机制与上市公司融资约束关系研究

迈赫兰（Mehran，1992）[③] 发现，股权激励尤其是股票激励促使高管实施更为激进的债务政策。董等（Dong et al.，2010）[④] 进一步发现，股权激励实施导致公司偏离最优资本结构水平。莱维伦（Lewellen，2006）[⑤] 的研究表明，对高管实施股权激励并不能促使高管主动去承担风险和向债权人融资，即即使对高管实施股权激励，高管也可能出于自利行为进行逆向选择。王戎（Rong Wang，2006）[⑥] 通过对美国上市公司的研究发现，高管薪酬激励使管理层与股东利益紧密相关，通过调整高管薪酬激励机制能够改善融资约束限制，增加股东价值。因为欧美资本市场较发达，债务融资大部分是通过债券的方式，而我国大部分是通过银行贷款的方式进行，这可能会混淆高管薪酬契约激励对融资的影响。我国资本市场起步较晚，基于我国特殊的国情，对高管薪酬契约与

① 陈信元、陈冬华、万华林、梁上坤：《地区差异、薪酬管制与高管腐败》，载于《管理世界》2009 年第 11 期，第 130～188 页。

② 吴育辉、吴世农：《企业高管自利行为及其影响因素研究——基于我国上市公司股权激励草案的证据》，载于《管理世界》2010 年第 5 期，第 141～149 页。

③ Mehran，H.. Executive Incentive Plans，Corporate Control and Capital Structure. Journal of Financial and Quantitive Analysis，1992（4）：539 – 560.

④ Dong，Z.，Wang，C.，Xie. F.. Do Executive Stock Options Induce Excessive Risk Taking?. Journal of Banking and Finance，2010，34（10）：2518 – 2529.

⑤ Lewellen，K.. Financing Decisions When Managers are Disk Averse. Journal of Financial Economics，2006（3）：551 – 589.

⑥ Rong Wang. Executive Incentives and Financial Constraint. Working Mason School of Business，2006（8）：101 – 156.

融资约束的研究较为宽泛。吕长江、张海平（2011）[①] 指出高管股权激励能降低自由现金流，从而降低公司的代理成本，同时高管专业素质过硬能促进创新，提高经营业绩，有助于降低企业破产风险及债权人信贷风险。魏卉等（2012）[②] 认为在代理冲突的情况下，管理层货币薪酬激励与股权融资成本负相关。胡国强、盖地（2014）[③] 的研究发现，对高管实施股权激励使管理层愿意投资自己选定的项目，能够向贷款者传递投资项目的积极信号，使贷款者愿意提供信贷资金。

通过文献回顾与梳理发现，对高管薪酬契约的研究主要是围绕高管薪酬契约激励效果和激励模式进行的，着重分析了高管薪酬契约激励对公司绩效的影响，但并没有形成一致的观点。从公司治理角度研究高管薪酬契约与上市公司融资约束关系的相对较少，并且研究主要集中于高管股权激励，但不同上市公司股票期权和限制性股票机制存在较大差异，致使研究结论差别较大。目前，我国正处于经济转轨时期，随着金融体制改革的进一步推进，企业的融资环境尽管有了一定的改善，但是融资约束问题仍然存在。

10.2　研究设计

10.2.1　基本假设

银行信贷风险来自公司的信用风险，即公司不能按期偿还贷款的风险（姚立杰等，2010）[④]。银行通过对客户进行风险识别和信用评级并制定信贷决策和签订贷款契约来规避风险，而这一举措与公司治理密切

---

① 吕长江、张海平：《股权激励计划对公司投资行为的影响》，载于《管理世界》2011年第11期，第118～126页。

② 魏卉、吴昊旻、王薇：《代理冲突、管理层激励与股权融资成本》，载于《经济与管理研究》2012年第11期，第37～48页。

③ 胡国强、盖地：《高管股权激励与银行信贷决策——基于我国民营上市公司的经验证据》，载于《会计研究》2014年第4期，第58～65页。

④ 姚立杰、罗玫、夏冬林：《公司治理与银行借款融资》，载于《会计研究》2010年第8期，第55～96页。

相关。高管薪酬契约激励作为近年来公司治理改革的重大举措，能够有效地降低代理成本，缓解代理冲突，这自然成为银行控制信贷风险考虑的重要因素之一。银行除了权衡客户财务信息、生产运营状况、还款能力等财务要素外，还应关注客户的非财务信息，包括公司治理及高管才能与素质等方面。高管激励能提高企业竞争力，改善公司财务状况和业绩（卢军，2010）[①]，促进创新，吸引人才，降低公司代理成本和破产成本（魏卉等，2012），进而减少公司的融资约束，获得更多信贷资金。

通常而言，公司内部与外部投资者之间的信息不对称会导致融资约束的存在，当公司存在新投资项目时，外部潜在投资者会因为缺少相关信息而对公司项目价值评估产生偏差，无法正确评估项目真实价值，导致公司存在较高的融资成本。高管薪酬契约激励是公司治理的重要组成部分。通过高管薪酬契约激励可以优化公司治理结构，影响金融机构信贷决策。显然，信贷市场上信息不对称是导致公司融资约束的重要因素之一，在其他条件不变的情况下，高管薪酬契约激励政策在一定程度上能够反映公司未来的发展潜力，并且能向市场传递公司良好的投资项目和发展前景的积极信号，从而影响贷款者的信贷决策，降低公司的融资约束程度，获得更多的资金支持。为此本章提出假设1：

假设1：上市公司高管薪酬契约激励机制与融资约束程度负相关。

高管薪酬契约激励机制能有效降低公司融资约束程度。那么这种作用对于不同类型的公司会产生怎样的效果呢？

一直以来，国有上市公司有来自政府的显性支持或隐性担保，这种天然的政治关系降低了企业的破产风险和债权人的信贷风险，使得银行等金融机构更愿意为其提供资金支持。由于制度和规模歧视以及我国经济新常态下金融机构信用标准的提高压低抵质押率（李广子、刘力，2009）[②] 等原因导致民营上市公司发生财务困境时缺乏必要的财政资金支持，违约风险提高，因此金融机构对民营企业贷款会更加谨慎。公司高管薪酬契约的实施可以让金融机构通过这一激励措施传递的信号重新评估公司的增值空间以及公司的盈利是否能够偿还贷款，从而有利于降

① 卢军：《管理层激励与公司经营业绩的相关性研究》，中南大学硕士学位论文，2010年。

② 李广子、刘力：《债务融资成本与民营信贷歧视》，载于《会计研究》2009年第12期，第137～150页。

低企业外部和内部信息不对称的问题。陈俊、徐玉德（2012）[①] 的研究也表明，相对于国有控股公司，非国有控股公司高管薪酬激励与债务期限约束负相关，贷款提供者会更关注非国有控股公司高管薪酬契约的制定与实施。

另外，国有企业的“政府背景”特别是来自政府的担保，增强了企业的信用度，使其与合作伙伴更容易建立信用关系。民营上市公司信息透明度低、规模小、公司治理不完善（姚耀军、董钢锋，2014）[②]，导致其破产风险和违约风险较高，这些原因会影响企业与交易伙伴之间的信任关系，进而导致民营上市公司寻求投资资金举步维艰。高管薪酬契约激励机制可以向市场传递投资项目和公司治理完善的积极信号，使交易伙伴更加真实地了解企业的经营战略和盈利能力，增强双方的信任度，减少信息不对称，降低因逆向选择带来的过高的信用融资成本。李凤云（2008）[③] 的研究发现，机构投资者偏好于实施股权激励下的公司治理良好的公司。陈建林（2010）[④] 的研究发现，管理层薪酬激励有利于降低家族企业的代理成本。据此，本章提出假设2：

假设2：高管薪酬契约激励机制对缓解民营上市公司融资约束的效果显著。

长期以来，银行贷款是公司融资的主要渠道。随着经济发展，商业信用融资逐步发展成一种重要的融资方式。由于银企间信息不对称致使部分借款者即使愿意承担高昂的贷款利息，也会受到信贷市场的歧视（Stiglitz & Weiss，1981）[⑤]。相较于银行，供应商作为生产链上的上游公司在与下游公司进行频繁的商业活动时，能够对客户实施有效的监督

---

① 陈骏、徐玉德：《高管薪酬激励会关注债权人利益吗？——基于我国上市公司债务期限约束视角的经验证据》，载于《会计研究》2012年第9期，第73~81页。

② 姚耀军、董钢锋：《中小银行发展与中小企业融资约束——新结构经济学最优金融结构理论视角下的经验研究》，载于《财经研究》2014年第1期，第105~115页。

③ 李凤云：《机构投资者与股权激励：中国证券市场的实证研究》，载于《证券市场导报》2008年第9期，第38~42页。

④ 陈建林：《家族企业高管薪酬机制对代理成本的实证研究》，载于《经济管理》2010年第4期，第72~77页。

⑤ Stiglitz，J. E. Weiss，A.. Credit Rationing in Markets with Imperfect Information. American Economic Review，1981（7）：393-410.

(Burkart & Ellingsen, 2004)①；除此之外，供应商与公司保持长久的商贸往来，对公司所处的行业发展潜力与风险了解深入，能较正确地评估公司信用品质（张勇，2013）② 与投资项目的价值（陆正飞、杨德明，2011）③。由此，当上市公司银行贷款较困难时，会转而希望供应商给予一定折扣，缓解公司的融资约束。

高管薪酬契约激励政策能降低公司的融资约束程度，使公司获得更多的银行贷款和商业信用融资。一方面，高管薪酬契约激励能使债权人和供应商更真实地了解公司的发展潜力和盈利能力，增进相互之间的信任，降低因逆向选择和道德风险产生的融资成本。另一方面，代理冲突的一个特征就是管理层的自利行为，有时会侵害股东和债权人利益，而高管薪酬契约激励可以有效地缓解这一冲突，防止管理层出现出于私利侵占债权人、供应商等利益相关者的行为。另外，高管薪酬契约激励使管理层与公司业绩紧密相连，能向债权人和供应商等利益相关者传递一种公司存在盈利项目的利好信号。为此本章提出假设3：

假设3：高管薪酬契约激励机制可使上市公司获得更多的银行贷款和商业信用。

10.2.2 变量定义与模型构建

依据本章的研究假设，本研究将所用变量符号及说明汇总，如表10-1所示。

表10-1　　变量名称及变量定义

变量类型	变量名称	变量符号	变量描述
被解释变量	融资约束程度	$KZ_{i,t}$	根据公司偿债能力、盈利能力、发展能力、运营能力和股利支付政策构建融资约束指数[a]

① Burkart, M., Ellingsen, T.. In-kind Finance: A Theory of Trade Credit. American Economic Review, 2004 (9): 569-590.

② 张勇：《信任、审计意见与商业信用融资》，载于《审计研究》2013年第5期，第72~79页。

③ 陆正飞、杨德明：《商业信用：替代性融资，还是买方市场?》，载于《管理世界》2011年第4期，第6~45页。

续表

变量类型	变量名称	变量符号	变量描述
被解释变量	银行信贷水平	$Loan_{i,t}$	(短期借款+长期借款)/平均资产总额
	商业信贷水平	$TC_{i,t}$	(应付票据+应付账款+预收账款)/平均资产总额[b]
解释变量[c]	货币薪酬	$M-Ln(Pay)_{i,t-1}$	预期薪酬水平[d]
	高管股权薪酬	$M-Share_{i,t-1}$	高管持有公司股票取值为1，否则为0
控制变量	公司规模	$Size_{i,t-1}$	期初资产总额的自然对数
	盈利能力	$ROA_{i,t-1}$	上期净利润/期初平均资产总额
	负债水平	$Lev_{i,t-1}$	期初总负债/期初资产总额
	财务灵活性	$Flexibility_{i,t-1}$	期初流动资产总额/期初资产总额
	成长能力	$Growth_{i,t-1}$	t-1年公司股票的年末总市值与权益账面价值的比值
	上市年龄	$Listage_{i,t-1}$	截至t-1年的上市年龄
	无形资产比例	$IA_{i,t-1}$	期初无形资产总值/期初平均资产总额
	地区	$Area_{i,t-1}$	中西部地区取值为1，东部地区取值为0
	股权结构	$Top1_{i,t-1}$	截至t-1年第一大股东持股比例
	兼任	$Dual_{i,t-1}$	总经理兼任董事长取值为1，其他取值为0
	独立董事比例	$IDR_{i,t-1}$	独立董事人数/董事会人数
	产权性质	$State_{i,t-1}$	民营上市公司取值1，其他取0
	行业效应	$Ind_{i,t-1}$	以证监会行业分类标准进行划分，设置行业哑变量
	年份效应	$Year_{i,t-1}$	以2012年为基准，设置年份哑变量

注：a. 借鉴卡普兰和辛盖尔斯（1997）和魏志华（2014）的做法，采用现金持有量（货币资金+交易性金融资产）、资产负债率、反映成长能力的托宾Q值、支付现金股利、经营性现金净流量这五个指标构造综合指数KZ。

b. 借鉴魏志华（2014）和陆正飞等（2011）变量的选取，用Loan衡量银行信贷水平，Loan数值越大，表示公司银行信贷约束程度越低。用TC衡量商业信贷水平，TC数值越大，表明公司商业信用约束程度越低。

c. 解释变量高管薪酬契约包括高管货币薪酬激励和高管股权薪酬激励。

d. 借鉴辛清泉（2007）和魏卉等（2012）的做法，高管货币薪酬采用管理层（董事会、监事会、高管）前三位薪酬总额的自然对数，对资产报酬率（ROA）、公司规模（Size）、无形资产比例（IA）、地区（Area）进行回归，用回归参数计算预期薪酬，更客观地反映管理层的水平与努力程度。

$$M-Ln(Pay)_{i,t-1}=7.731+1.708ROA_{i,t-1}+0.246Size_{i,t-1}-0.337IA_{i,t-1}-0.278Area_{i,t-1}$$

为验证高管货币薪酬激励与高管股权薪酬激励对融资约束程度的影响，构建如下模型：

模型1：

$$KZ_{i,t}=\beta_0+\beta_1 M_{i,t-1}+\beta_2 Control_{i,t-1}+\sum Year_{i,t-1}+\sum Ind_{i,t-1}+\varepsilon_{i,t-1}$$

模型2：

$$KZ_{i,t}=\beta_0+\beta_1 M_{i,t-1}+\beta_2 M\times State_{i,t-1}+\beta_3 Control_{i,t-1}+\sum Year_{i,t-1}+\sum Ind_{i,t-1}+\varepsilon_{i,t-1}$$

模型3：

$$Loan_{i,t}=\beta_0+\beta_1 KZ_{i,t}+\beta_2 M_{i,t-1}+\beta_3 KZ\times M+\beta_4 Control_{i,t-1}+\sum Year_{i,t-1}+\sum Ind_{i,t-1}+\varepsilon_{i,t-1}$$

模型4：

$$TC_{i,t}=\beta_0+\beta_1 KZ_{i,t}+\beta_2 M_{i,t-1}+\beta_3 KZ\times M+\beta_4 Control_{i,t-1}+\sum Year+\sum Ind+\varepsilon_{i,t-1}$$

其中，解释变量 M 包括货币薪酬激励和股权薪酬激励；对解释变量及其相关变量进行滞后一期处理，降低模型内生性问题的影响。

10.2.3 样本选择与数据来源

根据研究目的，本章以 2012～2015 年沪深两市 A 股上市公司披露的数据作为样本研究区间，对原始数据按以下原则筛选：（1）剔除金融类企业，因为金融企业的行业特征与其他行业具有较大差异，信贷结构有其特殊性。（2）剔除 ST、*ST 公司和上市不到一年的公司，因为此类公司数据的有效性和可比性相对较低。（3）剔除异常和财务数据披露不全的公司。

除此之外，为了保证数据的有效性，对连续变量进行了上下 1% 的缩尾处理。本章共获得了 6786 个样本数据（民营上市公司 3478 个，国有上市公司 3308 个。其中 2012～2015 年难测值分别为 1584 个、1761 个、1748 个和 1693 个）。本章的样本数据来源于 Wind 数据库和 CSMAR 数据库。获取数据后先利用 Excel 对数据进行整理，然后利用 SPSS 20.0 进行数据统计分析。

10.3　实 证 检 验

10.3.1　描述性统计

本章首先根据樊纲（2011）市场化指数报告绘制图 10－1，更加直观清晰地了解各个地区市场化程度的差异。

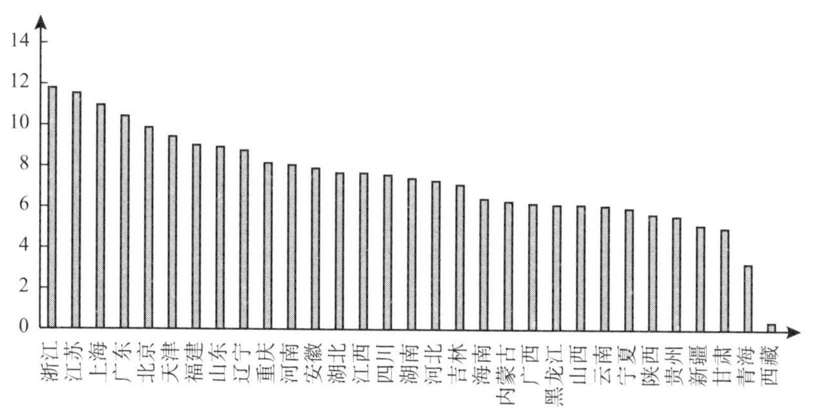

图 10－1　各省份市场化程度

从图 10－1 中可以看出，东部地区（浙江、江苏、上海、广东、北京、天津、福建、山东、辽宁、河北）有较为发达的市场经济、完善的信贷机制、成熟的治理结构，使得市场化程度指数明显高于中西部地区；另外，浙江的市场化指数为 11.80，市场化程度最高，西藏的市场化指数为 0.38，市场化程度最低，不同地区之间的市场化程度的差别也会影响资金供给者的资金流向，从而影响不同地区企业面临的融资约束程度。

通过对变量的统计性描述，可以更直观地考察各个变量的分布情况。具体结果如表 10－2 所示。

表 10－2　　　　描述性统计

虚拟变量的描述性统计									
变量	年份	样本量	观测值	占总样本的比例	变量	年份	样本量	观测值	占总样本的比例
M－Share	2012	1584	1081	68.24%	State	2012	1584	768	48.48%
	2013	1761	1215	68.99%		2013	1761	883	50.14%
	2014	1748	1256	71.85%		2014	1748	914	52.29%
	2015	1693	1269	74.96%		2015	1693	913	53.93%
Area	2012	1584	543	34.28%	Dual	2012	1584	279	17.61%
	2013	1761	612	34.75%		2013	1761	331	18.80%
	2014	1748	605	34.61%		2014	1748	347	19.85%
	2015	1693	571	33.73%		2015	1693	360	21.26%

连续变量的描述性统计						
变量	年份	样本量	最小值	最大值	平均值	标准差
Loan	2012	1584	0.000	0.757	0.179	0.152
	2013	1761	0.000	0.798	0.173	0.150
	2014	1748	0.000	0.718	0.157	0.140
	2015	1693	0.000	0.763	0.153	0.136
TC	2012	1584	0.000	0.737	0.174	0.127
	2013	1761	0.000	0.728	0.174	0.126
	2014	1748	0.000	0.712	0.169	0.124
	2015	1693	0.000	0.708	0.165	0.121
M－Ln(Pay)	2012	1584	4.875	8.244	6.431	0.385
	2013	1761	4.751	8.278	6.463	0.380
	2014	1748	5.050	8.274	6.499	0.379
	2015	1693	5.074	8.312	6.551	0.381
Size	2012	1584	17.663	28.282	21.965	1.310
	2013	1761	17.604	28.405	22.071	1.319
	2014	1748	18.219	28.482	22.153	1.308
	2015	1693	18.343	28.509	22.287	1.302

续表

连续变量的描述性统计						
变量	年份	样本量	最小值	最大值	平均值	标准差
ROA	2012	1584	-0.331	0.724	0.049	0.065
	2013	1761	-0.840	1.090	0.042	0.071
	2014	1748	-0.463	1.560	0.042	0.078
	2015	1693	-0.645	0.572	0.037	0.060
IA	2012	1584	0.000	0.794	0.049	0.072
	2013	1761	0.000	0.793	0.052	0.072
	2014	1748	0.000	0.895	0.052	0.070
	2015	1693	0.000	0.838	0.050	0.067
Lev	2012	1584	0.026	0.954	0.487	0.207
	2013	1761	0.010	0.983	0.481	0.210
	2014	1748	0.009	0.980	0.467	0.208
	2015	1693	0.020	0.979	0.462	0.204
Growth	2012	1584	-0.061	0.219	0.003	0.010
	2013	1761	-0.017	0.137	0.002	0.005
	2014	1748	-0.009	0.456	0.003	0.012
	2015	1693	-0.102	0.272	0.003	0.010
Top1	2012	1584	0.022	0.894	0.363	0.160
	2013	1761	0.022	0.894	0.368	0.161
	2014	1748	0.022	0.894	0.366	0.159
	2015	1693	0.022	0.864	0.356	0.156
IDR	2012	1584	0.200	0.714	0.368	0.054
	2013	1761	0.250	0.714	0.369	0.055
	2014	1748	0.182	0.714	0.370	0.053
	2015	1693	0.231	0.714	0.371	0.055
Age	2012	1584	1.000	21.000	9.920	5.616
	2013	1761	1.000	22.000	10.340	5.920
	2014	1748	1.000	23.000	10.810	6.215
	2015	1693	1.000	24.000	11.640	6.256

续表

连续变量的描述性统计						
变量	年份	样本量	最小值	最大值	平均值	标准差
Flexibility	2012	1584	0.018	1.000	0.573	0.218
	2013	1761	0.017	1.000	0.556	0.217
	2014	1748	0.009	0.997	0.554	0.215
	2015	1693	0.015	0.995	0.550	0.215

从表 10 -2 的统计结果看，高管持股比例逐年上升，表明我国上市公司越来越重视对高管的股权薪酬激励。出现这一现象可能与我国近年来出台推行加强股权薪酬激励的政策相关。2005 年底中国证监会颁布《上市公司股权激励管理办法》、2006 年 9 月国资委与财政部联合颁布《国有控股上市公司（境内）实施股权激励试行办法》，标志着我国资本市场的股权薪酬激励制度改革之路正式开启。随后股权薪酬激励计划不断在资本市场上推出，截至 2013 年，A 股市场已有 496 家公司公布了股权薪酬激励草案（胡国强、盖地，2014），从制度上将高管个人利益与公司绩效相连，让管理层享有一定的净资产索取权，使管理层与公司利润共享、风险共担，从而能减少或防止高管攫取公司利益。高管货币薪酬激励最大值为 2015 年的 8.312，最小值为 2013 年的 4.751。标准差最大为 2012 年的 0.385，说明该年的高管货币薪酬波动性较大并且在数量和规模上存在较大差异。但高管货币薪酬整体呈上升趋势。导致这种现象的原因主要是上市公司所制定的高管薪酬政策的差异，这也说明不同上市公司之间、不同行业之间公司治理水平发展的不平衡。

银行贷款和商业信用的变化发展对上市公司的融资具有十分重要的意义。从表 10 -2 中的连续变量的描述性统计结果看，2012 ~2013 年期间，银行贷款比重高于商业信用融资比重，但在 2014 年，商业信用融资超过银行贷款，并保持到 2015 年。可能的原因是银企之间的信息不对称使得公司获得银行贷款的难度增加，融资成本提高；而商业信用的信息不对称程度较低，公司更容易从贸易伙伴那里获得信贷资金。同时也说明商业信用作为银行贷款的替代性融资方式，正得到广泛应用。

10.3.2　回归分析

基于高管薪酬契约对上市公司融资约束影响的初步分析与认知，本章采用多元回归方法对所选的样本（即不同产权性质下的上市公司）进行进一步的分析检验以验证假设的合理性。模型 1 的回归结果如表 10－3 所示。

表 10－3　　模型 1 的回归结果

变量	KZ			
	系数	T 值	系数	T 值
Cons	5.599***	22.039	5.588***	21.951
M－Ln(Pay)	－0.303***	－3.120		
M－Share			－0.057**	－2.019
ROA	－2.907***	－15.304	－3.009***	－16.154
Size	－0.114***	－3.496	－0.205***	－17.664
Lev	2.441***	27.901	2.597***	36.606
Growth	－2.781**	2.179	2.802**	2.194
Top1	－0.114	－1.315	－0.066	－0.785
Dual	0.081**	2.562	0.085***	2.680
IDR	0.785***	3.425	0.932***	4.159
State	0.191***	6.012	0.151***	5.356
Age	0.018***	7.669	0.016***	7.002
Flexibility	－0.356***	－5.798	－0.366***	－5.983
Year	控制		控制	
Ind	控制		控制	
调整 R^2	0.280		0.280	
F	221.377***		220.722***	
N	6786		6786	

注：***、**、*分别表示在 1%、5% 和 10% 的水平显著。

从表 10 - 3 的回归结果看，高管货币薪酬激励在 1% 的水平上显著为负，高管股权薪酬激励在 5% 的水平上显著为负，这说明高管货币薪酬激励、高管股权薪酬激励与公司融资约束显著负相关。我国上市公司实施有效的高管薪酬契约激励机制，降低了管理层进行逆向选择和道德风险的可能性，理性的债权人通过考虑高管薪酬契约激励机制所传递的信息，可以更有效地了解公司投资项目的可行性，对高管薪酬契约激励产生的信贷风险进行合理评估与定价（包括调整信贷利率、提高贷款额度、减少限制性条款等）。因此上市公司的高管薪酬契约激励行为能降低公司的融资约束程度，验证了假设 1。

产权性质不同的公司融资约束程度也存在差距，模型 2 的回归结果如表 10 - 4 所示。

表 10 - 4　　　　模型 2 回归结果

变量	KZ	
Cons	5.754*** (24.815)	1.542*** (14.588)
M - Ln(Pay)	-0.661*** (-19.576)	
M - Ln(Pay) × State	-0.228*** (-3.507)	
M - Share		-0.162*** (-5.663)
M - Share × State		-0.070 (-1.235)
State	0.258*** (9.497)	0.274*** (9.787)
ROA	-2.764*** (-14.619)	-3.486*** (-18.465)
Top1	-0.457*** (-5.838)	-0.519*** (-6.236)

续表

变量	KZ	
IDR	0.681*** (3.030)	0.722*** (3.1570)
Age	0.013*** (5.994)	0.015*** (6.559)
Flexibility	-0.197*** (-3.430)	-0.244*** (-4.129)
Lev	2.173*** (33.761)	2.058*** (31.540)
Year	控制	控制
Ind	控制	控制
调整 R^2	0.279	0.243
F	292.953***	241.348***
N	6786	6786

注：***、**、*分别表示在1%、5%和10%的水平显著。

从表10-4的回归结果看，公司产权性质与融资约束程度在1%的水平上显著正相关，这说明在我国债权人法律保护体系不完善的情况下，民营上市公司缺乏“天然政治关系”和可信声誉机制，发生破产危机时缺少财政扶持，违约风险高，导致民营上市公司面临的融资约束程度较高。同时，民营上市公司信息更加不透明，业务风险更高，导致显著的债务代理成本，融资成本更高（张玉明、王墨潇，2013）[①]。高管股权薪酬激励与产权的交叉项的系数为-0.070，未通过显著性水平检验，这可能与我国推行股权薪酬激励较晚，股权薪酬激励机制不完善、不成熟有关。高管货币薪酬激励与产权交叉项系数为-0.228，在1%的水平上显著负相关，这意味着民营上市公司推行高管激励政策，可以向资本市场传递未来高盈余与公司治理良好的积极信号，缓解信息不对称，获得更多信贷资金，验证了假设2。

① 张玉明、王墨潇：《中小企业债务融资结构与企业成长——基于中小板上市公司的实证研究》，载于《经济与管理评论》2013年第4期，第46~53页。

采用模型 3 和模型 4 的回归结果如表 10－5 所示。

表 10－5　模型 3 和模型 4 回归结果

变量	Loan		TC	
Cons	－0.451*** (－15.981)	－0.618*** (－20.350)	－0.396*** (－15.698)	－0.489*** (－18.598)
KZ	0.032*** (24.262)	0.043*** (31.184)	0.010*** (8.511)	0.015*** (12.101)
M－Ln(Pay)	－0.331*** (－34.965)		－0.233*** (－26.598)	
M－Ln(Pay)×KZ	0.017*** (5.674)		0.007** (2.508)	
M－Share		0.005 (1.374)		0.009*** (2.881)
M－Share×KZ		0.005* (1.875)		0.002 (0.769)
ROA	－0.128*** (－5.883)	－0.321*** (－13.932)	－0.098*** (－5.016)	－0.220*** (－11.029)
Size	0.129*** (44.179)	0.036*** (27.143)	0.093*** (33.737)	0.025*** (21.633)
Growth	－0.442*** (－3.019)	－0.184 (－1.180)	－0.131 (－1.002)	－0.134 (－0.993)
Top1	－0.113*** (－11.683)	－0.019* (－1.788)	－0.077*** (－8.914)	－0.006 (－0.683)
IDR	－0.218*** (－8.483)	－0.064** (－2.341)	－0.186*** (－8.132)	－0.079*** (－3.340)
State	0.055*** (15.762)	0.003 (0.811)	0.014*** (4.310)	－0.026*** (－8.878)
Age	0.001*** (5.672)	0.002 (1.044)	0.001*** (5.702)	0.001** (2.351)

续表

变量	Loan		TC	
Flexibility	-0.042 *** (-5.481)	-0.063 *** (-7.560)	0.233 *** (37.168)	0.247 *** (37.808)
IA	-0.286 *** (-13.490)	-0.120 *** (-5.333)	-0.161 *** (-8.429)	-0.030 (-1.521)
Loan			-0.247 *** (-23.628)	-0.153 *** (-14.866)
TC	-0.309 *** (-23.628)	-0.206 *** (-14.866)		
Year	控制	控制	控制	控制
Ind	控制	控制	控制	控制
调整 R^2	0.404	0.293	0.35	0.283
F	352.528 ***	217.273 ***	282.169 ***	206.963
N	6786	6785	6786	6786

注：***、**、*分别表示在 1%、5% 和 10% 的水平显著。

表 10-5 分析了高管薪酬契约缓解融资约束的作用机制。融资约束程度与银行贷款、商业信用在 1% 的水平上显著正相关。这说明融资约束程度越高的公司拥有越多的银行贷款和商业信用，同时也反映了存在融资约束的公司更希望通过这两种融资渠道满足公司资金的需求。高管货币薪酬激励与银行贷款、商业信用在 1% 的水平上显著负相关，高管货币薪酬激励与融资约束程度的交叉项在 1% 的水平上显著正相关，高管股权薪酬激励与融资约束程度的交叉项在 10% 的水平上显著正相关，这意味着存在融资约束的公司，实施高管薪酬契约激励机制，向市场传递积极信号的同时也影响资金提供者的行为决策，从而获得更多的银行贷款和商业信用，支持了假设 3。可见，高管薪酬契约激励作为改善公司治理，提高公司信息质量和透明化的一项措施，为“融资难，融资贵”的公司提供了更多的机会获得信贷资金。

10.3.3 稳健性检验

为了验证上述实证结果的稳健性，本研究进行如下检验：（1）剔除托宾 $Q_{i,t}$，用剩余 4 个指标确定 Logic 模型，重新计算 KZ，并将计算结果排序，大于中位数取 1，其他取 0。（2）将银行贷款比例和商业信用比例相加得到负债水平。检验结果如表 10-6 和表 10-7 所示。

表 10-6　稳健性检验

变量	KZ			
Cons	0.366*** (3.160)	0.993*** (9.264)	-0.166 (-1.537)	0.597*** (13.361)
M-Ln(Pay)	-0.546*** (-16.710)	-0.124*** (-7.959)		
M-Ln(Pay)×State		-0.063** (-2.144)		
M-Share			-0.060*** (-4.584)	-0.046*** (-3.494)
M-Share×State				-0.042 (-1.618)
Size	-0.170*** (-17.081)		0.036*** (7.562)	
State		0.014 (1.243)		-0.044*** (-3.673)
ROA	-1.747*** (-20.096)	-1.489*** (-17.524)	-2.223*** (-26.434)	-2.211*** (-26.199)
Growth	0.347 0.573	0.976* (1.691)	1.566*** (2.619)	0.982* (1.661)
Top1	-0.288*** (-7.360)	-0.110*** (-3.100)	-0.175*** (-4.481)	-0.114*** (-3.017)

续表

变量	KZ			
IDR	0. 077 0. 732	0. 282 *** (2. 795)	0. 288 *** (2. 722)	0. 344 *** (3. 240)
Flexibility	0. 002 (0. 089)	-0. 135 *** (-5. 199)	-0. 057 ** (-2. 135)	-0. 061 ** (-2. 262)
Year	控制	控制	控制	控制
Ind	控制	控制	控制	控制
调整 R^2	0. 152	0. 198	0. 101	0. 107
F	135. 665 ***	186. 194 ***	100. 232 ***	102. 699 ***
N	6786	6786	6786	6786

注：***、**、*分别表示在1%、5%和10%的水平显著。

表10-7　　稳健性检验

变量	负债水平			
	系数	T值	系数	T值
Cons	-0. 897 ***	-18. 992	-0. 864 ***	-24. 354
KZ	0. 062 ***	16. 912	0. 091 ***	23. 143
M-Ln(Pay)	-0. 382 ***	-31. 708		
M-Ln(Pay)×KZ	0. 008 ***	4. 642		
M-Share			0. 030 ***	3. 952
M-Share×KZ			0. 006 ***	2. 890
ROA	-0. 246 ***	-9. 102	-0. 517 ***	-17. 996
Size	0. 164 ***	48. 770	0. 049 ***	30. 804
Growth	-0. 219	-1. 233	0. 370 *	1. 913
Top1	-0. 163 ***	-13. 900	-0. 034 ***	-2. 682
State	0. 040 ***	9. 994	-0. 021 ***	-5. 110
Flexibility	0. 174 ***	21. 693	0. 160 ***	18. 135
Year	控制		控制	
Ind	控制		控制	

续表

变量	负债水平			
	系数	T值	系数	T值
调整 R^2	0.410		0.288	
F	526.033***		306.537***	
N	6786		6786	

注：***、**、*分别表示在1%、5%和10%的水平显著。

从表10－6稳健性回归结果看，高管货币薪酬与融资约束在1%的水平上显著负相关，高管股权薪酬激励与融资约束在1%的水平上显著负相关，说明高管薪酬契约激励可以降低公司的融资约束程度。从表10－7稳健性回归结果看，高管货币薪酬激励与融资约束交叉项系数显著为正，高管股权薪酬激励与融资约束交叉项系数显著为正，说明高管薪酬契约激励能使存在融资约束的公司获得更多的负债融资。研究表明本章的研究结论保持稳健。

10.3.4 研究结论与建议

本章以我国2012～2015年沪深两市A股上市公司作为样本数据，实证检验了高管薪酬契约机制对上市公司融资约束的影响。研究发现：高管货币薪酬激励、高管股权激励与上市公司融资约束程度负相关；在我国特定经济背景下，民营上市公司面临更严峻的融资约束，而高管激励能有效缓解民营上市公司的融资约束；选择融资方式的研究表明，存在融资约束的上市公司通过实施高管激励机制能够为公司获得更多的银行贷款和商业信用。

基于本章的实证研究，提出如下建议：（1）不断完善高管薪酬契约机制特别是高管股权激励，加强公司治理，降低融资约束。金融机构通过对客户进行资质评级和违约风险的识别进行信贷决策，高管薪酬契约激励机制可以通过向信贷市场传递信号影响金融机构的决策行为。高管货币薪酬激励影响公司短期投资行为，高管股权激励更加关注公司长期投资，进而影响公司融资规模。因此，应借鉴国外股权激励机制，立足于我国社会主义市场经济体制，不断完善股票期权和限制性股票等股权激励措施，并与货币薪酬激励取长补短，建立长效激励机制，降低代理成本，提升公司价值，缓解信贷危机。（2）拓宽融资渠道，积极发展包括商业信用在内的多种融资方式。由于我国经济体制的特殊性和复杂性，大部分公司主要依靠向银行借款进行融资，致使资金不能满足发展。商业信用作为负债融资的渠道之一，有助于缓解公司融资约束问题。所以，我国应积极开拓融资渠道、创新融资方式，发展商业信用、债券、股票融资等方式，降低公司融资约束。（3）不断完善客户信用评级体制和信贷风险分类制度。上市公司是否能获得贷款、获得什么种类的贷款、获得多少贷款，取决于银行或供应商等金融机构对客户违约风险的识别与控制。然而金融机构对客户的定价大部分依靠公司提供的财务信息，而很少关注公司的非财务信息，如公司治理、管理层素质等。因此金融机构在制定信贷决策时应综合考虑借款公司的信息，特别是关注公司的高管薪酬契约激励机制，透过管理层激励了解借款公司的投资情况，进而制定合理的信贷决策，降低自身的信贷风险。

第11章 混合所有制、国有资本与治理效率

11.1 研究背景

11.1.1 国企改革历史回顾

党的十一届三中全会以来，中国进行了以经济建设为中心的系列改革。1978年确定以经济建设为中心，解决以党代政、以政代企问题。1984年党的十二届三中全会提出了"公有制基础上的有计划的商品经济"理论，从意识形态上解决了计划等同社会主义、商品经济与计划经济不相容的问题。1992年党的十四大首次明确提出了市场经济体制改革的目标，认为转换国企经营机制是改革的中心环节。1993年党的十四届三中全会通过了《关于建立社会主义市场经济体制若干问题的决定》，进一步勾画了市场经济体制基本框架，明确了建立现代企业制度的目标和步骤，并于1994年试点并逐步推广。

1997年9月召开的党的第十五次全国代表大会再次强调"搞好国有企业改革，对建立社会主义市场经济体制和巩固社会主义制度，具有极为重要的意义"，"建立现代企业制度是国有企业改革的方向"，并提出"要按照产权清晰、权责明确、政企分开、管理科学的要求，对国有大中型企业实行规范的公司制改革，使企业成为适应市场的法人实体和竞争主体"。同时，党的十五大还提出了到20世纪末，即2000年底，绝大多数国有大中型企业初步建立起现代企业制度的改革目标。

1999年9月，党的十五届四中全会通过了《中共中央关于国有企业改革和发展若干重大问题的决定》，再次强调要建立现代企业制度，实现产权清晰、权责明确、政企分开、管理科学，健全决策、执行和监督体系，使企业成为自主经营、自负盈亏的法人实体和市场主体，并强调在建立现代企业制度过程中，要继续推进政企分开，积极探索国有资产管理的有效形式，对国有大中型企业实行规范的公司制改革，面向市场着力转换企业经营机制。

党的十八大特别是十八届三中全会以后，国有企业改革进入了顶层设计、全面深化的新阶段。党的十八大报告提出的要“深化国有企业改革，完善各类国有资产管理体制，推动国有资本更多投向关系国家安全和国民经济命脉的重要行业和关键领域，不断增强国有经济活力、控制力、影响力”，从整体上对新时期国有企业改革提出了要求。党的十八届三中全会通过的《中共中央关于全面深化改革若干重大问题的决定》，从完善产权保护制度，积极发展混合所有制经济，推动国有企业完善现代企业制度等方面对深化国有企业改革进行了全面部署。根据“三中”全会精神，2015年8月24日，中共中央、国务院下发了《关于深化国有企业改革的指导意见》（以下简称《指导意见》），这是新时期指导和推进国有企业改革的纲领性文件。《指导意见》共分8章30条，从改革的总体要求到分类推进国有企业改革、完善现代企业制度、完善国有资产管理体制、发展混合所有制经济、强化监督防止国有资产流失、加强和改进党对国有企业的领导、为国有企业改革创造良好环境条件等方面，全面提出了新时期国有企业改革的目标任务和重大举措。

经过40多年的不懈努力，我国国有企业改革从扩大企业自主权到建立现代企业制度，再到全面深化和完善，取得了重大的进展和成就。一方面通过改革，国有企业自身发生了脱胎换骨的变化，仅以公司制改革中的上市公司改革为例，1986年9月上海“飞乐音响”实现柜台交易流通（1984年“小飞乐”首发时，其总股本仅1万股，每股面值50元，共筹集资金50万元）成为新中国资本市场第一股；2019年12月20日，中国深圳股市和上海股市上市公司已达到3770家，总市值583789.18亿元，其中流通市值474241.40亿元。另一方面，随着国有企业改革的逐步深入特别是转换企业经营机制，落实企业经营自主权等，大大推动了各项宏观经济体制的改革，如计划管理体制由指令性计划到指导性计划，再到市场调节的变化；价格体制由政府定价到价格双轨制，再到市场定价的转变；财政体制由统收统支到利税分开，再到公共财政体制的建立等，无不是在企业改革不断深入的推动下实现的，这也充分证明了党中央把企业改革作为整个经济体制改革中心环节的正确性。

11.1.2 国企改革现状与问题

党的十八届三中全会明确提出混合所有制是基本经济制度的重要实现形式，要积极发展混合所有制经济，通过国有资本、集体资本、非公有资本等交叉持股、相互融合，实现各种所有制资本取长补短、共同发展。国企混合所有制改革的思路是紧紧围绕市场在国有资本配置中起决定性作用，通过推动管资产向管资本转变，实现国有企业产权制度改革和国有经济布局调整的统一，增强国有经济活力、控制力和影响力，促进各种所有制经济共同发展。在宏观层面，通过发展混合所有制，积极发挥市场在国有资本配置中的决定性作用，推动国有资本更多投向关系国家安全和国民经济命脉的重要行业和关键领域，实现国有资本高效、有序配置。与发达市场经济国家相比，我国国有资本布局，除了自然垄断、公共产品和外部性强的领域外，一些单纯依靠市场机制不能得到快速发展或者被国际竞争对手压制的主导产业，以及一些现有法规和监管难以保障国家政策目标实现的重要领域，应该有国有资本进入并使国有资本发挥主导或引领作用。如果市场机制已比较完善、产业已达到一定地位且运作趋于成熟，政府就应减少在这些产业的投资，国有资本需要逐渐退出；当涉及特定领域的法规和监管逐渐完善时，就可以减少或者不依靠产权控制保证企业服务于国家的政策目标，从而实现国有资本“有进有退”“进退有序”。在微观层面，过去的国有企业改革虽然先后明确了“以公司制改造为抓手，建立现代企业制度和现代法人治理结构”“国有企业股权多元化以及上市”等改革目标，但由于种种原因，国有企业政企不分、行政介入和治理机制不完善等问题仍未得到较好解决。通过发展混合所有制，旨在引入具有行权能力的资本，优化国有企业的股权结构，推动国有企业完善现代企业制度，建立和完善法人治理结构和机制，提升国有企业效率。

总的来说，本轮国企混合所有制改革是在全面深化国有资产管理改革的背景下推进的，将混合所有制作为基本经济制度的重要实现形式，是全面系统深入的改革，根本目的是要增强国有经济活力、控制力和影响力，实现各种所有制经济共同发展，即“国民共进”。

2013 年 11 月十八届三中全会提出积极发展混合所有制经济以来，混合所有制已成为国有企业全面深化改革的突破口。2013 年 12 月起，各地陆续出台了本地国资国企改革方案，其中国企混合所有制改革均成为重要内容。2014 年 7 月，国务院国资委公布了中央企业 4 项改革方案，将中国医药和中国建材两家中央企业作为混合所有制改革试点。在实践层面，已有一些国有企业对混合所有制改革进行了积极探索，出台了一些改革方案。但是，与混合所有制表面火热不同的是，混合所有制的实质推进仍显得相对滞后。国企混合所有制改革是一项系统全面的改革，需要做好“顶层设计”，统一规划、整体考虑、稳步推进。由于国有企业进行混合所有制改革既有国际贸易谈判的外在压力（如国际服务贸易协定谈判，TISA；跨大西洋贸易与投资伙伴关系谈判，TTIP；等等），又有探寻中国经济发展的内生动力，且改革涉及面广，力度大，没有可以借鉴的经验，因此，政府相关部门对国企混合所有制改革比较谨慎，2018 年 9 月 18 日，国家发展和改革委员会发布《关于深化混合所有制改革试点若干政策的意见》，要求积极探索混改的可行路径及试点方案。当前，对国企混合所有制改革的问题主要集中在以下三个方面：

（1）国企混合所有制的范围和程度问题。我国国有企业数量多、涉及的行业广，对于混合所有制混合的范围和程度，目前还没有一个统一的认识。哪些行业、哪些领域、哪些国有企业可以进行混合所有制改革，哪些不能进行混合所有制改革，目前还没有明确和具有可操作性的目录与标准。另外，关于国有资本和非国有资本的混合程度，哪些国有资本需要控股，哪些非国有资本可以控股，混合所有制企业中国有股持股比例，都处在讨论和研究阶段。

（2）国企混合所有制改革的具体途径问题。我国国有企业情况千差万别，既有涉足行业比较单一的地方国有企业，也有涉足行业众多的大型央企，国有企业的规模也相差很大，实现改革目标的路径也就可能千差万别。另外，国企在发展混合所有制过程中如何守住红线、如何防止国有资产流失，也是焦点问题。

（3）国企混合所有制公司的运行问题。国企混合所有制改革的重要目的之一就是转换机制。混合所有制企业不是传统国有企业，对混合所有制企业的监督、混合所有制企业的法人治理以及混合所有制企业党组织的作用等问题，需要进一步研究。

11.2 理论分析与文献综述

11.2.1 混合所有制经济的理论解释

1. 混合所有制经济

混合所有制是指由各种不同所有制经济，按照一定原则，实行联合生产或经营的所有制形式。混合所有制是从所有制角度提出的，是从资产占有方式角度来看待的。

混合所有制经济是指财产权由属性各异的所有者共同掌握的经济形式。从宏观层次来讲，混合所有制经济是指一个国家或地区所有制结构的非单一性，即在所有制结构中，既有国有、集体等公有制经济，也有个体、私营、外资等非公有制经济，还包括拥有国有和集体成分的合资、合作经济。从微观视角而言，混合所有制经济是指两种及两种以上性质各异的所有制企业通过资本联合或互相参股等方式形成的企业发展模式，主要表现为各种形式的混合所有制企业。其主要表现为由公有资本（国有资本和集体资本）与非公有资本（民营资本和外国资本）共同参股组建而成的新型企业形式。

2. 混合所有制经济的形成机理

公有制经济和非公有制经济在经营决策、收入分配和融资等方面存在机制上的摩擦，这种摩擦会导致一系列经济参数的扭曲。市场化改革的趋势要求机制上的统一，这就决定了不同所有制经济寻求联合的内在要求。改革初期，各种所有制形式之间基本上是孤立地并存的，每一种所有制对应着国民经济的一块，各板块之间相互封闭。国家根据不同的板块制定差别性的经济政策和管理条例。但生产要素流动的本性注定会冲击板块之间的壁垒。我国的混合所有制就是在各所有制追求优势互补的动机支配下形成的。其形成途径有：组建跨所有制的、由多元投资主体形成的公司和企业集团；不同所有制企业相互参股；公有制企业出售部分股权或吸收职工入股；等等。

混合所有制经济的性质由其控股主体的所有制形式来决定，不能笼统地说混合所有制是公有制还是非公有制。从资产运营的角度分析，混合所有制已突破了公有制和非公有制的界限，因为无论资本来源是公有的还是非公有的，都已融合为企业的法人财产。在现代企业中，各利益主体通过治理结构形成一种混合的、复杂的产权安排。

3. 混合所有制改革方向与路径分析

混合所有制是国有企业改革的基本方向，国有企业的混合所有制改革绝不仅仅是产权的简单混合，更主要的是治理机制的规范。其中，产权制度改革是基础，只有建立了与现代企业制度相适应的产权制度，才能够完善企业的治理结构。

国有企业产权制度改革主要有整体上市、民营企业参股、国有企业并购和员工持股 4 条基本路径，国家应在充分考虑不同路径的适用条件和绩效差异的基础上，稳步推进混合所有制改革：一是将整体上市作为混合所有制改革的首选路径；二是在母公司层面更多采取整体上市、民营企业参股的方式，而在子（孙）公司层面可以更多采用国有企业并购的方式，实现不同层面的混合所有制；三是平稳有序地推进员工持股计划。

从混合所有制改革的意义和定位变化历程可以看出，混合所有制改革对我国推动经济后续改革具有顶层设计的引领作用。不同于公司组织制度的变革，混合所有制改革是对我国所有制结构的重新定位。所有制结构重新定位后，投融资体制变革、产业管制放松、工商等企业管理体制变革等后续改革的阻力将大为减少。混合所有制改革通过拓展民企发展空间、刺激民间投资发展，增强国际社会话语权，有望推动经济再上台阶。在资本市场上，混合所有制改革将推动股份分散化发展，从而带来更多的市场投资机会。

混合所有制改革的核心是市场化，从根本上讲，是引入其他所有制资本参与国有企业产权制度的改革和治理机制的完善。其中，产权制度改革是基础，只有建立了与现代企业制度相适应的产权制度，才能够完善企业的治理机制。党的十八届三中全会以后，新一轮国有企业改革加快推进。2014 年下半年以来，国资委在中央企业启动了“改组国有资本投资公司”“发展混合所有制经济”“董事会行使高级管理人员选聘、业绩考核和薪酬管理职权”“派驻纪检组”四项改革试点，各省市也纷纷公布国有企业改革方案。国有企业改革有多条路径可以选择，作为其基础的产权制度改革主要有 4 条基本路径。

（1）整体上市。整体上市是企业资产证券化的过程，使企业资产得以在证券市场上进行交易，因此可以成为混合所有制改革的重要途径。2014 年 8 月 25 日，中信泰富对外宣布，已经完成了对中信股份 100% 股权的收购，并正式更名为中信股份，更名后的中信股份正式在香港开始股票交易。至此，中信集团完成了历时多年的整体上市历程。在过去的几个月中，新中信成功引入了境内外共 27 家机构投资者，总认购金额达 532.7 亿港元，投资者包括社保基金等 11 家国有大型机构，主权财富基金淡马锡和卡塔尔投资局等 13 家境外机构，以及腾讯、泛海、雅戈尔等国内民营企业。上市后，中信股份的公众持股比例约为 22%。[①] 中信集团的整体上市之路源于 2008 年，但经历了多年一直没有能够成功实施，其根本原因在于国有企业上市政策不明朗。目前，在混合所有制改革的大背景下，中信集团成功实现整体上市，可能会成为新一轮国有企业改革的新样本。

目前来看，已经有许多国有企业实现了整体上市，具体方式各种各样，但归总来看，基本模式主要有 5 种：

①母公司整体上市模式，是指母公司作为上市主体，在重组、剥离、处置不良资产或部分非主营业务后的所有资产、业务、人员都进入拟上市公司，不留存续企业。

②资产一次性整体上市模式，是指国有企业改制时母公司全部资产一次性进入拟设立的公司整体上市，不留其他存续企业，但母公司作为拟上市公司的国有股权持有人被保留而不再从事任何生产经营活动，实际上成为一个空壳。

③主业资产整体上市模式，是指国有企业改制重组设立拟上市公司

① 数据根据公司收购公告等资料整理。

时将主营业务及其资产以及与主业的生产经营相关的资产全部投入拟上市公司而整体上市，使拟上市主体具有完整的供产销系统、产业链和独立面向市场的能力，同时将非主业资产和业务留在母公司并改制成相应的存续企业。

④多元业务分别上市模式，是指涉足多个行业或业务板块的国有企业，尤其是实行多元化综合经营的大型、特大型国有企业集团，采取分别上市的方法进行改制上市，并保留相应存续企业。

⑤借壳整体上市模式，是指非上市国有企业通过证券市场购买一家已上市公司一定比例的股权取得上市地位，然后通过“反向收购”的方式注入自己有关业务及资产，从而实现间接上市。

（2）民营企业参股。民营企业参股主要是指民营企业通过购买国有企业部分或全部资产，成为国有企业的所有者或者股东，参与国有企业重组。参股国有企业是民营企业追求自身利益最大化的主动行为。民营企业之所以愿意参股国有企业，是因为国有企业有着很多独特的优势，民营企业通过与国有企业的融合发展，能够利用这些优势弥补自身发展中面临的短板，发挥协同效应，提高企业竞争力。具体来看，国有企业的独特优势主要体现在三个方面：①从产业分布上看，国有企业往往分布在垄断行业或关系国计民生的重要行业当中，民营企业在进入这些行业时往往面临着“玻璃门”“弹簧门”“旋转门”等问题，相比之下，国有企业往往更容易占据这些行业，并赚取高额利润。②从技术水平上看，很多国有企业具有很强的技术力量和储备，代表了中国产业技术的最高水平，这些技术资源的市场化能够为企业带来持久的收益。③从政治资源来看，国有企业往往享有民营企业难以企及的关系资源，这种资源在融资、项目审批、对外公关等方面能够发挥重要作用。

然而，很多民营企业在参股国有企业时，同样也有很多的顾虑，从而影响民营企业参股国有企业，主要包括以下三个方面：①资产专用性的风险。由于存在资产专用性，民营资本对国有企业的投资很大部分会变成“沉没成本”，这部分成本难以转用于其他用途，因此会增加民营资本参与国有资本重组的风险。②担心企业经营权旁落。民营资本在入股国有企业时，往往希望对企业的经营活动具有一定的发言权和决策权，而不愿意仅仅作为股东参与分配红利。然而，由于国有企业规模大、议价能力强，民营企业参与国有资本重组往往只能是充当配角，这将大大影响民营企业参股国有企业的积极性。③“柠檬市场”困境。“柠檬市场”是指信息不对称的市场，即在市场中，产品的卖方对产品的质量拥有比买方更多的信息，从而导致逆向选择，使劣等品逐渐取代优等品占领市场。在国有企业改革中，民营企业就面临着“柠檬市场”的困境，担心国有企业拿出来的项目不但不是效益较好的，而且还可能背负着债务、冗员等方面的包袱，以至于不敢进行投资。

（3）国有企业并购。国有企业并购是指国有企业作为主并方，主动并购民营企业，并通过增资换股、联合重组、合作上市等方式保留民营资本一定比例的股权，从而实现产权的多元化。通过国有企业并购实现产权多元化这种模式，过去被广泛应用于国有企业子公司层面的改革。例如，国资委选定的6家改革试点企业之一的中国建筑材料集团有限公司（简称中国建材集团）就采取了这种模式，2007年开始对数量众多的中小民营企业进行大规模联合重组。南方水泥经过6年的时间重组了300多家企业，其中97.68%是民营企业。目前，中国建材集团仍然持有南方水泥80%的股份，而上海赛泽等民营企业持股约占14.85%。参照组建南方水泥的经验，2009年中国建材集团又与民营企业辽源金刚水泥（集团）有限公司各持股45%，引入弘毅投资产业基金持股10%，共同成立北方水泥有限公司。目前，中国建材集团持股北方水泥70%的股份，辽源金刚水泥等民营企业持股30%。[①] 中国建材集团通过对水泥行业进行联合重组，不仅规范了行业秩序，而且实现了企业的混合所有制结构。

（4）员工持股。员工持股是现代公司制企业以公司股权为利益载体，借助企业价值追求与员工个人利益协调互动的机制，谋求极大地激发员工的主动性和创造力的一种全新的激励方式。通过这种激励方式，将企业部分股权转移到员工手中，在企业和员工之间结成一种产权纽带关系，形成包括国家股、法人股、其他社会公众股和员工持股的多元股权结构。员工持股已经被西方国家实践证明是行之有效的激励方式，国有大型企业的管理层持股也是混合所有制改革的大势所趋。但由于舆论等方面的各种压力，在我国国有企业中，员工持股尤其是管理层持股饱受争议，而且在国家的法规、政策层面也经历了放开、收紧、松动的反

① 《中国建材与千家民企的混合实践》，载于《经济日报》2014年5月5日。

复，因此大部分国有企业在实施员工持股计划时都十分谨慎，生怕触碰“红线”。《中共中央关于全面深化改革若干重大问题的决定》指出：“允许混合所有制经济实行企业员工持股，形成资本所有者和劳动者利益共同体。”总体来看，国有企业实施员工持股计划，包括大型国有企业的管理层持股，是符合国家政策方向的，但在持股主体上和操作模式上存在一定的限制。对大型国有企业而言，只能在国有资产监督管理机构同意的前提下，在增资扩股时对符合条件的人员进行股权转让。

11.2.2　文献述评

所有制结构改革实施以来，大量非公有制企业以及国有企业普遍实行股份化改造，根据证监会统计结果，截至2015年底，在我国境内完成上市的企业共有2827家，市值为53.13万亿元，其中混合所有制企业[①]占80%以上。另据中国企业联合会数据，我国500强企业中，80%的企业属于混合所有制企业。

在研究混合所有制改革的相关文献中，对发展混合所有制的优势意见比较统一，认为其不仅打破了单一所有制融资难问题，还能降低企业扩张所带来的经营风险，能够优化市场资源配置（马俊清，1995）。在混合所有制经济下，民间资本与国有资本各有使命，只要能够各负其责就会很大程度上提高企业的经营业绩，改善治理效率。通过混合所有制改革，民间资本获取企业经营收益、价值增值，甚至可以控制国有独资或国有控股企业，减少了竞争对手，解决了民间资本投资机会少的问题，扩大了市场份额；对于国有资本来说，优化了公司治理结构，引进了民间资本持有者的新技术等无形资产，提升国有资本的经营绩效（厉以宁，2014）。目前对于混合所有制经济存在意义的研究不仅限于理论，相关的实证研究也很多，多数实证结果证明了国有股权比例与企业绩效呈较弱的负相关关系（闵乐，2015；张崴，2016），这说明适当降低国

① 混合所有制企业按注册类型分类包括：股份合作企业、国有与集体联营企业、其他联营企业、其他有限责任公司、股份有限公司、私营股份有限公司、其他企业、合资经营（港澳台）企业、合作经营（港澳台）企业、港澳台商投资股份有限公司、中外合资经营企业、中外合作经营企业、外商投资股份有限公司。

有股权、引入民间资本是提高企业绩效的有效途径。

虽然混合所有制经济的改革适应了我国国情，有利于我国经济的发展，但从其实施情况来看面临着许多问题和困难。其主要集中在两方面：首先是由于企业文化差异和财务理念不同，文化融合不到位，导致矛盾难以协调，出现不同性质产权“融合难”问题。只有文化相融合才能使国有资本与非国有资本真正“混”起来（叶根英，2014），国有企业存在官僚作风，而民营企业则存在家长作风（黄速建，2014），由此，在现实经济下排斥混合所有制情况较为普遍，民营企业对无控制权的情况不感兴趣，而国有企业则担心国有资产流失（刘奇洪，2014）。国有企业因行业开放性及非公资本技术创新不足和逐利性强而排斥接纳非公资本（张强，2014）。其次是由于不同性质产权的价值取向不同，混合所有制企业的控制权归属问题成为各方产权关注的焦点。在混合所有制企业中，要认真考虑话语权的分配问题，以此打破一股独大现象。在混合所有制企业中存在股权结构不明确现象，缺乏明确的资本进出机制（杨红英和童蕾，2014）。目前，政府干预仍存在，公司治理有待提高，行政化垄断体制未真正打破（张继德、赵亚楠，2014）。这两方面的问题给混合所有制企业的发展造成了极大的牵制，相关解决措施集中在宏观的投资体制上，要界定政府投资与管理的边界、继续推进融资方式改革，在监管体制上进一步厘清委托代理关系、完善资本预算制度、完善国有资本审计制度、完善国有资本问责制度（耿建新和崔宏，2005）。在微观层面上，建议科学任命管理层、注意发挥监事会和独立董事的监督作用、完善薪酬制度（徐传谌、惠澎，2009）。

发展混合所有制企业目标之一就是提高国有资本的运营效率，目前国外在此方面的研究多是通过混合所有制企业与单一所有制企业的对比来分析两者的差异。国内的相关研究则主要针对国有资本在混合所有制企业的最优占比方面进行，央企发展混合所有制改革的新思路在于分类设计好国有持股比例（马宏兵，2016）。其中多数学者认为要针对不同领域的具体特征来确定混合所有制企业的国有资本最优占比，具体而言，就是明确适合混合所有制经济发展的范围（高明华等，2014），将混合所有制企业按其股权结构分为公益性企业、功能性企业和竞争性企业，国有资本在上述三类企业中占比依次减少（杨红英、童蕾，2015；李军、肖金成，2015）。

通过梳理文献可知，大多数学者都认同混合所有制改革对发展我国经济的重要性和现实性，但目前对发展混合所有制企业尚有一些难题亟待解决。例如国有资本控股的混合所有制企业如何做到不侵害中小股东的利益，国有资本参股的混合所有制企业如何防止国有资本流失的风险，混合所有制改革是否真的可以在实践中优化国有资本的运营绩效等。为此，本章通过我国规模以上工业企业中不同所有制性质企业数据比较，分析目前混合所有制企业发展中存在的问题，剖析其成因，进而提出相应的政策建议。

11.3　工业企业国有资本运营与效益评析

为了更加全面客观地了解国有资本运营现状，本章以我国规模以上工业企业为研究样本，从不同类型工业企业发展的基本状况、财务绩效及社会责任三方面，对比分析混合所有制企业发展中的优势和不足，给予混合所有制企业改革以经验支持。

11.3.1　不同类型工业企业基本状况分析

1. 不同所有制工业企业规模分析

我国不同所有制工业企业基本规模数据比较如表11－1、图11－1所示。

表11－1　　不同所有制工业企业基本规模对比

项目			2010年	2011年	2012年	2013年	2014年	2015年	2016年	2017年
国有企业	单位数（万个）		1.972	1.3648	1.3262	1.0696	0.9675	0.9125	0.804	0.728
	资产	资产总额（万亿元）	12.998	14.260	15.749	14.473	14.930	16.213	16.344	17.163
		平均规模（亿元/个）	6.590	10.448	11.875	13.532	15.432	17.768	20.318	23.573

续表

项目			2010年	2011年	2012年	2013年	2014年	2015年	2016年	2017年
国有企业	主营业务收入	收入总额（万亿元）	9.491	11.301	12.233	10.857	10.607	9.866	9.353	9.758
		平均规模（亿元/个）	4.812	8.281	9.224	10.151	10.964	10.812	11.627	13.402
	利润	利润总额（万亿元）	0.606	0.658	0.644	0.547	0.492	0.324	0.409	0.522
		平均规模（亿元/个）	0.307	0.482	0.486	0.512	0.508	0.355	0.509	0.717
混合所有制企业	单位数（万个）		9.613	8.126	9.146	10.223	10.817	11.368	11.587	11.188
	资产	资产总额（万亿元）	20.610	25.391	29.878	36.635	41.563	45.090	49.380	51.569
		平均规模（亿元/个）	2.144	3.125	3.267	3.584	3.842	3.966	4.262	4.610
	主营业务收入	收入总额（万亿元）	21.490	28.118	31.814	36.860	40.170	40.465	43.482	43.339
		平均规模（亿元/个）	2.236	3.460	3.478	3.606	3.714	3.559	3.753	3.875
	利润	利润总额（万亿元）	1.797	2.253	2.275	2.558	2.497	2.404	2.688	3.019
		平均规模（亿元/个）	0.187	0.277	0.249	0.250	0.231	0.222	0.232	0.270
民营企业	单位数（万个）		26.297	17.348	18.214	19.952	20.487	20.758	20.513	20.613
	资产	资产总额（万亿元）	10.825	11.730	13.984	17.100	19.369	20.812	21.589	21.859
		平均规模（亿元/个）	0.412	0.676	0.768	0.857	0.945	1.002	1.052	1.060
	主营业务收入	收入总额（万亿元）	19.471	23.136	26.688	31.853	34.663	35.935	35.457	38.025
		平均规模（亿元/个）	0.740	1.334	1.465	1.597	1.692	1.731	1.854	1.720

续表

项目			2010 年	2011 年	2012 年	2013 年	2014 年	2015 年	2016 年	2017 年
民营企业	利润	利润总额（万亿元）	1.400	1.679	1.875	2.153	2.169	2.233	2.335	2.109
		平均规模（亿元/个）	0.053	0.097	0.103	0.108	0.106	0.108	0.114	0.102
合计	单位数（万个）		37.882	26.8388	28.6862	31.3142	32.2715	33.0385	32.904	32.775
	资产总额（万亿元）		44.433	51.381	59.610	68.209	75.862	82.210	87.312	90.591
	主营业务收入总额（万亿元）		50.901	62.553	70.734	79.570	85.440	86.416	90.861	88.554
	利润总额（万亿元）		3.803	4.590	4.794	5.258	5.158	5.028	5.432	5.650

资料来源：根据历年《中国统计年鉴》整理。

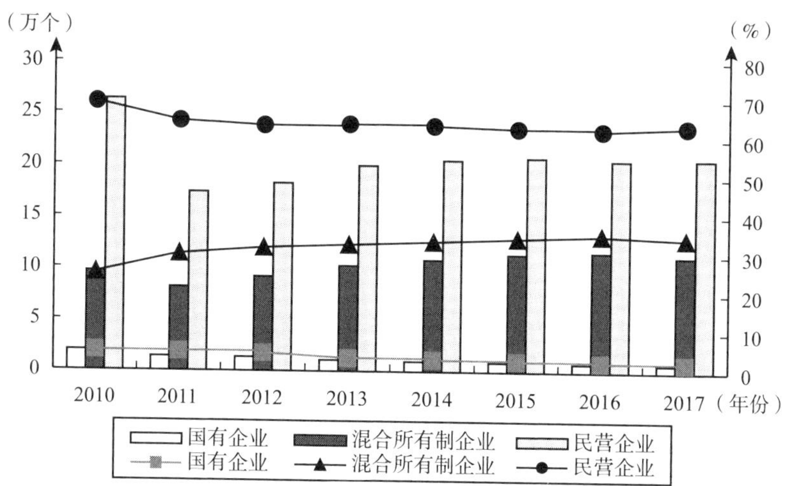

图 11－1　不同类型规模以上工业企业单位数及占比情况对比

表 11－1 和图 11－1 的数据显示，民营企业数量明显高于混合所有制企业和国有企业，从占比情况来看，混合所有制企业总体上处于稳步递增状态，2017 年末比例已达所有规模以上工业企业的 34% 以上。而

国有企业自2012年以后占比均呈下降趋势，民营企业2014年后基本保持稳定。这说明混合所有制改革近年来卓有成效，越来越多的民营企业和国有企业都参与到混合所有制改革的进程中。2011年混合所有制企业和民营企业单位数都出现了明显的减少，造成这种现象的主要原因在于我国宏观经济政策的调整。为缓解2008年国际金融危机对我国经济发展的影响，政府实行以“积极的财政政策”为主，辅之以稳健的货币政策，投入4万亿元全力刺激经济，由此产生了很强的短期刺激效应，但自2011年起，前期的宏观经济刺激效应递减。同时2011年是我国“十二五”开局之年，中国经济在经历了金融危机的大规模调整刺激后进入了从高速增长向中高速增长的转型期，工业作为经济增长的主要驱动力，近年来在一定程度上呈现增速放缓、结构趋新的特征。民营企业和混合所有制企业因此受到较大的冲击，在2011年出现了明显的下降趋势。

2. 不同类型所有制工业企业资产分析

不同类型所有制工业企业的资产分析如图11－2所示。

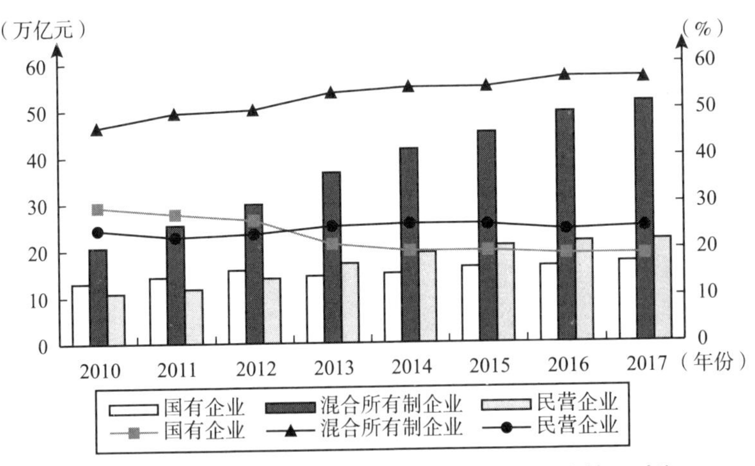

图11－2　不同类型规模以上工业企业资产及占比情况对比

结合表11－1和图11－2的数据分析，2010～2017年间各类工业企业的资产总额中，混合所有制企业最高，且一直处于增长趋势，增幅较大。截至2017年底混合所有制企业的总资产是民营企业的2倍多，是国有企业的3倍。从占比情况上看，截至2017年底，规模以上工业企业中混合所有制企业的资产总额已占内资企业资产总额的一半以上，国有企业资产所占比重已不足20%。就企业平均资产规模而言，国有企业规模最大（平均超过23亿元），混合所有制企业和民营企业与之相比差距较大。

3. 不同所有制工业企业收入与利润分析

不同所有制工业企业收入与利润分析如图11－3、图11－4所示。

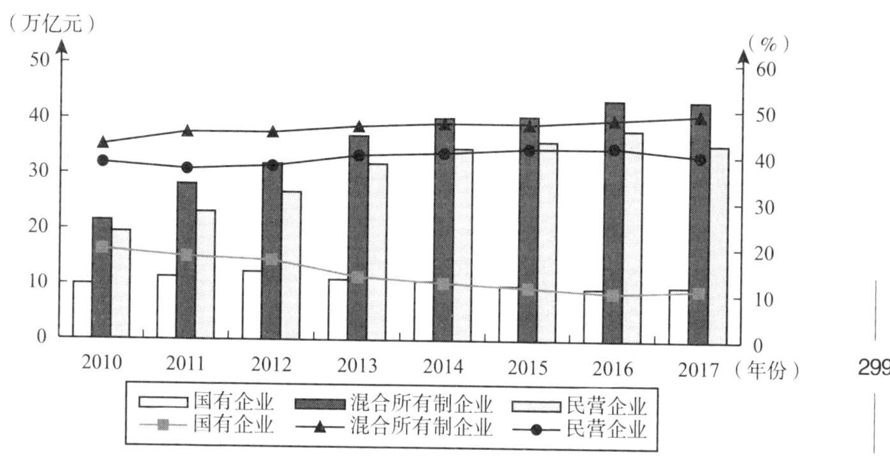

图11－3 不同类型规模以上工业企业收入及占比情况

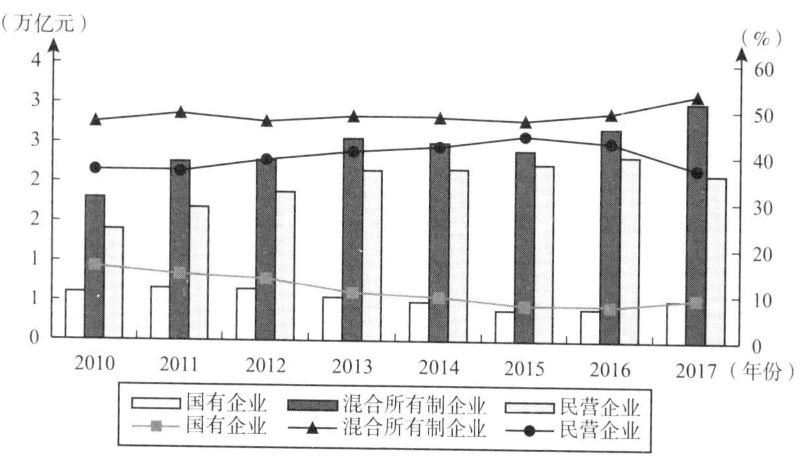

图11－4 不同类型规模以上工业企业利润及占比情况

根据表11-1和图11-3、图11-4数据显示，2010~2017年混合所有制企业收入总额和利润总额均高于民营企业，特别是2016~2017年混合所有制企业增长明显。而国有企业收入总额2013~2017年基本保持稳定。但随着混合所有制企业和民营企业的快速发展，国有企业与其他两种所有制工业企业的收入总额差距越来越大。就占比情况分析，混合所有制企业无论是收入还是利润均在三类企业中占比最高，这说明混合所有制企业对我国经济发展具有重要的推动作用。在企业平均收入和利润规模中，国有企业最高，民营企业最低，这意味着民营企业虽然在总量上与国有企业相比具有极大优势，但就单个企业而言，其平均获利贡献能力低于国有企业和混合所有制企业，而限制民营企业发展的主要原因在于民营企业融资困难，企业规模小、信用程度低，导致民营企业的竞争能力较弱。

通过三种不同类型工业企业基本面分析可以看出，混合所有制企业的单位规模虽不及国有企业，但明显要大于民营企业。混合所有制企业在资产规模、收入和利润总额方面遥遥领先，并且其总资产增长率、收入增长率在三种所有制工业企业中均为最高，近年来数量也在不断增加。而超过60%的民营企业其拥有的资产约占全部企业资产的24%。就企业平均资产规模来看，民营企业远远低于其他两类企业。同时，研究发现民营企业以24%左右的资产总额创造的收入和利润与拥有50%以上资产总额的混合所有制企业相当。这也说明在混合所有制发展的进程中，资源利用效率低的问题仍然存在，虽然较之国有企业有了很大程度的提高，但与民营企业相比还存在一定差距，民间资本注入对混合所有制企业绩效的提升作用有待进一步加强。另外，我国民营企业近年来出现了增速放缓的势头，其主要原因是受资产规模小的限制，其风险承受能力相对于其他两种所有制企业明显较低，且民营企业所处的行业竞争压力一般较大，没有强大的资金支持很容易被淘汰。国有企业无论是单位数还是收入、利润总额都出现了不同程度的下降趋势，总量和占比也远不及其他两类企业。因此，国有企业改革的成果不能仅仅以“混合的数量”为唯一评判标准，更应该注重“混合的质量”与“混合的效果”。

11.3.2 不同类型工业企业财务效益分析

为了进一步全面反映我国不同所有制工业企业效益的发展现状，为混合所有制改革提供经验支持，本章选用能够反映企业整体财务效益的指标体系来评价不同类型工业企业的财务绩效。

1. 偿债能力分析

偿债能力反映了企业到期承担财务风险的能力以及还本付息的保证程度。本章选取了流动比率、速动比率和资产负债率三个指标，相关数据如表11－2和图11－5、图11－6、图11－7所示。

表11－2　　偿债能力财务指标对比

项目		2010年	2011年	2012年	2013年	2014年	2015年	2016年
流动比率	国有企业	0.9226	0.8796	0.8762	0.8685	0.8491	0.8458	0.8184
	混合所有制企业	1.0495	1.0915	1.0812	1.0527	1.0403	1.0422	1.0619
	民营企业	1.1218	1.1547	1.1581	1.1601	1.1795	1.1867	1.1969
速动比率	国有企业	0.6937	0.6626	0.6677	0.6613	0.6477	0.6565	0.6384
	混合所有制企业	0.7763	0.8171	0.8146	0.7987	0.7947	0.8127	0.8359
	民营企业	0.8499	0.8772	0.8848	0.8887	0.9060	0.9154	0.9196
资产负债率	国有企业	0.6015	0.6055	0.6126	0.6177	0.6119	0.6048	0.5956
	混合所有制企业	0.5894	0.5884	0.5886	0.5927	0.5937	0.5824	0.5745
	民营企业	0.5569	0.5551	0.5535	0.5525	0.5448	0.5236	0.5128

资料来源：根据历年《中国统计年鉴》计算整理。

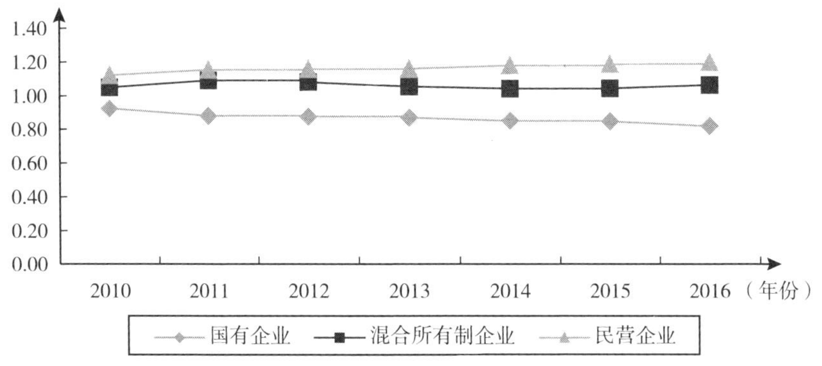

图11－5　流动比率对比

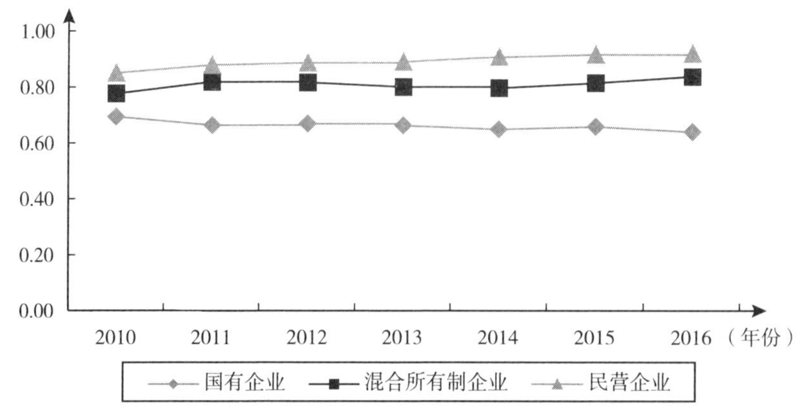

图 11-6　速动比率对比

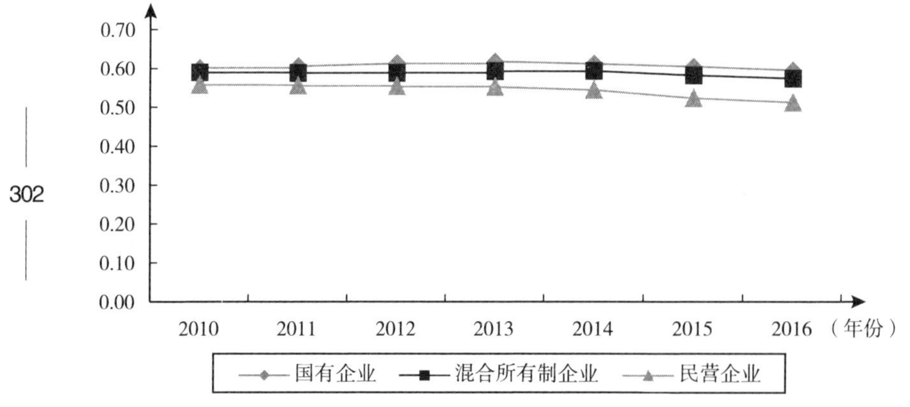

图 11-7　资产负债率对比

图 11-5 和图 11-6 反映了各类企业短期偿债能力对比，图 11-7 则反映了企业的长期偿债能力。从发展趋势上看，三项财务指标近年来态势较稳定。其中民营企业短期偿债能力强但长期偿债能力弱；国有企业则与此相反；混合所有制企业的长短期偿债能力近年来均保持相对稳定状态。导致这一现象的原因可能在于，我国民营企业规模小、融资难，出于对风险承担的考虑，更倾向于内部融资和权益融资。而国有企业，由于自身规模体量大，抗风险能力强，负债的信用违约风险相对较低，所以其资本结构中负债比重最高。混合所有制企业的偿债能力相对稳定，主要原因是：一方面因为有国有资本加持，某种程度上缓解了企

业融资难问题；另一方面混合所有制企业由于股权的互相制衡，相对其他性质的企业运营决策更加谨慎，其财务效益相对较高。

2. 运营能力分析

运营能力反映企业资产配置组合对财务目标实现作用的大小，较高的运营能力能够提高企业财务绩效。本章选取了应收账款周转率、存货周转率和总资产周转率进行分析，相关数据如表11－3和图11－8、图11－9所示。

表11－3　营运能力财务指标对比　单位：次

项目		2010年	2011年	2012年	2013年	2014年	2015年	2016年
应收账款周转率	国有企业	16.515	17.479	16.565	13.508	13.411	12.099	11.471
	混合所有制企业	14.099	14.547	12.833	11.856	10.850	8.492	9.109
	民营企业	15.404	15.929	16.071	15.583	14.414	13.468	13.343
总资产周转率	国有企业	0.814	0.829	0.815	0.719	0.722	0.634	1.002
	混合所有制企业	1.143	1.223	1.151	1.108	1.027	0.829	0.920
	民营企业	2.018	2.051	2.076	2.049	1.901	1.789	1.794

资料来源：根据历年《中国统计年鉴》计算整理。

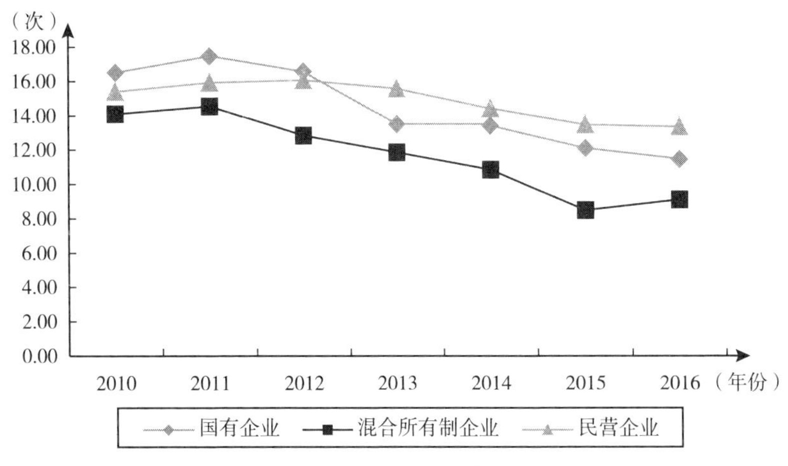

图11－8　应收账款周转率对比

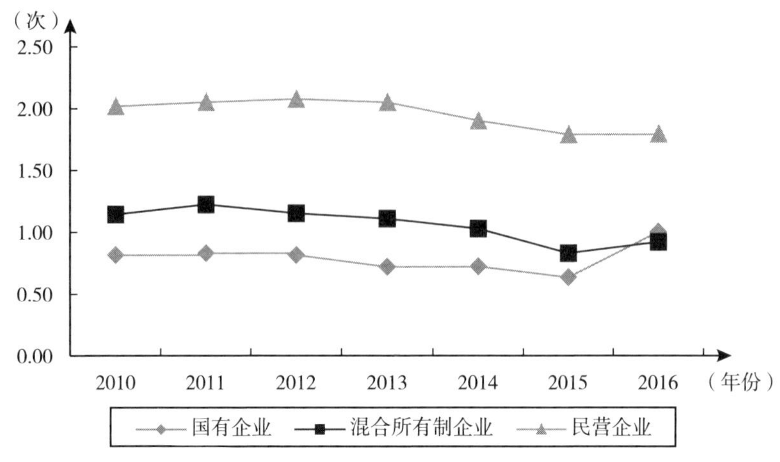

图 11 -9　总资产周转率对比

表 11 -3 和图 11 -8、图 11 -9 反映了三种类型企业运营能力情况的差别。从应收账款周转率来看，三类企业差异较小，混合所有制企业较之其他两类企业数值略微偏低。总资产周转率的差异明显，民营企业总资产周转率最高，混合所有制企业的临界值点为“1”，虽然较国有企业有所提升，但与民营企业相比处于明显的劣势地位，这反映了民营企业的整体运营能力较强。出现这一现象的主要原因是民营企业规模小、融资难，出于对资金不足的考虑，一般企业会采取严格的信用政策，重视销售回款的管理，致使其应收账款周转率水平较高。更为重要的是民营企业的控股股东出于对自身利益和风险控制的考量，对企业的资产配置、运营效率更加关注，且在抑制管理层道德风险和提高企业绩效方面比国有企业控股股东更加投入。

混合所有制企业的运营能力存在欠缺，其原因可能包括两方面：首先是从公司治理结构上看混合所有制企业规模较大，管理难度远高于民营企业，再加上混合所有制改革虽然引导国资委“管资本”，使之以股东角色出场，但角色转换需要时间，所以企业的治理结构难以在短时间内得到调整和完善，行政引导和干预依然存在，国有企业“效率低”的弊端依然难以根除。其次是混合所有制企业多处于发展初期，民营资本与国有资本的利益取向尚难达成一致，容易产生各种性质产权融合矛盾问题。企业结构调整和产权融合这两个难题牵制着企业资本运营效率的进一步提高。

3. 盈利能力分析

盈利能力反映出企业所创造的效益水平，是企业一定时期生产经营的综合体现，也是实现可持续发展的保证。本章选取了销售净利率、销售毛利率、总资产收益率和净资产收益率四个指标进行评价，相关数据如表11－4和图11－10、图11－11、图11－12、图11－13所示。

表11－4　盈利能力财务指标对比　单位：%

项目		2010年	2011年	2012年	2013年	2014年	2015年
销售毛利率	国有企业	16.23	16.35	15.66	14.91	14.52	14.33
	混合所有制企业	17.80	17.23	16.90	16.70	16.13	15.86
	民营企业	14.71	14.88	14.78	13.98	13.23	13.28
销售净利率	国有企业	5.09	4.78	4.28	4.12	3.62	2.87
	混合所有制企业	7.26	6.93	6.17	6.01	5.36	5.09
	民营企业	6.36	6.43	6.22	6.01	5.54	5.53
总资产收益率	国有企业	4.14	3.96	3.49	2.96	2.61	1.82
	混合所有制企业	8.29	8.47	7.11	6.66	5.51	4.75
	民营企业	12.84	13.20	12.91	12.31	10.53	9.88
净资产收益率	国有企业	10.38	10.04	9.02	7.75	6.73	4.59
	混合所有制企业	20.20	20.59	17.28	16.34	13.55	11.50
	民营企业	28.98	29.67	28.90	27.51	23.14	21.23

资料来源：根据历年《中国统计年鉴》计算整理。

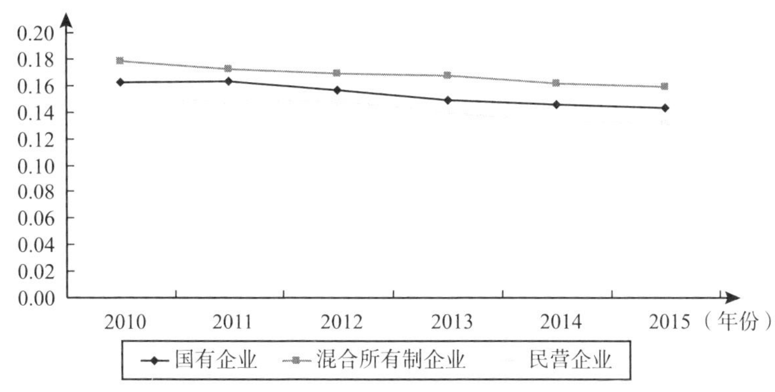

图11－10　销售毛利率对比

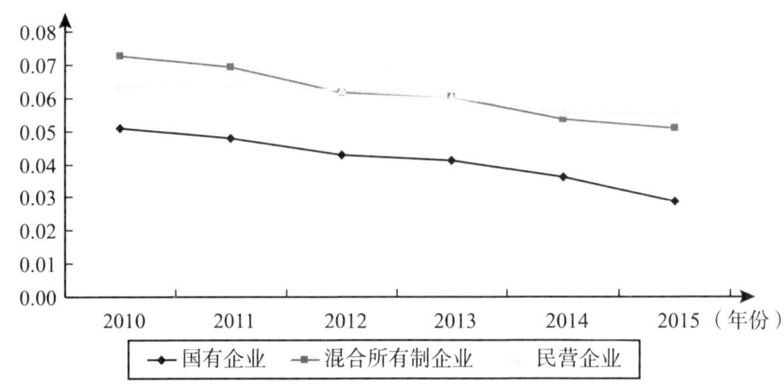

图 11-11　销售净利率对比

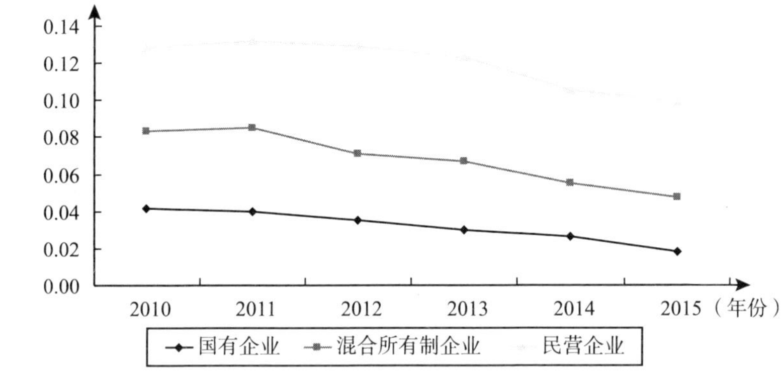

图 11-12　净资产收益率对比

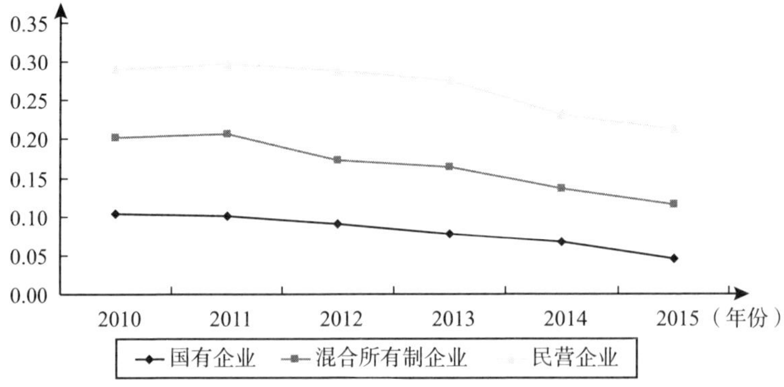

图 11-13　总资产收益率对比

从图11－10和图11－11数据可知，混合所有制企业的销售毛利率和销售净利率在三类所有制企业中均为最高，这意味着混合所有制企业的销售获利能力最强，市场广阔，盈利空间大。而就图11－12、图11－13中的总资产收益率和净资产收益率而言，民营企业最高，国有企业最低，这说明民营企业的资产配置与使用效率水平比较高。混合所有制企业尽管销售获利能力较强，但其资源利用效率偏低，可能的原因是混合所有制企业规模大，实力雄厚，具有价格和成本的竞争优势，但在资产配置与使用方面存在短板。因此，优化资源配置效率是今后混合所有制改革重点之一。

4. 成长能力分析

从不同类型所有制企业的成长性角度而言，在资产增长率方面，混合所有制企业资产2017年比2010年增长了1.5倍，年平均增长接近19%。民营企业资产增长了1倍，年平均增长约为12.5%。而国有企业资产年平均增长率仅为4%，且自2013年连续两年下降。收入增长率方面，2010～2017年最高的是混合所有制企业，收入实现翻番，年平均增长12.7%，且年收入增长率呈递增状态；民营企业2010～2017年间增长了95%，但增长速度呈现逐年递减态势；国有企业收入除2010～2012年实现连续两年增长外，自2013年起连续4年收入出现负增长，直到2017年才转为正增长。由此可知，混合所有制企业的成长能力最强，这跟国家大力扶持密不可分；民营企业的成长性有所削弱，可能的原因是民营企业的产业转型致使其增长势头稍有减缓。虽然增长速度不及混合所有制企业，但考虑到民营企业的发展动力主要源于自我积累这一特征，间接验证了其整体运营效率高这一优势；国有工业企业成长性较差的主要原因在于国有企业“混改”后，单纯的国有企业数量大幅减少。近年来政府为提高国有资本运营效率，大力推动国有企业积极参与混合所有制改革，将大量国有企业转型为混合所有制企业，未转型的国有企业也多为涉及国计民生的垄断性产业，致使国有企业资产增长速度较之非国有企业存在较大差距。

11.3.3 不同类型工业企业社会责任分析

根据利益相关者理论，积极承担社会责任的企业，其财务绩效也会有相应的提升，且国有资本全民所有的特性也要求其必须承担社会责任。为了反映各类工业企业的社会责任承担情况，本章选用就业人口和缴纳所得税加以比较，具体见表 11－5、图 11－14、表 11－6、图 11－15 所示。

表 11－5　　不同类型工业企业就业人口对比

项目		2010 年	2011 年	2012 年	2013 年	2014 年	2015 年	2016 年	2017 年
国有企业	人数（万人）	7113	7307	7428	6931	6849	6689	6623	6470
	占比（%）	33.11	30.34	28.74	23.71	21.47	20.36	18.58	18.72
混合所有制企业	人数（万人）	3829	4638	5218	7923	8191	8299	8309	8303
	占比（%）	17.83	19.26	20.19	27.10	25.67	25.26	23.31	24.02
民营企业	人数（万人）	10538	12139	13200	14384	16866	17869	20710	19797
	占比（%）	49.06	50.40	51.07	49.20	52.86	54.38	58.11	57.27
合计（万人）		21480	24084	25846	29238	31906	32857	35642	34570

资料来源：根据历年《中国统计年鉴》计算整理。

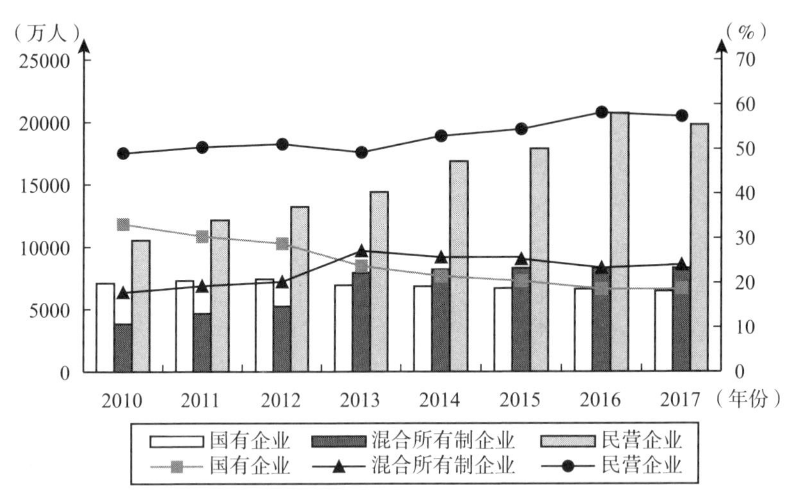

图 11－14　不同类型企业就业人数及占比情况对比

根据表 11－5 和图 11－14 的城镇内资企业就业人口统计数据显示，在民营企业和混合所有制企业就业的人数越来越多，而国有企业就业人数则呈递减态势。民营企业近几年来吸纳的劳动力在这三类企业中占比最高，2013年前国有企业解决的就业人口远高于混合所有制企业，在2013年混合所有制企业比重增加，超越国有企业，在三类企业中居第二位，国有企业占比依然最低。结合表11－1和图11－14关于三类企业的单位数和规模的分析可知，虽然民营企业数量多规模小，但在解决城镇人口就业方面成为主力。不过，近年来由于劳动力成本大幅提高，对民营企业扩大规模和转型升级带来不小的压力。

在解决就业方面，虽然混合所有制企业接纳的就业人口数不及民营

表11－6 不同类型工业企业所得税缴纳对比

项目		2010年	2011年	2012年	2013年	2014年
国有企业	所得税（亿元）	1007.18	1178.47	1201.97	995.29	1078.59
	占比（%）	20.18	19.22	18.59	14.57	15.40
混合所有制企业	所得税（亿元）	2372.72	3046.75	3106.54	3439.99	3449.16
	占比（%）	47.55	49.69	48.05	50.36	49.24
民营企业	所得税（亿元）	1610.45	1906.2	2156.8	2395.44	2477.44
	占比（%）	32.27	31.09	33.36	35.07	35.37
合计（亿元）		4990.35	6131.42	6465.31	6830.72	7005.19

资料来源：根据历年《中国统计年鉴》计算整理。

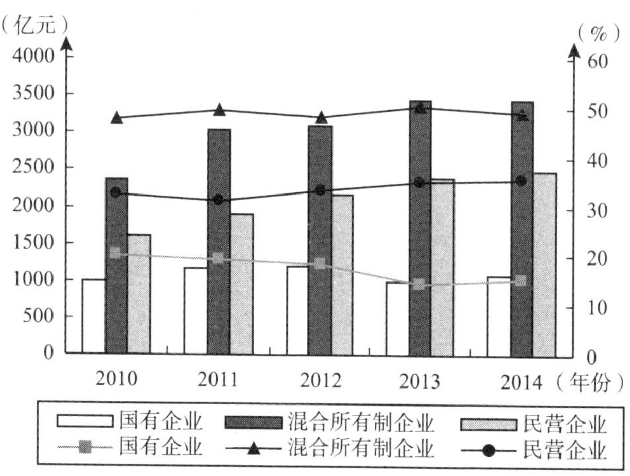

图11－15 不同类型企业缴纳所得税及占比情况对比

企业多，但 2010 ~2017 年就业人口增长了 116.89%，而民营企业就业增长率为 87.9%，混合所有制企业的就业增长率明显高于民营企业，这说明了混合所有制企业的发展速度之快，相信未来在解决就业这一问题上，混合所有制的作用将会日益凸显。而在缴纳所得税方面，混合所有制企业占内资规模以上工业企业总纳税额的 50%，对国家财政支持力度大。总的来看，混合所有制改革一方面促进企业提高绩效，增加了财政税收收入；另一方面随着企业的发展会吸纳更多优秀的人员，帮助解决社会就业问题。

根据表 11 -6 和图 11 -15 的不同类型工业企业上缴企业所得税统计数据显示，混合所有制企业每年上缴的企业所得税在所有类型的企业中遥遥领先，5 年间均占到 47.5% 以上，说明混合所有制企业成为工业企业中贡献财政税收的主要来源。民营企业最近 5 年间缴纳的所得税总额由 2010 年的 1610.45 亿元提升至 2014 年的 2477.44 亿元，呈现出逐年递增趋势，说明民营企业在解决众多城镇就业人员的同时，也为增加财政收入作出了重大贡献。与其他两种所有制相比，国有企业的上缴企业所得税总额最低，且自 2012 年起出现了小幅的下行趋势，这说明国有企业在税收贡献方面显然不如混合所有制企业和民营企业。

11.3.4 政策建议

1. 深化企业产权结构改革，构建均衡权力体系

为了实现政企分开的目的，国有企业通过股份改制等形式实施混合所有制改革，而现阶段的改革可能会涉及对各方利益关系的重新调整，难免会存在国有资本与非国有资本利益冲突的情况。混合所有制改革进程中，新鲜的非国有资本注资到国有企业的障碍之一就是国有企业存在的产权结构不明晰、权力制衡体系不完善等问题。虽然近年来混合所有制改革力度加强，但国有企业体制内的官僚作风与民营企业的经营理念长期以来都大相径庭，因此要深化产权制度改革、强化国有资本管理。

应通过混合所有制改革，使国有企业建立起多样化的产权经营结构和多层次的资产管理制度，形成相互制约、动态平衡的运行体系。一方面，与国有股东形成制衡关系为依据，引入非国有资本，并且合理配置

非国有资本的比例；另一方面，激发高级管理人员持股的积极性，鼓励员工投资持股，从而打破国企权利独断的垄断和官僚机制。在企业管理人员选聘方面，国资部门要尽量减少行政干预，引入竞争上岗体系、实行职业经理人招聘制度。

2. 完善公司治理结构，下放经营自主权

完善的公司治理结构能提高公司的运营效率、降低潜在风险，是有效解决财务管理问题的重要抓手。国有企业的非国有股东参股具有较高的改革动力和参与度，能够推动企业改善管理体制和经营机制，作为混合所有制企业内部的监督者，能够缓解国有企业固有的“一股独大”、监事及独立董事“花瓶化”等问题。同时，国有企业通过引入民营企业的经营理念，使其与国有企业文化相互交融、相互碰撞，实现以少量国有资本带动国民经济发展，从而改善国有企业治理结构、提高国有企业活力。

非国有资本的出资人是否能主动地参与到混合所有制改革中的关键在于参与改革后其自身的权利能否得到全面有效的保障，所以经营、考核的自主权至关重要。在现行的管理体制中，国有控股混合所有制企业按照国资委制定的一套指标进行绩效考核，有严重的政府导向，不利于业绩提升，损害了其他非国有资本中小股东的利益。为了给予非国有经济更广阔的发展空间，应该弱化政府对混合所有制企业经营管理的干预程度，保证企业运营不偏离利益最大化的目标，从而激发国有经济的优势与活力。

为了确保公司治理结构从形式、内容到与实际效果的一致性，除了在企业章程中需要明确界定不同治理层次之间的责任、权利和义务外，还必须建立科学有效的股东会、董事会、经营层与监事会之间的授权体系，在微观层面上形成所有权、决策权、管理权和监督权相互牵制的治理机制。因此，在公司设立时就要严格规范治理结构，明细权力责任，并根据各企业实际制定公司章程，同时逐步建立科学有效的四个层面的授权体系。

在完善的公司治理体系前提下，应该在筹资、投资、经营活动方面下放决策和控制权，给企业自身更大的自主权。针对企业可持续发展有重大意义的战略决策，为了改善董事会决策的质量和效率，提高战略决策的科学性和民主性，同时有效地制约高管层的短期化行为，企业应该成立战略投资委员会。随着决策和控制权的下放，董事会通过适当授权可以解决当前决策难、层层报批、不决策不担责等问题。随着决策和控制权的下放，企业经营业绩可自行考核，使得混合所有制企业中小股东的利益能够得到保障，投资者能够获得满意回报。

3. 建立新型财务管理模式，完善风险防控体系

企业应该根据自身特点建立新型的财务管理模式，即“全面、分级、集中”的财务管理体系。全面是指建立以企业为主体的全面预算管理制度。混合所有制改革使国有企业中资本结构更加多元、复杂，出于协调合并企业业务、资金、资源的需要，为了实现资源的有效运作，要求企业进一步强化预算管理。分级是指分级管理、分级考核。通过对财务管理和管理考核的分级化处理，真正实现责任到人，加大监督管理的实施力度。集中是指将企业的资金调度、会计核算和财务决策等事项进行集中管理。通过以上三个“集中”，不仅能够提高企业资金管理效率，还能加快财务管理信息向高管层反馈的速度，从而提高企业防范和抵御风险的能力。

国有企业为了实现混合所有制改革，一般通过兼并、重组等方式进行，这要求企业在财务担保和投资等活动的过程中加紧控制和监督，规避资金短缺等财务风险；调整、优化资本结构，将企业财务风险降低至合理范围内。要树立以现金流量为基础的财务管理理念，建立并实施有效的财务预警制度，重视对资金收支的控制以及对长期财务指标监控，使企业有效规避经营风险，实现可持续发展。

参考文献

中文部分

［1］鲍家友：《大股东控制、控制权私人收益与投资风险》，载于《经济研究导刊》2006年第6期。

［2］巴恰塔亚：《不完美信息、股利政策和“一鸟在手”谬误》，载于《贝尔经济学刊》1979年第1期。

［3］柴斌锋：《中国民营上市公司R&D投资与资本结构、规模之间关系的实证研究》，载于《科学学与科学技术管理》2011年第1期。

［4］程承坪、焦方辉：《现阶段推进混合所有制经济发展的难点及措施》，载于《经济纵横》2015年第1期。

［5］陈东、董也琳：《中国混合所有制经济生产率测度及变动趋势研究》，载于《经济与管理研究》2014年第6期。

［6］陈德萍、陈永圣：《股权集中度、股权制衡度与公司绩效关系研究》，载于《会计研究》2011年第1期。

［7］陈国宏、郭弢：《我国FDI、知识产权保护与自主创新能力关系实证研究》，载于《中国工业经济》2008年第4期。

［8］沈克慧：《管理者过度自信与上市公司过度投资》，载于《企业经济》2013年第10期。

［9］陈树文、刘念贫：《上市高新技术公司高管人员持股与公司绩效关系实证》，载于《科学与管理》2006年第2期。

［10］程晓月：《利益相关者理论与企业社会责任浅析——基于“山水集团”股东角力案例分析》，载于《国际商务财务财会》2016年第6期。

［11］陈英梅、邓同钰、张彩虹：《企业信息披露、外部市场环境与商业信用》，载于《会计与经济研究》2014年第6期。

［12］陈运森、谢德仁：《网络位置、独立董事治理与投资效率》，

载于《管理世界》2011 年第 7 期。

[13] 陈艳艳：《员工股权激励的实施动机与经济后果研究》，载于《管理评论》2015 年第 9 期。

[14] 邓建平、曾勇：《上市公司家族控制与股利决策研究》，载于《管理世界》2005 年第 7 期。

[15] 邓建平、曾勇：《政治关联能改善民营企业的经营绩效吗》，载于《中国工业经济》2009 年第 2 期。

[16] 邓新明、叶珍：《转型期政治关联层级对企业多元化战略的影响——从行业与地域两个维度的实证分析》，载于《产经评论》2015 年第 5 期。

[17] 杜兴强、雷宇、郭剑花：《政治联系、政治联系方式与民营上市公司的会计稳健性》，载于《中国工业经济》2009 年第 7 期。

[18] 冯根福、温军：《中国上市公司治理与企业技术创新关系的实证分析》，载于《中国工业经济》2008 年第 7 期。

[19] 方红星、金玉娜：《公司治理、内部控制与非效率投资：理论分析与经验证据》，载于《会计研究》2013 年第 7 期。

[20] 冯天丽、井润田：《制度环境与私营企业家政治联系意愿的实证研究》，载于《管理世界》2009 年第 8 期。

[21] 冯旭南、李心愉：《终极所有权和控制权的分离：来自中国上市公司的证据》，载于《经济科学》2009 年第 2 期。

[22] 耿建新、崔宏：《国有资本监管理论与实务创新》，载于《财经科学》2005 年第 2 期。

[23] 高雷、宋顺林：《高管人员持股与企业绩效——基于上市公司 2000～2004 年面板数据的经验证据》，载于《财经研究》2007 年第 3 期。

[24] 高路易、高伟彦、张春霖：《国企分红：分多少？分给谁?》，载于《中国投资》2006 年第 4 期。

[25] 谷祺、邓德强、路倩：《现金流权与控制权分离下的公司价值——基于我国家族上市公司的实证研究》，载于《会计研究》2006 年第 4 期。

[26] 葛扬：《市场机制作用下国企改革、民企转型与混合所有制经济的发展》，载于《经济纵横》2015 年第 10 期。

[27] 洪登永、俞红梅：《高管交易行为、信息不对称与公司治理》，载于《财经理论与实践》2009 年第 9 期。

[28] 何凡：《股权激励制度与盈余管理程度：基于中国上市公司的经验证据》，载于《中南财经政法大学学报》2010 年第 2 期。

[29] 黄虹、张鸣、柳琳：《“回购 + 动态考核”限制性股票激励契约模式研究——基于昆明制药股权激励方案的讨论》，载于《会计研究》2014 年第 2 期。

[30] 韩亮亮、李凯、宋力：《高管持股与公司价值——基于利益趋同效应与壕沟防守效应的经验研究》，载于《南开管理评论》2004 年第 4 期。

[31] 韩亮亮、李凯：《民营上市公司终极股东控制与资本结构决策》，载于《管理科学》2007 年第 5 期。

[32] 黄乾富、沈红波：《债务来源、债务期限结构与现金流的过度投资——基于中国制造业上市公司的实证证据》，载于《金融研究》2009 年第 9 期。

[33] 黄群慧、黄速建：《论新时期全面深化国有经济改革重大任务》，载于《中国工业经济》2014 年第 9 期。

[34] 黄群慧：《新时期如何积极发展混合所有制经济》，载于《行政管理改革》2013 年第 12 期。

[35] 黄群慧、余菁：《新时期的新思路：国有企业分类改革与治理》，载于《中国工业经济》2013 年第 11 期。

[36] 黄少安、张岗：《中国上市公司股权融资偏好分析》，载于《经济研究》2001 年第 11 期。

[37] 黄珊、黄妮：《过度投资、债务结构与治理效应》，载于《会计研究》2012 年第 9 期。

[38] 黄速建：《中国国有企业混合所有制改革研究》，载于《经济管理》2014 年第 7 期。

[39] 胡旭阳：《民营企业的政治关联及其经济效应分析》，载于《经济理论与经济管理》2010 年第 2 期。

[40] 胡旭阳：《民营企业家的政治身份与民营企业的融资便利——以浙江省民营百强企业为例》，载于《管理世界》2006 年第 5 期。

[41] 胡旭阳、史晋川：《民营企业的政治资源与民营企业多元化

投资——以中国民营企业500强为例》，载于《中国工业经济》2008年第4期。

[42] 郝云宏、汪茜：《混合所有制企业股权制衡机制研究——基于“鄂武商控制权之争”的案例解析》，载于《中国工业经济》2015年第3期。

[43] 郝颖、刘星、林朝南：《大股东控制下的资本投资与利益攫取研究》，载于《南开管理评论》2009年第2期。

[44] 胡奕明、谢诗蕾：《银行监督效应与贷款定价——来自上市公司的一项经验研究》，载于《管理世界》2005年第5期。

[45] 黄艺翔、姚铮：《风险投资对上市公司研发投入的影响——基于政府专项研发补助的视角》，载于《科学学研究》2015年第5期。

[46] 姜付秀、张敏、陆正飞：《管理者过度自信、企业扩张与财务困境》，载于《经济研究》2009年第1期。

[47] 解维敏、方红星：《金融发展、融资约束与企业研发投入》，载于《金融研究》2011年第5期。

[48] 姜英兵、张晓丽：《上市公司大股东增持的市场时机选择能力及其影响因素研究》，载于《经济管理》2013年第12期。

[49] 吕长江、韩慧博：《上市公司资本结构特点的实证分析》，载于《南开管理评论》2001年第5期。

[50] 吕长江、严明珠、郑慧莲：《为什么上市公司选择股权激励计划》，载于《会计研究》2011年第1期。

[51] 吕长江、张海平：《股权激励计划对公司投资行为的影响》，载于《管理世界》2011年第11期。

[52] 罗党论、刘晓龙：《政治关系、进入壁垒与企业绩效——来自中国民营上市公司的经验证据》，载于《管理世界》2009年第5期。

[53] 罗党论、唐清泉：《金字塔结构、所有制中小股东利益保护——来自中国上市公司的经验数据》，载于《财经研究》2008年第9期。

[54] 罗党论、甄丽明：《民营控制、政治关系与企业融资约束——基于中国民营上市公司的经验证据》，载于《金融研究》2008年第2期。

[55] 罗党论、唐清泉：《中国民营上市公司制度环境与绩效问题研究》，载于《经济研究》2009年第2期。

[56] 罗富碧、冉茂盛、杜家廷:《高管人员股权激励与投资决策关系的实证研究》,载于《会计研究》2008 年第 7 期。

[57] 罗付岩、沈中华:《股权激励、代理成本与企业投资效率》,载于《财贸研究》2013 年第 2 期。

[58] 刘国亮、王加胜:《上市公司股权结构、激励制度及绩效的实证研究》,载于《经济理论与经济管理》2000 年第 9 期。

[59] 刘国运、吴小蒙、蒋涛:《产权性质、债务融资与会计稳健性——来自中国上市公司的经验数据》,载于《会计研究》2010 年第 1 期。

[60] 李广子、刘力:《上市公司民营化绩效:基于政治观点的检验》,载于《世界经济》2010 年第 11 期。

[61] 李后建:《市场化、腐败与企业家精神》,载于《经济科学》2013 年第 1 期。

[62] 李俊峰、王汀汀、张太原:《上市公司大股东增持公告效应及动机分析》,载于《中国社会科学》2011 年第 7 期。

[63] 李军、肖金成:《混合所有制企业中的国有资本管理》,载于《经济研究参考》2015 年第 3 期。

[64] 刘芍佳、孙霈、刘乃全:《终极产权论、股权结构及公司绩效》,载于《经济研究》2003 年第 4 期。

[65] 李涛:《混合所有制公司中的国有股权:论国有股减持的理论基础》,载于《经济研究》2002 年第 8 期。

[66] 李维安、李慧聪、郝臣:《高管减持与公司治理对创业板公司成长的影响机制研究》,载于《管理科学》2013 年第 4 期。

[67] 刘伟、刘星:《高管持股对企业 R&D 支出的影响研究——来自 2002 ~ 2004 年 A 股上市公司的经验证据》,载于《科学学与科学技术管理》2007 年第 10 期。

[68] 刘星、魏锋、詹宇:《我国上市公司融资顺序的实证研究》,载于《会计研究》2004 年第 6 期。

[69] 卢馨、郑阳飞、李建明:《融资约束对企业 R&D 投资的影响研究——来自中国高新技术上市公司的经验证据》,载于《会计研究》2013 年第 5 期。

[70] 刘星:《中国上市公司融资策略影响因素的实证分析》,引自

《中国资本市场前沿理论研究文集》，重庆大学出版社 2000 年版。

[71] 刘运国、刘雯：《我国上市公司的高管任期与 R&D 支出》，载于《管理世界》2007 年第 1 期。

[72] 刘运国、吴小云：《终极控制人、金字塔控制与控股股东的“掏空”行为研究》，载于《管理学报》2009 年第 6 期。

[73] 刘亚莉、李静静：《大股东减持、股权转让溢价与控制权私利》，载于《经济问题探索》2010 年第 7 期。

[74] 林有志、张雅芬：《信息透明度与企业经营绩效的关系》，载于《会计研究》2007 年第 9 期。

[75] 陆正飞、叶康涛：《中国上市公司股权融资偏好解析——偏好股权融资就是缘于融资成本低吗?》，载于《经济研究》2004 年第 4 期。

[76] 陆正飞、祝继高、孙便霞：《盈余管理、会计信息与银行债务契约》，载于《管理世界》2008 年第 3 期。

[77] 刘朝晖：《外部套利、市场反应与控股股东的非效率投资决策》，载于《世界经济》2002 年第 7 期。

[78] 李志军、王善平：《货币政策、信息披露质量与公司债务融资》，载于《会计研究》2011 年第 10 期。

[79] 李增泉：《激励机制与公司绩效——一项基于上市公司的实证研究》，载于《会计研究》2001 年第 1 期。

[80] 李增泉、余谦、王晓坤：《掏空、支持与并购重组——来自我国上市公司的经验证据》，载于《经济研究》2005 年第 1 期。

[81] 李忠：《中国上市公司信息披露质量研究：理论与实证》，经济科学出版社 2012 年版。

[82] 闵乐：《混合所有制经济中国有资本的比例探析——不同所有制资本的优势与弱势》，载于《现代经济探讨》2015 年第 9 期。

[83] 宁宇新、柯大钢：《控制权转移和资产重组：掏空抑或支持——来自中国资本市场的经验证据》，载于《中国会计评论》2006 年第 2 期。

[84] 潘越、戴亦一、李财喜：《政治关联与财务困境公司的政府补助——来自中国 ST 公司的经验证据》，载于《南开管理评论》2009 年第 5 期。

[85] 潘越、戴亦一、吴超鹏、刘建亮：《社会资本、政治关系与

公司投资决策》，载于《经济研究》2009 年第 11 期。

[86] 任海云:《股权结构与企业 R&D 投入关系的实证研究——基于 A 股制造业上市公司的数据分析》，载于《中国软科学》2010 年第 5 期。

[87] 苏启林、朱文:《上市公司家族控制与企业价值》，载于《经济研究》2003 年第 7 期。

[88] 宋淑琴:《信息披露质量与债务治理效应——基于银行贷款和债券的对比分析》，载于《财经问题研究》2013 年第 3 期。

[89] 邵帅、周涛、吕长江:《股权性质与股权激励设计动机——上海家化案例分析》，载于《会计研究》2014 年第 10 期。

[90] 孙堂港:《股权激励与上市公司绩效的实证研究》，载于《产业经济研究》2009 年第 3 期。

[91] 宋小保、刘星:《控股股东机会主义与非效率投资》，载于《管理学报》2007 年第 6 期。

[92] 孙小丽:《信贷配给下的中国货币政策信贷传导机制优化》，载于《管理科学》2005 年第 3 期。

[93] 童盼、陆正飞:《负债融资、负债来源与企业投资行为》，载于《经济研究》2005 年第 5 期。

[94] 童有好:《发展混合所有制经济应着重解决六个问题》，载于《经济纵横》2014 年第 8 期。

[95] 文芳:《产权性质、债务来源与企业 R&D 投资——来自中国上市公司的经验证据》，载于《财经论丛》2010 年第 3 期。

[96] 魏刚:《高级管理层激励与上市公司经营绩效》，载于《经济研究》2000 年第 3 期。

[97] 汪健、卢煜、朱兆珍:《股权激励导致过度投资吗?——来自中小板制造业上市公司的经验证据》，载于《审计与经济研究》2013 年第 5 期。

[98] 温军、冯根福、刘志勇:《异质债务、企业规模与 R&D 投入》，载于《金融研究》2011 年第 1 期。

[99] 王鹏、周黎安:《控股股东的控制权、所有权与公司绩效:基于中国上市公司的证据》，载于《金融研究》2006 年第 2 期。

[100] 汪平、邹颖、兰京:《异质股东的资本成本差异研究——兼论混合所有制改革的财务基础》，载于《中国工业经济》2015 年第 9 期。

[101] 王汀汀:《减持: 流动性需要还是信号发送——基于中信证券的案例分析》, 载于《经济管理》2009 年第 7 期。

[102] 吴文锋、吴冲锋、刘晓薇:《中国民营上市公司高管的政府背景与公司价值》, 载于《经济研究》2008 年第 7 期。

[103] 汪炜、蒋高峰: 《信息披露、透明度与资本成本》, 载于《经济研究》2004 年第 4 期。

[104] 卫兴华、何召鹏:《从理论和实践的结合上弄清和搞好混合所有制经济》, 载于《经济理论与经济管理》2015 年第 1 期。

[105] 闻岳春、李峻屹:《创业板大股东和高管增持的市场效应研究》, 载于《金融理论与实践》2016 年第 5 期。

[106] 王彦超:《融资约束、现金持有与过度投资》, 载于《金融研究》2009 年第 7 期。

[107] 吴育辉、吴世农: 《股票减持过程中的大股东掏空行为研究》, 载于《中国工业经济》2010 年第 5 期。

[108] 王艳、孙培源、杨忠直:《经理层过度投资与股权激励的契约模型研究》, 载于《中国会计评论》2005 年第 2 期。

[109] 王英英、潘爱玲:《控股股东对企业投资行为的影响机理分析》, 载于《经济与管理研究》2008 年第 9 期。

[110] 魏志华、曾爱民、李博:《金融生态环境与企业融资约束——基于中国上市公司的实证研究》, 载于《会计研究》2014 年第 5 期。

[111] 王正位、朱武祥: 《股票市场融资管制与公司最优资本结构》, 载于《管理世界》2011 年第 2 期。

[112] 徐传谌、惠澎:《国有资本运营制度创新的动力与逻辑基础研究》, 载于《经济纵横》2009 年第 5 期。

[113] 夏纪军、张晏:《控制权与激励的冲突——兼对股权激励有效性的实证分析》, 载于《经济研究》2008 年第 3 期。

[114] 谢家智、刘思亚、李后建:《政治关联、融资约束与企业研发投入》, 载于《财经研究》2014 年第 8 期。

[115] 谢玲芳、朱晓明:《股权结构、控股方式与企业价值——中国民营上市公司的实证分析》, 载于《上海交通大学学报》2005 年第 10 期。

[116] 徐倩:《不确定性、股权激励与非效率投资》, 载于《会计

研究》2014 年第 3 期。

[117] 肖淑芳、石琦、王婷等：《上市公司股权激励方式选择偏好——基于激励对象视角的研究》，载于《会计研究》2016 年第 6 期。

[118] 肖淑芳、张晨宇、张超等：《股权激励计划公告前的盈余管理：来自中国上市公司的经验证据》，载于《南开管理评论》2009 年第 12 期。

[119] 徐晓东、张天西：《公司治理、自由现金流与非效率投资》，载于《财经研究》2009 年第 10 期。

[120] 徐玉德、李挺伟、洪金明：《制度环境、信息披露质量与银行债务融资约束——来自深市 A 股上市公司的经验证据》，载于《财贸经济》2011 年第 5 期。

[121] 肖作平：《公司治理结构对资本结构选择的影响——来自中国上市公司的证据》，载于《经济评论》2005 年第 1 期。

[122] 肖作平：《所有权和控制权的分离度、政府干预与资本结构选择——来自中国上市公司的实证证据》，载于《南开管理评论》2010 年第 5 期。

[123] 于东智：《董事会、公司治理与绩效：对中国上市公司的经验分析》，载于《中国社会科学》2003 年第 6 期。

[124] 于富生、张敏：《信息披露质量与债务成本——来自中国证券市场的经验证据》，载于《审计与经济研究》2007 年第 9 期。

[125] 于海林：《上市公司高管增减持行为研究》，载于《中国注册会计师》2012 年第 9 期。

[126] 约翰·梅纳德·凯恩斯著，陆梦龙译：《就业、利息和货币通论》，商务印书馆 1999 年版。

[127] 杨红英、童露：《论混合所有制改革下的国有企业公司治理》，载于《宏观经济研究》2015 年第 1 期。

[128] 余菁：《国有企业公司治理问题研究：目标、治理与绩效》，经济管理出版社 2009 年版。

[129] 余明桂、回雅甫、潘红波：《政治联系、寻租与地方政府财政补贴有效性》，载于《经济研究》2010 年第 3 期。

[130] 余明桂、潘红波：《政治关系、制度环境与民营企业银行贷款》，载于《管理世界》2008 年第 8 期。

［131］杨其静、杨继东：《政治联系、市场力量与工资差异——基于政府补贴的视角》，载于《中国人民大学学报》2010年第2期。

［132］约瑟夫·熊彼特：《经济发展理论：对于利润、资本、信贷、利息和经济周期的考察》，商务印书馆2009年版。

［133］于蔚、汪淼军、金祥荣：《政治关联和融资约束：信息效应与资源效应》，载于《经济研究》2012年第9期。

［134］杨星、田高良、司毅：《所有权性质、企业政治关联与定向增发——基于我国上市公司的实证分析》，载于《南开管理评论》2016年第1期。

［135］叶勇、胡培、黄登仕：《中国上市公司终极控制权及其与东亚、西欧上市公司的比较分析》，载于《南开管理评论》2005年第3期。

［136］叶勇、胡培、何伟：《上市公司终极控制权，股权结构及公司绩效》，载于《管理科学》2005年第4期。

［137］姚颐、赵梅、冯艳华：《内部股东减持套现的信号传递》，载于《财务研究》2016年第5期。

［138］易志高、潘子成、茅宁等：《策略性媒体披露与财富转移——来自公司高管减持期间的证据》，载于《经济研究》2017年第4期。

［139］杨之曙、彭倩：《中国上市公司收益透明度实证研究》，载于《会计研究》2004年第11期。

［140］杨召：《上市公司内部人增持行为的实证研究》，载于《生产力研究》2012年第11期。

［141］杨克志、索玲玲、段然：《新一轮国企混合所有制改革的思路、现状与路径展望》，载于《财务与会计》2015年第6期。

［142］朱茶芬、李志文、陈超：《A股市场上大股东减持的时机选择与市场反应研究》，载于《浙江大学学报》2011年第6期。

［143］张纯、吕伟：《信息披露、市场关注与融资约束》，载于《会计研究》2007年第11期。

［144］张光荣、曾勇：《大股东的支撑行为与隧道行为——基于托普软件的案例研究》，载于《管理世界》2006年第7期。

［145］赵洪江、陈学华、夏晖：《公司自主创新投入与治理结构特征实证研究》，载于《中国软科学》2008年第7期。

［146］张会丽、陆正飞：《现金分布、公司治理与过度投资——基

于我国上市公司及其子公司的现金持有状况的考察》，载于《管理世界》2012 年第 3 期。

[147] 张杰、芦哲、郑文平、陈志远：《融资约束、融资渠道与企业 R&D 投入》，载于《世界经济》2012 年第 10 期。

[148] 张俊生、曾亚敏：《上市公司内部人亲属股票交易行为研究》，载于《金融研究》2011 年第 3 期。

[149] 张敏、于富生、张胜：《基于管理者过度自信的企业投资异化研究综述》，载于《财贸研究》2009 年第 5 期。

[150] 曾庆生：《公司内部人具有交易时机的选择能力吗？——来自中国上市公司内部人卖出股票的证据》，载于《金融研究》2008 年第 10 期。

[151] 曾颖、陆正飞：《信息披露质量与经济研究股权融资成本》，载于《经济研究》2006 年第 2 期。

[152] 张宗新、杨飞、袁庆海：《上市公司信息披露质量提升能否改进公司绩效？——基于 2002～2005 年深市上市公司的经验证据》，载于《会计研究》2007 年第 10 期。

[153] 张涛：《终极控股股东对民营上市公司融资结构影响研究》，载于《宏观经济研究》2016 年第 8 期。

[154] 张涛：《混合所有制改革、国有资本与治理效率》，载于《宏观经济研究》2017 年第 10 期。

[155] 张涛、邵群：《高管增减持行为动机与经济后果文献评述》，载于《财务研究》2017 年第 6 期。

[156] 张涛、徐婷：《融资约束、政治关联与中小企业 R&D 投资》，载于《财务研究》2018 年第 5 期。

[157] 张涛《财务研究——西方理论与中国实践》经济科学出版社 2014 年版。

英文部分

[1] Aggarwal, R. K., & Samwick, A. A.. Executive Compensation, Strategic Competition, and Relative Performance Evaluation: Theory and Evidence. Journal of Finance, 1999, 54 (6): 1999 - 2043.

[2] Aggarwal, R·K., SamwickA.. Why do Managers Diversify Their

Firms? Ageney Reconsidered. The Journal of Finance, 2003 (58): 71 -118.

[3] Aggarwal, R. , Samwick, A. . Empire Builders and Shirkers: Investment Firm Performance and Managerial Incentives. Journal of Corporate Finance, 2006 (12): 305 -360.

[4] Akerlof, G. A. . The Market for "Lemons": Quality, Uncertainty, and the Market Mechanism. Quarterly Journal of Economics, 1970 (84): 488 -500.

[5] Andergassen R. . High-powered Incentives and Fraudulent Behavior: Stock-based versus Stock Option-based Compensation. Economics Letters, 2008, 101 (2): 122 -125.

[6] Andrei Shleirer. The Role of Banks in Establishing a Community of Firms in Russia. Financial Academy, 1997.

[7] Banker, D. R. , Rong Huang, Natarajan, R. . Equity Incentives and Long-term Value Created by SG&A Expenditue. Contemporary Accounting Research, 2011.

[8] Banz, R. W. . The Relationship between Return and Market Value of Common Stocks. Journal of Financial Economics, 1981, 9 (1): 3 -18.

[9] Barclay, Holderness. Private Benefits from Control of Public Corporations. Journal of Financial Economics, 1989 (2): 371 -395

[10] Barclay, M. J. , Holderness, C. G. and Sheehan, D. P. . Dividends and Corporate Shareholders. Journal of Social Science Electronic Publishing, Vol. 22, No. 4, 2004.

[11] Barker V. L. , Mueller G. C. . CEO Characteristics and Firm R&D Spending. Management Science, 2002, 48 (6): 782 -801.

[12] Basu, S. S. . Investment Performance of Common Stocks in Relation to Their Price - Earnings Ratios: A Test of the Efficient Market Hypothesis. Journal of Finance, 1977, 32 (3): 663 -682.

[13] Bebchuk L. A. , Fried J. M. . Executive Compensation as an Agency Problem. Journal of Economic Perspectives, 2003, 17 (3): 71 -92.

[14] Benmelech E. , Kandel E. , Veronesi P. . Stock - Based Compensation and CEO (DIS) Incentives. Quarterly Journal of Economics, 2010, 125 (4): 1769 -1820.

[15] Berle, A. A., Means, G. C.. The Modern Corporation and Private Property. New York: Macmillan, 1932.

[16] Berie, Means. The Modern Corporation and Private Property. Journal of New York, 1932: 206 -238.

[17] Bharath S. T., Sunder J., Sunder S. V.. Accounting Quality and Lev Contracting. The Accounting Review, 2008, 83 (1): 1 -28.

[18] Bhattacharya, S.. Imperfect Information, Dividend Policy, and "The Bird in the Hand" Fallacy. Bell Journal of Economics, 1979, 10 (1): 259 -270.

[19] Bhattacharya U., Daouk H, Welker W.. The World Price of Earnings Opacity. The Accounting Review, 2003, 78 (2): 641 -678.

[20] Blanchard, Olivier J., Lopez - de - Silane, Florencio. What do Firms do with Cash Windfalls? National Bureau of Economic Research, NBER Working Papers, 1993 (4): 42 -58.

[21] Bond S., Harhoff D., Reenen J. V.. Investment, R&D and Financial Constraints in Britain and Germany. Annales Déconomie Et De Statistique, 2003, 79/80 (79/80): 433 -460.

[22] Botosan C. A.. Disclosure Level and the Cost of Equality Capital. The Accounting Review, 1997 (3): 323 -349.

[23] Boschen, J. F., & Smith, K. J.. You Can Pay Me Now and You Can Pay Me Later: The Dynamic Response of Executive Compensation to Firm Performance. Journal of Business, 1995, 68 (4): 577 -608.

[24] Boubakri and Cosset. The Financial and Operating Performance of Newly Privatized Firms: Evidence from Developing Countries. Journal of Finance, June 1998: 1081 -1110.

[25] Boubakri, N., Cosset, J. and Guedhami, O.. Postprivatization Corporate Governance: The Role of Ownership Structure and Investor Protection. Journal of Financial Economics, Vol. 76, No. 2, 2005.

[26] Boubakri N., Guedhami O., Mishra D., et al. Political Connections and the Cost of Equity Capital. Journal of Corporate Finance, 2012, 18 (3): 541 -559.

[27] Boubakri N., Saffar W., Boutchkova M.. Politically Connected

Firms: An International Event Study. Social Science Electronic Publishing, 2009.

[28] Boumosleh, A.. Director Stock, Firm Investment Decisions, Dividend Policy, and Options. Journal of Applied Business Research, 2012 (28): 753 -76.

[29] Browne Caryne. The Best Ways to Finance Your Business Black Enterprise. Journal of New York, 1993: 67 -217.

[30] Brown J. R., S. M. Fazzari, B. C.. Petersen. Financing Innovation and Growth: Cash Flow, External Equity, and the 1990s R&D Boom. The Journal of Finance, 2009, 64 (1): 151 -185.

[31] Brown, Petersen. Public Entrants, Public Equity Finance and Creative Destruction. Journal of Banking & Finance, 2010, 34 (5): 1077 -1088.

[32] Bushman R., Smith A.. Transparency, Financial Accounting Information and Corporate Governance. Economic Policy Review, 2003, 9 (4): 65 -87.

[33] Carsten Sprenger. Shareholder Disagreement, Investment and ownership Structure. Working Paper, 2007 (8): 61 -69.

[34] Charumilind C., Kali R., Wiwattanakantang Y.. Connected Lending: Thailand before the Financial Crisis. Social Science Electronic Publishing, 2002, 79 (1): 181 -218.

[35] Cheng A., Collins D., Huang H.. Shareholder Rights, Financial Disclosure and the Cost of Equity Capital. SSRN Working Paper, 2005 (27): 175 -204.

[36] Cheng C. S. A., Collins D., Huang H. H.. Shareholder Rights, Financial Disclosure and the Cost of Equity Capital. Review of Quantitative Finance & Accounting, 2006, 27 (2): 175 -204.

[37] Cheng, M., Lin, B. and Wei, M.. How does the Relationship between Multiple large Shareholders Affect Corporate Valuations? Evidence from China. Journal of Economics & Business, Vol. 70, C, 2013.

[38] Chen H. L., Huang Y. S.. Employee Stock Ownership and Corporate R&D Expenditures: Evidence from Taiwan's Information-technology Industry. Asia Pacific Journal of Management, 2006, 23 (3): 369 -384.

[39] Claessens S. and L. Laeven. Financial Development, Property Right and Growth. Journal of Finance, 2003, 58 (6): 2401 -2436.

[40] Claessens, S. Djankov, L. H. P. Lang. The Separation of Ownership and Control in East Asian Corporations. Journal of Financial Economics, 2000 (7): 81 -112.

[41] Claessens S., Feijen E., Laeven L. Political Connections and Preferential Access to Finance: The Role of Campaign Contributions. Journal of Financial Economics, 2007, 88 (3): 554 -580.

[42] Claessens S., Laeven L.. Financial Development, Property Rights, and Growth. Journal of Finance, 2003, 58 (6): 2401 -2436.

[43] Core J. E., Larcker D. F.. Performance Consequences of Mandatory Increases in Executive Stock Ownership. Journal of Financial Economics, 2002, 64 (3): 317 -340.

[44] Cornett M. M., Marcus A. J., Tehranian H.. Corporate Governance, and Pay for Performance: The Impact of Earnings Management. Journal of Financial Economics, 2008 (87): 357 -373.

[45] A. Demirguc - Kunt, and V. Maksimovic. Law, Finance and Firm Growth. Journal of Finance, 1998, 53 (6): 2107 -2137.

[46] Demsetz, H., Lehn, K.. The Structure of Corporate Ownership: Causes and Consequences. Journal of Political Economy, 1985 (93): 1155 -1177.

[47] Diamond, D. W.. Debt Maturity Structure and Liquidity Risk. The Quarterly Journal of Economic, 1991, 106 (3): 341 -368.

[48] Dong J., Gou Y. N.. Corporate Governance Structure, Managerial Discretion, and the R&D Investment in China. International Review of Economics & Finance, 2010, 19 (2): 180 -188.

[49] Dyck A., Zingales L.. Private Benefits of Control: An International Comparison. The Journal of Finance, 2004 (4): 537 -600.

[50] Edward I. Altman. A Further Empirical Investigation of the Bankruptcy Cost Question. Journal of Finance, September 1984.

[51] E. Fama, M. Jensen. Agency Problems and Residual Claims. Journal of law and Economics, 1983 (26).

[52] Estrin, S., Hanousek, J., Kočenda E. and Svejnar, J.. The Effects of Privatization and Ownership in Transition Economies. Journal of Economic Literature, Vol. 47, No. 3, 2009.

[53] Faccio, M., Lang, P. and Young, L.. Dividends and Expropriation. American Economic Review, Vol. 65, No. 3, 2002.

[54] Faccio M.. Politically Connected Firms. Social Science Electronic Publishing, 2006, 96 (1): 369-386.

[55] Faccio M.. The Characteristics of Politically Connected Firms, 2007, 96 (1): 369-386.

[56] Fama, E. F.. Efficient Capital Markets: A Review of Theory and Empirical Work. Journal of Finance, 1970, 25 (2): 383-417.

[57] Fama. E. F.. The Behavior of Stock Market Prices. Tournal of Business, January 1965: 34-105.

[58] Fan, J. P. H., Wong, T. J.. Corporate Ownership Structure and Information of Accounting Earnings in East Asia. Journal of Accounting and Economics, 2002 (2): 401-425.

[59] Fan, J., Wong T. J. and Zhang T.. Institutions and Organizational Structure: The Case of State-Owned Corporate Pyramids. Journal of Law Economics & Organization, Vol. 29, No. 6, 2013.

[60] Fidrmuc, J. P., Goergen, M., Renneboog, L.. Inside Trading, New Release, and Ownership Concentration. The Journal of Finance, 2006, 61 (1): 2931-2973.

[61] Fischer, S., Goerg, S. and Hamann, H.. A Survey of Corporate Governance. Review of Law & Economics, Vol. 53, No. 3, 2015.

[62] Fishman A., Rob R.. The Size of Firms and R&D Investment. International Economic Review, 1999, 40 (4): 915-931.

[63] Francis B. B., Hasan I., Sun X.. Political Connections and the Process of Going Public: Evidence from China. Journal of International Money & Finance, 2009, 28 (4): 696-719.

[64] Francis J., Lafond R., Olsson P., et al.. The Market Pricing of Accrual Quality Forthcoming. Journal of Accounting and Economics, 2005 (39): 295-327.

[65] Francis, J. R., Khurana, I. K., and Pereira, R.. Disclosure Incentives and Effects on Cost of Capital around the World. The Accounting Review, 2005, 80 (4): 1125 - 1162.

[66] Francis J., Smith A.. Agency Costs and Innovation some Empirical Evidence. Journal of Accounting & Economics, 1995, 19 (2 - 3): 383 - 409.

[67] French, K. R.. Stock Returns and the Weekend Effect. Journal of Financial Economics, 1980, 8 (1): 55 - 69.

[68] Friedman, E., Johnson, S., Mitton, T.. Tunneling and propping. Unpublished Manuscript, Massachusetts Institute of Technology, Cambridge, MA, 2000.

[69] Friedman, Johnson, Mitton. Propping and Tunneling. Journal of Comparative Economies, 2003 (4): 732 - 741.

[70] Garcia - Teruel P. J., Martinez - Solano P., Sanchez - Ballesta J. P.. Accruals Quality and Lev Maturity Structure. Abacus, 2010, 46 (2): 188 - 210.

[71] Gibbons, M. R., & Hess, P.. Day of the Week Effects and Asset Returns. Journal of Business, 1981, 54 (4): 579 - 596.

[72] Gilson, S. C.. Bankruptcy, Boards, Banks, and Blockholders: Evidence on Changes in Corporate Ownership and Control When Firms Default. Journal of Financial Economics, 1990, 27 (2): 355 - 387.

[73] Graham J., Li S., Qiu J. P.. Corporate Misreporting and Bank Loan Contracting. Journal of Financial Economics, 2008 (89): 44 - 61.

[74] Gregory A., Matatko J., Tonks I., Purkis R.. UK Directors Trading: The Impact of Dealings in Smaller Firms. The Economic Journal, 1994, 104 (422): 37 - 53.

[75] Grossman, S. J.. On the Efficiency of Competitive Stock Markets Where Trades Have Diverse Information. Journal of Finance, 1976, 31 (2): 573 - 585.

[76] Grossman, S. J., & Stiglitz, J. E.. Information and Competitive Price Systems. American Economic Review, 1976, 66 (2): 246 - 253.

[77] Gul, F.. Legal Protection, Corporate Governance and Informa-

tion Asymmetry in Emerging Financial Markets. Social Science Electronic Publishing, 2002.

[78] Hall B. H.. Investment and Research and Development at the Firm Level: Does the Source of Financing Matter? Nber Working Papers, 1992.

[79] Hall B. H., Mairesse J., Mohnen P.. Measuring the Returns to R&D. Ssrn Electronic Journal, 2010, 2 (1): 1033-1082.

[80] Hall B. H.. The Financing of Research and Development. Oxford Review of Economic Policy, 2002, 18 (1): 35-51.

[81] Hall, B. J., & Liebman, J. B.. Are CEOs Really Paid Like Bureaucrats? Quarterly Journal of Economics, 1998, 113 (3): 653-691.

[82] Hall, Mulkay J. M. B., Bronwyn H.. Firm Level Investment and R&D in France and the United States: A Comparison. Economics Papers, 2001: 229-273.

[83] Hambrick D. C., Mason P. A.. Upper Echelons: The Organization as A Reflection of Its Top Managers. Academy of Management Review, 1984, 9 (2): 193-206.

[84] Handa, P. and Liim, S.. Arbitrage Pricing with Estimation Risk. Journal of Financial and Quantitative Analysis, 1993, 28 (1): 81-100.

[85] Harhoff D.. Are There Financing Constraints for R&D and Investment in German Manufacturing Firms? Annales Déconomie Et De Statistique, 1996, 49/50 (49/50): 421-456.

[86] Harris, Miltonarid Artur Raviv. Corporate Governance: Voting Rights and Majority Rules. Journal of Financial Economics, 1988 (20): 203-23.

[87] Healy P. M., Hutton A. P., Palepu K. G.. Stock Performance and Intermediation Changes Surrounding in Cretases in Disclosure, Contemporary Accounting Research, 1999, 16 (3): 485-520.

[88] Hillier, D., Marshall, A. P.. The Market Evaluation of Information in Irectors Trades. Journal of Business Finance and Accounting, 2002 (29): 77-110.

[89] Himmelberg C. P., Petersen B. C.. R&D and Internal Finance:

A Panel Study of Small Firms in High – Tech Industries. Working Paper, 1994, 76 (76): 38 –51.

[90] Himmelberg C. P., Petersen B. C.. R&D and Internal Finance: A Panel Study of Small Firms in High – Tech Industries. Review of Economics & Statistics, 1991, 76 (76): 38 –51.

[91] Holderness C. G., Sheehan D. P.. The Role of Majority Shareholders in Publicly Held Corporations: An Exploratory Analysis. Journal of Financial Economics, 1988, 20 (1 –2): 317 –346.

[92] Houston J. F., Jiang L., Lin C.. Political Connections and the Cost of Borrowing. SSRN Working Paker, 2011.

[93] Iskandar – Datta M. E., Yonghong. Investor Protection and Corporate Cash Holdings around the World: New Evidence. Review of Quantitative Finance and Accounting, 2013 (4): 1 –29.

[94] Ittner, Christopher D., Lambert, Richard A., Larcker, David F.. The Structure and Performance Consequences of Equity Grants to Employees of New Economy Firms. Journal of Accounting and Economics, 2003 (34): 89 –127.

[95] Jeng, L. A., Metrick, A., Zeckhauser, R.. Estimating the Returns to Insider Trading: A Performance – Evaluation Perspective. The Review of Economics and Statistics, 2003, 85 (2): 453 –471.

[96] Jensen, M. C.. Agency Costs of Free Cash Flow, Corporate Finance, and Takeovers. American Economic Review, 1986, 76 (2): 323 –329.

[97] Jensen, M. C., & Meckling, W. H.. Theory of the Firm: Managerial Behavior, Agency Costs, 1976.

[98] Jensen, M. C., & Murphy, K. J.. Performance Pay and Top – Management Incentives. Journal of Political Economy, 1990, 98 (2): 225 –264.

[99] Jensen, M. C.. The Modern Industrial Revolution, Exit and the Failure of Internal Control Systems. Journal of Finance, 1993, 48 (3): 831 –880.

[100] Jensen, M. C., W. H. Meckling. Theory of the Firm: Manage-

rial Behavior, Agency Costs and Ownership Structure. Journal of Financial Economics, 1976, 3 (4): 305 -360.

[101] Jensen, Michael, and William Mecking. Theory of the firm, Managerial Behavior, Agency Costs, and Ownership Structure. Journal of Financial Economics, 1976 (3).

[102] Jensen, M., Meckling, W.. Theory of Firm: Managerial Behavior, Agency Costs and Ownership Structure. Journal of Financial Economics, 1976 (3): 305 -360.

[103] Jensen, M., Murphy, K.. Performance Pay and Top - Management Incentives. Journal of Political Economy, 1990 (98): 225 -264.

[104] Jia, G., LI. Ownership Structure, Multiple Large Shareholders and Firm Value——Based on Endogeneity of Ownership Structure. Soft Science, 2008.

[105] Johnson, Marilyn F., Kasznik, Ron, Nelson, Karen K.. Shareholder Wealth Effects of the Private Securities Litigation Reform Act of 1995. Review of Accounting Studies, 2000 (5): 217 -230.

[106] Johnson, S., La Portal, LoPez - de - Silanes, F., etc.. Tunneling. The American Economic Review, 2000, Vol. 90, No. 2: 22 -27.

[107] Johnson S., Mitton T.. Cronyism and Capital Controls: Evidence from Malaysia. Social Science Electronic Publishing, 2003, 67 (2): 351 -382.

[108] Kamien M. I., Schwartz N. L.. Self - Financing of an R&D Project. American Economic Review, 1976, 68 (3): 252 -261.

[109] Keim G., Zeithaml, C.. Corporate Political Strategies and Legislative Decision Making: A Review and Contingency Approach. Academy of Management Review, 1986 (11): 828 -843.

[110] Khwaja A. I., Mian A.. Do Lenders Favor Politically Connected Firms? Rent Provision in an Emerging Financial Market. Quarterly Journal of Economics, 2005, 120 (4): 1371 -1411.

[111] Kim O., R. E. Verrecchia. Market Liquidity and Volume Around Earnings Announcements. Journal of Accounting and Economics, 1994, 17 (1): 41 -67.

[112] Lakonishok, J., Lee, I.. Are Insider Trades Informative. Review of Financial Studies, 2001, 14 (1): 79-110.

[113] Lambert Richard A. Executive Effort and Selection of Risky Projects. RAND Journal of Economics, 1986 (17): 77-88.

[114] Lang M., Lundholm R.. Corporate Disclosure Policy and Analyst Behavior. The Accounting Review, 1996, 71 (4): 467-493.

[115] La Portal, Lopez-de-Silanes, Shleifer, et al.. Investor Protection and Corporate Valuation. Journal of Finance, 2002 (57): 1147-1170.

[116] La Portal, R. F. Lopez-de-Silanes, Andrei Shleifer, Robert Vishny. Law and finance. Journal of Political Economy, 1999 (106): 1113-1155.

[117] La Porta, R., Lopez-de-Silanes, F., Shleifer, A. and Vishny, R.. Investor Protection and Corporate Valuation. Journal of Finance, Vol. 106, No. 1, 2000.

[118] LaPorta, R., Lopez-de-Silanes, F., Shleifer, A.. Investor Protection and Corporate Governance. Journal of Financial Economics, 2000 (58): 3-28.

[119] La Porta, R., Lopez-de-Silanes, F., Shleifer, A. and Vishny, R.. Law and Finance. Journal of Political Economy, Vol. 106, No. 6, 1998.

[120] Lenkey, S. L.. Advance Disclosure of Insider Trading. Review of Financial Studies, 2016, 27 (8): 2504-2537.

[121] Liddle B. T.. Privatization Decision and Civil Engineering Projects. Journal of Management, 1997, 13 (3): 73-78.

[122] Lins K. V.. Equity Ownership and Firm Value in Emerging Markets. Journal of Financial and Quantitative Analysis, 2003, 38 (1): 159-184.

[123] Long W., Ravenscraft D.. LBOs, Debt and R&D Intensity. Strategic Management Journal, 1993 (14): 119-135.

[124] Loughran, T., & Ritter, J. R.. The New Issues Puzzle. Journal of Finance, 1995, 50 (1): 23-51.

[125] Malmendier U., Tate G.. Does Overconfidence Affects Corporate Investment? CEO Overconfidence Measures Revisited. European Financial Management, 2005, 11 (5): 649-659.

[126] Mazumdar S. C., Sengupta P.. Disclosure and the Loan Spread on Private Lev. Financial Analyst Journal, 2005 (3): 83-96.

[127] McConell, J., Servaes, H.. Additional Evidence on Equity Ownership and Corporate Value. Journal of Financial Economics, 1990 (27): 595-654.

[128] McLaughlin, R. M., & Mehran, H.. Regulation and the Market for Corporate Control: Hostile Tender Offers for Electric and Gas Utilities. Journal of Regulatory Economics, 1995, 8 (2), 181-204.

[129] Mehran. Executive Compensation Structure Ownership and Firm Performance. Journal of Financial, 1995 (5): 24-33.

[130] Modigliani, Miller and Franeo, M.. The Cost of Capital, Corporation Finance and the Theory of Investment. Journal of American Economic Review, Vol. 48, No. 3, 1958.

[131] Morck, R., Shleifer, A., Vishny, R.. Management Ownership and Market Valuation: An Empirical Analysis. Journal of Financial conomics, 1988 (20): 293-315.

[132] Wu J., Tu R.. CEO Stock Option Pay and R&D Spending: A Behavioral Agency Explanation. Journal of Business Research, 2007, 60 (5): 482-492.

[133] K. J. Murphy. Incentives, learning and compensation: A theoretical and empirical investigation of managerial labor contracts, The Rand Journal of Economics, 1986, Vol. 17, 59-76.

[134] Hallock, K. J. Murphy, K. J. eds. The economics of Executive Compensation, Vol. Ⅰ and Ⅱ, Edward Elgar, Cheltenham, UK, 1999.

[135] Myers, B. S. C. and Mailuf, N. F.. Corporate Financing and Investment Decisions When Firms Have Information that Investor do not Have. NBER Working Paper, No. 1396, 1984.

[136] Myers S. C., Majluf N. S.. Corporate Financing and Investment Decisions when Firms Have Information that Investors do not Have. Journal of

Financial Economics, 1984, 13 (2): 187 -221.

[137] Myers, S, Majluf, N.. Corporate Financing and Investment Decisions When Firms Have Information that Investors do not Have. Joumal of Financial , 1984 (13): 157 -220.

[138] Myers, Stewart C.. Determinants of Corporate Borrowing. Journal of Financial Economics, 1977 (5): 147 -175.

[139] Newman, K. L.. Organizational Transformation During Institutional Upheaval. Academy of Management Review, Vol. 25, No. 3, 2000.

[140] O. Hart. Corporation Governance: Some Theory and Implication. The Economic Journal, Vol. 105, No. 430, 1995.

[141] Okamuro H. , Zhang J. X.. Ownership Structure and R&D Investment of Japanese Start - Up Firms. Cei Working Paper, 2006.

[142] Oyer, Paul, Schaefer, Scott. Why Do Some Firms Give Stock Options to All Employees? An Empirical Examination of Alternative Theories. Journal of Financial Economics, 2005 (76): 99 - 133.

[143] Pajuste, A. , Maury, B.. Multiple Large Shareholders and Firm Value. Journal of Banking & Finance, Vol. 29, No7, 2005.

[144] Palia, D. , Lichtenberg, F.. Managerial Ownership and Firm Performance: A Reexamination Using Productivity Measurement. Journal of Corporate Finance, 1999 (5): 323 -339.

[145] Pearce, D. K. , & Roley, V.. The Reaction of Stock Prices to Unanticipated Changes in Money: A Note. Journal of Finance, 1983, 38 (4), 1323 - 1333.

[146] Penman S. H.. Insider Trading and the Dissemination of Firms' Forecast Information. The Journal of Business, 1982, 55 (4): 479 -503.

[147] Pesaran, M. , & Timmermann, A.. Predictability of Stock Returns: Robustness and Economic Significance. Journal of Finance, 1995, 50 (4): 1201 - 1228.

[148] Piotroski D. H.. What Determines Corporate Transparence. Journal of counting, 2004 (11): 213 -219.

[149] Ravina, E. , Sapienza, P.. What do Independent Directors Know? Evidence from Their Trading. NBER Working Paper, 2006.

[150] Reinganum M.. A Misspecation of Capital Asset Pricing: Empirical Anomalies Based On Eaming Yields and Market Values. Joumal of Inancial Eocnomics, 1981 (9): 19-64.

[151] Richardson, S.. Over-Investment of Free Cash Flow. Review of Accounting Studies, 2006, 11 (3): 159-189.

[152] Riyanto Y. E., Toolsema, L. A.. Tunneling and Propping: A Justification for Pyramidal Ownership. IDEAS Working Paper, 2003 (1): 15-29.

[153] Roll R.. The Hubris Hypothesis of Corporate Takeovers. Journal of Business, 1986 (59): 197-216.

[154] Roman Frydman, Transition to a Private Property Regime in the Czech Republic and Hungary . Economies in transition: Comparing Asia and Eastern Europe, 1997: 41-101.

[155] Rosenberg, B., Reid, K., & Lanstein, R.. Persuasive Evidence of Market Inefficiency. Journal of Portfolio Management, 1985, 11 (3): 9-16.

[156] Ryan H. E., Wiggins R. A.. The Interactions between R&D Investment Decisions and Compensation Policy. Financial Management, 2002, 31 (1): 5-29.

[157] Ryan H. E., Wiggins R. A.. Who is in Whose Pocket? Director Compensation, Board Independence, and Barriers to Effective Monitoring. Journal of Financial Economics, 2004, 73 (3): 497-524.

[158] Sapienza P.. The Effects of Government Ownership on Bank Lending. Journal of Financial Economics, 2004, 72 (2): 357-384.

[159] Scholes, M. S.. The Market for Securities: Substitution versus Price Pressure and the Effects of Information on Share Prices. Journal of Business, 1972, 45 (2): 179-211.

[160] Seifert B., Gonenc H.. Pecking Order Behavior in Emerging Market. Journal of International Financial Management and Accounting, 2010, 21 (1): 1-31.

[161] Sengupta P.. Corporate Disclosure Quality and the Cost of Lev. Accounting Review, 1998, 73 (4): 459-474.

[162] Serdar D.. Politicians and Banks: Political Influences on Government-owned Banks in Emerging Markets. Journal of Financial Economics, 2005, 77 (2): 453 -479.

[163] Seyhun, H. N.. Insiders' Profits, Costs of Trading, and Market Efficiency. Journal of Financial Economics, 1986, 16 (2): 189 -212.

[164] Shleifer, A. and Vishny, R. A., Survey of Corporate Governance. Journal of Finance, Vol. 52, No. 2, 1997.

[165] Shleifer, A., & Vishny, R. W.. Management Entrenchment: The Case of Manager - Specific Investments. Journal Of Financial Economics, 1989, 25 (1): 123 -139.

[166] Spengupta, P.. Corporate Disclosure Quality and the Cost of Debt. The Accounting Review, 1998, 73 (4): 459 -474.

[167] Stulz. R.. Managerial Control of Voting Rights: Financial Policies and the Market for Corporate Control. Journal of Financial Economies, 1988 (20): 25 -54.

[168] Stulz, R. M.. Managerial Control of Voting Rights: Financial Policies and the Market for Corporate Control. Journal of Financial Economies, Vol. 20, No. 6, 1988.

[169] Tehranian, H., & Waegelein, J. F.. Market Reaction to Short-term Executive Compensation Plan Adoption. Journal of Accounting and Economics, 1985, 7 (1 -3): 131 -144.

[170] Tim C.. Opler, Controlling Financial Distress Costs in LBO's, Financial Management, Autumn, 1993.

[171] Tinic, S. M., & West, R. R.. Marketability of Common Stocks in Canada and the U. S. A.: A Comparison of Agent versus Dealer Dominated Markets. Journal of Finance, 1974, 29 (3): 729 -746.

[172] Tribo J. A., Berrone P., Surroca J.. Do the Type and Number of Blockholders Influence R&D Investments? New Evidence from Spain. Corporate Governance An International Review, 2007, 15 (5): 828 -842.

[173] Tzioumis K.. Why do Firms Adopt CEO Stock Options? Evidence from the United States. Journal of Economic Behavior and Organization, 2008 (68): 100 -111.

[174] Urzúa, M.. Investor Protection and Corporate Governance. Social Science Electronic Publishing, Vol. 58, No. 2, 2015.

[175] Welker M.. Disclosure Policy, Information Asymmetry and Liquidity in Equity Markets Contemporary. Journal of Accounting Research, 1995, 11 (2): 801 -827.

[176] Yong J.. Deterministic Time-inconsistent Optimal Control Problems - An Essentially Cooperative Approach. Acta Mathematicae Applicatae Sinica, English Series, 2012, 28 (1): 1 -30.

[177] Zahra S. A., Neubaum D. O., Huse M.. Entrepreneurship in Medium-size Companies: Exploring the Effects of Ownership and Governance Systems. Journal of Management, 2000, 26 (5): 947 -976.

后　记

本书从构思到腹稿再到成稿历经五个春秋，近两千个日夜。窗前花开花落，春去秋来，寒暑交替。掩稿回首，写作中的艰辛与喜悦令人难以忘怀、感慨万千。

中国经济改革开放已经四十余年，其间，中国社会主义市场经济体制确立，中国已成为世界第二大经济体，多项经济指标名列第一。作为市场主体的企业所面临的外部环境和内部条件也发生了巨变。面对这一革命性变化，中国企业应该如何提升市场竞争力？中国企业的财务应该如何创新？在财务变革过程中还存在哪些问题或不足？等等。带着这些疑惑，我不停地在思考、在学习，查阅大量学者们的研究成果，把着眼点放在对中国企业财务实践的研究上。中国企业财务问题与市场成熟国家的企业相比，既有相同点，更有其特殊性。因为中国市场经济发展的不平衡、资本市场信息的失灵、证券市场估价机制的不完备、企业法人治理结构的缺陷、“内部人”控制行为、管理层财务决策的主观性、利润分配机制随机性等都给研究增加了许多不确定性。面对浩瀚如烟的文献资料，我不敢有半点懈怠，唯恐书中的观点与论证出现差错。为此，我集中精力，用心整理各种资料，仔细斟酌每一个关键词语，力求检验结论的正确性。撰写过程中，使我接触到大量经济学、管理学的前沿理论，同时也深感自身知识的欠缺。这种感觉促使我自始至终以一种虔诚的心态面对写作，直至书稿完成，心中仍然忐忑不安。

弹指五年间，书稿最终完成，坐在书房翻阅着书桌上有些杂乱的期刊、书籍，不经意间瞥了一眼台历，时间停留在2019年初秋，农历己亥年的秋天已经降临，时间过得真快。

2018年是中国改革开放40周年。1978年5月，一篇名为《实践是检验真理的唯一标准》的特约评论员文章一经刊发，顿时掀起了席卷中国的真理标准大讨论，成为那支撬动改革开放的哲学杠杆。短短六千字，激荡四十年。2018 年 12 月 18 日，庆祝改革开放 40 周年大会在人民大会堂举行。

四十年，相对于人类发展的历史长河，弹指一挥间；四十年，相对于一个五千年悠久历史的文明古国，沧海一声笑；四十年，相对于中华民族的百年强国梦想，亦并不长久。每一点一滴成就的取得，都具有历史性的意义；每一个步伐的迈出，都是一个新的跨越。改革开放四十年，是不同于任何一个历史时期的四十年。或许站在已经拥有的角度去看待它，往往会觉得这一切很自然、很平常、本该如此。然而当我们的目光穿越时光的隧道，回放曾经走过的每一步，用心感知其间的坎坷与艰难，就必定为一个民族的艰难成长而感叹，必定为我们祖国的巨大进步而备感骄傲和自豪。

1978 年，伴随改革的号角，我首次参加高考，有幸赶上改革开放的步伐。四十多年过去了，如今，我已早过知命、临近耳顺之年。教学上聚积了丰富的经验、科学研究上也小有成就，时常被人称为“知名学者”，尽管获得若干诸如“山东省教学名师”“山东省有突出贡献的中青年专家”“国家一流专业财务管理建设负责人”之类的称号，但从不敢以此自居。本人一直信奉认真教书、坦荡做人的原则，虔诚、专注地上好每一堂课，扎实、谨慎地做好科学研究。授课之余，写作已经成为一种习惯。翻阅书架上大量的文献书籍，夜深人静时，自己在灯下敲打着键盘，字符在有节奏的打字声中跳跃着，文字在不断地堆积，最终变为散发着油墨香味的书稿，洒落在自己走过的人生之路。

一年四季中，济南的秋天是最美的。老舍先生是这样赞美济南的秋天：“那城，那河，那古路，那山影，是终年给你预备着的。可是，加上济南的秋色，济南由古朴的画境转入静美的诗境中了。这个诗意秋光秋色是济南独有的。上帝把夏天的艺术赐给瑞士，把春天的赐给西湖，秋和冬的全赐给了济南”“在秋天，水和蓝天一样的清凉。……那中古的老城，带着这片秋色秋声，是济南，是诗。”

泉城济南，我出生并工作的故乡。生活在这个被数不清的泉水泡大的城市中是多么惬意、多么自在。沏上一壶用山泉水浸泡的清茶或者冲一杯散发着浓香的咖啡，看着即将付梓的书稿，任思绪在历史长河中自由荡漾，让心灵在无限的空间自由飞翔。

中国财务实践领域就像“百慕大”，充满各种难解之谜：譬如“治理结构与控制权争夺”“资本结构与融资约束”“混合所有制与制度创新”等，但同时又吸引众多“探险者”纷至沓来。尽管自己在财务领域已经耕耘多年，也积累了一些心得，但面对既熟悉又陌生的财务学，依然在坚持探索，不敢懈怠半步。

感谢经济科学出版社长期以来对本人的支持和帮助，为了本书的顺利出版，责任编辑花费了大量精力和宝贵的时间对本书提出许多指导性意见，最终使本书呈现在读者面前。

特别感谢我的妻子，她是一位典型的东方女性，吃苦耐劳，默默地承担了全部家务，解除我的后顾之忧，才使我把全部精力倾注于教学和学术研究，没有她的无私奉献和辛勤劳动，我要想取得今天的成就是不可能的。

本书献给我亲爱的父亲——他是一位平凡的中学教师，一生从教、育人无数。父亲为人慈祥和蔼、与世无争。在我眼中父亲才华横溢：文学知晓古今，音乐中西贯通，绘画丹青妙笔。父亲是我成长的引路人，没有他的教诲，不会有我今天的一切，父亲是我一生中最崇拜、最敬仰的人。

完稿之际，时逢2019年国庆佳节，中华人民共和国成立70周年，盛大的阅兵仪式、自信的万千民众，使我感到作为一名中国人的骄傲与自豪。特把本书作为礼物献给我深爱的、伟大的祖国！

张 涛

2019年秋天

写于泉城金鸡岭下